BRIEFE AUS DEM HINTERHALT
Eine etwas andere Korrespondenz

Hans-Peter Leuenberger

D1732118

Verlag: **Was'n das?**
Eichholzstrasse 16
CH-3254 Messen

Vertrieb: **GEWA Stiftung für berufliche Integration**
Tannholzstrasse 14
CH-3052 Zollikofen
Telefon: 031 919 24 34
Email: service@gewa.ch
Homepage: www.gewa.ch

Cover-Zeichnung: **Beat Sigel**
CH-3313 Büren zum Hof

Druck: **Prisma Verlagsdruckerei GmbH**
D-66113 Saarbrücken

1. Auflage: **1'013 Exemplare**

Copyright ©: **Beim Autor**

Ausserunionien im Zuspätherbst 2005

ISBN-10   3-033-00613-2
ISBN-13   978-3-033-00613-3

BRIEFE AUS DEM HINTERHALT

Zeugnis gepflegter Brieffreundschaften

Für's Schümeli

MUGRUDA POTI WALUSCHI NADA LULUPILLA GOSCHTRAKUNDU ELFRIKROTA LALLIFATZ JUTUNDI MKARDULA IFPIBIGOUDI NUSTRIDURIAN ROBBIDOG HUSQUARNA CHOO-CHOO-CHATANOOGA ÜSPROCK MUSTARD SCHNOP

Alte Redensart von Wumproxtrosani in Buechibärger-ESPERANTO

BRIEFE AUS DEM HINTERHALT

Erlebnisbuch der döitschen Sprache

Mit keinem Vorwort von

MÖSIÖ LE PRÉSIDENT PASCAL COUCHEPIN

Wer nicht provoziert, hat nichts zu sagen!

Serge Gainsbourg

Grübelgrübel- und Studierausgabe.
Gedruckt auf garantiert 100% humorfreiem
Recyclingpapier aus naturbelassenen Steuererklärungsformularen.

Für die sporadisch grenzfällige Druckqualität wird um Verständnis gebettelt: Einige prähistorische Originaldokumente konnten leider nicht digital remastered werden und wurden in der Folge handgeschöpft eingescannt und mit einer Faxenrotationsschwachbrettanlage DAWO Mark US-X68C nach der buhlschen Königswegmethode in die Spuckvorstufe überfuhrt.

✂----------------✂---------------✂---------------✂---------------✂

DAS

BRIEFE AUS DEM HINTERHALT

LESEZEICHEN

BRIEFE AUS DEM HINTERHALT

BRIEFE AUS DEM HINTERHALT

Happyhour der Liebenswürdigkeiten

Liebe Leserin, lieber Leser

Eigentlich wollte ich ja **MÖSIÖ LE PRÉSIDENT PASCAL COUCHEPIN** um ein

VORWORT

bitten, aber seit ich mit **IHM** korrespondiert habe, wirkt **ER** in den Medien immer so, als hätte er was **ALTERNATIVMEDIZINISCHES** geraucht. Ich habe also tunlichst davon absehen □können □müssen □wollen □dürfen □sollen. Ansonsten hat sich partout niemand bereit erklärt, **vor wortig** für mich tätig zu werden, da sich offenbar niemand die Finger an mir **Knall bonbon** verbrennen will.

Irgendwie haben alle **ANGEFRAGTEN** ganz spontan an

Schwerhörigkeit, Gastritis, AnAlphaDIngsbUms,

Blasenschwäche oder HAUTAUSchlag zu leiden begonnen!

Sehr, sehr, sehr Schade...und gute Besserung!

✂-----------------✂-----------------✂-----------------✂-----------------✂

DIE RÜCKSEITE VOM

BRIEFE AUS DEM HINTERHALT

LESEZEICHEN

BRIEFE AUS DEM HINTERHALT

«Sehr geehrte Damen und Herren...» frontal

haben mehrheitlich einen realen Missstand oder eine ? fragwürdige ? Zeiterscheinung als Hintergrund und möchten aufzeigen, dass man durchaus nicht immer alles schlucken muss und dabei erst noch einen klabüsierenden HEIDENSPASSSSAPSNEDIEH haben kann.

Egal, ob man sich beim Steueramt dagegen wehrt, dass die abzugsberechtigte Fahrstrecke zur Arbeitsstelle über Ackerwege zu führen hat, der kranken Kasse Genesungswünsche übermittelt werden und man mit ihr ein mathematisches Gedichtbändchen herausgeben möchte, die Rüstung eines gevier te il t en Vorfahren restauriert werden sollte, die Klobürste an chronischem Rostfrass leidet, die nachbarliche schilDKRÖTe einem KONSTANT auf den WECKER geht, weil sie sich die Waschpulvervorräte reinziehen will, man dem gierigen Laufschuhlieferanten den Laufpass gibt oder ob man dem GROSSNASigen Bundespräsidenten eine Imageberatung zukommen lässt, irgendwie wandelt sich der anfängliche Groll gegenüber einer offensichtlichen FEHLleistung in puren Frohsinn! Obwohl, es gibt da schon Adressaten, die sich gleich ungebührlich ans Mieder gegriffen fühlen, was aber nicht minderen Spass verspricht!

BRIEFE AUS DEM HINTERHALT

Tätlichkeitsbericht eines Briefeschreibers

Natürlich stellt sich mit der Zeit auch beiläufig ein gewisser Lerneffekt ein: Haben Sie zum Beispiel gewusst, dass man ein Pastasieb, das nun wirklich nicht fürs ~~Pastakochen~~ geeignet ist, gegen Staunässe ☂ bei HANFPFLANZEN einsetzen kann? Und wieso 📢 benachrichtigt der Sprengstoffabrikant die Polizei 🚓, wenn ich die Spielbank von Campione ausnehmen 💰 möchte? Ist Ihnen klar, wieso die deutschen Arbeitnichterhalter mit Harz IV besser dran sind als die helvetischen Arbeitnehmer mit ihren VorSorGebauWerken auf BRÖCKELNDEN SÄULEN.

Dieses

Wundervolle Buch

richtet sich an Leute, die nicht länger an Seele, Stolz und Portmo...Scheissneuerechtschreibung...Geldbörse Schaden nehmen wollen, wenn sie im Alltag wieder einmal den ▶👁 DURCHBLICK 👁◀ verlieren. Hier wird aufgezeigt, wie man mit etwas Fantasie, Hinterhältigkeit und mit nach ↑ OBEN ↑ gezogenen MUNDWINKELN seinem Unmut ↗ auch mal 🐟 Luft 🐟 machen und die Faust im Sack dazu benützen kann, ein nettes Briefelein an die magensäurebildenden STELLEN zu senden.

Mit möstlicher Klabüsierung

Hans-Peter Leuenberger

BRIEFE AUS DEM HINTERHALT

BRIEFE AUS DEM HINTERHALT

The Art of Motzing

Obwohl schnell und perfekt funktionierende Callcenter in un serem Leben eine immer bedeutende re Rolle spielen, gibt es doch zahlrei che Situationen, in denen wir gezwungen sind zu schreiben. Wir müssen Anregungen u nterbreiten, haben Mängelrügen zu erstelle n und eine Beweisführung beizufügen, wir müss en hie und da ganz einfach etwas zu Papier bringen , bevor uns der Kragen platzt. Während wir im All gemeinen der gesprochenen Sprache gegenüber ein völlig natürliches Verhältnis haben, ohne langes Nachde nken sprechen und uns verständigen können, sind wir der geschriebenen Sprache gegenüber befangen – wenn der Mensch schreiben muss, so sagt der Duden, zieht er sic h die Sonntagskleidung an! Da hat man plötzlich Angst, ort ographische oder grammatisches Fehler zu machen oder die Sätze richtig nicht verknüpfen zu, es fällt einem nicht die richtig e Formulierung ein, und man wird unsicher, ob man mit einem Schreiben an eine Behörde, den Geschäftspartner oder einen Lie feranten den richtigen Ton trifft. Ha-ha-ha-ha-ha...wenn's danach g ehen würde, wäre unsere Sprache uniform und bedeutend trocke ner als ein schweizerisches® Militärbiskuit®. Eine Sprache lebt nicht n ur durch die kunstvollen Werke der Dichter und der Ämter! Wieso sollt e man nicht auch der geschriebenen Sprache gegenüber ein unverk rampftes Verhältnis haben und quasi schreiben, wie einem der Schnab el gewachsen ist? Wieso gilt man als sprachlicher Nestbeschmutzer, we nn hie und da eine Interpunktion nicht richtig oder gar nicht platziert wurde? Wieso überhaupt die Zangengeburt mit der nöien Teutschen räc htschraibung und deren teilweise grauenvollen Buchstabenwülste? Hej Mä dels und Jungs, isse alles Quark, müsse nicht so total eng sehen. Sprach e ist pure Lust, Sprache ist Leben und das niedere Volk sollte sich von völli g vergeistigten Elfenbeintürmlern keinesfalls das Recht auf sein eigenes, un gewaschenes Maul verbieten lassen. Also, nehmen Sie mir bitte meinen Schr eibstil nicht übel und vergeben Sie mir meine orthographischen und grammati kalischen Unzulänglichkeiten. Ach ja, bevor ich's vergesse: Hi-hi-hi-hi-hi...ein ige der orthokilogrammatischen Verfehlungen können durchaus gewollt sein. Es kann sich also eventuell lohnen, das eine oder andere Wort genauer zu betra chten. Sodeliso, genug der Theorie! Gleich anschliessen finden Sie das allerer ste Schreiben der Serie. Es mussten dann allerdings noch acht weitere Jahre vergehen, bevor der Kragen wirklich vesuvinös platzte. Nicht jeder Adressat lä sst sich übrigens zu einer Antwort oder Stellungnahme herab. Egal. Wie sag t der Volksmund doch so treffend: Wer nichts sagt, scheint zuzustimmen.

Hans-Peter Leuenberger
Brunnweg 24
CH-3203 Mühleberg

☎ 031/751 07 73
☏ 077/ 89 50 10
℀ 17-20959-4

20. Februar 1995

<u>REFERENZ</u>

PrincEssE-TortE OrangE

Jowa AG
Kundendienst
8604 Volketswil

SEhr gEEhrtE DamEn und HErrEn

Am 17. FEbruar 1995 Erstand ich mit FrEudE - nEuE Migros-TortEn sind nicht gEradE an dEr TagEsordnung - EinE PrincEss-TortE OrangE (465 g / Fr. 10.--). DiE vErmEindlichE KöstlichkEit solltE diE Krönung EinEs fEstlichEn AbEnds mit GästEn wErdEn. DiE TortE auf EinEr schönEn PlattE präsEntiErEn, anschnEidEn und kostEn vErliEf äussErst ErfolgrEich. Erst diE schicksalsschwErE und harmlosE FragE "Köstlich diEsE *ZitronEn-* QuarktortE, aus was ist diE EigEntlich gEmacht?" untErbrach das GaumEnlustwandEln rElativ brüsk. DEr Griff zur SchachtEl und diE EntsprEchEndE ÜbErprüfung dEr ZutatEn (EtikEttE bEiliEgEnd) ErwiEs sich als fatalEr kulinarischEr DoppElfEhlEr in diE BErEichE AlchEmiE und KunststoffhErstEllung. Nach dEr öffEntlichEn VorlEsung dEr EtikEttE konntE bEobachtEt wErdEn, wiE diE auf dEn TEllErn vErblEibEndEn TortEnstückE nur widErwillig dEn WEg in diE MündEr findEn wolltEn. AussErdEm sorgtE ich mich übEr EinE allfälligE BEschädigung mEinEs "gutEn" BEstEcks (Rostfrass, VErätzungEn usw.). KEinE dEr anwEsEndEn PErsonEn ErklärtE sich bErEit, das noch auf dEr PlattE bEfindlichE Stück TortE EinzunEhmEn (diE TortE bliEb zwar nicht im Hals, abEr doch bErEits auf dEm WEg dorthin stEckEn) und Es EntbranntE EinE hEftigE Diskussion, auf wElchE -lEgalE- Art Es wohl Entsorgt wErdEn könntE. DiE Ansicht, man müssE das TortEnstück EinEr SondErdEponiE für chEmischE KampfstoffE übErgEbEn, obsiEgtE schliEsslich. Um IhnEn unsEr ProblEm vor AugEn zu führEn (PS: SEit dEr EinnahmE dEr TortE stEllE ich Ein NachlassEn dEr SEhschärfE (analog dEr EhEmals bEkanntEn MEthanolvErgiftung) fEst), ErlaubE ich mir diE folgEndE Auflistung:

E 322, E 110, E 124, E 171, E 322, E 471, E 472 a, E 472 b, E 475,
E 401, E 440, E 450 a, E 500 b, E 330, E 450 a, E 202, E 160

NEin, diEs ist wEdEr das REzEpt für EinE PlutoniumbombE, noch diE Kombination für mEinEn BanksafE. LEidEr handElt Es sich dabEi um diE HilfsstoffE IhrEr "465-grämmigEn PrinzEssin". Es Erstaunt, dass als ZutatEn auch so banalE BäckErdingE wiE WEizEnmEhl und EiEr vErwEndEt wurdEn - hättE man diE nicht auch mit EinEm "E" ErsEtzEn könnEn? Ich ErlaubE mir dEshalb IhnEn folgEndE FragEn zu stEllEn:

1. Sind SiE sichEr, dass diEsE TortE ohnE GEfahr für LEib und LEbEn vErzEhrt wErdEn kann?

2. Stammt das REzEpt von Ciba-GEigy odEr Sadam HussEin's SchwiEgErmuttEr?

3. DiE TortE schmEckt EindEutig nach ZitronE - falschEr Griff ins GiftfläschEn?

HLP Hans-Peter Leuenberger
Brunnweg 24
CH-3203 Mühleberg

☎ 031/751 07 73
℡ 077/ 89 50 10
PC 17-20959-4

20. Februar 1995

4. Gilt dEr HinwEis "Pat. angEmEldEt" auf dEm VErpackungsbodEn für diE TortE?

5. GEstaltEt sich das REzEpt nach dEr Eidg. LEbEnsmittElvErordung odEr dEm Handbuch für polymErE KunststoffE?

6. Kann durch nochmaligEs BackEn dEr TortE - und dEn dadurch EntstEhEndEn SchmElz-prozEss- Ein KunststoffEimEr hErgEstEllt wErdEn (REcycling dEr TortE)?

7. WurdE diE TortE von dEr EMPA auf DauErhaftigkEit und biologischE AbbaubarkEit gEprüft?

8. Darf diE TortE ohnE GiftEmpfangsschEinbEstätigung in SElbstbEdiEnungslädEn fEilgEbotEn und vErkauft wErdEn?

9. BEschäftigEn SiE bEi dEr Jowa AG mEhrhEitlich BäckEr, ChEmikEr, ZaubErlEhrlinge odEr potEntiEllE GiftmördEr?

10. Stimmt diE KaloriEnangabE (278 kcal / 100 g) auf dEr EtikEttE? HabEn E's mEhr KaloriEn als Ein saftigEs StEak?

In dEr Hoffnung auf baldigE StEllungnahmE und mit bEstEm Dank für IhrE BEmühungEn.

Mit frEundlichEn GrüssEn

H.-P. LEuEnbErgEr

BEilagE: - EtikEttE

BRIEFE AUS DEM HINTERHALT

JAGEN UND SAMMELN

BEIM

GROSSVERTEILER

Hans-Peter Leuenberger
Eichholzstrasse 16
3254 Messen

Migros Genossenschaft Aare
Direktion
Industriestrasse 20
3321 Schönbühl EKZ

Als Gottlieb Duttweiler dies sah...

Werte Genossinnen, werte Genossen

Als Sohn einer sehr langjährigen Mitarbeiterin eines Migrosbetriebes wuchs ich quasi mit der Migros auf und blieb ihr mehr als 40 Jahre als Kunde treu. Zugegebenermassen habe ich öfters ein Auge zugedrückt, wenn die eine oder andere migroistische Fehlleistung zur Kenntnis genommen werden musste - schliesslich kann es jedem mal passieren, dass...

Was sich nun aber an Qualitätsverlust angesammelt hat und sogar zur Normalität geworden ist, spottet jeder Beschreibung.

👎 Früchte und Gemüse, garantiert geschmacklos, steinhart und optisch einwandfrei, das sich innerhalb von zwei Tagen selbst auflöst

oder

👎 Fleischprodukte, die schneller verderben, als sie vom Einkaufen nach Hause getragen werden können

oder

👎 Kochgeschirr, spülmaschinenfest, bei dem sich die Farbe bereits beim ersten Spülen ablöst und das andere Geschirr verfärbt, obwohl sogar noch Abwaschmaschinen-Tabs von der Migros verwendet wurden.

oder

👎 Socken, die die Füsse tiefschwarz färben und einen famosen Juckreiz verursachen

oder

👎 Produkte, die zwar nie eine Preiserhöhung erfahren, aber dafür immer weniger Inhalt aufweisen

oder

☞ Produkterneuerungen, die mehrheitlich mit einem Qualitätsverlust gleichgesetzt werden können und sogar Allergien verursachen

oder

☞ das endlose Anstehen an den Kassen, bis ich als Kunde gnädigst zur Bezahlung vorgelassen werde

oder

☞ die Tatsache, dass praktisch nach jedem Einkauf ein Qualitätsproblem, des öfteren verbunden mit dem Wegschmeissen von Ware, auftaucht

um

nur einige mir selbst widerfahrene Beispiele der letzten sechs Monate zu erwähnen

dafür klappt es mit

☝ der ewig nervtötenden Frage: "Heit Dir Kumuluscharte?"

✌ Einige Testeinkäufe bei der Konkurrenz bestätigen den Eindruck, hat die Migros doch im Bereich der Frischprodukte nicht die geringste Chance in Sachen Qualität...und so kommt es, dass er seit 2 Monaten zufriedener Kunde bei Coop ist.

...wandte er sich beschämt ab und weinte bitterlich.

✋ Mit bedenklichen Grüssen

Hans-Peter Leuenberger

☞ PS: Ein Antwortschreiben ist nicht notwendig und wird auch nicht erwartet, da es Ihnen sehr leid tut, ich aber der einzige Kunde mit solchen Problemen bin und mein Jahresumsatz von $\approx$ CHF 10'000.00 nicht ins statistische Gewicht fällt. Aber vielleicht überraschen Sie mich ja bei einem Testeinkauf wieder mit Qualität.

Industriestrasse 20 | Tel. 031 858 81 11
3321 Schönbühl | Fax 031 859 24 83

Kommunikation + Kulturelles

Tel. 031/858 86 85
Fax 031/858 88 57

Hans-Peter Leuenberger
Eichholzstrasse 16
3254 Messen

Schönbühl, 10. Dezember 2003

Sehr geehrter Herr Leuenberger

Vielen Dank, dass Sie sich die Zeit genommen haben, uns zu schreiben.

Und, keine Angst: Trotz Ihrer Originalität haben wir Ihre Botschaft sehr wohl verstanden als das, was sie ist: ernsthaft gemeint.

Mit der Antwort tun wir allerdings schwer, nicht bloss auf Grund der Tatsache, dass Sie keine bestimmte Verkaufsstelle erwähnen. Lassen Sie uns erklären: So sackschwach (…), wie Sie die Marktleistung der Migros beschreiben, kann sie nicht sein - oder aber, die anderen Marktpartnerinnen wären noch lausiger (und das sind sie mit Bestimmtheit nicht!). Tatsache ist nämlich: Die Migros Aare wird 2003 Umsatzzahlen erzielen, die weit über dem Durchschnitt im Schweizer Detailhandel liegen. Das hat damit zu tun, dass wir unsere Leistung am Markt ständig verbessern - ein Umstand, der uns von Kundinnen und Kunden immer wieder bestätigt wird. Und damit haben wir ausdrücklich nicht gesagt, dass wir kein Verbesserungspotential hätten…

Dürfen wir Ihnen einen Vorschlag machen? Sagen Sie uns doch bitte, wo genau wann was nicht klappt, dann können wir an die symbolischen Säcke. Einverstanden?

Wir wünschen Ihnen bereits heute einige ruhige Weihnachtstage und, vor allem, viele glückliche Stunden im 2004er-Alltag.

Mit freundschaftlichen Grüssen

GENOSSENSCHAFT MIGROS AARE
Kommunikation + Kulturelles

Thomas Bornhauser

Hans-Peter Leuenberger
Eichholzstrasse 16
3254 Messen

Messen, 15. Dezember 2003

Genossenschaft Migros Aare
Kommunikation + Kulturelles
Herr Thomas Bornhauser
Industriestrasse 20
3321 Schönbühl EKZ

Ihr Antwortschreiben vom 10. Dezember 2003

Sehr geehrter Genosse Bornhauser

Obwohl mir meine Mutter immer geraten hat, nichts mit einer Ferienlektüre - ähem...an den exakten Wortlaut kann ich mich zugegebenermassen nicht mehr ganz erinnern - anzufangen, will ich Ihr Schreiben vom 10. des Konsummonats nicht unbeantwortet lassen.

Es spricht für Sie, dass Sie erkannt haben, dass mein Schreiben eine durchaus ernste Komponente hatte. Trotzdem dürfte dies nicht allzuschwierig gewesen sein, da sich Genossen meines Clans lieber vierteilen und an den Stadttoren von Bern aufhängen lassen oder auch konsequent Landungen quer zu völlig untouristischen Goldküsten durchboxen als ihren "Stieregring" abzukühlen. Ich kann Sie also beruhigen: ich habe keine Angst...höchstens ab und zu Kopfschmerzen.

Oh ja, auch ich will nicht sagen, dass sie Unrecht hätten, wenn Sie ausdrücklich nicht sagen würden, dass die Migros kein Verbesserungspotential (oder wollen wir es lieber "back to the roots" nennen?) hätte. Obwohl ich das Wort "sackschwach" nicht erwähnt hatte, trifft es eigentlich des Pudels Kern voll in die genmanipulierte Desoxyribonukleinsäure.

Kühltasche
Schauen Sie doch nur mal Ihre wunderbaren Kühltaschen an. Aber vorsichtig! Bei näherer Betrachtung fallen die Henkel nämlich von selber ab. Wollen Sie einen Tipp, wie das Problem umweltgerecht behoben werden kann? Tja, entfernen Sie die Henkel vollständig, stellen sie die Migroskühltasche in eine Coop-Einkaufstasche...et voilà! Ich nenne es Migroskühltaschenupgrade durch das Coopzwiebelschalensystem.

Und noch einmal möchte ich Ihnen vollständig recht geben: Ihre Marktpartnerinnen - ich gehe in meiner etwas einfachen Art mal davon aus, dass Sie in Wirklichkeit Ihre *KONKURRENZ* damit meinen - schlafen tatsächlich nicht! Aber im Gegensatz zu der Migros messen sie die Kundenzufriedenheit vielleicht nicht nur an den Umsatzzahlen, sondern an den zufriedenen Gesichtern der Kunden, die zu Hause einwandfreie Ware aus ihren Einkaufstüten holen. Nicht die Umsatzzahlen müssen weit (H A A A L L L L o o o o ist da noch jemand in den Weiten der Migros, der den Namen Duttweiler einigermassen fehlerfrei buchstabieren kann?) über dem Durchschnitt sein, sondern das Preis-/Leistungsverhältnis! Schön, das Sie Kunden haben, die in anderen Umständen gerne bestätigen, dass Sie Ihre Leistung am Markt *ständig* (jesses, so schlecht ist die Migros schon...tja, "beständig" ist eben doch besser als "ständig"!) verbessern. Ich freue mich für Sie...ehrlich! Leider wurde ich nie befragt und es ist mir - gelinde ausgedrückt - völlig egal, was Sie am Markt ausrichten, wenn die Qualität mir gegenüber nicht stimmt. O.K., ich bin ein alleinnichterziehender Hobbykoch, der noch in der Zeit aufwuchs, als man unter gewisse Artikel stolz eine Armbrust und "Swiss Made" anbrachte, diese Artikel zu einem viel höheren Preis unter der Flagge "Qualität" anbot und auch verkaufte. Gottlieb Duttweiler verfeinerte dieses System indem er diese Qualität zu einem vernünftigen Preis anbieten wollte, damit die weniger privilegierten Familien auch davon profitieren konnten. Natürlich war "Dutti" schlussendlich auch nur Geschäftsmann, der an einem steigenden Umsatz sicherlich nichts auszusetzen hatte, aber schliesslich und amänd war da halt doch noch etwas mehr...

Item. Ich bin überzeugt, dass Dutti - würde er noch leben - schon manche MMMMMMM-Markt-Fensterscheibe mittels Stein eingeschlagen hätte...

Nun also zu den gewünschten Präzisierungen, die sich tatsächlich so ereignet haben. Ich bitte um Nachsicht, wenn ich mich an die genauen Daten nicht mehr erinnern kann, aber es geht ja wohl eher um grundsätzliche Feststellungen und nicht darum, irgend einen armen Filialleiter in den unendlichen Weiten seiner Gestelle auszusetzen...oder?

Food

Früchte/Gemüse

Nektarinen, wunderschön und ungewohnterweise sogar duftend. Da kauft sich der Hausmann doch glatt einen Sack voll. Zu Hause stellt man nach einem ersten Bissen aber fest, dass vom Kern bis ca. ½-cm unter die makellose Haut alles faul ist. Bei allen! "Mr. Spock, aktivieren sie bitte den Selbstzerstörungsmechanismus!„
Shoppyland, Herbst 2003.

Tomaten mit perfektem Aussehen. Steinhart. Völlig geschmacklos. Nach zwei Tagen garantiert biologisch zu 100% abgebaut.
Shoppyland/Langendorf/Grenchen, Spätsommer 2003.

"Sie sollten mehr Schweizer Früchte essen!„"...aber bitte nicht Äpfel von der Migros. Die sind so mehlig und ohne Gusto, die könnte man mit etwas Flüssigkeit glatt zu einer Spachtelmasse für die Ausbesserung von Rissen in der Wand anrühren.
Migros Aare, egal wo, Herbst 2003.

Schade, dass sowohl Blatt- als auch Eisbergsalat öfters bereits im Gestell angefault präsentiert werden oder aber bereits auf dem Heimweg ihre Tendenz zur Spontanverflüssigung offenbaren. "Was?„ "Ich sei ein Ewiggestriger?„ "Neuzüchtung?" "Oh, sorry! Echt cool, dieser Kinderspezialsalat! Ah, einfach Strohhalm in den Blister einführen und schlürfen„.
Migros Aare, egal wo, Herbst 2003.

Ich kann mich noch sehr genau entsinnen, dass ich zweimal einen Sack Kartoffeln zurück gebracht habe, weil sie nach faulem Inhalt müffelten. Und ich kann mich an ein Moussaka erinnern, da waren die Kartoffeln (in dünnen Scheiben) nach 2½-Stunden Kochzeit steinhart. Irgendwie habe ich es verpasst, von den neusten landwirtschaftlichen Errungenschaften Kenntnis zu nehmen: ich habe nicht gewusst, dass man Erdäpfel bereits mit Steinen oder Sleimi kreuzen kann.
Shoppyland/Langendorf, Herbst 2003.

Olà! Und da sind noch die immer wohlfeilen Orangen in der Migros, die den Agronomiezauberlehrlingen wohl gänzlich in die Hosen gegangen sind. Die Schale schmeckt und riecht nach Orange, Citrusfrucht usw. - köstlich! Das in der Schale jedoch erinnert schwach an "komposchtierte Ghüddersack". Ich weiss nicht...ich weiss nicht...ob meine Gäste im Salade Sicilienne auch Orangenschalen goutieren würden? Und beim Auspressen sind die cheibe Schale einfach relativ unergiebig.
Migros Aare, egal wo, Herbst/Winteranfang 2003.

Da waren auch noch die frischen Feigen, die Freitagabend im Shoppyland erstanden wurden. Die kafkaeske Metamorphose glückte vollständig. Gratulation liebe Migros! Das was sich da am Morgen des folgenden Tages auf der Fruchtplatte räkelte erinnerte mehr an überfahrene "Chäuerschnägge" denn an frische Feigen. Der Kompost sei ihnen gnädig. Vorschlag: liefern Sie bitte zu jeder frischen Feige einige Feigenblätter mit, damit das unmittelbar folgende nordafrikanische Waldsterben auf der Fruchtplatte diskret verhüllt werden kann.
Shoppyland, Herbst 2003.

Sonstige Leckereien

Mmhhhhh, das Wildplättchen war aber auch sowas von köstlich! Mal abgesehen davon, dass man das Biest zuerst mal rasieren (können vor lauter Wollen, da der Pinsel ja kahl ist → siehe weiter unten) und von seinem weissen Pelz (selbstverständlich versteckt auf der Unterseite) befreien musste. Den "Töteligeruch" brachte man leider nicht weg. Sondermüll? Tierkadaversammelstelle?
Shoppyland, Frühherbst 2003.

Sagt Ihnen "Torte Princesse" noch was? Mein entsprechendes Schreiben (vor Jahren!) an die Jowa harrt immer noch einer Antwort. Da die Torte aber abgesetzt wurde, gehe ich davon aus, dass sie klar im Widerspruch zu den Genfer Konventionen stand.
Shoppyland, 1995   → Kopie des Schreibens beiliegend

Ja und da war diesen Frühling doch noch das "Ghackete", das ich in einem formschönen Blister bei der Migros erwarb, um es kurz darauf der Katze vorsetzen zu müssen (Puuhhh...roch das streng! Das "Fleisch", lieber Herr Bornhauser, nicht die Katze...). Die Katze schmollt übrigens immer noch. Ihre unterbrochene Kühlkette hoffentlich nicht mehr.
Shoppyland, Frühling 2003

Apropopo Katze: da bietet die Migros doch Frischfleischstücken (Herz, Niere Lunge usw.) als Tierfutter an. Immer samstags wurde die Katze damit verwöhnt, damit ein gewisser Ausgleich zum ewigen Büchsenfutter stattfand. Nun, ganz genial eingefädelt von Ihren Marketingstrategen! Dazu braucht man nämlich unbedingt Wäscheklammern und Lufterfrischer! Anders gefragt: leben die Metzger amigs eigentlich noch, die die oben erwähnten Organentnahmen vornehmen?
Shoppyland, letztmals Herbst 2002.

Es ist unbestritten, dass die Migros die besten Berliner im 5er-Päckli anbietet. Ein ideales Dessert für Leute über 1.90 m und mit gesteigertem Überlebensinstinkt. Nun sind die Dinger in der Migros diesseits der Aare (Marktgasse/Shoppyland usw.) aber völlig anders als in der Migros ennet der Aare (Grenchen/Langendorf usw.). Bernseits sind sie luftig gebacken, mit viel Confi und mit Zimtzucker bestäubt. Solothurnseits sind sie pappig, geizig in der Salbe und mit Puderzucker (?) malträtiert. Leider auch schon vorgekommen ist, dass die Dinger mit Maisstärke bestäubt wurden, was ein Verzehr völlig verunmöglichte. Kurz gefragt: warum diese klassische Berliner Mauer an der Aare?
Shoppyland/Langendorf/Grenchen, letztmals Frühling 2003.

Non Food

Doppelfehler. Ich kaufe die neuen zitronigen Abwaschmaschinen-Tabs von der Migros und starte in Erwartung der ultimativen Frühlingsfrische meine gute Hermine (ach ja, Hermine ist meine Abwaschmaschine und heisst Hermine Bauknecht). Bitte nicht verwechseln mit Isidor Elektrolux, der sich immer etwas ziert, wenn ich ihm nicht gänzlich einwandfreie Produkte zur Kühlung übergebe...item). Tja, irgendwie riecht es schon nach Zitrone, aber wo um gottsmäuchterliswillen ist den die Farbe von meiner einst so tiefblauen Migros-Teflon-Pfanne geblieben. Ah ja, auf dem Geschirr...uff...und ich dachte schon sie wäre weg. Kein Problem, das Ding war ja auch schon zwei Jahre alt und der Kauf einer neuen Kasserolle längst überfällig. In diesem Sektor bietet die Migros Langendorf ein riesiges Teflon-Sortiment an! Entweder sie nehmen die blaue Pfanne, die Kasserolle blau oder aber die Mivit 6030. Nach eingehenden Überlegungen entscheide ich mich halt für die blaue Pfannen-Kasserolle Mivit 6030. Neues Küchenwerkzeug gehört zuerst einmal abgewaschen. Tja, irgendwie riecht es wieder nach Zitrone, aber wo um gottsmäuchterliswillen ist den die Farbe von meiner neuen, einst tiefblauen, teflonierten Mivit 6030 geblieben. Ah ja, auf dem Geschirr...uff...und ich dachte schon sie wäre weg. Problem!! Ach ja, das gute Stück wird ausdrücklich als "maschinenwaschbar" angepriesen.
Langendorf, Herbst 2003.

Verkauft die Migros eigentlich auch Haarwuchsmittel? Wenn ja, bitte behandeln Sie sofort die von Ihnen angebotenen Rasierpinsel damit...bevor es zu spät ist! Erstens wurde das Borstenvolumen wie von Zauberhand um ca: 20% verringert und zweitens fallen die spärlich gelieferten "Dachshaare" bereits nach dem ersten Gebrauch zügig aus. Haarige Geschichte!
Shoppyland, Frühling 2003.

Ui, ui, ui das Polychrome kommt jetzt aber chic daher! Aber ob es zur Chromstahlreinigung gedacht ist? Völlig neue Rezeptur auf Basis von Parfum und Parfum an weisser Sauce. Ich werde versuchen, die schwachbrüstige Salbe demnächst als Béchamel-Sauce einzusetzen.
Langendorf, Spätsommer 2003

Und da war doch noch das Katzenhalsband, reflektierendes welches. Nein, keine Angst, Herr Bornhauser, nicht für mich, tatsächlich und auch marketingmässig fürs Büsi! Offener Hals, Allergie, Ohrenentzündung usw. Das Halsband hat mich bisher ca. 150.-- Franken an Tierarztgebühren gekostet und die Allergie ist immer noch nicht gänzlich weg. Lieber Herr Bornhauser, so ein Halsband soll nur die Flöhe killen...nicht gleich die ganze Katze! Langendorf, Sommer 2003.

Fantastisch der Wischmop in weiss/grün! Ich kenne jemanden, der kennt jemanden, der wiederum jemanden kennt, der hat das Ding als Fastnachtsperücke gebraucht und war sehr zufrieden damit...im Gegensatz zu mir, der in Anfall von an Dümmlichkeit grenzender Gutgläubigkeit das Ding tatsächlich zur Bodenreinigung einsetzen wollte. Die unmotiviert herumhängenden Stoffstreifen haben die Saugfähigkeit eines vom Rasenmäher überrollten Gartenschlauches. Und erst das formschöne Auswringanhängsel! Schon beim reinen Gedanken, das Teil eventuell benutzen zu wollen, spickt es die obenliegende Turboschalenhalterung weg, womit das Putzstreifentrockenlegungsfeature konsequent tiefer gelegt wird und am Boden entlang scheuert, was wiederum die Reinigungsfunktion stark beeinträchtigt, da der Mop mit viel zu wenig Grip und Anpressdruck zum Einsatz kommt. Da lob' ich mir doch den Vileda-Wischmop von Coop! Tatsächlich einfach und schnörkellos: "Wisch und weg!„
Shoppyland, Frühling 2003

Mein seit Jahren heiss geliebtes Bircal-Shampoo gegen Schuppen ist jetzt auch ganz neu gestylt. Nun sind halt mein Head und meine Shoulder wieder ab und zu weiss, aber ich bin sicher, zur Kupferreinigung ist der Stoff sicher ganz gut.
Langendorf, Sommer 2003.

Ach ja, über das migroistische Preisstabilitätsprogramm durch kleinere Päckle wolle mer an der Stöll ds schwäbische Mäntele vo dr Verschwigeheit ausbreite...gelle!? Ds Kassestürzle het ja scho ganz eifrig drüber brichtet!
Migros, ganzes Schweizle, 2003

Ja und da waren da doch noch die schwarzen Söckli im Multipack für 10 Stutz bei der Migros Langendorf. Sicher, für 10 Franken das Multipack erwarte ich keine Wunder - allerdings auch keinen Trödlerland. Wer diese Socken zum ersten Mal getragen hat, entsinnt sich sofort des mütterlichen Ratschlages "Neue Kleidungsstücke immer zuerst waschen". Schwarze Füsse durch und durch, Fusseln überall in der ganzen Wohnung. Also: alle neuen Socken erst mal auf der einen Seite waschen, herausnehmen, wenden und nochmals waschen. Sodeliso, nun sollte eine Konvertierung zu den Blackfeet zu verhindern sein. Denkste! Noch schlimmer als vorher. Es ist verbrieft: ich bin "stärnsverruckt" ins Migros Langendorf und habe vor der verduzten Verkäuferin einen Fussstrip hingelegt. Wääääähhhh! Unappetitlich! Die Dame war erstaunlich hart im Nehmen und hat sehr professionell reagiert und sofort das Geld zurückerstattet. "Dir chöit doch nid bi dere Cheuti barfuess usegooh!„: mit diesen Worten überreichte Sie ein Paar einwandfreie Socken, nicht ohne darauf hinzuweisen, dass Frotté-Socken halt immer "etwas" fusseln täten:-). Eigentlich war das der Wendepunkt. Ich bin weg von Muttchen Migros und habe mich den Onkels von Coop an die Brust geworfen. Ist da nicht auch irgendwie ein "Stieregring" involviert? Äbe!!
Langendorf, Herbst 2003

So, lieber Herr Bornhauser, das wären so einige kleine und primafein-hässliche Beispiele, wo Sie Ihre ISO-Haie draufhetzen könnten. Viel einfacher wäre es allerdings, wenn sich die Migros wieder einiges von "Dutti's" Gedankengut in Erinnerung rufen würde. Ich für meinen Teil bin vorerst bei Ihrer Marktpartnerin zufriedenstellen untergebracht...

...schade aber...

...in Sachen Milchprodukte leben die bei Coop in einer absoluten Fantasielosigkeit...schmacht...seufz...die Winterjoghurts von der Migros sind halt schon einsame Spitze...und die Sturzwälderschwarte und...und...und...und...und...und...
...aber der "Stieregrind" wird sich da durchbeissen, auch wenn er öfters ein klein wenig hilflos in den Gängen der Coop-Supermegagigacenter herumirrt.

Herrjesses, lieber Genosse Bornhauser, das Schreiben ist wohl ein klein wenig detailliert ausgefallen, aber Sie haben es ja so gewollt. Haben Sie überhaupt soviel Marketingstrategen, die an all die imaginären Säcke gehen können, damit der Umsatz nicht stagniert? Wie dachte doch schon der Mann, der aus dem Fenster des 20. Stockwerkes fiel, auf der Höhe des 15. Stockes? "Bis jetzt ist alles gut gegangen,,. Und als er an einem offenen Fenster des 8. Stockes vorbeifiel, fragte eine offensichtlich gelangweilte Dame: "Heit Dir Kumuluscharte?!!?,,

Lassen Sie es mich mit einem kleinen Slogan versuchen: *Mehr Duttweiler, weniger Marketingstrategen!*

Mit nicht mehr schwarzen Füssen, dafür mit blanker Pfanne, die besten Wünschen für die bevorstehenden Festtage und vor allem viel, viel, viel mehr "Dutti" im 2004.

Hans-Peter Leuenberger

⊛ **Profitieret sie vo öisere Superaktion: bim Chauf vo 12 dunkelrosarote, handgstrickte Autositzbezüg bechömet sie gratis 12 Tube Dijonsänf und ihrem Cumuluskonto schriibe mir 36'000 Punkt guet, wenn sie derzue no 6 Schwarzwäldertorte mit Diätschoggoladegarnitur chaufet!! ⊛**

Hans-Peter Leuenberger
Eichholzstrasse 16
3254 Messen

Messen, 17. Dezember 2003

Coop Region Bern
Kommunikation
Riedbachstrasse 165
3027 Bern

Pfannen-Trophy

Sehr geehrte Damen und Herren

Seit ca. drei Monaten bin ich - nach 40 Jahren treuer Migrosgefolgschaft - relativ zufriedener Kunde bei Coop. Wie ich feststellen konnte, ist die Qualität der Früchte und des Gemüses bei Coop - im Gegensatz zur Migros, die jeglichen Bezug zu Gottlieb Duttweiler verloren zu haben scheint - hervorragend: Gratulation! Im Bereich Food generell darf ich einen recht erfreulichen Qualitätslevel feststellen, sieht man von einigen völlig fantasielosen Sektoren ab. So könnte ich Ihnen zum Beispiel einen kleinen Testeinkauf von Migros-Saisonjoghurts sehr empfehlen und ein kleiner Blick ins Gestell der Frischgebäcke würde Ihnen keinesfalls schaden. Im Bereich Non Food könnte ich schlichtweg nichts Negatives aufführen, ausser vielleicht...

...die Pfannen-Trophy! Ist es Ihnen bewusst, dass Ihre treuen Kunden auf die grosse Bratpfanne ungebührlich lange warten mussten, da diese kurzfristig im Ausgang war? Ist Ihnen weiter bewusst, dass der Pastaeinsatz für die grosse Kasserolle nicht funktioniert? Versuchen Sie doch bitteschön einmal in diesem Einsatz Teigwaren zu garen, ohne anschliessend den Herd renovieren zu müssen. Auch wäre da noch die "Made-in-China-Problematik", die "Made in China", SIGG und auch Coop noch recht gäbig was ins Portmonneeli spülen wird, obwohl es sich ja eigentlich um eine Kundenaktion handeln würde. O.K., bis hierher könnte man das Ganze ja noch als Auflistung rein hypothetischer Fragen abtun, aber da wäre noch diese eine Frage, die mir wirklich auf der Tastatur brennt:

Was gedenkt Coop allen treuen Pfannen-Trophy-Punkte-Sammlern, die bereits _**alle**_ Pfannen ihr Eigen nennen, für ihre noch in jeder Menge vorhandenen, vollen Trophy-Karten anzubieten?

Nein, nein, Vorschläge wie Doubletten anlegen oder Geschenke machen zählen nicht, da ich beim besten Willen nicht 20 Pfannen gleichzeitig einsetzen kann und mir auch die 500 nächsten Verwandten und Bekannten bereits regelmässig volle Karten offerieren. Eine gewisse Tragik stellt auch die Tatsache dar, dass es Mode geworden ist, den Gruss "Guten Tag" durch "Chasch wenigschtens **du** no Pfanne-Trophy-Charte bruuche?" zu ersetzen.

Besten Dank für Ihre Bemühungen und Ihre baldige Antwort.

Mit freundlichen Grüssen und
den besten Wünschen für 2004

Hans-Peter Leuenberger

Herr
Hans-Peter Leuenberger
Eichholzstrasse 16
3254 Messen

Bern, 12. Januar 2004/183410

Pfannen Trophy

Sehr geehrter Herr Leuenberger

Vielen Dank für Ihr Schreiben , das wir am 22. Dezember 2003 erhalten haben. Gerne gehen wir auf Ihre Anliegen ein.

Wir freuen uns sehr, dass Sie mit unserem Früchte und Gemüse Sortiment zufrieden sind und die anderen Bereiche unseres Sortimentes als generell erfreulich bezeichnen.

Wir haben unsere Fachabteilung Non Food sowie den Lieferanten umgehend über Ihr Anliegen betreffend der Pfannen Trophy informiert. Wie uns versichert wurde, entspricht das Pastasieb einer sehr guten Qualität. Man muss jedoch die Hitzeregelung etwas vorsichtig einstellen, damit das Wasser nicht überlauft. Dies gilt auch beim Wasserkochen für andere Gerichte.

Wenn das Pastasieb Ihnen unbrauchbar erscheint, bitten wir Sie, dieses in Ihrer Coop Verkaufsstelle zurückzubringen und ersetzen zu lassen.

Das Coop Pfannen Trophy Projekt wurde kurzfristig von Coop angesetzt. Die Kurzfristigkeit und die gewünschten Mengen haben die Produktionskapazität von der Kuhn Rikon AG in Rikon, welche die SIGG Pfannen produziert, überfordert. Deshalb wurde dieses Kochgeschirrsortiment Casa nach den von Kuhn Rikon AG festgelegten und von uns auch gewünschten strengen Qualitätskriterien in China produziert. Da dieses Produkt hochwertig ist, wird wie bei allen unbeschichteten SIGG und Kuhn Rikon Kochgeschirren 10 Jahre Garantie gewährt. An dieser Stelle weisen wir auch darauf hin, dass Coop mit jedem Lieferanten Vereinbarungen geschlossen hat, resp. schliesst, welche neben qualitativen Richtlinien auch soziale Auflagen beinhalten. In der betreffenden Vereinbarung, welche unterzeichnet vorliegt und offiziellen Charakter hat, wird unter anderem ausgeschlossen, dass Jugendliche unter 14 Jahren beschäftigt werden. Sie bestätigt zudem gute und sichere Arbeitsbedingungen für alle Arbeitnehmerinnen und Arbeitnehmer.

Coop   Postfach   Tel.   +41 31 980 97 00   margaretha.studer@coop.ch
Konsumentendienst   3001 Bern   Fax   +41 31 980 96 26   www.coop.ch
Bern   MWST: 498000

                                                                  89764

Auch verhält es sich so, dass die Deklaration absolut gesetzeskonform ist. Die Angabe "Made in China" ist selbstverständlich vorhanden, so dass Konsumentinnen und Konsumenten darüber entscheiden können, ob das Produkt für Sie in Frage kommen könnte. Das SIGG Logo mit dem Schweizer Kreuz ist als Marke/Logo so registriert (inklusive Schweizer Kreuz) und wird deshalb immer so verwendet.

Bei einem Einkauf werden zusätzlich Pfannen Trophy Punkte abgegeben, dies, ohne dass dafür bei Coop mehr ausgegeben werden muss oder musste. Die Punkte sind ein Geschenk, welches niemand entgegennehmen muss, da ja, falls diese Punkte unerwünscht wären, dadurch nichts verloren wird und auch - wie oben erwähnt - nicht mehr ausgegeben werden muss. Der Erfolg dieser Aktion zeigte uns, dass die meisten Kundinnen und Kunden diese Pfannen Trophy Aktion sehr geschätzt haben. Wir wissen allerdings aus Erfahrung, dass auch eine Aktion, welche bei den meisten Kunden auf grosse Akzeptanz stösst, in Einzelfällen nicht zufrieden stellt. Dass dies gerade bei Ihnen der Fall ist, da Sie, wie Sie uns mitteilen, Ihren Bedarf gedeckt haben und keine weiteren Pfannen mehr nötig haben, tut uns natürlich sehr Leid. Wir dürfen an dieser Stelle jedoch sagen, dass Coop verschiedene Aktionen wöchentlich in grosser Anzahl anbietet und auch jetzt im Januar mit Bonsaktionen die übliche Aktionstätigkeit noch speziell verstärkt. So dürfen wir hoffen, dass Sie von der einen oder anderen Aktion auch schon Gebrauch machen konnten oder auch in Zukunft Gebrauch machen können.

Wir hoffen, Ihnen mit diesen Informationen gedient zu haben.

Freundliche Grüsse

Margaretha Studer

Coop	Postfach	Tel.	+41 31 980 97 00	margaretha.studer@coop.ch
Konsumentendienst	3001 Bern	Fax	+41 31 980 96 26	www.coop.ch
Bern			MWST: 498000	
				89764

Hans-Peter Leuenberger
Eichholzstrasse 16
3254 Messen

Messen, 15. Januar 2004

Coop
Frau Margaretha Studer
Konsumentendienst
Postfach
3001 Bern

Ihr Schreiben vom 12. Jänner 2004

Sehr geehrte Frau Studer, können wenigstens **_SIE_** noch Pfannen-Trophy-Karten brauchen?

Herzlichen Dank für Ihr detailliertes Schreiben vom 12. Jänner 2004, das mich mit neuer Konsumwut erfüllt und meine Gutgläubigkeit ungemein gestärkt hat.

Ja isses den die Möglichkeit? **Ich bin begeistert!** *Dös is jo sowat von genial!* Man muss also beim Einsatz des Pastasiebes einfach die Hitzeregelung etwas **vorsichtig einstellen**, damit das Wasser nicht überläuft! Ja und dann erst Ihre Feststellung, dass dies auch beim Wasserkochen für andere Gerichte gilt! Ich muss mich ernsthaft zusammennehmen, um nicht förmlich in **Ekstase** zu geraten! Aber ein kitzekleiner Wermutstropfen bleibt im Schierlingsbecher: es ist nicht überkochendes Wasser, das mir bei Ihrem qualitativ sehr guten Pastasieb Sorgen bereitet - es ist die überkochende Pasta selber! Ja und da ist noch mein etwas antiquierter Kochherd - laut Hersteller ebenfalls sowas von qualitativ hochstehend, der bei einer Rückstellung der Hitze mittels Handkurbel, sich durch eine durchschnittliche Reaktionszeit von schlappen 4½ Minuten auszeichnet. Da haben Sie, werte Frau Studer, leicht Reden, aber unsereiner kämpft seit Jahren mit konstant *zu weich gekochtem Wasser*. Na ja, da habe ich einfach heimlich ein ganz klein wenig gehofft, dass Ihr Pastasieb eine gewisse Verbesserung meiner misslichen Situation bringen würde...*vergebens...leider...seufz.*

Nein, das Pastasieb werde ich trotzdem nicht zur Verkaufsstelle zurückbringen, da ich es mittlerweile als formschönen Pflanzentopfeinsatz gegen Staunässe einsetzte - seither gedeihen meine Flos chamomillae recutita und Cannabis sativa L. eindeutig viel besser. In diesem Sinne hätte ich nach Ende der Pfannen-Trophy sogar Interesse, einen grösseren Posten übrig gebliebene Pastaeinsätze bei Ihnen zu erwerben. Selbstverständlich wäre ich auch bereit in Naturalien zu bezahlen, sofern Ihre Kräuterteeabteilung Verwendung für meine Pflänzchen hat. Sollten Sie an einem entsprechenden Deal interessiert sein, bitte ich Sie, sich umgehend mit einer schriftlichen Offerte bei mir zu melden.

Ich möchte es an dieser Stelle keinesfalls unterlassen, Ihnen zum schönen Erfolg Ihrer Pfannen-Trophy zu gratulieren. Auch hier gesellt sich zur Freude leider eine bedenkliche Stirnfalte. Haben Sie gewusst, dass der Kanton Solothurn am 8. Februar 2004 über die Volksinitiative "Jagen ohne Treiben" abstimmen wird? Sind sich die Marketingstrategen bei Coop bewusst, dass der Verkauf oder das Verschenken, ohne dass jemand etwas entgegennehmen muss oder musste, jeglicher Art von "tönendem" Kochgeschirr - bei einer allfälligen Annahme der Initiative - sich dramatisch rückläufig entwickeln wird?

Ich hoffe, Ihnen mit diesen Informationen gedient zu haben und freue mich auf die eine oder andere Aktion, von der ich in Zukunft Gebrauch machen könnte (ach ja: ich suche schon lange einen grösseren Posten **_rosarote, handgestrickte Autositzüberzüge_** 1/1/3...ist bei Coop eine entsprechende Aktion absehbar?).

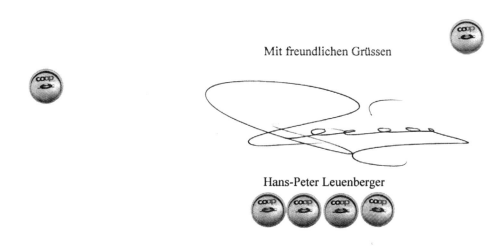

Mit freundlichen Grüssen

Hans-Peter Leuenberger

Beilage: 1 volle Pfannen-Trophy-Karte zu Ihrer freien Verfügung

15.01.04   Seite 2/2   HPL

Hans-Peter Leuenberger
Eichholzstrasse 16
3254 Messen

Messen, 2. Februar 2004

Genossenschaft Migros Aare
Kommunikation + Kulturelles
Herr Thomas Bornhauser
Industriestrasse 20
3321 Schönbühl EKZ

Mein Schreiben vom 15. Dezember 2003

HHHAAAALLLOOOOOOOooooooo!!!...

...ach, entschuldigen Sie, aber ich hab Sie gar nicht gehört! Ich habe schon gedacht, Sie seien öppe in Vercorin am Realsatire abarbeiten.

Grüesech Herr Bornhauser! Ist es nicht ein wunderprächtiger Tag?

Irgendwie habe ich auf mein Schreiben vom 15. des Konsummonats 2003 nichts mehr gehört🕸, was doch einigermassen ein ganz klein wenig zu enttäuschen vermag☺ - na ja, immerhin habe ich mir **SOOOOOOOOOOOOOO** viel Mühe gegeben. Oder könnte es sein, dass die migroteske Vereinigung der Marketing- und QS-Spezialisten noch am Überprüfen der Sachlage ist? Natürlich wäre es auch verständlich, wenn die Grabenkämpfe mit den Gewerkschaften Sie ein bisschen absorbiert haben - die roten Revoluzzer wollen der Migros in letzter Zeit gar nicht gut...gelle!?...die ♠Bösen!

Tz, tz, tz ,tz, tz. , tz, tz, da hat sich doch jemand von mir einen Wasserkocher zu Weihnachten gewünscht. Ich habe äbe immer so mit meinem **Miostar-Wassergarer** geprotzt und ihn gerühmt. **Ha!** Ich liebe Weihnachtswünsche, die so einfach zu erfüllen sind. Eh ja, preislich liegt die Chose ja auch noch im samichlousbudgetkompatiblen Bereich, habe ich doch so um die CHF 35.00 gelöhnt. **Wow!** Zwischenzeitlich hat sich das Objekt der Begierde aber arg designet! Es ist nun nicht mehr ein einfacher Stahlzylinder mit Deckel: irgendwie hat es ein klein wenig windschlüpfriges Colani-Oval erhalten. **Wow!** Und nun kostet das Ding fast CHF 100.00! **Wow!** Ob sich da simples Wasser nicht fast ein bisschen geniert, sich einfach echauffieren zu lassen? Anyway, Hauptsache ist offenbar, dass ich gekocht habe...und mich im Mediamarkt bei Rowenta wieder abkühlen liess.
Migros Solothurn, Weihnachten 2003

Vielleicht hat Sie die Story ein bisschen aufgemuntert? Ist doch schön zu sehen, wie die clevere Migros Preise locker um 300% erhöhen kann - oder? Darf man das als "galoppierende Inflation" bezeichnen ohne gleich der Übertreibung bezichtigt zu werden?

Hi, hi, hi, hi ,hi...oder da wäre noch die Geschichte mit dem Herba petroselini musculus, ein gar hatnäckiges und renitentes Kräutlein:

Altes konfuzianisches Splichwolt: *Wel in del Miglos ein Gelät mit Galantie kauft, kann diese Galantie galantielt geltend machen- galantielt!* Sicht doch gut aus, der gelb-weisse Mixstab mit Zubehör von Miostar...oder?! **Clever!** Ab sofort wird der Hobbykoch das mühsame Geschnetzel maschinell erledigen lassen. *Wolle mer doch grad e kloai Testle mache...gelle!?* Also packt man Petersilie in den Zerhackeruntersatz, schraubt den Deckel drauf, montiert darauf den Stabmixer und gibt Stoff. Hmmmhhhh...die Petersilie riecht heute aber streng...irgendwie nach durchgebranntem Elektromotor...und der Mixer heult wie...wie...wie...wie ein Ferrari im Leerlauf und 15'000 Touren. Also, was soll ich sagen? Die Petersilie geht von der Konsistenz her glatt als fast neuwertig durch - der Mixer nicht. Die genialen Miostar-Ingenieure haben doch tatsächlich die Kupplung, die den Stabmixerantrieb mit den diversen Zusätzen verbindet, aus billigem Plastik gemacht. Beim geringsten Widerstand zerbricht diese Kupplung oder wird zu Feinstaub zerrieben, da sowohl die innenliegende Nockenwelle des Motors als auch die Antriebsteile der Zusätze aus Metall sind, was bekanntlich geringfügig härter zu sein pflegt

als der   **doofe** ***Plaschtig!***   *Genial!*

Bi dr Migros si langsam aber sicher nid nume meh Mixerkupplige düreknallt!!! Das nette Fräulein an der Shoppyland-Garantiekasse hat nur mit der Schulter gezuckt und darauf hingewiesen, dass das Gerätchen und seine schmalbrüstige Kupplung wohlbekannt und leider nicht zu reparieren sei. Ergo darf der Konsument kostenlos und aufgrund grösstmöglicher Kulanz ein nagelneues Gerätchen des selben Typs aus dem Laden holen - mit genau der gleichen Kupplung! Immerhin, nun könnte unsereiner eine gewisse Ahnung beschleichen, was die Firma des sozialen Kapitals wirklich von ihren Kunden hält...♩ **ta-ta-ta-ta-ta-ta-taa--ta-ta-taaa** ♩
Shoppyland, Frühling 2002

Nur gut, kann man hinterher immer über solche Storys grinsen! Um Ihnen gleich eine Ausrede zu entziehen: der erwähnte Peterli (dem übrigens vorher die strammen Stiele entfernt worden waren) stammte ebenfalls aus der Migros! *Ätsch!*

Eine kleine Stellungnahme zum allgemeinen Wertzerfall der Migros würde mich mittlerweile doch schudderhaft interessieren! Sollte sich Ihr Antwortschreiben auf mein Schreiben vom 15. des Konsummonats 2003 mit diesem Schreiben kreuzen, betrachten Sie dieses (also dieses hier ☞) bitte keinesfalls als gegenstandslos.

Herzlichen Dank für Ihre Aufmerksamkeit und Ihren baldigen Stellungsbezug mit Dreipunktauflage.

Mit freudig-erwartungsvollem Gruss

Hans-Peter Leuenberger

02.02.2004   Seite 2/2   HPL

Kommunikation + Kulturelles

Tel. 031/858 86 85
Fax 031/858 88 57

Hans-Peter Leuenberger
Eichholzstrasse 16
3254 Messen

Schönbühl, 10. Dezember 2003 → *seither habe ich nicht mehr von Ihnen gelesen, bis auf den Reminder vom ?.?.*

Sorry! Ro

Sehr geehrter Herr Leuenberger

Vielen Dank, dass Sie sich die Zeit genommen haben, uns zu schreiben.

Und, keine Angst: Trotz Ihrer Originalität haben wir Ihre Botschaft sehr wohl verstanden als das, was sie ist: ernsthaft gemeint.

Mit der Antwort tun wir allerdings schwer, nicht bloss auf Grund der Tatsache, dass Sie keine bestimmte Verkaufsstelle erwähnen. Lassen Sie uns erklären: So sackschwach (...), wie Sie die Marktleistung der Migros beschreiben, kann sie nicht sein - oder aber, die anderen Marktpartnerinnen wären noch lausiger (und das sind sie mit Bestimmtheit nicht!). Tatsache ist nämlich: Die Migros Aare wird 2003 Umsatzzahlen erzielen, die weit über dem Durchschnitt im Schweizer Detailhandel liegen. Das hat damit zu tun, dass wir unsere Leistung am Markt ständig verbessern - ein Umstand, der uns von Kundinnen und Kunden immer wieder bestätigt wird. Und damit haben wir ausdrücklich nicht gesagt, dass wir kein Verbesserungspotential hätten...

Dürfen wir Ihnen einen Vorschlag machen? Sagen Sie uns doch bitte, wo gena ann was nicht klappt, dann können wir an die symbolischen Säcke. Einverstande

Wir wünschen Ihnen bereits heute einige ruhige Weihn glückliche Stunden im 2004er-Alltag.

Mit freundschaftlichen

GENO

M Genossenschaft Migros Aare

Thomas Bornhauser
Kommunikation + Kulturelles
Industriestrasse 20 · CH-3321 Schönbühl
Telefon 031 858 86 85 · Fax 031 859 24 83
thomas.bornhauser@gmaare.migros.ch

HPL: Habe Ihren Brief vom ?.? zu unsere Unterlagen weitergeleitet. Ro

Privat: 18 · CH-

«C'est la vie!»©

43 neue Geschichten, die das Leben schrieb.

«C'est la vie» ist allen Leuten gewidmet, die gerne (über sich selber) lachen – und ganz speziell jenen Zeitgenossen, die in den 43 Geschichten vorkommen.

Texte: Thomas Bornhauser, Wohlen/BE, sowie acht Gastautorinnen und -autoren. Karikaturen: Beat Sigel, Büren zum Hof.

«C'est la vie» ist eine Co-Produktion der Migros Aare für ihre Genossenschafterinnen und Genossenschafter, in Zusammenarbeit mit der «Aemme-Zytig», der «Grauholz-Post» und dem «Brückenbauer», wo die Realsatiren in (un)regelmässigen Abständen veröffentlicht werden.

Copyright© bei den Autoren.

Auflage: 25'000 Exemplare.

Gedruckt auf 100% Recyclingpapier bei der Druckerei Brodmann, Burgdorf.

HPL

I'm sorry, aber Ihuen
Chef von 15. 12. Lebe
ich nie erhellten...

Und, wurde gregt, du
Chef von 2. Feber
überfordert und leistungs-
los (ja: DAS gibt es
tatsächlich)!

Leif für August.

C'est la vie!

Die ultimative Ferienlektüre für 2003

Mit Texten von Thomas Bornhauser und acht Gastautoren sowie Karikaturen von Beat Sigel

Hans-Peter Leuenberger
Eichholzstrasse 16
3254 Messen

Messen, 8. Februar 2004

Herr
Thomas Bornhauser
Genossenschaft Migros Aare
Kommunikation + Kulturelles
Industriestrasse 20
3321 Schönbühl EKZ

Ihre Postwurfsendung vom 5. Februar 2004

Halli-Hallo werter Herr Borhauser

Psssssttt...nicht erschrecken...ich bin's! **Hu!!** *Ha, ha, ha, ha*, nun sind Sie doch erchlüpft! Sorry! Also, da Sie mein Wisch vom 2. Februar 2004 offensichtlich ein klein wenig überfordert hat, will ich ein ganz Braver sein und **ganz**, ganz, ganz, *lieb*, *brav* und *leise* weiterfahren...*versprochen*!

Also, ich möchte mich ganz herzlich für »C'est la vie« bedanken! Hmmhhhh..., aber Sie sind mir aber ein veritables Schlitzohr...gelle!? Macht sich immer gut, sein Lichtlein unter den Bürostuhl zu stellen bis der Kunststoff zu schmürzele beginnt. Wie können Sie nur annehmen, dass ich das Büchlein noch nicht gelesen habe?

Äbe! Oiiii...sorry! Psssssssssttttt. Sind Sie wieder da? Geht's ohne Riechsalzfläschchen? Gut.

Wie Sie vielleicht noch wissen, bin ich der Meinung, dass in der Migros die Anliegen von Gottlieb Duttweiler langsam aber sicher abhanden kommen. Sehen Sie, lieber Herr Bornhauser, nicht mal mehr die interne Post scheint zu klappen. Jedenfalls haben Sie meinen Brief vom 15. Dezember 2003 nicht erhalten, obwohl klar und deutlich Ihr Name draufstand. Oder sind Sie mittlerweile wegen Ihrer...hmmmhhh...grübel...studier...sagen wir mal...**non-konformen Art** zur kalten Mamsel degradiert worden? Es könnte natürlich auch sein, dass Ihnen wegen Ihrer Veramerikanisierung der deutschen Sprache gar keine hiesigsprachlichen Schreiben mehr zugemutet werden. Anyway☺

In der Beilage erhalten Sie halt das besagte Verschollbrieflein nochmals und ich hoffe, dass Sie es ohne grössere Valiumgabe präschtieren!

Sodeliso, mein gesteigerter Überlebensinstikt ruft mich! Und da ich dem Titelbild von »C'est la vie« völlig entspreche, allerdings von rechts nach links, muss ich nun sofort über ein Paket Fasnachtschüechli von

Coop

herfallen.

Kkrrchchmmkbrmmgierknurrrrrrrr......!

Psssssttt.... Sorry, ich vergass schon wieder...

Herzlichen Dank für Ihre Bemühungen und Ihre baldige Stellungnahme.

Mit freudlichen Grüssen

Hans-Peter Leuenberger

Hans-Peter Leuenberger
Eichholzstrasse 16
3254 Messen

Messen, 11. Februar 2004

Coop
Frau Margaretha Studer
Konsumentendienst
Postfach
3001 Bern

Mein Schreiben vom 15. Jänner 2004

HHHAAAALLLOOooooooooo..!!!...

...ist da jemand? Ah, hallo! Entschuldigen Sie bitte, aber da ich nichts mehr gehört habe, habe ich gedacht, vielleicht sei bei Coop das ganze Personal beim Zählen der Pfannen-Trophy-Punkte von der Vereinigung der konkursiten Pfannenhersteller der Schweiz hinterrücks gemeuchelt worden. Item. Ist per Zufall Frau Studer umewäg? Ah, danke...

...grüesech Frou Studer,

Wie geht es Ihnen? So, so, das tut mir aber leid! Aber verständlich, wenn man bedenkt, dass praktisch sämtliche Medien mit hämischen Beiträgen über Sie hergezogen sind. Und erst die Pfannenhersteller! Die sind irgendwie ein klein wenig irritiert☀, die Neidhammel. Und dann Ihre direkte Marktpartnerin (Dieser köstliche Ausdruck sei hiermit beim Migros-Bornhauser verdankt): Haben die doch letzte Woche in einer Art Auflösungspanik ihren markenlosen Pfannentand mit 30% Rabatt verscherbelt, um auch noch ein bisschen darauf hinzuweisen, dass dank Coop das ganze Kochtopfsegment im Eimer ist. Das sind doch alles kleinkarierte Krämerseelen. Alles nur wegen den lächerlichen 3 Millionen China-Pfannen. **Nicht aufregen, Frau Studer, ja nicht aufregen! Um Gotteswillen**, gebt ihr sofort das Riechsalzfläschen! **Hurtig! Hurtig!** Uff, ist ja gerade noch mal einigermassen gut gegangen! Tz-tz-tz-tz-tz und erst der Kassensturz **Jesses, lagert ihre Beine sofort hoch und fächelt ihr Luft zu!** gestern abend: Hat offenbar generell was gegen Ihre Auslandprodukte mit Schweizerkreuz. Richtige **Ethnomuffel** sind das - ist doch wahr! Also, wo waren wir eigentlich stehen geblieben? Ah ja. Ist doch alles nur Schall und Rauch! Jämmerliche Amateure und Effekthascher!

Da wir grad beim Thema sind: Ich muss Sie leider trotz allem noch schnell versuume, da ich nichts mehr über unseren Pastasieb-/Kräuterdeal von Ihnen gehört habe. Kurz zur Erinnerung:

11.02.04 Seite 1/2 HPL

> Nein, das Pastasieb werde ich trotzdem nicht zur Verkaufsstelle zurückbringen, da ich es mittlerweile als formschönen Pflanzentopfeinsatz gegen Staunässe einsetzte - seither gedeihen meine Flos chamomillae recutita und Cannabis sativa L. eindeutig viel besser. In diesem Sinne hätte ich nach Ende der Pfannen-Trophy sogar Interesse, einen grösseren Posten übrig gebliebene Pastaeinsätze bei Ihnen zu erwerben. Selbstverständlich wäre ich auch bereit in Naturalien zu bezahlen, sofern Ihre Kräuterteeabteilung Verwendung für meine Pflänzchen hat. Sollten Sie an einem entsprechenden Deal interessiert sein, bitte ich Sie, sich umgehend mit einer schriftlichen Offerte bei mir zu melden.

Also, ein kurzes, höfliches "Nein" oder aber eine interessante Offerte wären irgendwie angebracht - finden Sie nicht auch? Natürlich würde mir auch die Lieferantenadresse in China dienen, damit ich die Siebe selber importieren kann. Anyway, ich wäre einfach dankbar, wenn ich wüsste, woran ich mit Ihnen bin.

In diesem Sinne bedanke ich mich bereits jetzt für Ihre geneigte Aufmerksamkeit, Ihre köstliche Kontaktnahme und verbleibe mit den besten Wünschen für ein allzeitiges frohes Gelingen.

Join(t) us for Peace and Freedom

Hans-Peter Leuenberger

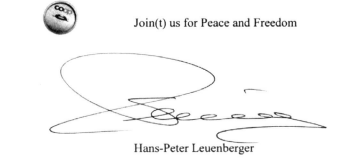

 Genossenschaft Migros Aare

| Industriestrasse 20 | Tel. 031 858 81 11 |
| 3321 Schönbühl | Fax 031 859 24 83 |

Supermarkt Süd /
Gastronomie
Tel. 031 858 83 90
Fax. 031 858 90 12
Unser Zeichen: Felix Meyer

Schönbühl, 12. Februar 2004

Herr Hans-Peter Leuenberger
Eichholzstrasse 16
3254 Messen

Sehr geehrter Herr Leuenberger

Hier ist nun der von Ihnen zitierte Marketingstratege der Migros Aare, welcher aber keinesfalls vor hat, aus dem / vom Hochhaus zu springen....

Ich werde jedoch folgendes machen: Mich interessieren die harten Fakten in Ihrem Brief. Diese werde ich mit den Verantwortlichen besprechen, um Verbesserungen zu erwirken. In diesem Sinne: Danke für Ihre Denkanstösse.

Da ich nicht jenes Talent zum Briefeschreiben wie Sie in die Wiege gelegt bekommen habe (hoffentlich dafür andere, mit denen ich mich bei der Migros nützlich machen kann), beende ich meine Feststellungen bereits.

Freundliche Grüsse
Genossenschaft Migros Aare
Direktion Supermarkt Süd / Gastronomie

Felix Meyer
Leiter Direktion Supermarkt Süd / Gastronomie

 Genossenschaft Migros Aare

| Industriestrasse 20 | Tel. 031 858 81 11 |
| 3321 Schönbühl | Fax 031 859 24 83 |

Herr
Hans-Peter Leuenberger
Eichholzstrasse 16
3254 Messen

U/Zeichen Simone Moresi / sj
Durchwahl 031/858 83 72
Telefax 031/858 82 91
e-mail simone.moresi@gmaare.migros.ch
Ort/Datum Schönbühl, 13. Februar 2004

Sie haben uns Ihre Meinung mitgeteilt. Danke dafür!

Sehr geehrter Herr Leuenberger

Dass Sie sich die Zeit genommen haben, uns Ihr Anliegen via unserer Infoline zu schildern, freut uns sehr. Kundenreaktionen – ob positive oder negative – geben uns immer wieder die Möglichkeit, unsere Leistungen zu verbessern. Dies ist unser Ziel und dafür setzen wir uns täglich ein.

Wir verstehen Ihren Ärger und möchten uns für die Unannehmlichkeiten, die Sie mit der Preiserhöhung des Wasserkochers und des Mixers hatten, entschuldigen. Wir bieten verschiedene Wasserkocher in verschiedenen Preislagen an. Der Kunde hat Auswahl von einfachen Wasserkochern für Fr. 29.- bis zum designten Wasserkocher mit verschiedenen zusätzlichen Funktionen wie Kochstopautomatik, Krug aus rostfreiem Stahl für Fr. 98.-.

Wir möchten uns auch für die von Ihnen geschilderte, mühsame Handhabung unseres Stabmixers entschuldigen. Das Gerät wurde bisher von unseren Kunden nicht beanstandet. Leider ergeben sich aber trotzdem ab und zu Mängel, welche nicht den Qualitäts- und Leistungsanforderungen der Migros entsprechen. Als kleine Wiedergutmachung für den gehabten Ärger schicken wir Ihnen einen Warengutschein im Wert von Fr. 20.-, welche Sie in allen Migros-Filialen einlösen können.

Dürfen wir Sie weiterhin als treuer Kunde in unseren Filialen begrüssen? Wir freuen uns auf Sie!

Mit freundlichen Grüssen

GENOSSENSCHAFT MIGROS AARE
Marketing MElectronics

Simone Moresi
Warenbewirtschafterin

André Bagioli
Leiter Warenbewirtschaftung

u:\migros\m-cnet_beispiele\sekretariat-fm\korrespondenz\moresi\0402_13_leuenberger_wasserkocher.doc

Herr
Hans-Peter Leuenberger
Eichholzstrasse 16
3254 Messen

Bern, 16. Februar 2004/193858

Pfannen-Trophy Pastaeinsatz als Planzentopfeinsatz

Sehr geehrter Herr Leuenberger

Besten Dank für Ihr Schreiben vom 11. Februar 2004.

Zur Zeit werden die übriggebliebenen Pastaeinsätze im Coop Bahnhof Biel ausverkauft. Sie müssten sich aber beeilen, wenn Sie von diesen, vor dem endgültigen Ende der Aktivität, profitieren möchten; eine Reservation ist nicht möglich. Danach werden nur noch die Kunden, die einen Pastaeinsatz bestellt haben einen solchen erhalten.

Sollten Sie noch einen grösseren Bedarf an "Pflanzentopfeinsätzen" haben, empfehle ich Ihnen, direkt mit dem Hersteller in Kontakt zu treten.

Bedauerlicherweise können wir auf Ihr Angebot nicht eingehen, da im Coop Sortiment bereits ein Hanftee vorhanden ist, dessen THC-Gehalt sich an die gesetzlichen Bedingungen hält.

Ich hoffe, Ihnen mit dieser Information gedient zu haben.

Freundliche Grüsse

Margaretha Studer

Coop   Postfach   Tel.   +41 31 980 97 00   margaretha.studer@coop.ch
Konsumentendienst 3001 Bern   Fax   +41 31 980 96 26   www.coop.ch
Bern   MWST: 498000

                                                      93134

Hans-Peter Leuenberger   Messen, 27. Februar 2004
Eichholzstrasse 16
3254 Messen

                                          Coop
                                          Frau Margaretha Studer
                                          Konsumentendienst
                                          Postfach
                                          3001 Bern

Ihr Schreiben vom 16. Februar 2004

Sehr geehrte Frau Studer

Herzlichen Dank für Ihr freundliches Schreiben vom 16. Februar 2004, das ich mit gemischten Gefühlen gelesen und mit Schaudern interpretiert habe.

«*Wie dass!!??*» werden Sie sich nun sofort fragen.

Nun, ich bin über den „Pastaeinsatzausverkauf" zwar sehr detailliert informiert worden, aber vergebens nach Biel gedüst, da dieser Ausverkauf schneller stattgefunden zu haben scheint, als Sie Ihren Brief zu Papier zu bringen in der Lage waren. Und was den Lieferanten betrifft, bin ich gleich schlau wie vorher.

Frau Studer, wat meinen'se den nu' mit de' Hersteller? Den Kuhn, den Rikon, den Kuhn Köbi, den SIGG, den SIG/Sauer, den Container im Zollfreilager zu Basel oder direkt den Chinesen? Ich kann Ihnen so unter Pfarrerstöchtern versichern, dass Dealer nicht gleich Dealer ist. Das sieht man ja schon beim direkten Vergleich der Hanftees von Coop und Migros! Also am liebsten wäre mir schon der Chinese (Ausser Sie hätten vielleicht auch Afghane?), da ich diese mittlerweile fast besser verstehe als einheimische Kochmetallwarenvertreiber.

Ja und was sollte den das mit **«...*dessen THC-Gehalt sich an die gesetzlichen Bedingungen hält.*»**? Ja unterstellen Sie mir etwa, dass meine sorgsam gehegten Pflänzchen, die dereinst vielleicht in den Genuss eines Pastasiebstaunässeverhinderers kommen werden, sich nicht

an die Bedingungen halten? Wollen Sie damit etwa sagen, mein Hanf sei **Shit**? **Egal, ist mir doch halb so lang wie breit!**

RAUCHEN SIE DOCH WAS SIE WOLLEN! ☺

Ach ja, liebe Frau Studer, die Migros baggert was das Zeugs hält. Die haben mir als Köder sogar einen Guschein über CHF 20.00 geschickt! Da ich aber beim Betreten von Migros-Filialen augenblicklich mit Hautausschlag, Atemnot und Blasenschwäche reagiere, will ich Ihnen den Gutschein gerne für Ihre Bemühungen überlassen. Dies sollte Ihnen eigentlich doppelte Freude bereiten, da Sie sich mit dem

Fötzel schadenfrei von der **sackschwachen Leistung** (Originalton Bornhauser in einem Anfall von Realitätsakzeptanz) Ihrer direkten Marktpartnerin überzeugen können. ✍

Sodeliso, ich freue mich wie irre auf Ihre präzisierenden Angaben betreffend den Chinesen und wünsche Ihnen viel Spass bei der Shopping-Tour. Sie werden staunen, wie

 Qualität

man für 20 Stutz bekommt.

> Möge Sie der am wenigsten schwächliche
> Hanfaufguss über die Runden bringen.

Hans-Peter Leuenberger

PS: Ich komme gerade vom Einkaufen. Coop Super-Center Grenchen. Echt mal ein Dealerpoint, der das „Super" verdient. Das Früchte/Gemüse-Rayon ist übrigens jenseits jeglicher Vergleichsmöglichkeiten!

JABADABADOOOOOO!

Aber der Hanftee, Frau Studer, Ihr legaler Hanftee…tz-tz-tz-tz-tz-tz-tz-tz-tz…

Beilage: Migros-Gutschein CHF 20.00

Hans-Peter Leuenberger
Eichholzstrasse 16
3254 Messen

Messen, 29. Februar 2004

Herr
Thomas Bornhauser
Genossenschaft Migros Aare
Kommunikation + Kulturelles
Industriestrasse 20
3321 Schönbühl EKZ

KONFERENZBRIEF

Ihre Schreiben vom 12. und 13. Februar 2004

Läck Bobby! Das isch scho fasch es chlys Papierchriegli...

ähäm...räusper...sorry..ist mir nur so rausgerutscht...also, nochmals..

Es wunderbars Bonschüürli geschätzter (95 kg ?) Herr Bornhauser (TB),
Liebenswerte Frau Moresi (SM),
Rechtsunterzeichnender Herr Bagioli(AB),
Denkangestossener Herr Meyer(FM),
Werte Leser, Mitleser und Sehhilfeträger,

Offiziere, Unteroffiziere, Gefreite und Soldaten...*Fahnenmarsch*...*Achtung*...*Ruhn*...*Ufpasse!*
(Anmerkung des Schreiberlings: Hi, hi, hi, hi...also für die Kurzzeichen kann ich nun aber wirklich nichts! Ich schwöre es!)

--✂---

TB

Weiterleitender Herr Bornhauser

Ich muss zur Einleitung gleich gestehen, dass es mir nun gleich ergeht wie Ihnen: Ich bin gwüss fasch ein bitzeli überfordert. Eh ja, da weile ich ganz unschuldig und nichts ahnend in den Skiferien (*äääätschschsch*, **nicht Vercorin!**) und dann werde ich gleich meuchlerisch-hinterrücks mit zwei migroistischen Briefen bombardiert. Von verschiedenen Abteilung, wohlverstanden. Könnte es sein, dass es der Unternehmung des sozialen Kapitals öppe es bitzeli an *Coordinaçion* fehlt...*Augenzwinkern*...*auf Stockzahn lach*? Eines kann ich Ihnen aber *flüster*: Ihren Laden können Sie bitteschön selber organisieren. Ich bitte Sie deshalb, diesen Brief zirkulatorisch an die angesprochenen Stellen weiterzuleiten. Aber wie man Sie so kennt, werden Sie sicher auf die ganz bequeme Art einfach Fotokopien ziehen...*ein paar Schritte hätten Ihnen aber gwüss nid gschadet* ummppfpfpf...wieso rutschen mir immer so faule Sprüche in die Briefe rein, obwohl ich die eigentlich gar nicht da haben wollte?

Spass beiseite☺. Augenzwinkern...Armpuff...Knuddelwuddel...für Ihre Mühen dürfen Sie sich de derfür einen Gutschein krallen...gelle. **EINEN!** habe ich gesagt! *Gierschlund!* Warten Sie nume, ich werde mich dann schon erkundigen, ob die anderen auch einen erhalten haben. 🖐

--✂---

1

FM

Lei(d)tender Herr Meyer

Vortrefflichen Dank für Ihre köstliche Kontaktnahme vom 12. Horner 2004, welche endlich einmal etwas *l o c k e r e r* daherkam. Gemäss meinen Erfahrungen hassen Sie Krawatten...gelle? Recht so! Und dem Bornhauser können Sie das dann unter die Nase reiben. Nicht die Krawatte! Das "to be locker" dänk. Abgekürzt auch "Lockerbee" genannt... umpfhwie**herschrk**stzschnaut...nachläftrig. Tschuldigung...k, k, k...iä vergass, dass ja nicht alle so einen **dunkelschwarzen** Humor haben wie ich.

Jesses! *Vergessen Sie's aber sofort!* Ich habe Sie nie aufgefordert vom Hochhaus zu springen! Wie kommen Sie auf eine so desasmonströse Idee? Wird Ihnen sowas in der **Migrosklubschule** eingetrichtert? Obwohl, wenn ich es recht bedenke...*aber das gehört jetzt wirklich nicht hierher!*

Erstaunt hat mich allerdings, dass Sie meinen Wisch als anstössig empfunden haben. Ich habe ihn nochmals gelesen und bin dabei überhaupt nicht rot wie Ihre unreifen Tomaten geworden. Na ja, die Gustos sind bekanntlich verschieden.

Ach ja, da wäre noch was zu berichten: Das Einzige, was mir in die Wiege gelegt wurde war ein Nuscheli und ab und zu ein Schoppen. So Söiniggelszüüg wie Talente haben meine Eltern sich schlichtweg nicht leisten können. Und generell trügt das Schwein...äh...der Schein: Talente können auch zum Fluch werden. Die meisten meiner Adressaten fluchen jedenfalls wie die Rohrspatzen.

Danke aber dennoch, dass Sie die Verantwortlichen hart drannehmen wollen. Ist auch nötig...werden Sie am Schluss des Briefes noch sehen.

In diesem Sinne frohes Gelingen und sehen Sie zu, dass Sie auch noch einen Gutschein erhaschen können...**Sie kennen ja den Bornhauser...oder?**

PS: Schoggijob...gelle!? Direktion. Supermarkt. Aber dann nur Südlage! Meine ja nur so von wegen "Talente in den Ferrari gelegt bekommen".

SM/AB

Immerfort entschuldigende Frau Moresi,
Auch nur mit Wasser kochender Herr Bagioli

Lieben und aufrichtigen Dank für Ihr Schreiben vom 13. Horner 2004, das aber irgendwie einen Nachgeschmack nach "...krall' den Gutschein und lass' Gras darüber wachsen, Judas!" hatte.

Kennen Sie den Theo Lingen noch? Schauspieler. Deutschland. Mitte des letzten Jahrhunderts? Der sagte doch immer so schön nasal «**Aber, aber...**» (wenn Sie Ihn nicht kennen, fragen Sie den Bornhauser, der stammt ja auch noch aus dem letzten Jahrhundert...ummppfpfpf grins *der bleibt aber unter uns...gelle!*)

Mein Miostar-Wassergarautomat für 30 Stutz hat auch eine Kochstoppautomatik, ist rostfrei und echt DDR-Design, hat eine integrierte Ausgussdrehmomentsteuerung und ein halbautomatisches Deckelrücksetzfeature. Und das von Ihnen erwähnte Modell für 29 harte Alpendollar hatte ich selber schon in der Hand...**Tand**...viel Plaschtig und nicht mal mit Stereoverdampfer.

Hi, hi, hi, hi, köstlich Ihr Griff in die mitteleuropäischen Standartausflüchte: "...wurde bisher nicht beanstandet...". So unter uns Pfarrerstöchter können Sie es mir doch sagen..hej..ich werde schweigen wie ein Grab...so **zieren Sie sich doch nich so**...*gilli-gilli*...Sehen Sie, war doch gar nicht so schwierig...oder?

Wow! Danke für den Gutschein! Aber wissen Sie, beim Betreten von Migrosfilialen bekomme ich sofort Atemnot, Hautausschlag und Blasenschwäche...und wir wollen doch nicht...**Abe**. Ich habe den Gutschein an die Frau Studer vom Coop-Kundendienst weitergegeben und die wird jetzt ab und zu bei der Migros zum Rechten schauen. Ehrlich! Hat sie versprochen.

Schade, Sie haben sich **SSSooooooooooooooo___** auf mich gefreut...aber **es** schmollt halt noch es birebitzeli. Ist ja eigentlich auch logisch, wenn Sie die neue Migrosstory am Schluss dieses Wisches lesen...gelle?! Aber nicht traurig sein, wenn der Bornhauser und der Meyer echte Kollegen sind, so sollte Sie ein Gutschein von einem echt guten Schuppen erreichen. Schauen Sie sich doch dort mal ganz unverbindlich um. 🖐

PS: *Schämen Sie sich, Sie zwei Jungspunde! Ihre Reaktionszeit liegt irgendwo zwischen "Mammi, wieso het dä Ma es Mässer im Rügge?" und der Bedächtigkeit einer Schildkröte unter Ritalin. Dat olle Meyerchen von de jirektorischen Supersüdlache hat se um läppische 24 Stündle*

jeschlachen! MElectronics...**ummpppfpfpf**...steht wohl wer auf der ISDN-Leitung...gelle!

---✂--

Also, hier die versprochene Story, die sich tatsächlich einmal mehr - unter gütigster Mithilfe von unserer orangen Ex-Freundin - so zugetragen hat.

Prolog
Es begab sich an einem schönen Wintertage des Jahres 2003, dass meine Angebetete ein Machtwort sprach: «Höre, oh elendiglicher Stubenhocker, ich hätte nicht übel Lust...» Hier durchpeitschte ein wohliges Gefühl meinen wohlgenährten Alabasterkörper. Gibt es etwa Cremeschnitten zum Zvieri? Lecker! Oder - oh Schreck - will Sie amänd...aber das wäre erstens nicht jugendfrei und zweitens mit körperlicher Anstrengung verbunden. Also lauschte ich mit einem gewissen Respekt weiter ihren Ausführungen: «...wieder einmal Ski zu fahren!». Läck! **Supergau!** *Rette sich wer kann!* Wohlgenährte (haben grössere Überlebenschancen) und Männer (habe ich schon gesagt, dass ich die Gleichberechtigung liebe?) *zuerst!* **Jabadabadoooo!** Entsetzen! Grauen! *Panik!*

Klassischer Fall von einfädelndem Bankrott
Mann weiss es: Wird was so von frau eingefädelt, gibt es schlichtweg kein Entrinnen mehr. Basta. *Obwohl ich Pasta eigentlich lieber mag. Mit viel leckerer Rahmsauce und so...aber das gehört ja wohl nicht hierher...oder?* Was soll ich als Mitglied des starken Geschlechts sagen? Die Kleine (so etwa 168 cm) schleppte mich (193 cm) bereits 30 Minuten später durch die Sportgeschäfte. Hoppla, eigentlich wollte ich ja nur etwas Skiausrüstung erstehen und nicht gleich die Aktienmehrheit an Intersport erlangen (*«Sorry Steffu, isch nid pärsönlech gmeint.»*), keinen ganzen Ochsner ohne Patent heimschleppen, nicht für das Amt des Stiftungsratspräsidenten des Musikautomatenmuseums Niederwangen kandidieren und auch nicht die lebenslange Patenschaft für den letzten bernischen Paternoster übernehmen! *Schweineteuer, der Schweinekram!* Ob ich nicht doch lieber im Heim + Hobby etwas Langholz erstehe und selber...«**nüüt isch!**». Langer Rede kurzer Sinn: Wir landen im Soussol vom Shoppyland Schönbühl. Nun, liebe Frau Moresi, liebe Herren Bornhauser, Meyer und Bagioli, kommen Sie unmittelbar ins Spiel.

3

Ihr Einsatz, Al Mundy...

Ein ausgesprochen netter Herr bediente uns, gab sich alle erdenkliche Mühe und dies erst noch ohne wertvolle Hinweise auf "Kinderabteilung" oder "Mannschaftszelte". Leider kann ich mir Namen beim besten Willen nicht merken, aber der Männeke war top...**gehört eigentlich nicht in die Migros**....*hi, hi, hi, hi*...<small>sorry, ich kann eifach die blöden Witze nicht lassen.</small> Jedensfalls haben wir ihm im Hydepark ein Bier spendiert. *In der Mittagspause, lieber Personalschef, in der Mittagspause, also sofort wieder auf Standby-Modus runterfahren...gelle?!* Mon AMOUR (Sorry, ich muss es gross schreiben, sonst beziehe ich wieder grausam Haue) erstand nigelnagelneue Carving-Skis und ebenso fabrikneue Skischuhe der Marke Nordica. Meine Kleinlichkeit Blades,

Unterstehen Sie sich! Ich sag's Ihnen gerade heraus *HERR* Bornhauser: Die blöden Witze in diesem Wisch reisse ich! Klaro?

Skischuhe, Skidress, Handschuhe, Mütze, Stirnband, 5 kg Gipspulver, die besten Wünsche zur baldigen Genesung und ein endloses Rattern der Kasse. Logischerweise liessen wir alles zurück, damit die Bretter, die den Sturz bedeuten, noch fachgerecht mit den Schuhen verschraubt werden konnten. Nun kam äbe das mit dem Hydepark.

Kommen Sie überhaupt noch mit? <small>seit ihr alle noch da?</small> **Aha.** Gut.

Singet Hallelujah

Wissen Sie was? Das klappte ganz gut mit dem Ski fahren und machte sogar einen Heidenspass. Eh ja, als alter Bigfooter ist man von soviel Blade-Hightech ganz begeistert. Und mon amour...**Auah!**...AMOUR fährt sowieso ganz ballettmässig - eine Augenweide!

Szenenwechsel/Übergang

Bild wird unscharf und verliert sich in der Ferne. Halbdramatische Musik kommt auf. Von links oben kommt ein Text auf uns zu. Musik nun aufbrausend furioso. Der ☻Dolby-Surround☻ bläst aus allen Lautsprechern...

4

Die rechte Einstellung darf nie fehlen!

MON amour...**au!**...mon AMOUR ist sehr pflichtbewusst und lässt die Bretter fachgeschäftlich einstellen, da eine Woche Gaschurn (St. Moritz für Arme - Vercorin vermögen wir auch nicht und abgesehen davon reden die dort so chiracös) angesagt ist.

Downhill, die Piste liegt so still, wenn frau nicht grad' fluchen will

Am ersten Tag gleich mit der Gondel rauf auf 2'500 Meter und die Bretter montieren.

Montieren? MON...AmOuR...**wäääh!**...mon AMOUR hat da so einige Schwierigkeiten mit der Bindung. Ätsch! Kann einem passionierten (Sie meint dazu zwar meist spöttisch "pensionierten"...) Blader nicht passieren! Auf der einen Seite geht der Schuh fast mit zuviel Spatzung rein und bei der anderen so gerade juste. Anyway, es klappt doch noch und los geht der Spass. Von der blauen (Ist schlussämänd nur was für "Saunauntensitzer"!) zur dunkelroten Piste und dann mit viel Übermut gleich noch die pechschwarze 20 runter. Ja ist den das alles, was die ennet der Madrisella zu bieten haben? Unten angekommen wunder sich Mann, wo den besser fahrende Frau geblieben ist. Eh ja, frau möchte Grufti immer vor sich fahren haben, damit sie im Notfall ausgiebig lachen kann. 5 Minuten...10 Minuten...15 Minuten...sind Sie schon mal eine schwarze Piste raufgelaufen? **Äbe!** Ich auch nicht und will es mir auch nie antun ☺...**grmbluffknacks!**. Da! Sie schleicht heran! *«Scheisssskitechniker!* Der eine Ski ist mitten im steilsten Hang einfach weggespickt! Hast Du schon mal in einem solchen Hang einen Ski zurückgeholt und wieder angeschnallt?» «Nein **MON AMOUR**!"» «Siehst Du! Ich aber zweimal!».

Man beschliesst, heute keine schwarzen Pisten mehr zu provozieren und geht am Abend diretissima zu einem eingeborenen Skisachverständigen («Jo Maderl, wollmer schau'n.»), welcher sich des Malheurs sofort annimmt, einen wichtigen Grind macht und die Bindungen vor unseren Augen richtet. Geht sehr schnell und der Gute will dafür nur ein Bier haben. Ich weiss nicht, ich weiss nicht, aber diese Skiausrüstung hat irgendwie einen gewissen Bierverbrauch.

Murphy lebt!

Am Tag darauf gleich mit der Gondel rauf auf 2'500 Meter und die Bretter montieren.

Montieren? Mon...AMouR...**aua!**...mon AMOUR hat da so einige Schwierigkeiten mit der Bindung. Ätsch! Kann einem passionierten...aber das hatten wir ja schon. Auf der einen Seite geht der Schuh fast mit zuviel Spatzung rein und bei der anderen so gerade juste. *Hmmmh*...auch das kommt uns aber irgendwie bekannt vor, oder?...aber ich komme jetzt gerade nicht drauf woher...*grübel, grübel, grübel und studier*...anyway. Ich höre es förmlich schon: «Dös passt scho, Maderl! Jo Kruzifixtürken nomoll!!» Na ja, das Unausweichliche kann logischerweise nicht ausbleiben...gelle?! An dieser Stelle sei auf die Wiedergabe der frauschen Brandrede explizit verzichtet. Wäre vor Gericht schlichtweg nicht mehr finanzierbar. Also, runter mit der Gondel und - auf Anraten des hämischen Bladers - eine "second opinion" einholen. Wieder ein eingeborener Sachverständiger, der sich die Schilderung des Problems sehr aufmerksam anhört und hurtig-logisch zur Tat schreitet. Mon AMOur...**«Itze längt's der de!»**...mon AMOUR wird beide Schuhe ausziehen geheissen. Kaum hat sie der Sachverständige auf dem Tisch, beginnt der mit einem völlig *ungenierten Wiehern*, ruft seinen Kollegen, der sofort einstimmt, der wiederum ruft...aber lassen wir das. Am Schluss jedenfalls steht der ganze Laden wiehernd um die Schuhe rum und kriegt kaum mehr Luft. Der Blick von mon gemartertem AMOUR sagt alles: «Wo bitteschön geht's hier zum nächsten Mäuseloch?». «Jo Maderl, welcher Saustall hat dir den die Schuh' an'dreht? Die san ja unterschiedlich gross, hoamn verschiedene Kantenlängen!»

Der Sachverständige wollte übrigens kein Bier. Geld auch nicht. Dafür wollte er uns aber partout auch keine Vergnügungssteuer zahlen. Wir haben uns darauf geeinigt, dass wir ihm eine grosse Milch spendieren.

Das Jüngste Gericht

Nun, liebe Migrosi, läutet da was bei Ihnen? Ach ja, so en passant: Die Schuhgrösse war mit einem Etikett an der Innenseite des Ristklettverschlusses noch ersichtlich. Beide absolut identisch! Können Sie nachvollziehen, dass die restlichen Tage der Skiferien ohne nennenswerte Lustfaktorkiller à la Migroise begangen werden konnten? Und in der Zukunft muss "z'Maderl" die Skisachverständigen halt immer davon überzeugen, dass beide Schuhe an die Bindungen angepasst werden müssen, weil ihr so ein dämlicher Laden mit **sackschwacher Leistung** *(Ähem...ist übrigens ein geklautes Originalzitat vom Bornhauser...ehrlich!...10.12.2003...sicher!)* ungleiche Schuhe angedreht hat.

Epilog

«Ich habe es ja von Anfang an gesagt: Wären wir bei den Cremeschnitten geblieben, wäre das nie passiert...mon amour.»

«AAAAAUUUUUUUUAAAAAAAAAAHHₕ......!»...

...**Echo**...**EchoEcho**...........EchoEchoEcho.......................EchoEchoEchoEcho...

THE END

Hmmmhhhh...soll' ich Ihnen ein Geheimnis verraten? Aber dann nicht weitersagen...gelle! Kennen Sie das Spiel, bei dem man einen passenden Filmtitel zu irgendeinem Begriff suchen muss? Nicht? Macht gar nüüt, Sie kommen dann schon nach. Also, wissen Sie, was mir bei MIGROS immer für ein Titel in den Sinn kommt? **Pssssssstttttttttt...!** *Hängt ihn höher!*

Lieben, herzlichen und aufrichtigen Dank für Ihre werte Korrespondenz und Ihre tröstende Anteilnahme an meinen, mehrheitlich durch das **böse**, **böse**, *böse*, **grosse** und orange **M** verursachten, Schicksalsschlägen. Ich gebe es ungern zu, aber ich bin gerührt! Soviel migroistische Herzensgüte macht mich ganz porös und wenn ich nicht gleich zu Schreiben aufhöre, bekomme ich einen königlichen Pflaumensturz und flenne hemmungslos.

Mit snfiff◆ freud- sniff◆ -lichen sniff◆ Grüssen

Hans-Peter Leuenberger

Beilagen: 3 Coop-Warengutscheine à je 10 Alpendollar

PS: Schicken Sie mir jetzt dann wieder ein paar von den oberköstlichen Migros-Gutscheinen? *Gierblick...lechtz...händereib...*Man kann damit so richtig feinen Schabernack treiben! Könnten Sie aber darauf achten, dass ich lieber 20 Zehner als 10 Zwanziger hätte...*hi, hi, hi*...much more Schabernack...*breitgrins*!

7

M Genossenschaft Migros Aare

Thomas Bornhauser
Kommunikation + Kulturelles

Industriestrasse 20 · CH-3321 Schönbühl
Telefon 031 858 86 85 · Fax 031 859 24 83
thomas.bornhauser@gmaare.migros.ch

HPL

Merci, sorry, komme nicht dazu, im
Moment, Ihren "Roman" zu lesen.

Privat:
Beundeweg ➡ CH-██████

Industriestrasse
3321 Schönbühl

HP Leuenberger
Grünbützk. 16
3254 Messen

Hans-Peter Leuenberger
Eichholzstrasse 16
3254 Messen

Messen, 8. März 2004

Herr
Thomas Borhauser
Genossenschaft Migros Aare
Kommunikation + Kulturelles
Industriestrasse 20
3321 Schönbühl EKZ

Ihre Kurzantwort vom 4. März 2004

Sehr geehrter Herr Bornhauser

Sie haben recht! Wir sollten das „grausame" Spiel langsam beenden. Sie haben keine Zeit (…und daran liegt wohl generell das Problem an unserem rückläufigen Wirtschaftswachstum und dem enormen Qualitätsverlust des Wirtschaftsplatzes Schweiz generell und der Migros im Speziellen.) und ich bin es müde, migroistische Fehlleistungen in witzige „Gschichtli" zu verpacken. Schade ist allerdings, dass Sie die Coop-Gutscheine retourniert haben, da ich sie wirklich extra für Sie gekauft habe, damit „meine" gute, alte Migros vielleicht ein paar Ideen sammeln kann und wieder zur Vernunft kommt. Denn eines kann ich Ihnen ganz seriös versichern: Jede der erwähnten Fehlleistungen haben tatsächlich so stattgefunden und haben in ihrer Kumulation tatsächlich dazu geführt, dass ich nach 40 Jahren zu Coop gewechselt habe.

Schade für Dutti und seine Visionen!

Besten Dank für Ihre Bemühungen und Ihre Aufmerksamkeit.

Mit freundlichen Grüssen

Hans-Peter Leuenberger

Herr
Hans-Peter Leuenberger
Eichholzstrasse 16
3254 Messen

Bern, 16. März 2004/200009

Ihr Schreiben vom 27. Februar 2004

Sehr geehrter Herr Leuenberger

Vielen Dank für Ihr erneutes Schreiben.

Leider können wir Ihnen keine weiteren Angaben zu unseren Lieferanten geben.

Besten Dank für den Migros Gutschein, den wir nicht annehmen können und deshalb
in der Beilage retour senden.

Freundliche Grüsse

Margaretha Studer

Coop	Postfach	Tel. +41 31 980 97 00	margaretha.studer@coop.ch
Konsumentendienst	3001 Bern	Fax +41 31 980 96 26	www.coop.ch
Bern			MWST: 498000

Hans-Peter Leuenberger
Eichholzstrasse 16
3254 Messen

Messen, 19. März 2004

Coop
Frau Margaretha Studer
Konsumentendienst
Postfach
3001 Bern

Ihr Schreiben vom 16. März 2004

❤ Liebe Frau Studer

Herzlichen Dank für Ihr etwas **kurz angebundenes** Schreiben vom 16. März 2004.

Herrjesses! Der obige Satz sollte kein Vorwurf sein! Bitte den Adrenalinspiegel

gleich wieder runterfahren☺! Ich verstehe es ja, wenn Sie etwas im Stress sind! Muss momentan toll was abgehen ▮ bei Ihnen!? Wenn Sie mal per Zufall Ihrem Herrn Loosli begegnen, drücken Sie ihm einen Muntsch ⛎ von mir auf die Backe! Er soll sich ja nicht von seinem Konzept abbringen lassen und Tand à la Migros in die Regale stellen! Selbst wenn es stimmen würde, was der orange Bazar via Medien verzapft, so würde ich immer noch bei Coop einkaufen.

Sehen Sie, liebe Frau Studer, nehmen wir mal an, ich kaufe bei der Migros 2 kg Birnen für Fr. 5.40/kg, die aber bereits auf dem Heimweg vom festen in den halbflüssigen Zustand übergehen. Bei Coop kaufe ich gleichzeitig 1 kg Äpfel für Fr. 6.65/kg, die auch nach drei Tagen noch einwandfrei sind und hervorragend munden. Nun? Bei der Migros sind die Birnen tatsächlich 23% billiger als die Äpfel bei Coop. Da ich die kostengünstigen M-Birnen aber alle wegschmeissen muss, habe ich somit Fr. 10.80 totaldeflationiert. Bei Coop habe ich im gleichen Zeitraum 23% mehr für das fast gleiche Produkt bezahlt, konnte es dafür aber auch seinem angestammten Verwendungszweck zuführen, was Fr. 6.65 absolut gerechtfertigt. Fazit? Coop ist viel preiswerter. Und zwar exaktement Fr. 4.15 pro Kilogramm, obwohl Migros sogar 2 für 1 anbietet. Obwohl Ihr schweres Loosli etwas dagegen hat: Soll ich das Ganze noch mit Ananas vergleichen?

Wie ich schon dem Migros-Bornhauser 👽 abschliessend mitgeteilt habe: Schade für Dutti und seine Visionen!

Momentan kann ich Ihnen übrigens die italienischen Kiwis, die südafrikanischen Pflaumen, die Idared-Äpfel und die Peperoni (obwohl etwas teuer!) bei Coop sehr empfehlen! Die Orangen haben dafür extrem abgegeben – ist ja aber auch logisch, da die Saison doch langsam zu Ende geht.👍

Sodeliso, liebe Frau, Studer, da sammer wohl wieder e kloai bisserle abg'schweifelet…gelle?!

Kommen wir also auf Ihr Schreiben vom 16. März 2004 zurück, das mich sehr betroffen☺ gemacht hat. **Nein,** nicht etwa weil Sie mir die Lieferantenadresse für die chinesischen Pastasiebe nicht geben können sollen wollen, **sondern wegen dem Migros-Gutschein, den Sie nicht haben wollten.** Aber immer schön der Reihe nach▤ ① ❷③:

Die chinesische Lieferantenadresse habe ich in der Zwischenzeit selber herausgefunden: Die Container im Zolllager zu Basel…*hoch soll'n sie stapeln!*…**hoch soll'n sie stapeln!**. Man könnte also ohne zu übertreiben von einem containermässigen service publique sprechen! Ich bin also bereits in Kontakt mit dem Chinachairmann.

Läck! So schlimm steht es also schon um Ihre Marktpartnerin!? Dass ich die Migros-Gutscheine nicht haben will, könnte man ja noch mit meinem **Stieregrind** erklären, aber dass Sie sie auch von sich weisen, macht wirklich betroffen ☧ . Wenn der Zerfall der **ORANGEN OMA** so weiter geht, wird man in spätestens sechs Monaten die Leute zum Betreten einer Migrosfiliale zwingen müssen. Wie gesagt: Schade für Dutti und seine Visionen!

Da Sie aber immer so zuvorkommend zu mir waren, möchte ich Ihnen trotzdem eine kleine Freude machen und lege Ihnen einen **Gutschein von einem Supergeschäft** bei, das seine Kunde noch als solche behandelt: **Coop.**
Glauben Sie jetzt aber nicht, ich sei plötzlich knausrig geworden, weil – im Gegensatz zum retournierten, fast wertlosen Migros-Fötzel über Fr. 20.00 – es nur ein Gutschein über Fr. 10.00 ist!

Überlegen sie kurz! Noch ein bisschen! Nicht gleich aufgeben! Nochmals ein bisschen! Ja!? Ja!!!!! Alles klar…gelle! Sie dürfen also dem Herrn Loosli mitteilen, dass auf dem freien Markt mittlerweile die Coop-Gutscheine doppelt so viel Wert haben wie die vom orangen **MMMmmM**ir wei nümme! **Sodeliso, das musste mal gesagt sein.**

Ach ja, bevor ich's vergesse: Was giessen Sie eigentlich momentan so auf? **Aha!** Na ja, versuchen Sie's sonst doch mal mit dem Rooïbos Capetown oder dem Rooïbos chaï von Coop, sind echt nicht schlecht, wenn grad' nicht was GEHALTVOLLERES 🚓 in der Teebüchse ist.

Weiter so!
Sie haben das grosse Loosli gezogen!

Hans-Peter Leuenberger

Beilage: Coop-Gutschein CHF 10.00

Hans-Peter Leuenberger
Eichholzstrasse 16
3254 Messen

Messen, 22. März 2004

Herr
Thomas Borhauser
Genossenschaft Migros Aare
Kommunikation + Kulturelles
Industriestrasse 20
3321 Schönbühl EKZ

Einen hab' ich noch...

Sehr geehrter Herr Bornhauser

Ein grosses **SORRY**! Ich möchte Sie keinesfalls über Gebühr von Ihrem Zweihänder-

Fight mit dem Coop-Loosli abhalten, aber mein Mueti hat immer gesagt, dass man alles, was

einem im Hals steckt, rauslassen soll, sonst gebe es amänd noch einen Kropf.

Tja, nun wissen wir es also offiziell:

Die Migros ist der billigste Grossverteiler der Schweiz!

Komisch, aber als ich das den Migros-Verantwortlichen mitteilte, stritten die das vehement ab!? Mittlerweile gelangen sie damit aber selber an die Medien und balgen sich wie junge Hunde in aller Öffentlichkeit mit ihrer heiss geliebten ♥ Marktpartnerin Coop. **Da söll doch noch einer**

drauskommen!

Darf ich Ihnen trotzdem mein kleines Beispiel, das ich in der Korrespondenz mit der Frau Studer von Coop aufführte, zur Kenntnis bringen? **Auso guet!**

Sehen Sie, liebe Frau Studer, nehmen wir mal an, ich kaufe bei der Migros 2 kg Birnen für Fr. 5.40/kg, die aber bereits auf dem Heimweg vom festen in den halbflüssigen Zustand übergehen. Bei Coop kaufe ich gleichzeitig 1 kg Äpfel für Fr. 6.65/kg, die auch nach drei Tagen noch einwandfrei sind und hervorragend munden. Nun? Bei der Migros sind die Birnen tatsächlich 23% billiger als die Äpfel bei Coop. Da ich die kostengünstigen M-Birnen aber alle wegschmeissen muss, habe ich somit Fr. 10.80 totaldeflationiert. Bei Coop habe ich im gleichen Zeitraum 23% mehr für das fast gleiche Produkt bezahlt, konnte es dafür aber auch seinem angestammten Verwendungszweck zuführen, was Fr. 6.65 absolut gerechtfertigt. Fazit? Coop ist viel preiswerter. Und zwar exaktement Fr. 4.15 pro Kilogramm, obwohl Migros sogar 2 für 1 anbietet. Obwohl Ihr schweres Loosli etwas dagegen hat: Soll ich das Ganze noch mit Ananas vergleichen?

22.03.2004 Seite 1/2 HPL

49

Aber kommen wir doch zu etwas Erfreulicherem:

In der Beilage retourniere ich Ihnen den Migros-Guschein Nr. 7338975 über CHF 20.00, der mir mit Schreiben vom 13. Februar 2004 vom Marketing MElectronics, Frau Simone Moresi und Herrn André Bagioli, freundlicherweise zur Verfügung gestellt wurde. Ich habe den Gutschein bekanntlich an Frau Studer 🐝 von Coop weitergeleitet, damit Sie ab und zu bei der Migros zum Rechten schauen👁 kann. Leider hat die gute Frau Studer nun aber mit Weihwasser✝ gespritzt und mit Silberkugeln geschossen💣, da auch sie lieber Qualität zu einem etwas höheren Preis – also preiswert und nicht billig – einkauft. Tja, was soll ich sagen? Ich habe sogar versucht den Gutschein bei meiner Verwandtschaft und in meinem Bekanntenkreis abzusetzen – vergebens! Niemand will den Fötzel freiwillig nehmen! Ich kann ihn leider auch nicht brauchen, weil ich ja Atemnot, Hautausschlag und Blasenschwäche ☔ ...aber das hatten wir ja auch schon...gelle?! Ich möchte Sie also freundlichst bitten, den Gutschein zu meiner Entlastung anderweitig 👽 zu entsorgen.

Besten Dank für Ihre abschliessende Aufmerksamkeit und allzeit frohes Gelingen.

Mit freundlichen Grüssen

Hans-Peter Leuenberger

Beilagen: erwähnt

Herr
Hans-Peter Leuenberger
Eichholzstrasse 16
3254 Messen

Bern, 24. März 2004/201549

Coop

Sehr geehrter Herr Leuenberger

Vielen Dank für Ihr Schreiben vom 19. März 2004, der mich gelinde gesagt amüsiert hat.

Ob ich dazu komme Herr Loosli einen Muntsch auf die Wange zu drücken wage ich zu bezweifeln, werde mich aber bemühen dies in Ihrem Namen zu tun.

Da ich keine Geschenke annehme, habe ich mir erlaubt, den Fr. 10.- Gutschein in Ihrem Namen an das unter anderem von Coop unterstützte Projekt "Schweizer Tafeln" zu senden. Dort kommt es Mitmenschen zugute, die es wirklich nötig haben.

So, nun werde ich mir einen feinen Kaffee genehmigen, bevor ich weitere Kundinnen und Kunden mit einem Schreiben beglücken werde.

Freundliche Grüsse

M. Scheidegger
Margaretha Scheidegger

Coop   Postfach   Tel.   +41 31 980 97 00   margaretha.scheidegger@coop.ch
Konsumentendienst   3001 Bern   Fax   +41 31 980 96 26   www.coop.ch
Bern   MWST: 498000
                                               96259

Hans-Peter Leuenberger
Eichholzstrasse 16
3254 Messen

Messen, 30. März 2004

Herr
Thomas Borhauser
Genossenschaft Migros Aare
Kommunikation + Kulturelles
Industriestrasse 20
3321 Schönbühl EKZ

Wow! Marketing vom Feinsten!

Lieber♥ Herr Bornhauser

Hi-hi-hi-hi-hi-hi-hi-hi-hi-hi...ich geb's ja zu!

Ich kann's einfach nicht lassen, mich über die grotesken und leicht durchschaubaren **MIGROSSCHANDTATEN** lustig zu machen! Mein Go...äh...mein Bo, darüber könnte man locker

eine 17 bändige Enzyklopädie der Realsatire herausgeben! **Was?** Meine

☺Erheiterung ☞? Ich soll zur Sache kommen? Ach ja, isses

den die Möglichkeit!?

Am Sonntag hat sich wieder mal ein berühmtes, kleines Rädchen im grossen Räderwerk einer machinenbaulichen Grosstat der MioStar-Ingenieurskunst verabschiedet. **Aber sicher!** Klar ist

es aus *Plaschtig!* **Apropopo:** In der Beilage erhalten Sie das Teil als Souvenir für's Poesiealbum. Vielleicht finden Sie ja heraus, wo das kitzekleine Ding sein Unwesen getrieben hat und von einer vorzeitigen, aber grossen Materialmüdigkeit übermannt wurde. Ach ja, der Rest, der an dem *Plaschtig*zahnrädchen hing, flog in hohem Bogen in den kostenpflichtigen Kerichtsack. Aber wenn wir

schon von MioStar-Tand sprechen: **Es war nicht immer so!**

Vor ca. **20 Jahren** (!) kaufte ich einen Rahmbläser der Marke MioStar, der tatsächlich so was wie mio ganz persönlicher Star geworden ist. Das Ding funktioniert nach all den Jahren immer noch einwandfrei, ohne dass je ein Ersatzteil oder ein Ingenieur bemüht werden musste. Nun kann es halt vorkommen, dass vor lauter Meringuesnaschen einem die Munition - sprich: Gaspatronen (Ja, präzis die söttigen, die schon mal zurückgerufen werden mussten.) - ausgeht, was einen widerwilligen Gang zur Migros…bekreuz…weihwasserspritz…silberkugelschiess…knoblauchaufhäng… unausweichlich erscheinen lässt. Und wenn's den schon sein muss, so kann man ja noch gleich das anzügliche, kleine Schwarze in die Reinigung bringen. Ja und woseliwo sind beide Ziele präzis im gleichen Gebäude? Ja, lieber Herr Bornhauser, dort auch, aber ich meine halt das **MMM Langendorf**. Ich gehe also nochmals zur Toilette ☂, inhaliere eine tolle Portion Asthmaspray und streiche mein Gesicht mit Zinkpaste dick ein… und schon kann's losgehen.

Ohalätz! **Wo ist den die Reinigung geblieben?** An deren Stelle ☞ gaffe ich nun rechterhand in einen alkoholbefrachteten Pick-Pay und linkerhand in eine Boutique, die in schätzungsweise zwei Monaten wieder schliessen muss. **Hmmhhh…**

…Alkohol?…Migros?…Dutti?…Hä?! Aber das ist ja schon länger ein **marketingstrategischer Schlieffenplan vom Feinsten…gelle?!** Mittlerweile kann man ja in fast jeder Migrosfiliale…äh…sorry…Pick-Pay-Filiale…Alkohol kaufen. **Seit Ihr Migrosstrategen eigentlich noch sicher, dass Dutti auch dort liegt, wo**

Ihr ihn zuletzt verlegt habt? Wie gesagt: Es ist ja **SOOOOoooooooooooooo** **durchschaubar!**

Aber äbe, da wären ja noch die Rahmbläserpatronen. Die finde ich auch auf Anhieb in der Haushaltwarenabteilung beim Backwerkzeug- und **Plaschtigchübeliegge**. **Aber…grübel…**auf der offensichtlich neuen Verpackung steht was von **"System Kisag"** und bei näherer Betrachtung haben die Patronen auf dem Bildli so einen vorragenden Nippel. **Nö!** Dös **Teilele pässlet definitiv nicht in mein MioStar-Milchfettversteifungsgerät!** **Lustig** ☺ ist aber dennoch, dass links und rechts von den Patronen jeweils eine Reihe Kisag-Rahmbläser zum lächerlichen Preis von CHF 75.00 aufgereiht sind…**honnit soit qui mal y pense! Jööööööööhhhhhhhhhhh…aber de nid mit mir!**

Ich lege mich also in einem benachbarten Gang auf die Lauer…pssssssssttttt…und warte geduldig auf etwas, das wie unterbezahltes, aber sachverständiges Personal aussehen könnte. In der Tat nähert sich alsbald ganz vorsichtig eine uniformierte, ältere Dame mit einem Karren voll Material. **«Ha!** *Übergeben sie sich, es ist eine Auskunft auf sie gerichtet!»* **Item.** Die Dame kann glaubhaft versichern, dass sie nicht in dieses Rayon gehört und vom Tuten und Rahmblasen keine Ahnung hat. Sie bietet aber freundlichst an, die zuständige Sachverständige herbeizuschaffen, was ihr innert nützlicher Frist erstaunlicherweise auch irgendwie gelingt ☝. Die zweite Dame outet sich sofort als sachkundig und teilt mir mit, dass sie das Problem bestens kenne und auch schon öfter von Kunden auf die Misere hingewiesen worden und um alte Rahmbläserpatronen angegangen worden sei. Sie zückte dann auch sehr zielstrebig ein migrosinternes Informationsblatt 🗎 aus einem Ordner 🗁, welches besagt, dass man die Teile noch bestellen könne, wenn's den *ein gar garstig-*

hartnäckiger Kunde - also so was wie ich - unbedingt wünsche. Die Dame notierte mir freundlicherweise die Artikelnummer auf ein Notizblatt und hiess mich zum Kundendienst der Sportabteilung gehen, wo das Objekt der Begierde gerne für mich bestellt werde. Sehen Sie, lieber Herr Bornhauser, wenn's bisher keine **migroistische Kundenverarschung** war, so war es jetzt garantiert eine. Nach meinem Gespötte, ob es eine Zeitvorgabe für die 50-Meter-Strecke gebe und ob demnächst die Sportschuhe an der Käsetheke zu beziehen seien, erklärte sich die Sachverständige bereit, mich schonend zum Kundendienst der Sportabteilung zu begleiten und den Deal für mich abzuwickeln. **Gutes Personal muss man haben...gelle?!** Der dortige Sachverständige wollte nun meine Telefonnummer resp. Adresse haben, um die Bestellung entsprechend verarbeiten zu können. «Sie werden dann einen Brief erhalten, wenn die Ware abholbereit ist.» «**Aha**, Impfausweis oder Niederlassungsbewilligung brauchen sie nicht?» *Erstaunlich, wie unkompliziert das in der Migros doch geht!* Wie gesagt, lieber Herr Bornhauser: Es ist ja **SOOOOOooooooooooooooo** durchschaubar! Ich habe den versammelten Sachverständigen jedenfalls eine abschliessende Quizfrage gestellt: «Was glauben Sie, wo werde ich einen neuen Rahmbläser kaufen, wenn mein antikes Modell wirklich mal den Geist aufgeben sollte?» ***Genau: Sicher nicht in der Migros!***

Soll ich Ihnen noch die Geschichte mit den Staubsaugerbeuteln für den MioStar-...? **Aha**, Sie haben gerade keine Zeit. **Schade. Henusode!**

Es bleibt mir also einmal mehr nur noch der Dank für Ihre Aufmerksamkeit, die billigste Ware und den tollen Kundendienst an Sie zu übermitteln. **Sie machen es der Konkurrenz...äh...den Marktpartnerinnen wirklich sehr leicht!**

Aber bitte mit Sahne

Hans-Peter Leuenberger

Beilagen: Wahrlich, ein kleines Rädchen, aber...

Hans-Peter Leuenberger   Messen, 31. März 2004
Eichholzstrasse 16
3254 Messen

Coop
Hauptsitz / Geschäftsleitung
Herr Hansueli Loosli
Thiersteinerallee 12
Postfach
4002 Basel

„Der Mitarbeiterwunsch des Monats…"

Sehr geehrter Herr Loosli

Nach 40 Jahren als treuer Migroskunde habe ich letzten Herbst zu Coop gewechselt, weil **die Migros** seit ca. 2 Jahren nur noch **Tand** verkauft. Es stimmt tatsächlich, dass die Migros billiger ist, aber davon profitiert die Kundschaft unter dem Strich recht wenig. Ich persönlich hatte zum Beispiel im Rayon Früchte/Gemüse immer erhebliche Probleme, da sich die Ware bereits auf dem Heimweg spontan-verflüssigte oder ich nach spätestens zwei Tagen den Grossteil angefault in den Kompost werfen musste. Über die Haushaltsgeräte des Typs MioStar wollen wir lieber gleich den Mantel der Vergessenheit ausbreiten, sonst echauffiere ich mich nur unnötig. Item. Ich kaufe jetzt **preiswert** bei Coop ein und komme nicht umhin, Ihnen persönlich für die

SUPERLEISTUNGEN insbesondere - aber nicht nur! - im Bereich
Früchte/Gemüse/Naturaplan zu gratulieren.

Es würde an dieser Stelle zu weit führen, Ihnen die ganze Geschichte im Detail zu vermitteln, aber kurz zusammengefasst geht es um den nachfolgenden Wunsch.

Ich kam auch in Kontakt mit Ihrem kundenfreundlichen (!) Konsumentendienst in Bern und daselbst im Speziellen mit Frau Margaretha Scheidegger-Studer. In einem Brief erlaubte ich mir folgende Bemerkung zu machen:

> **Wenn Sie mal per Zufall Ihrem Herrn Loosli begegnen, drücken Sie ihm einen Muntsch von mir auf die Backe! Er soll sich ja nicht von seinem Konzept abbringen lassen und Tand à la Migros in die Regale stellen! Selbst wenn es stimmen würde, was der orange Bazar via Medien verzapft, so würde ich immer noch bei Coop einkaufen.**

Darauf kam leider eine recht traurige Antwort:

> **Das werde ich wahrscheinlich nie für Sie tun können, da sich Herr Loosli nie bei uns blicken lässt…**

Ich finde sowas ausserordentlich tragisch! Fähige und motivierte MitarbeiterInnen müssen gehegt und gepflegt werden und das tut eine Geschäftsleitung am Besten mit regelmässigen Besuchen, die wie Balsam auf der Mitarbeiterseele wirken können und das Gefühl gebraucht und geschätzt zu werden vermitteln.

Nun, lieber Herr Lossli, ganz diskret unter uns: Wie wär's bei Ihrer nächsten Sitzung in Bern mit einem kleinen Besuch in der Abteilung von Frau Scheidegger-Studer? Das wäre eine Überraschung! Geben Sie sich doch einen Ruck!

Wie auch immer, ich hoffe Sie können es mal richten. Aber vorher nichts ausplaudern, sonst ist die Überraschung futsch.

Weiter so!

Hans-Peter Leuenberger

PS: Hätten Sie Lust auf einen werbetechnischen Gegenschlag? Ich hätte da so eine ganz fiese Idee.

Viele Migroskunden regen sich im Moment darüber auf, dass die Gaspatronen für die alten MioStar-Rahmbläser vollständig aus den Regalen verschwunden sind. Dafür findet man dort jetzt Patronen „System Kisag", die zu beiden Seiten von Kisagrahmbläsern für CHF 75.00 malerisch umrahmt werden. Fragt man dann nach den alten Patronen, heisst es, man könne sie zwar bestellen, aber…
Stellen Sie sich nun halt mal vor, Coop würde Inserate mit dem Text

„Bei uns erhalten Migros-Kunden die MioStar-Rahmbläserpatronen noch! Sie sind es uns wert!"

schalten! Der Gesichtsverlust der Migros wäre geradezu gigantisch! Na ja, die scheinen sowieso anstatt auf Dutti nun auf tutti gehen zu wollen…

Hans-Peter Leuenberger
Eichholzstrasse 16
3254 Messen

Messen, 1. April 2004

Coop
Frau Margaretha Scheidegger
Konsumentendienst
Postfach
3001 Bern

Ihr Schreiben vom 24. März 2004

Werte Frau Scheidegger

Recht schönen Dank für Ihr Schreiben Nr. 201549 (**Läck!** *Sie schreiben ja noch mehr als ich!*) vom 24. März 2004, welches in vielfacher Hinsicht meine vollste, ja nachgerade völlig ungeteilte **Aufmerksamkeit** gefunden hat.

Jesses! Was ist ihnen den garstiges widerfahren? Ist die Polente hinter Ihnen her? Aber das kann ja eigentlich nicht sein, weil Sie sich als **Kaffeetrinkerin** ☹ geoutet haben.

Oder haben Sie amänd brieflichen **Schabernack** 👍 mit Coop-Kunden getrieben und der Herr Loosli, der Sie ja offenbar nicht küssen will, hat die **Kummerbuben** auf Sie gehetzt? **Apropopo:** Trinken Sie lieber einen mexikanischen **Grüntee**! Dann klappt's auch mit dem Loosli!

Gut, gut, ich gebe es ja zu: Da ist wohl meine **aufgussbedingte Fantasie** etwas mit mir durchgebrannt ✗. Aber Sie sind mir halt schon ein bisschen ans Herz ♥ gewachsen und dazu bin ich ein **schampar gwundriger Zeitgenosse**. So unter uns...mir können Sie es doch sagen...es wird garantier unter uns bleiben...**BLICK**en Sie mir in die Augen... 👁 👁 können diese Augen lügen? **Äbe!** Haben Sie geheiratet? Oder eher das Gegenteil? **Welches auch immer:**

Herzliche Gratulation und für die Zukunft nur das Allerbeste!

Wow! Sie dürfen keine Geschenke annehmen?! Das muss aber besonders zu Weihnachten und am Geburtstag ein klein wenig ins Poröse gehen. Ist denn das überhaupt erlaubt? Kommt die Schnapsidee vom Loosli? Typisch: Selber Millionen einstreichen und den MitarbeiterInnen ein Sugus missgönnen! Habe ich Ihnen eigentlich schon mal gesagt, dass ich diese Welt total ungerecht finde? Wenn ich nicht ab und zu einen *Aufguss* machen würde, könnte ich schon längstens Verwaltungsratspräsident der Migros sein und hätte den Scherrer und den Bornhauser gefeuert. Na ja, aber ich werde es wohl nie zu etwas in der Richtung bringen, da ich viel zu ehrlich bin. Und Sie wahrscheinlich auch.

Ich finde es aber toll, dass Sie so initiativ sind und den Gutschein einem sinnvollen Zweck zugeführt haben! Deshalb erhalten Sie als Dank in der Beilage nochmals einen Coop-Gutschein über CHF 10.00, den ich hiermit ***hochoffiziell*** und ***notariell beglaubigt*** als „**nichtgeschenk**" deklariere.

Wissen Sie, was mir in Ihrem letzten Brief auch noch aufgefallen ist? Nicht? Na ja, er war viel, viel, viel, viel L O C K E R E R als die vorhergehenden Schreiben! Macht doch viel **mehr Spass**...oder? Und Sie giessen tatsächlich nichts in Richtung „Grünzeug vom Mex" auf? Und wie steht es mit irgendwelcher Naturaplan-Ware...anzünden...? **Item. Weiter so!** Die Kunden werden's danken. Und diejenigen, die wieder mal unbedingt motzen müssen, sind sowieso ewige Nörgler und sollen doch zu den bekifften und ewiggestrigen Heinis von der Migros gehen! **Aber äbe:** *Da würde ein regelmässiger Aufguss halt schon helfen, da er Ihnen die nötige Ruhe und Gelassenheit geben würde.* Kaffee...**brrrrrhhhhhhhh!** Sehen Sie, liebe Frau Stud...äh...Scheidegger, bei mir stehen momentan fünf Kunden im **Lädeli** und machen nicht im Geringsten auf **Stress**, weil ich sie nicht sofort bediene und Ihnen schreibe. Alle lächeln☺ still vor sich hin, machen einen zufriedenen Eindruck ♥, scheinen alle Zeit⊕ dieser Welt🌍 zu haben und schenken sich ab und zu noch ein Tässchen von meinem **Degustationstee** ein. Soooooooo friedlich könnte die Welt sein! Aber eben: **Die meisten Mitmenschen trinken halt lieber Kaffee und hypern herum...**

Doch nun zu was ganz, ganz Anderem: Die Verhandlungen mit dem Chinesen ☯ machen gute Fortschritte und es ist absehbar, dass meine

Basilikumpflänzchen☺ schon bald vor jeglicher Staunässe ☁ geschützt sein werden. **So ist es recht!**

Sodeliso, ich bin wieder hoffnungslos abgeschweift und ins Erzählen gekommen. Wenn das so weitergeht, werden Sie sicher noch denken, ich sei **schudderhaft schwatzhaft**...gelle?! Aber bitte, bitte nicht böse sein und schimpfen, es könnte ja noch viel schlimmer sein! Ich wünsche Ihnen jedenfalls weiterhin ein frohes Wirken im Dienste der Coop-Kunden und allzeit ein **frohes Gemüt**.

Mit **freundlichen** Grüssen

Hans-Peter Leuenberger

Beilage: Coop-Gutschein CHF 10.00

Herr
Hans-Peter Leuenberger
Eichholzstrasse 16
3254 Messen

Bern, 15. April 2004/204190

Ihr Schreiben vom 1. April 2004

Werter Herr Leuenberger

Vielen herzlichen Dank für Ihr Schreiben und den Gutschein. Stellen Sie sich vor, ich habe die hochoffizielle Erlaubnis von meinem Vorgesetzten, diesen Gutschein anzunehmen. Toll nicht wahr, ich denke diesen zusammen mit meiner Arbeitskollegin im Personalrestaurant in einen feinen Tee umzutauschen und - nein Schokolade gibt es nicht, die kann unter Umständen auch zum Hypern verleiten-, aber es gibt sicher was Gutes dazu.

Es tut mir leid, dass Sie meine Antworten als etwas kurz und bündig empfinden, dies ist wohl eine "deformation professionnel" und mit Sicherheit nicht böse gemeint.

In der Tat habe ich geheiratet und nicht "entheiratet"; danke für die guten Wünsche, die man so oder so immer brauchen kann.

Ein bisschen sentimental wurde ich schon als ich gelesen habe wie ausserordentlich geduldig Ihre Kunden sind, wo ich mich auch mal mit Anfragen nach Expresskassen und "Wartezeiten an den Kassen" herumschlage. Aber eben, jedem dass seine und ich gönne Ihnen die verständnisvolle Kundschaft. - Und letztendlich mag ich meine Arbeit sehr, die trotz einigen..., also gut etlichen Beanstandungen und Anfragen, immer wieder interessant ist.

So, ich möchte nicht zu ausschweifend werden, das wäre 1. was Neues und Sie könnten sich sonst noch erschrecken und das wäre mir wirklich gar nicht recht.

Freundliche Grüsse, alles Gute und hauptsächlich positive Erlebnisse mit Coop und allem drum und dran wünscht Ihnen

M. Scheidegger
Margaretha Scheidegger

Coop   Postfach   Tel.   +41 31 980 97 00   margaretha.scheidegger@coop.ch
Konsumentendienst   3001 Bern   Fax   +41 31 980 96 26   www.coop.ch
Bern   MWST: 498000   97361

Hans-Peter Leuenberger
Eichholzstrasse 16
3254 Messen

Messen, 22. April 2004

Coop
Frau Margaretha Scheidegger
Konsumentendienst
Postfach
3001 Bern

Ihr Schreiben vom 15. April 2004

Vortreffliche Frau Scheidegger

Mein Dank für Ihr köstliches Schreiben vom 15. April 2004 wird Ihnen ewiglich hinterher schleichen.

Läck! Für 10 Stutz können Sie im Personalrestaurant zweimal Tee und Kuchen bezahlen? Dafür bekomme ich bei unserem *Pfannentrophy Chinesen* 👽 höchstens einen feuchten 🌂 **Händedluck** ✋! Aber es freut mich natürlich ausserordentlich extraordinär, dass ich Ihnen mit dem Gutschein etwas Gutes 🎁 habe antun können.

Mich macht es irgendwie besoffen...äh...betroffen, wenn ich so lese, dass Sie sich mit 📢nörgelnden Kunden💥 herumschlagen müssen. Aber ich hätte da eine Idee. **Soll ich? Auso guet:** Drücken sie den Ewiggestressten⏱ doch einfach einen **Gutschein**💥 von der Migros in die Hand. **Ha, ha, ha, ha, die würden aber sackflach auf die Welt🌐 kommen!** Ich habe mich nämlich schon früher oft **?gewundert?**, wieso die im Radio📻 zur vollen Stunde⏳ nicht die Wartezeiten an den Grauholzkassen...äh...Migroskassen im Shopyland durchgegeben haben. Ich hatte mir seinerzeit sogar angewöhnt, immer etwas zusätzliches Futter🍽 in den Einkaufswagen zu laden, damit ich beim Anstehen an der Kasse nicht grausam verhungere☠. **Echt!**

Aber es ist schön zu lesen, dass es jemanden in diesem Land gibt, der seinen Job gerne macht – trotz etlichen Meckereien. Was!? Kaum zu glauben! SIE SIND DAS?!!!☺

Sodeliso, auch ich möchte für einmal nicht über Seite zwei hinausschweifen ☺, Ihnen für

die tolle Korrespondenz🖹 **herzlich** ♥ danken und immer frohes Wirken wünschen. Ich werde in nächster Zeit kaum mehr dazu kommen mit Ihnen zu **plöiderlen**, da ich jetzt mit unserem Chinesen korrespondieren muss, damit ich vielleicht doch noch zu meinen Pastasieben komme. Ich habe mir ein **Kantonesisch-Englisch-Wörterbuch**📖 (Chinesisch-Deutsch gibt es offenbar nicht) mit *12'000 chinesischen Symbolen* zugelegt. Können Sie sich in etwa so

ausmalen 🅰, wie lange ich an einem dreiseitigen Brief **herumchnorze?**

Äbe!

Na ja, geht eigentlich gar nicht so schlecht, wenn man von meiner ersten Bestellung von 300 Pastasieben absieht. Danzas hat mich nämlich in der Zwischenzeit avisiert, dass am Basler Zoll 30'000 Packungen CHINANUDELN für mich bereit liegen. Nun versuche ich dem Chinamann 👽 mit kantonesischen Schriftzeichen zu erklären, dass meine Pflänzchen keine Pasta mögen und er die Ware bitteschön wieder zurückrufen 🗣 soll. Haben Sie gewusst, dass es im Chinesischen kein

Zeichen für „**dummer Hund**" 🐕, dafür aber für „guten Hund" 🐕 gibt? **Item.**

Da hilft auch kein **Aufguss** mehr. Dafür mache ich mir jetzt ≒**heisse**≒ 🌡

Umschläge mit LEISSPLOSSEN SÜSS-SAUEL. Ob es hilft weiss ich nicht, aber

zumindest lenkt 💬 es etwas von den **cheibe Nudeln** ab.

mit   freundlichen Grüssen☺ und den besten Wünschen für die Zukunft 🖐

Hans-Peter Leuenberger

"Wie kommt das Regenwasser eigentlich in die Wolken?"
(Dani, 10)

14. Mai 2004

Hallo Herr Leuenberger

Vielen Dank für Ihr Schreiben vom 31. März 2004 an unseren Herr Loosli.

Er hat mir, nachdem er bereits vor 3 Wochen vergeblich in unserem Büro war, Ihr Schreiben persönlich überreicht.

Die Überraschung ist jedenfalls sehr gelungen.

Alles Gute und freundliche Grüsse

Dani ist 10. Wie Coop Naturaplan.
Und beide haben noch viel vor.   M. Scheidegger

Herr

Hans-Peter Leuenberger

Eichholzstrasse 16

3254 Messen

Hans-Peter Leuenberger
Eichholzstrasse 16
3254 Messen

Coop
Hauptsitz / Geschäftsleitung
Herr Hansueli Loosli
Thiersteinerallee 12
Postfach
4002 Basel

⫸👁 Doppelte Überraschung 👁⫷

Sehr geehrter Herr Loosli

Frau Scheidegger 🖼 vom Konsumentendienst Bern hat mir 📣 gesteckt 👂 , dass **Sie** doch tatsächlich bei ihr 👁 vorbeigeschaut ⚡ haben. «**Wow!**»…«Ich muss schon sagen…hmmmh…» herumdrück …«Ich genier' mich halt ein bisschen…»… zart erröt ❤ …«Sie sind mir aber Einer!»… Blick zu Boden senk … 💐 …«Sie haben auch mich überrascht!»… noch mehr errör … Beine schlenkern … «**Sie sind der Grösste!** 🏆 … aufschnauf 🌩 …«Toni 🕸 mit den Scherenhänden 👽 wird Ihnen nie das Wasser 🚹🚹 reichen können!»… zärtlich blick … 🎬 «**B.R.A.V.O.**» 🎖 ★☆★★★☆

In der Beilage erlaube ich mir, Ihnen ein kitzekleines Zeichen 🎁 meiner Wertschätzung🕯 zukommen zu lassen. Der Gutschein ist im materiellen Sinne wirklich bescheiden, kommt aber von Herzen 💙 und kann immerhin bei einer der **BESTEN ADRESSEN DER SCHWEIZ** eingelöst werden.

 **: So muss es sein!** 👍

👄 **Mit hemmungsloser Freude** 👄

Hans-Peter Leuenberger 🙂

PS: Momentan sollten Sie bei Coop unbedingt die Ananas probieren…zuckersüss! Vergessen Sie ja nicht, Ihren Früchte- und Gemüseeinkäufern auch ab und zu zärtlich übers Haupt zu streichen!

Beilage: Coop-Gutschein CHF 10.00 No. 574386

BRIEFE AUS DEM HINTERHALT

UNGELÖSTE RÄTSEL DES UNIVERSUMS:

DIE STEUERÄMTER

Hans-Peter Leuenberger
Eichholzstrasse 16
3254 Messen

Messen, 17. Dezember 2003

Kantonales Steueramt
Vorsteher
Werkhofstrasse 29c
4500 Solothurn

Veranlagungen/Abrechnungen

H A A A A A A A A A A AA AL L L L Ll L O O O O O O O O O O O O O O O O O o o o o o …
…ist da jemand? Haalloooooooo! Kann mich jemand hören? Oh! Entschuldigung, ich habe Sie gar nicht gesehen!

Haben Sie kurz Zeit für mich? Nein, nein, keine Angst, ich will Sie nicht lange versuume. Also, ich habe da ein kitzekleines Problemchen mit meinem Gerechtigkeitssinn:

Immer bekomme ich Postsendungen von Ihnen, mit welchen Sie mich mit allem Wüsten bedrohen. Da gibt es Formulare auszufüllen und termingerecht zurückzusenden oder Rechnungen innert 30 Tagen zu begleichen, ansonsten ich Unwürdiger mit…und mit…und auch noch…und sowieso erst recht…*jawoll!!*

Aber, entschuldigen Sie meine etwas kleinlaute Frage, wann bekomme ich endlich wieder einmal eine *definitive Veranlagung resp. Abrechnung* von Ihnen? Die Gemeinde - so hat es mir wenigstens der Steuerverwalter gesteckt - wartet auch schon lange darauf, damit sie ebenfalls abrechnen kann. Finden Sie es gerecht, dass ich als kleines, verschüpftes Mitbürgerlein, das bescheiden mithilft, Ihnen den Beamtenlohn zu entrichten, mit meinem kleinen Salär für Sie Bank spielen muss?

Besten Dank für Ihre grossmütigen Bemühungen und Ihre baldige, huldvolle Antwort.

Mit eingeschüchterten Grüssen und
den besten Wünschen für 2004

Hans-Peter Leuenberger

Steueramt des Kantons Solothurn
Leitung

Schanzmühle, Werkhofstrasse 29c
4509 Solothurn
Telefon 032 627 87 02
Telefax 032 627 87 00
steueramt.so@fd.so.ch

Erwin Widmer
Chef Steueramt
Telefon 032 627 87 09
Telefax 032 687 87 00
erwin.widmer@fd.so.ch

Herrn
Hans-Peter Leuenberger
Eichholzstrasse 16
3254 Messen

19. Dezember 2003 Pm

Definitive Veranlagung 2002

Sehr geehrter Herr Leuenberger

Mit einem phantasievollen Brief, der gar nicht so „eingeschüchtert" wirkte, haben Sie mich am 17. Dezember 2003 angefragt, wann Sie endlich wieder einmal eine definitive Veranlagung von uns bekommen.

Nun, wenn Sie diese Antwort erhalten, dürften Sie bereits im Besitze der definitiven Veranlagung 2002 sein. Diese ist am 8. Dezember von der Veranlagungsbehörde vorgenommen und im Verarbeitungslauf dieser Woche gedruckt und versandt worden und trägt das Eröffnungsdatum „22. Dezember 2003". Die definitive Veranlagung 2001 haben Sie im August 2002 erhalten, so dass die letzte Post von uns noch gar nicht so lange zurück liegt.

Gemäss unseren Abläufen ist die Veranlagung keineswegs verspätet, wie die nachfolgenden Ausführungen zeigen. Sie haben die Steuererklärung 2002 wie alle 145'000 Steuerpflichtigen unseres Kantons im Februar 2003 zugestellt erhalten. Abgabefrist war der 31. März. Der überwiegende Teil der Steuererklärungen geht bis zu diesem Termin bei den Gemeinden und anschliessend auch bei den Veranlagungsbehörden des Steueramtes ein. Der Rest folgt mehrheitlich bis Ende Juli. Eine kleine Minderheit reicht die Steuererklärung aufgrund von (begründeten) Fristerstreckungen erst später ein. Teilweise müssen die Leute auch noch gemahnt werden, damit sie ihrer Pflicht nachkommen.

Die Steuererklärungen des Jahres 2003 werden wiederum frühestens Ende März 2004 bei den Veranlagungsbehörden eintreffen. Diese haben also im Normalfall vom 1. April des einen bis zum 31. März des andern Jahres Zeit, um die Steuererklärungen des Vorjahres zu überprüfen und die Veranlagungen vorzunehmen. Konkret erledigen die Veranlagungsbehörde die Veranlagungen für das Steuerjahr 2002 zwischen Anfang April 2003 und Ende März 2004. Im Weiteren haben die Veranlagungsbehörden Vorgaben, wonach sie bis Ende Jahr jeweils 80% aller Steuerpflichtigen veranlagt haben müssen, davon in jeder Gemeinde mindestens 60%. Im Übrigen können die Veranlagungsbehörden den Veranlagungsfortschritt selbst planen. Dabei achten sie darauf, dass nicht jedes Jahr die gleichen Steuerpflichtigen in den gleichen Gemeinden zuerst veranlagt werden. Wenn Sie die Veranlagung 2002 im Dezember 2003 erhalten, hat sich die Veranlagungsbehörde also an die ihr gesetzten Vorgaben gehalten, nachdem sie mit den Veranlagungen 2001 noch im Rückstand war.

Leuenberger-01.doc

Diese Fristen und Abläufe sind den Steuerregisterführern und Finanzverwaltern der Gemeinden ebenfalls bekannt. Wieso Sie vom Steuerverwalter der Gemeinde Messen eine Auskunft erhalten haben, wonach er ebenfalls schon lange auf die Veranlagung warte, kann ich nicht beurteilen. Vielleicht liegt irgendwo ein Missverständnis vor?

Ich wünsche Ihnen ebenfalls ein frohes Weihnachtsfest und alles Gute im neuen Jahr.

Mit freundlichen Grüssen

Erwin Widmer
Chef Steueramt

Kopie an: -   Veranlagungsbehörde Solothurn
             -    Steuerregisterführer der EG Messen, Herrn Géo Voumard, Hauptstrasse 5,
                 3254 Messen

Hans-Peter Leuenberger
Eichholzstrasse 16
3254 Messen

Messen, 30. Dezember 2003

Steueramt des Kantons
Solothurn
Chef Steueramt
Herrn Erwin Widmer
Schanzmühle
Werkhofstrasse 20c
4509 Solothurn

Ihr Schreiben vom 19. Dezember 2003

Sehr geehrter Herr Widmer

Herzlichen Dank für Ihre ausführliche Beschreibung der Veranlagungssituation der Veranlagungsbehörden im Kontext der Veranlagungen der Steuerzahler.

Ich gebe es unumwunden zu, dass ich beim Lesen förmlich in Ekstase geraten bin, da ich nun weiss, dass sich die Veranlagungsbehörden, trotz Selbstplanung des Veranlagungsfortschrittes und knallharter 60/80%-Quote, an ihre gesetzlichen Vorgaben gehalten haben. Haben Sie aber gewusst, dass ich armes, verschüpftes Staatsbürgerlein mich auch an die Vorgaben der herrschaftlichen Burg zu Solothurn gehalten habe und im Zeitraum vom 1. September 2002 bis 31. August 2003 bei einem steuerbaren Einkommen von CHF 26'684.00 lächerliche CHF 17'288.85 an Steuern überwiesen habe? Woher das wohl kommen mag, wenn man bedenkt, dass ich keine Zahlungsfrist habe verstreichen

lassen? *Hallelujah..lobpreiset... es ist mir Steuerrecht widerfahren!*

Nun, Spass beiseite, lieber Herr Widmer. So unter uns zweier-einer wie wir sind können Sie es doch ohne Hemmungen zugeben...oder... Kleiner Ellbogenpuff...Augenzwinkern...Knuddelmuddel...? Aber so zieren Sie sich doch nicht so! Ja, ja, einfach von der Leber weg! Ist doch kein Zufall, dass ich die Veranlagung ein paar Tage nach meinem Schreiben an Sie erhalten habe...oder (hmmmh...hier lohnt es sich eine kleine Klammer zu öffnen und darauf hinzuweisen, dass ich meine Veranlagungen eigentlich von meinen Eltern bekommen habe. Aber die scheinen dem Steueramt nicht zu behagen und da die nicht wissen was sie wollen, veranlagen sie mich halt jedes Jahr wieder anders...ach, wie unkompliziert wäre das Leben doch ohne Steueramt! Aber wir wollen an dieser Stelle nicht weiterphilosophieren und die kleine Klammer wieder schliessen)? Ach wissen Sie, mir können Sie es doch einfach sagen... Augenzwinkern...freudig gerötete Wangen...nur zu!

Äbe! Hab' ich's doch gewusst!!

Nur ein ganz kitzekleines Detail liegt mir noch auf der Zunge:
Lieber Herr Widmer, ich und der Gemeindesteuerverwalter warten keinesfalls (und erst recht nicht lange im Sinne von ungeduldig!) auf die Veranlagungen von der herrschaftlichen Burg zu Soleure. Uns wäre zweifelsohne ungemein wöhler und freier ohne söttigen **Krschmblhchrzblöhmkscht!**

In diesem Sinne danke ich Ihnen herzlichst für Ihre Ausführungen und hoffe sehr, dass Sie den Buechibärgern weiterhin im gesetzlichen Rahmen die Moneten aus der Tasche ziehen (apropopo: wann gibt es einen A5-Autobahnzubringer Messen-Nordost?).

Mit freudig veranlagten Grüssen
und den besten Wünschen für ein
möglichst mahnungsfreies 2004

Hans-Peter Leuenberger

Kopie g.n.a.: Veranlagungsbehörde Solothurn
Steuerregisterführer Messen
Amt für Ermessensfragen Wabern
Bundesrat-Christoph-Blocher-Fond für Veranlagungsgeschädigte
Steuerrekurskommission Europa West, Abteilung Schwarz- und andere Kohle
Vatikanbank (Hei, Jungs! Obacht! Legt ja keine Kohle im Kanton Solothurn an! Die sind knallhart hier...und erst der Erwin Widmer..ui, ui, ui!)
Vogelwarte Sempach
WWF Schweiz (ist doch wahr: wenn ich ein süsses, kleines Hundeli anstatt ein Steuerpflichtiger wäre, hätte man mich schon längst zu freier Kost und Logis vermittelt!)

Hans-Peter Leuenberger
Eichholzstrasse 16
3254 Messen

Steueramt des Kantons
Solothurn
Chef Steueramt
Herrn Erwin Widmer
Schanzmühle
Werkhofstrasse 20c
4509 Solothurn

Ihre Nichtstellungnahme zu meinem Schreiben vom 30. Dezember 2003

Sehr geehrter Herr Widmer

Es ist *50000000000000* (mindestens!) schade, dass Sie nicht die steuerrechtliche Zeit gefunden haben, um auf mein Schreiben vom 30. Dezember 2003 zu antworten. Sicher, vielleicht war es etwas kritisch, aber das beruht ja bei uns beiden welchen auf Gegenseitigkeit...gelle!? ☺

Wissen Sie noch, wie ich in dem erwähnten Schreiben mit dem Autobahnzubringer Messen-Nordost gespöttelt habe? Wie sagt doch das Sprichwort so schön: «Gott straft sofort». Da ich nicht sonderlich gutgläubig bin, würde für mich «Das Steueramt straft sofort» wohl eher zutreffen. Die grundsätzlich schlecht veranlagten Veranlager des Standes Solothurn haben meinen Arbeitsweg nämlich einfach um 10 km gekürzt, obwohl ich den kürzesten Weg über den Buechibärg per Tacho gemessen habe. «**Et vollà...was müssen sie auch immer so einfältig den gleichen Weg benutzen...**» Ich gebe es nicht gerne zu, aber ich bin

b e g e i s t e r t !

Ja, diese Veranlager! Wer hätte das denen zugetraut?! Sie sind die wahren Helden der Entdeckungen! Bisher haben die Forscher nämlich noch keine Möglichkeiten gesehen, zu den äusseren Planeten unseres Sonnensystems zu reisen, da die Distanzen ganz einfach viel zu gewaltig sind. Nun aber kommen die Veranlagungsbehörden von Solothurn ins Spiel:

« Was? 500 Lichtjahre? Kommt nicht in die Tüte! Wir vergüten höchstens 475 Lichtjahre, aber nur wenn sie für's Mittagessen nicht nach Hause kommen»

Tja, lieber Herr Widmer, kommen wir nun aber wieder kurz zu unserem irdischen Problem: Ich gehe also davon aus, dass Sie mir demnächst einen Tunnel quer durch den Buechibärg graben, damit die Kilometerangaben von Ihren lieben Kollegen auch stimmen. Ach ja, vielleicht geben Sie den ewiggestrigen Veranlagern einen kleinen Tipp: Die Erde dreht sich um die Sonne...behauptet zumindest seit kurzem der Seppel in Rom!

Wissen Sie was? Nicht? *Ja wollen Sie's nicht wissen?* Bitte, bitte, raten Sie doch mal!! **Nö, eiskalt!** *Nochmal, bitte nochmal!* Hi, hi, hi, noch eiskalter! *Na gut, ich will mal nicht so sein:* Ich habe soeben die Steuererklärung 2003 ausgefüllt und werde sie am Montag dem gemeinen Steuerverwalter schicken. Wieso gemein? Na ja, der Junge schuldet mir noch Kohle...viel Kohle! Sehen Sie, so geht das in der Schweiz, wo Recht nicht gleichbedeutend ist mit Gerechtigkeit. Ich spiele Bank für die Gemeinde und dafür kürzt der Staat mir den Arbeitsweg...und alles ist rechtens!

Toll! Oder?

Da hätte ich doch noch eine kitztekleine Frage: Die Veranlagungsbehörde veranlagt, die Bezugsbehörde bezugt, die Rekursbehörde rekurst...und was macht eigentlich um **gottsmäuchterliswillen** Ihr Steueramt noch? Steuern?

Bääääääääääähhhhhhhhhhhhhhhhhhhhhhhhhh...!

Darf ich davon ausgehen, Sie demnächst unten am Balmstutz mit Helm und Schaufel anzutreffen?

Mit freudlichen Grüssen

Hans-Peter Leuenberger

Hans-Peter Leuenberger
Eichholzstrasse 16
3254 Messen

Messen, 3. März 2004

Steueramt des Kantons Solothurn
Chef Steueramt
Herrn Erwin Widmer
Schanzmühler
Werkhofstrasse 29c
4509 Solothurn

Stille war's, der Mond schien helle...

Grüessech Herr Widmer

Ist ja eigentlich schon verrückt! Da kennen wir uns erst so kurze Zeit und Sie haben mir schon nichts mehr zu sagen! Unter solchen Umständen muss schlichtweg jede Beziehung – und sei's eine einseitig tief empfundene Brieffreundschaft – in die Brüche gehen. Dabei möchte ich Sie immer **Knuddelmuddeln♥♥♥☺** und ganz fest auf meinen Ordner mit den Steuerunterlagen drücken! Darf ich wenigstens hoffen, dass Sie mir was ins Poesiealbum 🌺 schreiben, wenn ich es Ihnen schicke?

Henusode! Wieso ich Ihnen schon wieder schreibe? Ah ja. Ich habe da in der Coopzeitung eine Umfrage gesehen, die ich Ihnen keinesfalls unterschlagen☺ darf.

> *Nur gerade 23 Prozent der Schweizer Bevölkerung wollen die Steuererklärung so belassen, wie sie ist. Für die meisten ist sie zu kompliziert: 29 Prozent wünschen sich ein einfacheres Formular, 36 Prozent wollen die Steuererklärung abschaffen und die Steuern direkt vom Lohn abziehen lassen.*

Na, lieber Herr Widmer, schön können Sie sich hinter den üppigen Steuerparagraphen verstecken...gelle?! Sonst müssten Sie amänd noch in die Hosen und den Willen des Souveräns umsetzen. Es stimmt mich aber doch einigermassen traurig, dass so viele Bürger Ihren Berufsstand und Ihr Treiben nicht mögen. Das haben Sie nun wirklich nicht verdient! Ich bin da zum Glück völlig anders! Ich liebe die Steuerämter und deren MitarbeiterInnen! Wieso kann ich eigentlich auch nicht genau sagen, aber vielleicht könnte es einen Zusammenhang mit meiner Vorliebe für Draculafilme haben?

Wissen Sie was? Ich habe den Staatssteuervorbezug für 2004 schon einbezahlt! Eigentlich sollten Sie ein klein wenig stolz auf mich sein?! Ich habe jedenfalls einen *Heidenspass* an der Gegenwartsbesteuerung. Die einzige Änderung zur Vergangenheitsbesteuerung liegt ja wohl darin, dass der Steuerpflichtige den voraussichtlichen Steuerbetrag zum Voraus entrichten muss. Zurückkommend auf meine vorher erwähnte Steuerrechnung darf ich also mit Fug und Recht behaupten, dass ich Steuern für ein Einkommen bezahlt habe, das ich noch gar nicht erwirtschaften

konnte. **Aha!** *Da sind wir also wieder bei unseren „Lichtjahren"!*

Ende letzten Jahres ging übrigens meine Brille zu Bruch und als ob das nicht schon genug des grausamen Spieles gewesen wäre, machte mich der Augenarzt auch noch darauf aufmerksam, dass sich zu meiner Kurzsichtigkeit eine Alterssichtigkeit gesellt hätte. Da sass ich also nun zu dritt! Es musste also eine schweineteure Gleitsichtbrille sein, damit ich überhaupt noch was in meiner Tageszeitung entziffern kann. Nein, Herr Widmer, ich meine nicht den Leitartikel oder die Kolumne. Ich habe schon Mühe eine durchschnittliche Blickschlagzeile aus 10 cm Entfernung einigermassen zu entziffern. Item. Die kranke Kasse beschied mir jedenfalls, dass meine Kurz- und Alterssichtigkeit nicht als Krankheit im üblichen Sinne gelten würden und sie somit keine Kohle rausrücken wolle. Ich habe dann aber geltend gemacht, dass ich – rein hypothetisch natürlich –, wenn ich meine Sehhilfe zertreten und mich fortan weigern würde eine neue zu beschaffen, schlicht und einfach arbeitsunfähig geschrieben werden und von der Sozialhilfe leben müsste. Ich sag's Ihnen grade raus, Herr Widmer:

Denen war es völlig schnurz, ob Sie von mir noch Steuer kassieren können oder nicht! So habe ich mich dann halt darauf gefreut, die schweineteure Brille bei den Steuern absetzen zu können. **Nada!** Nachdem ich die entsprechenden Eingaben gemacht hatte, beschied mir die steuerliche Kalkulationskunst, dass ich CHF 2'765.20 mehr Einkommen hätte. Ich habe kleinlaut beigegeben und wieder ein klein wenig an unsere „Lichtjahre"

gedacht. Das hat zwar nicht wirklich geholfen, aber irgendwie hat es wenigstens meine

Revolutionsgelüste 💣 etwas gedämpft.

Und dann gibt es Leute, die behaupten, das Steueramt hätte den Witz einer Spanischen Inquisition...

Selbstverständlich möchte ich eine gute alte Tradition zwischen uns nicht einfach so aufgeben und Ihnen ein paar aktuelle Frage stellen:

- Was gedenken Sie zu tun, um den Wunsch der Bevölkerungsmehrheit zu verwirklichen? Wann wird der Kanton Solothurn endlich die Quellensteuer einführen?
- Würden Sie meine Behauptung, dass Sehhilfeträger eindeutig grössere Lebenserhaltungskosten haben als Normalsehende und somit steuerlich eindeutig benachteiligt werden, unterstützen? Wenn ja, was gedenkt das Steueramt Solothurn kurzfristig dagegen zu unternehmen?
- Haben Sie gewusst, dass mir die Gemeinde Messen immer noch Geld schuldet und somit eindeutig schneller in der Rechnungsstellung als in der Abrechnung ist? Wissen Sie, dass ich weiss, dass Sie die letzte Frage nicht wirklich interessiert, solange Sie die Kohle für die Staatssteuer von mir erhalten?

Darf ich auf ein kleines, süsses Brieflein von Ihnen hoffen? Aber Sie müssen es dann nicht extra parfümieren…gelle!

In tiefer Zuneigung

Hans-Peter Leuenberger

03.03.2004   Seite 2/2   HPL

75

Erwin Widmer
Chef Steueramt
Telefon 032 627 87 09
Telefax 032 627 87 00
erwin.widmer@fd.so.ch

Herr
Hans-Peter Leuenberger
Eichholzstrasse 16
3254 Messen

5. März 2004

Fragen zu den Steuern

Sehr geehrter Herr Leuenberger

Ich nehme die Wünsche unserer Kundschaft zu den Steuerformularen und zum Inkasso mit Interesse zur Kenntnis. Die Einführung der Quellensteuer für SchweizerInnen und niedergelassene AusländerInnen ist eine bundespolitische Frage, auf die ich keinen Einfluss habe. Ohne Aenderung von Bundesgesetzen kann der Kanton SO die Quellensteuer nicht einführen.

Die Steuerformulare sind komplex. Für viele zu kompiziert. Das ist mindestens teilweise die Folge der stets komplizierteren Gesetzgebung, die ein Chef eines kantonalen Steueramtes nur in sehr bescheidenem Ausmass beeinflussen kann. Sie ist zudem eine Folge der stets komplizierteren Einkommens- und Vermögensverhältnisse der Einzelnen. Immerhin haben wir seit der Neugestaltung im Jahre 2001 schon verschiedentlich Komplimente zur Formulargestaltung erhalten.

Ein Krankheitskostenabzug kann nur geltend gemacht werden, soweit er 5% des Reineinkommens übersteigt. Behinderungskosten dagegen können ab 2005 ohne Selbstbehalt abgezogen werden. Damit kommt der Gesetzgeber Ihrem Anliegen teilweise entgegen.

Zu Ihren beiden letzten Fragen: Nein. Ja.

Ich bin mir bewusst, dass ich nicht alle Fragen in Ihrem Sinne beantworten konnte. Trotzdem bitte ich Sie, solche halb ernst und halb witzig gemeinten Briefe inskünftig zu unterlassen. Oder ich werde mir die Freiheit herausnehmen, sie als Informationen zur Kenntnis zu nehmen und unbeantwortet abzulegen.

Mit freundlichen Grüssen

Erwin Widmer
Chef Steueramt

Hans-Peter Leuenberger
Eichholzstrasse 16
3254 Messen
Register Nr. 5672219

Messen, 10. März 2004

Gemeinde Messen
Frau Lore Däppen
Hauptstrasse 46
Postfach
3254 Messen

Definitive Veranlagung Gemeindesteuer pro 2002

Sehr geehrte Frau Däppen

Gerne bestätige ich den Erhalt der oben erwähnten Abrechnung ▤ vom 9. März 2004.

Ja, ja, so eine Steuerabrechnung macht einen Heiden**spass**☺! **Läck!** Wegen dem **Minuszeichen** vor dem Total gerate ich fast in **Ekstase** – echt! **Und erst der** ^Zins, **den Ihr da gewährt!** Da kann die Jubiäss und auch die Kreditschwitz glatt einpacken. Wusste ich's doch: *Messen ist die beste Bank!*

Gratulation!

Natürlich werden Sie, liebe Frau Däppen, jetzt monieren, dass Sie mit den Steuerabrechnungen gar nichts am Hut haben...gelle!? Weiss ich doch! Aber ich schreibe an Sie, weil ich Sie um einen kleinen Gefallen bitten möchte. Sehen Sie, der Herr Voumard schickt mir jedes Jahr eine Steuerabrechnung mit Kirchensteuer. Ich bin aber tatsächlich aus jeglicher Art von staatlich sanktionierter Religion ausgetreten, was leicht nachgeprüft werden kann und auch jedes Mal in der Steuererklärung vermerkt wird. Ein kleiner Kontrollblick in die definitiv-definitive Gemeindesteuerabrechnung des Vorjahres wird's bestätigen. Aber obacht: „Vorjahres" wäre dann 2001, da aktuell ja 2002 ist und ich vor kurzer Zeit die Steuererklärung 2003 und gleichzeitig den Staatssteuervorbezug 2004...aber es wird Ihnen amänd gehen wie mir und Sie können mit so modernem Zeitmanagement 🕐 und Science-Friction 👽 nichts anfangen...gelle?! Finde ich eigentlich aber schon toll, dass man in der neuen Gegenwartsbesteuerung Steuern für Einkommen zahlt, dass man – als elendiglicher Hungerleider vermag man halt **Hyperzeitsprünge** in die Zukunft nicht alle Jahre – noch gar nicht verdienen konnte, weil man noch gar keine Steuererklärung abzugeben in der Lage war, weil der Gregorianische Kalender so unsagbar altmodisch...*Henusode!* Dafür kommt dann die vordefinitive Abrechnung erst zwei Jahre später, was die Zeitrechnung wieder ausgleicht. Schon toll...unsere moderne Zeit! Aber irgendwie beschleicht mich das Gefühl, dass ich ein klein wenig abgeschweift bin. Wo war ich? Ah ja. Bei der Kirchensteuer, obwohl ich in keiner Kirche sondern an der Eichholzstrasse 16 wohne. Also, liebe Frau Däppen, könnten Sie den Herrn Voumard schonend auf mein Schreiben vorbereiten und ihm etwas zärtlich übers Haupt streicheln? Wenn's ganz schlimm wird, könnten Sie ihm vielleicht sogar kurz Ihre Schulter zum Ausweinen zur Verfügung stellen? Es geht mir einfach darum, dass er es nicht allzu tragisch nimmt und sich öppe no unter einen Stapel Steuerpapiere wirft 📚. **Merci!** Sie sind wirklich flott! 💙 🕷

Lieber Herr Voumard

Wie geht es Ihnen denn so? Hoffentlich haben Sie nicht zuviel Stress mit den Steuerabrechnungen? Ja, ja, das Wetter…soll ja übers Wochenende über 10 Grad warm ☼ werden. Eh, es wäre ja auch langsam Zeit, dass der Frühling kommt…gelle? Apropopo „kommen": Die **definitive Gemeindesteuerabrechnung pro 2002** ist gekommen. **Sie sind wirklich ein netter Steuerverwalter?** 🌱 Sie zahlen ja **mehr Zins als die Banken!** Könnten Sie mir bitte in Zukunft <u>neutrale Einzahlungsscheine</u> schicken, damit ich die Gemeindesteuerzahlungen flexibel auf meine Einkommenssituation ausrichten kann.

«Die sicherste Wertanlage des kleinen Mannes: IHRE GEMEINDESTEUER!»

sehe ich schon den Slogan an der Eingangstüre auf der Gemeindeverwaltung. Ach ja, Frau Däppen. Hat sie Sie zärtlich übers Haupt gestreichelt? Gut. Steht sie in Ihrer Nähe, die Schultern etwas vorgeneigt, die Arme ausgebreitet? **Super!**

📢:Also Herr Voumard: Einmal mehr haben Sie mir die Kirchensteuer belastet. 💥 Ja genau, ich bin der, der aus der Kirche ausgetreten ist. Nicht weinen, Herr Voumard! Frau Däppen, **Frau Däppen!** *Los!* Die Schulter!!!!

War halt wieder mal Büetz fürs Büsi:

 **M**mm**m**iiiaaaa**u**uuuu!

Was soll's…Murphy ist halt ein gar garstiger Junge…gelle!?

Also, nehmen Sie es doch nicht so tragisch, Herr Voumard. Kann doch mal vorkommen, dass man jedes Jahr den gleichen Fehler macht…gelle!? **Frau Däppen!**

Sicher bin ich sicher, Herr Voumard! Ich treffe mich keinesfalls heimlich 🕸 mit den Herren Bärtschi oder Ackermann…ich schwöre es bei…*äh*…**Erwin Widmer**! Ja, ja, der Erwin Widmer, Chef des Steueramtes Solothurn, hält grosse Stücke auf Sie – wussten Sie das? Wir sind zwei ganz dicke Brieffreunde und ich schätze vor allem seine überlegte Art: Wenn er was sagt, dann hat es Tand…*äh*…Hand und Russ…*äh*…Fuss! Also, ich habe mit ihm gewettet, dass Sie es auch dieses Jahr nicht schaffen werden, mir die Kirchensteuer vom Hals zu halten. Tja, nun hat er halt verloren. Das ist halt so, wenn man für jemanden die Hand an den Fuss…*äh*…ins Feuer legen will. Das Fläschchen werde ich mir aber mit oberstem Genuss zu Gemüte führen…steuerfrei! **Frau Däppen**, **Frau Däppen!**

Also, lieber Herr Voumard, wären Sie wohl so lieb, mir die definitive Abrechnung 2002 definitiv zu erstellen: **Ohne** Kirchensteuer, aber **mit** neuer Zinsberechnung. **Danke! Sehr lieb!** Ah ja: Es macht dann nichts, wenn die Rückvergütung der Gemeindesteuer 2002 innerhalb der nächsten drei Jahre auf meinem Konto eintrifft…gelle!

So unter uns zwei beiden: Nächstes Jahr kostet Sie die Kirchensteuer eine Flasche **Carmen Winemaker's Reserve 2000**…o.k.? **Frau Däppen! Die Schulter!!!!**

Sodeliso, ich danke Ihnen, liebe Frau Däppen , für die wertvolle Unterstützung und Ihnen, werter Herr Voumard, für das frohe Gelingen der definitiv hoffentlich definitiven Gemeindesteuerabrechnung 2002.

Mit tiefer Zuneigung

Ihre Register Nr. 5672219

PS: «Apropopo „Veranlagung": Wussten Sie, dass ich ganz normal veranlagt bin?»
    «Was sagen Sie?»
    «Wieso betonen Sie „normal" und kichern dabei?»
    «Typisch: Andere verunglimpfen aber selber immer den gleichen Mist bauen…»
    «Mist…äh…ist doch wahr!»

♪ All-he Jahre wie-i-i-der kommt der Steuermann… ♪

Hans-Peter Leuenberger
Eichholzstrasse 16
3254 Messen

Messen, 15. März 2004

Steueramt des Kantons
Solothurn
Chef Steueramt
Herrn Erwin Widmer
Schanzmühle
Werkhofstrasse 20c
4509 Solothurn

Ihr Schreiben vom 5. März 2004

Sehr geehrter Herr Widmer

Herzlichen Dank für Ihr nettes Scheiben, datiert vom 5. März 2004, mit Poststempel vom 9. März 2004, das mich am 12. März 2004 erreicht hat. Ja, ja, die Distanzen in unserem Universum, die Krümmung von Zeit und Raum, die Umwandlung von Masse in Energie und die Arbeitswege im

Kontext der solothurnischen Steuerbehörden... *völlig unberechenbar!*

Spass beiseite. Danke für Ihre informativen Antworten und Ihren feinen "Return" ☺. Sehen Sie, lieber Herr Widmer, sicher werde ich ab 2005 versuchen meine Existenz als «*Behinderung ohne Selbstbehalt*» *(Sie sind mir aber ein Schlitzohr! Aber wer austeilt, muss auch einstecken können und abgesehen davon liebe ich griffige Antworten.)* geltend zu machen, aber ich wage es sehr stark anzuzweifeln, ob die Veranlagungsbehörden es schlucken werden...**na ja, vielleicht...wenn Sie ein gutes Wort einlegen?** Aber eigentlich müssten Sie sich ja schämen, da man mit sowas keine Witze macht, ausser man steht auf den dunkelschwarzen, englischen Humor wie ich oder ist Mitglied des SC Bern. Sind Sie Mitglied beim SC Bern? Also mir können Sie es doch sagen...ich werde es auch sicher für mich behalten...so zieren Sie sich doch nicht so...*dachte ich mir's doch!*

Eines haben Sie aber völlig missverstanden: Meine Briefe sind nicht «halb ernst und halb witzig gemeint». Sie sind **sehr, sehr, sehr, *sehr*** ernst gemeint und sollen aufzeigen, was da so alles für **Mumpiz** unter dem Deckmantel der «*stets komplizierteren Gesetzgebung*» getrieben wird. Mein Schreibstil mag halt ein klein wenig verwirren, aber der wiederum resultiert aus der

Tatsache, dass ich den allgemeinen *politischen und behördlichen Schabernack* wirklich nicht mehr allzu ernst nehmen kann. Das Recht nicht gleich Gerechtigkeit ist wissen wir alle längstens, auch wenn «*ein Chef eines kantonalen Steueramtes dies nur in sehr bescheidenem Ausmass beeinflussen kann*». Aber vielleicht wäre es an der Zeit, auch zur Erkenntnis zu gelangen, dass es nebst guten Gesetzen auch weniger gute Gesetze gibt, weil sie Privilegierte noch mehr privilegieren

und dem Wohle der Allgemeinheit zuwiderlaufen. Aber eben: Gut gibt es *SOOOOOOOOOOOOO* §

schöne und grosse Pragraphen, hinter denen man die Zivilcourage verstecken kann. Wohin das führen kann wird uns einmal mehr gerade in Bern vorexerziert: Hirn aus! Gesetz raus! Aber immerhin ist es beruhigend zu sehen, dass da einige Kantone "in die Hosen sind", auch wenn es nur

"wägem Gäld"

war.

Eine kleine Story (*garantiert fragenfrei!*) muss ich aber dennoch loswerden. Die letzte Frage in meinem letzten Brief betreffend der Gemeindesteuer haben Sie souverän mit **«Nein. Ja.»** beantwortet (...und ich habe mir fast einen Pflaumensturz geschmunzelt!☺◔). Ein paar Tage später ist die definitive Abrechnung der Gemeindesteuer eingetroffen! Also, lieber Herr Widmer, ich weiss nicht wie Sie das genau machen, aber irgendwie werden Sie mir langsam unheimlich. Leider musste ich die Abrechnung umgehend retournieren (**Den** Brief hätten Sie erst sehen sollen!), da - wie alle Jahre - die Kirchensteuer✝ belastet war, obwohl ich nun wirklich nicht an konspirativen Treffen im hiesigen Pfarrhaus teilzunehmen pflege. Können Sie dem Herrn Voumard, Steuerverwalter zu Messen, nicht ein klein wenig mit einem behördlichen Post-it unter die grauen Zellen greifen? Anyway. Dafür waren die Zinsen für zuviel und zu früh bezahlte Steuern geradezu **gigantomanisch**. Juubiess und Kreditschwitz können glatt einpacken!

Ihr letzter Briefabsatz spricht mir von der Seele!

Selbstverständlich werde ich Ihren Wunsch, meine *«Briefe inskünftig zu unterlassen»*, sofort und vollumfänglich respektieren - und dies sogar *«...ohne Änderung von Bundesgesetzen...»*. Im Gegenzug gehe ich aber selbstredend davon aus, dass Sie Gegenrecht halten werden und inskünftig die Zustellung von neugestalteten Steuererklärungsformularen, auch wenn Sie dafür schon verschiedentlich Komplimente erhalten haben, Veranlagungen, Steuerrechnungen, Einzahlungsscheinen oder ähnlichen, halb ernst und halb witzig zu nehmenden Postversendungen ebenfalls unterlassen oder ich werde mir auch die Freiheit herausnehmen, sie lediglich als Informationen wahrzunehmen und unkommentiert in den steuerbelasteten Kerichtsack zu werfen.

Ausser...Sie würden einmal mehr geltend machen, dass das **«...ohne Änderung von Bundesgesetzen...»** nicht geht. Wie gesagt: Recht ist nicht gleich

Gerechtigkeit und die Staatsmacht hat nun mal den Vorteil, dass sie sich Paragraphen **§** nach Mass schneidern lassen kann. Sollte es trotzdem mal nicht ganz passen, geht via Verordnung ja alleweil noch was...gelle!? Und solange der **gesunde Menschenverstand und die Zivilcourage** sich offenbar zusammen auf einer längeren Auslandsreise befinden, wird man wohl nicht viel machen können...*Henusode*!?

Leben Sie wohl Herr Widmer, ich wünsche Ihnen weiterhin frohes und vor allem paragraphengetreues Wirken und hoffe, Ihnen einen kleinen Einblick von der "Front" vermittelt zu haben, wo die Kaufkraft des kleinen Mannes weiterhin schwindet und fröhliche, völlig gesetzeskonforme Urständ feiert.

Mit freudlichen Grüssen

Hans-Peter Leuenberger

PS: Ich zähle mich zu den Privilegierten dieses Landes, habe ich doch eine Arbeitsstelle, ein regelmässiges Einkommen und genug zu essen. Und ich kann mir sogar ab und zu Postmarken leisten, um einigen noch privilegierteren Leuten in diesem Staat kräftig auf den Wecker zu gehen.

Hans-Peter Leuenberger
Eichholzstrasse 16
3254 Messen
Register Nr. 5672219

Messen, 2. April 2004

Gemeinde Messen
Frau Lore Däppen
Hauptstrasse 46
Postfach
3254 Messen

Ihre Steuerrechnung 12718 vom 31. März 2004

☺**Guguseli**✋ **Frau Däppen**

Ich stehe kurz vor einem

und kann meiner **UNGEHEMMTEN BEGEISTERUNG**◀))) kaum noch habhaft 🚗 werden!

Ich finde diese ganze steuerliche Realsatire sowas von ungemein erheiternd☺, dass ich vor

lauter ⋛**Lachen**⋚ noch in akute Notdurft ⛈ geraten und mir

dazu einen **Schenkelklopfwolf** ∿ holen werde!

Bitte entschuldigen Sie, liebe Frau Däppen, dass ich Sie schon wieder störe, aber mir will fast ein birebitzeli scheinen, dass der gute Herr Voumard jetzt endgültig überge..äh...ich meine **gulugulu-balabala**...aber lassen wird das. Vielleicht können Sie ja mit etwas gutem Zuspruch noch was bei ihm richten, andernfalls würde ich Ihnen empfehlen, **Hilfe**🚜 unter der Nummer 031/765 53 74 zu suchen und mein Steuerdossier umweltgerecht zu **kompostieren** ().

Sehen Sie, auf mein Schreiben vom 10. März 2004, in dem ich darauf hingewiesen habe, dass auf der fast definitiven Steuerabrechnung 2002 die Kirchensteuer unrechtmässig erhoben wurde und folgerichtig um entsprechende Korrektur bat, schickt mir doch der liebe Herr Voumard die 1. Rate des Gemeindesteuervorbezuges 2004. *Ich weiss nicht...*ich weiss nicht...aber hätten es **Anstand**, **Logik** und *verwaltungstechnische Bürgernähe* nicht doch eher geboten, zuerst den Fehler zu korrigieren und den geschuldeten Betrag zu überweisen?

Pustekuchen!

Immer schön feste auf den Bürger drauf hauen…gelle. Ist doch wahr: *Diese Bürger sind aber auch sooooooooo etwas von lästig!* Die sollten doch nicht immer so wehleidig tun und gefälligst die Kohle kommentarlos rüber schieben! Aber immerhin ist auf der Vorbezugsrechnung die Kirchensteuer ohne Betrag aufgeführt – vielleicht ein kleiner ⸕Hoffnungsschimmer⸕ ?

Apropopo Kohle rüber schieben: Nett, dass der Herr Voumard so wenig Schotter als 1. Rate will. Das könnte natürlich daran liegen, dass man jetzt als Basis das Steuerjahr 2002 nimmt, wo ich mir bekanntlich eine kleine *Kreativpause* gegönnt habe. Hätte man nun die **terminlich** gepresste Steuererklärung 2003 angeschaut, wüsste man, dass ich mich nun wieder volle Kanne in einem Büro für Geld kaufmännisch prostituiere. **Was?** *Sie haben die Steuererklärung noch nicht gesehen…keine Zeit und so…dem Kanton geschickt…* aha…*bekommen dann später Bescheid…* so, so, *was Sie nicht alles sagen.* Wissen Sie, das interessiert mich nicht wirklich! Schicken Sie mir doch einfach 10 neutrale Einzahlungsscheine und ich werde die Sache selber zu aller Zufriedenheit rechnen und überweisen. Ich habe echt keine Lust, am St. Nimmerleinstag 1 wieder eine nervenbelastende Nachzahlung (…und sicher noch mit Kirchensteuer…) präsentiert zu bekommen ☺.

"Gegenwartsbesteuerung"…
Ha-ha-ha-ha-ha-ha-ha-ha-ha-ha-ha-ha-ha-ha

Ich habe eine Idee!
Wie wär's, wenn Sie Herrn Voumard den folgenden Deal schonend beibringen würden:

Sobald ich die definitive Korrektur der definitiven Steuerabrechnung 2002 erhalten habe und die Rückzahlung meinem Konto gutgeschrieben worden ist, werde ich innert 30 Tagen von neuen Steuerrechnungen Kenntnis nehmen.

Da ich mich als recht konstruktiven Bürger bezeichne möchte, der im Umgang mit Dienststellen jeglicher Art immer eine ausgesuchte Verwaltungsnähe an den Tag legt, will ich Sie nicht im Regen stehen lassen und liefere Ihnen gleich die Übersetzung ins Taxaianische 👽 für den *lieben* ♥ …Küsschen!…Küsschen!…Küsschen!… **Herrn Voumard**:

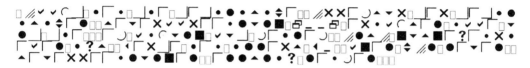

Na? Liebe Frau Däppen, finden Sie das auch als äusserst fair? Äbe!

Und sollten aus dieser Frist – die Herr Voumard nun völlig in seiner Hand ☝ hat -Sollzinsen geltend gemacht werden, **WÖRDET MER DANN HOLT WOHL ODER ÜBEL E KLOAIS PRÄZEDENZFÄLLELE MOCHE MÜESSE...GELLE!** 💋

Sodeliso, ich bin überzeugt, dass Sie meinen Schreibstil ✍ als etwas

gewöhnungsbedürftig :-) einstufen, aber der ist halt nun mal so, seit ich Diverses – und dazu gehören definitiv Verwaltungsorgane jeglicher Couleur - im meinem Umfeld wirklich nicht mehr ganz so ernst nehmen kann. Und wenn der Herr Voumard weiterhin so originell steuert 🚚, *wird zwischen uns, liebe Frau Däppen, eine wirklich grosse und leidenschaftliche Brieffreundschaft entstehen –* **ich freue mich schon drauf!!**

Mit äusserstem Vergnügen

Ihre Register Nr. 5672219

🎵 **Zobe z'Messe de Stüürvo-ogt tanzet, wie**

der Tüüfel d' Bürger abekanzlet... 🎵

Sollte sich dieses Schreiben mit Ihrer Korrektur der Steuerabrechnung 2002 und/oder der Überweisung meines steuerlichen Guthabens kreuzen, betrachten Sie dieses Schreiben keinesfalls als gegenstandlos.

Hans-Peter Leuenberger
Eichholzstrasse 16
3254 Messen
Register Nr. 5672219

Messen, 7. April 2004

Gemeinde Messen
Frau Lore Däppen
Hauptstrasse 46
Postfach
3254 Messen

Wow!

Hallo ✋ Frau Däppen

Läck! Sehen Sie! *Typisch!* Behördenstellen haben generell was dagegen, wenn sich BürgerInnen über etwas freuen ☺! *Und am schlimmsten sind sowieso diejenigen Amtsstuben, wo irgendwas mit* **Steuern** *gemischelt wird!*

Eh ja, da habe ich mich so über unsere kleine Korrespondenz 📚 **gefreut** und gehofft, sie möge noch einige Zeit 🕐 so weitergehen. **Aber nein! Grad z' Trotz nid!** Da schickt mir doch meine Bank am 6. April 2004 eine Vergütungsanzeige mit Valuta 25. März 2004...scheint von der Gemeinde Messen zu sein...**bäääääääämmmm**! Gleichzeitig habe ich eine Auszahlungsabholeinladung von der Post im Briefkasten...auch von der Gemeinde Messen...**hu-hu-hu-hu-hu-hu-hu-hu-hu**! Na ja, das mit der Einladung hat so seine Nase, da ich sie erst am Samstag abholen kann. Ich gehe aber in meiner Gutmütigkeit 👄 und in meinem festen Glauben an die Gerechtigkeit dieses Staates 🕸 mal davon aus, dass es sich um die fälschlicherweise gekrallte Kirchensteuer ✝ plus Zinsen ↗ handelt.

Wie haben Sie das bloss hingekriegt, ...liebe....

Frau Däppen? Gutes Zureden?

Gezielter Handkantenschlag? Vor-gehaltene Waffe? Drogen? Wie auch immer, vielen, vielen, vielen, VIELEN herzlichen Dank für Ihren tollen ✶✶✶✶✶ und bürgernahen ♥ Einsatz ☺ ! Ach ja, eine kleine Frage hätte ich noch: Ist der Herr Voumard schon wieder auf dem Damm?

DANKE!

Spass beiseite:

Liebe Frau Däppen, werter Herr Voumard

Ich hoffe doch sehr, ich habe Sie nicht zu sehr erchlüpft mit meiner Art der Schreibe? Gut! Nehmen Sie es einfach als das, als was es gemeint war: Mal nicht so eine stiere Meckerkorrespondenz. Aber so unter uns, werter Herr Voumard: Die Wette gilt! Sie wissen schon: Carmen Winemaker's Reserve!

Mit dankbarem Gruss und den besten
Wünschen für die Osterfeiertage

Ihre Register Nr. 5672219

♫ Dr HP hett...dr HP hett...dr HP hett
Stüüre zruggbecho, dr HP fröit sech

SOOOOOOOOOOOooooooooooooo...♫

Gemeinde
Messen

Herr
Hans-Peter Leuenberger
Eichholzstrasse 16
3254 Messen

Balm, 16. April 2004

Steuervorbezug 2004

Sehr geehrter Herr Leuenberger

Damit Sie nach Ihrem Ermessen den Steuervorbezug 2004 begleichen können
erhalten Sie wunschgemäss mehrere Einzahlungsscheine.
Uebrigens bedanke ich mich für Ihre sehr originell und wortreich ausgefallene
schriftliche Bestellung, welche mich köstlich amüsiert hat.

Mit freundlichen Grüssen

Finanzverwaltung
Gemeinde Messen

Géo Voumard

Beilagen

Gemeinde Messen
Hauptstrasse 46 – Postfach – 3254 Messen
Tel 031 / 765 53 19 – Fax 031 / 765 53 75
verwaltung@gemeinde-messen.ch
http://www.gemeinde-messen.ch/

Hans-Peter Leuenberger
Eichholzstrasse 16
3254 Messen
142-722-58/5672219

Messen, 4. Oktober 2004

Veranlagungsbehörde Solothurn
Einsprachen
Werkhofstrasse 29c
4509 Solothurn

Einsprache

Sehr geehrter Herr Affolter Stefan,
werte Damen und Herren der Einsprachebearbeitungskommission

Hiermit muss ich gegen die **definitive Veranlagung** der Steuerperiode 2003 **EINSPRUCH** erheben, da offensichtlich von *unrichtigen* resp. *unpräzisen* Daten bei B1.3a (Fahrkosten) ausgegangen wird.

1. Ausgangslage

Trotz mehrerer Versuche meinerseits, bei denen auf eine Einsprache verzichtet und auf *gesunden Menschenverstand* und etwas Milde gehofft wurde, ist man bei der VERANLAGUNGSBEHÖRDE nunmehr bei der Rubrik „Spitzfindigkeiten" angelangt. Das von Ihnen aufgeführte Beweismittel (Twix Route) wurde dabei leider nur sehr oberflächlich angewandt und muss demzufolge **präzisiert** werden. Ich für meinen Teil würde mich ja gerne auf den Kilometerzähler eines Personenkraftwagens - also die effektiv gefahrenen Kilometer und nicht irgendwelche theoretische Werte, basierend auf einem „ungeeichten" Softwareprodukt - verlassen, was Ihrer **Behörde** aber offensichtlich nicht behagt. Ergo bleibt mir keine andere Möglichkeit, als mich mit „telinfo Atlas 5/04" zur Wehr zu setzen.

2. <u>Routenwahl</u>

Ich gab mich bisher der offenbar irrigen Annahme hin, dass eine Route mit möglichst wenig Treibstoffverbrauch besser sei als die konsequente Teilnahme an **Staus**. **Stau** in Biberist (regelmässige Verkehrsüberlastung, zwei Bahnübergänge mit Schranke), **Stau** auf der Wengi**BRÜCKE**, **Stau** auf dem Landhausquai zur Wengistrasse bis hinauf auf die Bielstrasse usw. Zugegebener**massen** sind obige Feststellung vor allem beim allfeierabendlichen **StossVerkehr** zutreffend, aber eine generelle Routenwahl, die die genannten kritischen Stellen vermeidet,

scheint in jedem Fall **vorteilhafter** 8 8 8 .

Da das ökologische Grundverständnis der VERANLAGUNGSBEHÖRDE 👽 Solothurn aber offenbar recht dürftig ausgebildet zu sein scheint, hält sie den Steuerpflichten dazu an söttige Routen zu wählen. **Henusode**. Vergessen wir also vorerst die Route ➍ über Arch/Grenchen/Bellach. Es wäre ja auch irgendwie **ABSTRUS**, **GUT AUSGEBAUTE HAUPTSTRASSEN UND UMFAHRUNGEN** zu benutzen...nicht wahr☺✋?

3. <u>Ihre Beweisführung</u>

Ihre Route führt uns also über Oberramsern-Kyburg-Bätterkinden-Lohn-Biberist nach Solothurn und misst **exaktement** 19.9 km, was dazu führt, dass Sie eine Kürz de Fahrkos um CHF 1'430.00 (=2'200 km/10km pro Tag) als notwendig erachten. Den entsprechenden Twix-Route-Detailausdruck habe ich leider bei Ihren Unterlagen nicht gefunden – muss wohl beim maschinellen Einpacken irgendwie zwischen die Walzen gekommen sein...gelle?! **Item.** Dies führt mich jedenfalls direkt zu meinen ⋛👁 **RECHERCHENRESULTATEN** 👂 ⋚ .

4. <u>Meine Beweisführung</u>

a) <u>Route ❶ (19.7 km)</u>

Um annähernd in den Bereich von Ihren 19.9 km zu gelangen, müsste ich unmittelbar in Messen via **Ackrweg** auf die Ramsernstrasse gelangen. Der **Ackrweg** ist tatsächlich ganz legal **BEfaHRbaR**, heisst aber nicht umsonst **Ackrweg**. Müsste ich weitere Abzüge Ihrerseits in Kauf nehmen, wenn ich beim täglichen Befahren gleich des Nachbars Pflug mitziehen würde? Gilt das Wegschleudern von erstklassigem Kuhmist via Autopneus bereits als landwirtschaftlicher Nebenerwerb?

b) <u>Route ❷ (20.1 km)</u>

Wenn wir allerdings die Bauern in Messen nicht zu sehr **verärgern** wollen, würde es sich vielleicht doch eher **empfehlen**, via **Hauptstrasse** auf die Ramsernstrasse zu verzweigen. **Richtig:** Wir fahren mitten durch das Dorf, sehen eventuell noch ein Postauto 🚌 , das mit Bestimmtheit **NICHT** in Richtung ~~Solothurn~~ fährt und geniessen die A 🚗 L 🦌 L 🏍 E 🚲 E nach Oberramsern, also diejenige **BuCkElpIsTe**, die der Kanton offenbar nicht in den **Griff** 👎 bekommen will. **Toll!** Kann man **STOSSDÄMPFER** bei den Steuern eigentlich abziehen? Nur so als kleine Idee: Der Kanton könnte doch eine Be$_{c}^{s}$$_{n}^{h}$$_{i}^{e}$$_{n}^{u}$$^{}_{}$sanlage entlang der Ramsernstrasse installieren und die nächsten *Ski-Freestyle-Weltmeisterschaften* 🎿 ausrichten!

c) <u>Route ❸ (20.7 km)</u>

Jeder einigermassen *intakte* 🌡 Geist würde da doch eher den Weg über Balm wählen und so die Befahrung des Zentrums🏙 von Messen und der **BuCkElpI.T.** vermeiden. Wir wollen uns an dieser Stelle auch *ganz artig* bedanken🐝, dass gerade erst die Strasse Balm-Kyburg neu aSphaltieRt wurde. Es ist doch schön zu sehen, dass die gnädigen Herren zu Solothurn die **ennet** dem **Buechibärg** noch nicht ganz abgeschrieben haben. Schade ist dann halt aber dennoch, dass die seltsam VERANLAGTE BEHÖRDE 👽 in Solothurn den ganzen Verkehr in die barocke Kapitale unbedingt durch die schmucken Dörfer **Oberramsern**, **Unterramsern**, *Brittern*, **Aetigen** und Kyburg pushen will. **Henusode.** Nach der malerischen 🖼 Fahrt trifft man sich zum **Stau**plausch entweder in Biberist oder auf der Wengi**B R Ü C K E** zu Solothurn.

≋*Wunderschön*≋ , wenn beim ROSSmarkt das **ROT**licht mit farblich sehr geschmackvoll abgestimmtem Text STAU WENGIBRÜCKE *erblüht*. Das kümmert aber die verkehrstechnisch völlig desinteressierte VERANPLAGUNGSBEHÖRDE 👽 nicht im Geringsten.

Ach ja, nur am Rande: Diese Strecke habe ich heute morgen aus reinem Gwunder befahren, wartete geduldig vor der **Bahn**🚂**SCHRANKE** zwischen **Lohn** 🐑 und Biberist, vor dem Kreisel in Biberist (infolge hohem Verkehrsaufkommen wegen dem vorher stattgefundenen **Bahn**🚂**SCHRANKENStau**plausch) und dann vor dem *malerischen* STAU WENGIBRÜCKE. **Toll!** Und der Kilometerzähler meines Boliden zeigte übrigens...ps.ssss.t!...exakt 20.2 km. Sind wir nun in Ihrem Amt🕸 etwas *verwirrt?* **Recht so!**

d) Route ❹ (24.6 km)

Nun, das ist die Strecke die ich jeden Tag zweimal befahre, zumal **Boris der W e i t sichtige**◉ zu **Grenchen** nun sogar eine *Umfahrung* von der Flugplatz ✈strasse zur Solothurnstrasse gebaut hat. Diese *Umfahrung* und auch die wunderbar gut ausgebaute Strasse von **Grenchen** nach Solothurn sind allerdings nur für die Touristen gedacht! Die Einheimischen – besonders wenn sie vom bezaubernden Bezirk **Buechibärg** stammen – haben gemäss VERABSAGUNGSBEHÖRDE 👽 nichts darauf verloren. Die elenden **Buechibärger** sollen gefälligst ihre eigenen Hühner überfahren. **Basta!**

e) Route 🐜 (pssssssst...: 18.5 km)

Verzweigen Sie in Lohn auf die Alte Bernstrasse, stellen Sie sich bei allen „Zubringern" und Fahrverboten blind, fahren Sie frohgemut durch den Wald bis Sie in Solothurn in die Buchrainstrasse verzweigen können und in der logischen Folge zur Schöngrünstrasse gelangen.

Ich frage mich nur, wieso Ihre BEHÖRDE 👽 diesen Schleichweg noch nicht kennt! Der Staat Solothurn könnte Millionen bei den Fahrkostenabzügen sparen!

f) Route ÖV

Dies wäre mein klarer Favorit, aber leider bauen die gnädigen Herren zu Solothurn den ÖV im **Buechibärg** ab statt ihn auszubauen. Der

Buechibärger Arbeitnehmer soll sich also gefälligst kilometerlos nach Solothurn schleichen, schliesslich hat er ja kein ÖV, das ihn innerhalb nützlicher Frist dorthin bringt. Logik à la VERABSAGUNGSBEHÖRDE 👽 Solothurn. **Gewaltig! Ich bin begeistert**, ja nachgerade **RASEND** 🦗 vor soviel AMTLICHER LOGIK 🎭 und **herrschaftlichem Genie** 🚹🚹!

g) <u>Was nun?</u>
Es führen ach so viele Wege nach Solothurn, aber welcher mag wohl der **Vernünftigste** sein? Keine Frage: Eine Lösung mit ÖV wäre wohl mit **Abstand** das **Weiseste**. Leider ist es für uns Messener einfacher nach **Bern** als nach Solothurn zu kommen, was eigentlich ein Bei**TRITT** zum Kanton **Bern** nahe legen würde, aber das steht ja wohl nicht zur Diskussion...**oder amänd doch?**
Andererseits wäre es auch nicht ganz ungeschickt, eine sinnlose Treibstoffverpuffung und Belastung von malerischen Dörfern möglichst zu vermeiden, was ganz klar für die Route ❹ sprechen würde...**oder öppe nid?** Ich für meinen Teil kann auf **STAUS** und **Hühner**FLACHlegungen verzichten und werde diese Route jedenfalls weiterhin fahren!

5. <u>Schlussfolgerung</u>

Ich schlage also einen gut eidgenössischen Kompromiss vor:

Route ❶:	19.7 km
Route ❷:	20.1 km
Route ❸:	20.7 km
Route ❹:	24.6 km
Meine Tachomessung Route ❹:	25.0 km
Meine Tachomessung Route ❸:	20.2 km
<u>Ihre Spitzfindigkeit:</u>	<u>19.9 km</u>
Total	150.2 km
Mittel (/7):	**21.5 km**

Hieraus ergibt sich folgende Berechnung:

$$21.5 * 2 * 220 * CHF\ 0.65 = CHF\ 6'149.00$$

Der Abzug würde sich demzufolge auf

1001 NACHT…äh…**Schweizerfranken**

belaufen. Ich gehe selbstredend davon aus, dass Sie diesem

gütlichen und genialen Vorschlag mit wahrer **Begeisterung**
zustimmen werden, zumal ich dazu bereit bin, den
MEHR vielvielmehr **AUFWAND** für den

gesunden Menschenverstand zu übernehmen.

Sollten Sie wider Erwarten nicht einverstanden sein, können Sie
mir den

≥bezaubernden≤ **Buechibärg**

runterrutschen.

Ich hoffe, Sie mit diesen ausführlichen Ausführungen ausführlich in **EKSTASE** versetzt zu haben und erwarte gerne Ihren möglichst einfachen aber positiven Bericht. Eine **LA OLÀ-WEllE** müssen Sie nicht extra machen – es geht auch ohne.

Mit freundlichen Grüssen

Hans-Peter Leuenberger

PS: Sollten Sie Probleme bei der Entscheidungsfindung haben, wenden Sie sich doch an den Herrn Widmer, Chef Steueramt! Das ist mal ein weitsichtiger und weiser Beamter, der nie um konstruktive Lösungen verlegen ist und stets meiner uneingeschränkten Bewunderung versichert sein kann! Er hatte im vorliegenden Problem auch schon die geniale Idee, den **EnnetBuechibärgern** einen Tunnel von Balm nach Grenchen zu bauen, damit sie sich nicht so von **Muttern** in der Kapitale abgeschnitten fühlen und beim Arbeitsweg auch kräftig Kilometer sparen können. Mittlerweile soll er sogar an einem System „*Beam me up, Stefan*" arbeiten, was auch immer das sein mag...

Beilagen: 4 telinfo-Atlas-Routenausdrucke

Hans-Peter Leuenberger
Eichholzstrasse 16
3254 Messen
142-722-58/5672219

Messen, 6. Oktober 2004

Veranlagungsbehörde Solothurn
Einsprachen
Werkhofstrasse 29c
4509 Solothurn

Nachtrag zu meiner Einsprache vom 4. Oktober 2004

Sehr geehrter Herr Affolter,
werte Damen und Herren der Einspracheverurteilungskommission

Im Sinne eines tragesNach möchte ich Sie davon in Kenntnis setzen, was mir vorgestern Abend auf dem Heimweg so alles reug✗ zur Fahrbahn✓ geraten ist.

Konsequent und neu...lechts! gierig wie ich nun mal bin, habe ich – wie bekanntlich bereits bei der Hinfahrt - ausnahmsweise die *Lieblingsstrecke*♥ (Route ❸) von unserem werten Herr Affolter gewählt. Ich weiss nicht...ich weiss nicht, aber wie hiess doch gleich diese Band...äh...hmmmh...grübel...ah ja: „Curiosity kill the cat"! GENAU!

Zuerst stand ich geschlagene 10 Minuten vor der Ampel bei der Migros Wengistrasse und bewunderte die geile LiGHTsHOw! Nun, nach sechs GRÜNPHASEN, wovon zwei davon in der Poleposition, hatte ich eigentlich genug () gesehen, aber an ein Weiterkommen war nicht zu denken. Die unverbesserlichen SCHLAUMEIER verzweigen ➲ nämlich beim Loeb in Richtung Westbahnhof, um sich dann ampelfrei via nicht vortrittsberechtigte Poststrasse in die

Lagerhausstrasse hineinzudrängeln, was zu einem permanenten **STAU** auf der Wengistrasse führt.
Toll!

Über das veritable **RataTouille** zwischen **wENGIBRÜCKe** und **Engestrasse** brauchen wir uns ja wohl nicht speziell auszulassen! ODER?
Noch mehr toll!

In Biberist war leider die **Bahn SCHRANKE** auf der Solothurnstrasse geschlossen – das nehme ich zumindest an, da ich mich auf der Höhe Fliederweg **veranlagungsergeben** einem Rück**STAU** anschloss –, was zusammen mit den üblichen **Z.Ö.G.E.R.L.I.C.H.K.E.I.T.E.N** am Kreisel Solothurn-/Bernstrasse zu einer **STOP**-and-Go-**Übung** von weiteren lächerlichen 10 Minuten **ausartete**.
Noch viel mehr toll!

Zwischen Lohn und Balm musste ich mich insgesamt viermal mit der **faszinierenden** ≥**N Geschwindigkeit N**≤ von **TRAK** -trak-trak-trak- **TOREN** AUSEINANDERsetzen und mich damit abfinden, dass man auf dieser **ausladenden** Strasse das Kreuzen **X** einer **Rübenerntemaschine** vergessen sollte...**die Aussenspiegel-leg i snessuA und der Lack werden's danken.**
Primafeinextratoll!

In **Ober**ramsern war dann, nach der überaus **k u r z**weiligen und *rasanten Fahrt* zum *Glück* 🎭 wieder etwas **Ruhe** 🕸️

angesagt, wurde doch eine **KUHHERDE** 👁️frontal👁️ auf mich zugetrieben. **Wie soll ich's sagen** ...ähem...räusper...hust...verlegen blick...herumdrück...erneut räusper...**?**

Die **KUHHERDE** und das 👁️Frontal👁️ wären ja noch einigermassen zu verkraften gewesen, aber das anschliessende **Durchfahren** der **lückenlos** auf der **NEU ASPHALTIERTEN STRASSE** liegenden

❯**KUH**muuuh**SCHEISSE**❮

war dann doch etwas **too much!**...💢☠️💣💥👎☹️

Megagutiprimafeiniextratoll!

Mittlerweile habe ich mich ein ganz klein wenig beruhigt...💢☠️💥🌧️☹️, was sicherlich auch der eingehenden **Wagenwäsche** 🌧️ 🌳 🐉 zugeschrieben werden kann. 🎵 🎵**Allerdings mache ich mir jetzt fast ein bisschen** ⚒️**SORGEN**🚑 um Sie, lieber Herr Affolter! 🎵🎵 Um es mal in aller **D-E-U-T-L-I-C-H-K-E-I-T** festzuhalten: Wissen Sie, die Route ❹ lege ich jeden Tag, ohne den Treibstoff sinnlos zu verpuffen und ohne mich mit Naturdünger bewerfen lassen zu müssen, in max. 25 Minuten zurück. **Die Strecke, die Sie** mir offenbar **allen Ernstes** *verschreiben*✍️ wollen, mag ja ⤺**kilometermässig kürzer** sein, aber ich brauchte 👊**sage und** *schreibe*✏️ **45 Minuten** für Ihre exakt 19.9 km und erreichte dabei die atemberaubende ⚓**DURCHSCHNITTS***geschwindigkeit*⚓ von 26.53 km/h. **Nur Fliegen** ✈️ **ist schöner!**

Und dann erst noch **oberkant** Unterlippe

voll mit

KUHmuuuh**SCHEISSE** !

Spüele bitte!

♪ ♪ 🐝 *Lieber Herr Affolter* ♫♪,

ernähren Sie sich ausgewogen und nehmen Sie vor allem genügend Produkte zu sich, die recht toll Folsäure enthalten? Haben Sie genug Bewegung? Alles in Ordnung mit Blutdruck und Cholesterin? Hämoglobin, Blutzucker, Prostata und Krampfadern im grünen Bereich? Wissen Sie, mit der Gesundheit sollte man nicht spassen! Hoffen wir das Beste! Aber wissen Sie, wenn Sie bei der abenteuerlichen Routenempfehlung bleiben, muss ich Ihnen gwüss dringend einen ...ähem...räusper...verlegen guck...genier ein bisschen...herumdrück...Arztbesuch empfehlen! Oder haben Sie amänd nur das Kalb mit mir gemacht, um mich ein bisschen ins Bockshorn zu jagen? Wie auch immer, der weise **WUMPROXTROSANI** wird's schon richten!

Mit freundlichen Grüssen

Hans-Peter Leuenberger

Veranlagungsbehörde Solothurn
Sekretariat

Werkhofstrasse 29c
4509 Solothurn
Telefon 032 627 88 88
Telefax 032 627 88 20
vb.solothurn@fd.so.ch
www.steueramt.so.ch

Doris Bachmann
Sekretariat
Telefon 032 627 88 21
doris.bachmann@fd.so.ch

Herr
Hanspeter Leuenberger
Eichholzstrasse 16
3254 Messen

Personen-Nr.: 142-722-56   19.10.04 / db

Gem-Nr.:   2457
Register-Nr. 5672219

Ihre Einsprache vom 04. Oktober 2004 gegen die Staatssteuer 2003 sowie die direkte Bundessteuer 2003

Sehr geehrter Herr Leuenberger

Wir bestätigen den Empfang Ihrer Einsprache und teilen Ihnen mit, dass wir Sie zu gegebener Zeit zu einer Einspracheverhandlung einladen werden, sofern Sie eine solche verlangt haben oder wenn die Untersuchung über die Einsprache eine solche erfordert.

Trotz der Einsprache ist die in Rechnung gestellte Steuer fällig. Wir bitten Sie diese fristgerecht zu bezahlen. Bei verspäteter Bezahlung wird auf der rechtskräftigen Steuer ein Verzugszins erhoben.

Wird die Einsprache gutgeheissen, werden Ihnen zuviel bezahlte Steuern mit Zins zurückerstattet. Beträge unter 20 Franken (Staat) und 25 Franken (Bund) werden weder erhoben noch zurückerstattet.

Für Ihr Verständnis und Ihre Mitarbeit danken wir bestens.

Mit freundlichen Grüssen

Doris Bachmann
Sekretariat

Kopie an: ☒   Gemeindesteuerregisterführerin / Gemeindesteuerregisterführer
                      der Einwohnergemeinde Messen
                ☒   Steuerakten
                ☐

101

Steueramt des Kantons
Solothurn
Chef Steueramt
Herrn Erwin Widmer ♥
Schanzmühle
Werkhofstrasse 29c
4509 Solothurn

Ich gestehe: Ich bin ein BEKE

Guguseli  werter Herr Widmer

Jesses! Nid erchlüpfe! Ig bis nume – dr Löiebärger us Messe! Isch ja guet…geit's ohne Riechsalzfläschli? Beschtens? Auso de…

…mal vorne weg: Ja, ich bin ein BEKE, ein Bezüger eines kleinen Einkommens, und bin stolz darauf, dass ich noch mit ehrlicher Arbeit meinen Unterhalt und den meines *Lieblingssteueramtchefs* ♥ bestreiten kann. Obwohl…

> Mein Nettolohn löst sich langsam in Wohlgefallen auf. Seit 2002 ist er um 1.3% gesunken, obwohl mein hezensguter Arbeitgeber mir im gleichen Zeitraum insgesamt 1.5% Teuerungsausgleich gewährt hat. Na ja, von wegen „herzensgut": Im gleichen Zeitraum ist der Index der Konsumentenpreise um 4.2% und der Krankenversicherungsindex um über 10% gestiegen. Werden nur die vorgängig aufgeführten Parameter berücksichtigt, so ist die reale **Kaufkraft** meines Kleineinkommens seit 2002 so um die **9.5%** **zurückgegangen** (Gewichtung nach Einnahmen- resp. Ausgabenarten mit entsprechender Senkung/Teuerung).

…dies auch immer schwieriger wird. Nun werden Sie ja vielleicht monieren, dass die stetige Verkleinerung des Nettolohnes sicher auch auf die Erhöhung von Abzügen wie BVG, NBU usw. zurückzuführen ist. Richtig. Ich habe das auch sofort meinem Bäcker gesteckt und darauf hingewiesen, dass ich ab sofort für das Brot 40 Rappen weniger bezahlen kann. Wissen Sie was, lieber Herr Widmer? Dieser kurzsichtige, unsoziale und für die Nöte eines BEKE's völlig unsensibilisierte **Mehlartist** hat mich aus dem Laden **geschmissen. Henusode!** So werde ich halt bis zum Erreichen des **Pensionsalters** das Essen sukzessive einstellen und erst beim Eintreffen der ersten Rente wieder mal so richtig zuschlagen. Obwohl...

> Seit 2002 ist meine voraussichtliche Altersrente um 19% gesunken, währenddem der reglementarische Beitrag um 59% erhöht wurde (Gem. entsprechenden BVG-Ausweisen). Wären die Beiträge in der 3. statt in der 2. Säule, könnte eine recht ansprechende Rendite festgestellt werden und beim Erreichen des Pensionsalters wären satte 45% mehr Kapital vorhanden als dies beim BVG der Fall ist (Ersichtlich auf meinem 3. Säule-Konto). **Ha!** Gesetzlich vorgeschriebener **Versicherungsmathematikkapitalvernichtungs-Voodoo.** Aber wer nun glaubt, das BVG sei sicherer als die 3. Säule, täuscht sich gigantomanisch. Ich zitiere aus einem Antwortschreiben des Bundesamtes für Privatversicherung BPV vom 30.03.2004 auf die Frage, ob ich den mit dem Erreichen des Pensionsalters zumindest die einbezahlten und – wenn's den gar nicht anders geht – halt *unverzinsten* Beiträge erwarten dürfe:
>
> **«Eine Garantie für das zukünftige Altersguthaben können wir nicht geben**, da dieses von verschiedenen Faktoren abhängt.»
>
> und
>
> **«Die** mit der 1. BVG Revision beschlossene Verringerung des Umwandlungssatzes wird **eine Reduktion der zukünftigen Renten** zur Folge haben.»

...das vielleicht auch nicht so recht klappen wird.

ABER EIGENTLICH GEHT ES JA UM WAS GANZ ANDERES!

Wissen Sie, herzensguter Herr Widmer, ich habe da auf der Seite 3 der Wegleitung zur Steuererklärung 2004 (Form. 1.20 370060 11/04 157000) was überaus Interessantes gelesen. Ich darf zitieren:

«Die Steuerbelastung wird für mittlere und höhere Einkommen durch Herabsetzung der Steuertarife gemildert.»

Aha. Eigentlich hätte ich ja rein gar nichts gegen dieses Steuergeschenk an unsere dermassen arg gegeldbeutelten 💰

MITBÜRGER, wenn da nicht ein **kitzekleiner** Wermutstropfen mein sonst schon recht mageres Süppchen zusätzlich verdünnen würde. Sie...Sie...Sie...Sie... **SCHELM** haben sichtlich nicht ganz ALLES in die Wegleitung geschrieben...gelle?! Nachdem ich nämlich die Tabelle der Steuertarife 2004 mit der vom Vorjahr abgeglichen habe, würde ich meinen, dass obiges *Sätzelein* richtigerweise wie folgt erweitert werden müsste:

Die Steuerbelastung wird für mittlere und höhere Einkommen durch Herabsetzung der Steuertarife gemildert und die so entgangenen Steuerbeträge durch Erhöhung der Steuertarife bei den oberen Kleineinkommen wieder ausgeglichen.

Nein, nein, Herr Widmer, nicht was Sie jetzt wieder denken! Ich bringe Ihrer Aktion vollstes Verständnis entgegen. Ist doch absolutomento **LOGISCH!** Da die BEKE's immer weniger verdienen, müssen sie folgerichtig auch immer weniger Steuern bezahlen und da ist es nicht mehr als gerecht, wenn man diesem asozialen Pack zur Strafe für diese arglistige Art der Steuereinnahmenminderung die Steuertarife erhöht – oder? Wieso führen Sie nicht auch noch gleich für alle Workingpoor eine einkommensunabhängige Kopfsteuer in der Höhe des Durchschnittes sämtlicher „gemilderten" Steuertarife ein? Das würde denen dann schon Beine machen, möglichst rasch in die anständigen Steuertarifkategorien zu gelangen. **Item.** Zumindest habe ich es nun in schriftlicher Form von den Steuerbehörden, dass meine überaus knochenharte Erwerbstätigkeit mit einem Lohn der Kategorie „Kleine Einkommen" abgegolten wird – Sie haben es mir ja bisher nie glauben wollen und ständig an meinen Steuererklärungen rumgepfuscht! **Ätsch!**

Ach ja, bevor ich's vergesse: Wurde der für **Sie** persönlich zutreffende Steuertarif gesenkt oder erhöht? **Äbe!** Und von wem erhalten Sie Ihr «höheres Einkommen»? No grad einisch **ÄBE!**

Können Sie eigentlich noch ruhig schlafen ☾ ? **Aha!** Dann ist's ja gut.

Ihren Ausführungen – auf die ich in diesem Fall beharren muss – sehe ich mit Interesse entgegen, denn ich bin der festen Überzeugung, dass wir zwei beide es noch erleben werden, wie aus BEKE's „plötzlich" REVOLUZZER (Hierbei handelt es sich nicht eigentlich um eine Abkürzung) werden, wenn der

gesunde Menschenverstand in der Politik und bei den Behörden weiterhin als verschollen gilt und der Pöbel gäng e chly meh über's Näscht abezoge wärde söu.

Viele liebe Grüsse aus dem

⇒*bezaubernden*⇐

Buechibärg

HOCH LEBE
NIKLAUS L. ☀

Hans-Peter Leuenberger

PS: Können Sie sich noch an unseren flauschig-anschmiegsamen Briefwechsel betreffend B1.3a (Fahrkosten) erinnern? Äbe! Ich habe ja bekanntlich in der Zwischenzeit Einspruch 〰 erhoben, da Ihr Kollege Af**folter** zum 🌿 Schluss gelangt ist, dass ich genau 19.9 km pro Weg zu fahren habe. Wissen Sie, werter Herr Widmer, statt dass meine Einsprache vom 4. Oktober 2004 in irgendeiner Form gemildert worden wäre, haben die Steuerbehörden mir zwischenzeitlich eine neue Steuererklärung zum Ausfüllen zugestellt. Nein, nein, ich habe damit absolut kein Problem! Ich werde einfach die Steuererklärung mit dem gleichen Elan und dem gleichen Eifer bearbeiten, wie die Steuerbehörden sich meiner Einsprache angenommen haben☺☺☺☺☺☺
Und nicht vergessen: Ich möchte meine Steuererklärung immer so ausfüllen, dass mein *Lieblingssteueramtchef* ♥ stolz auf mich sein kann. Und wie könnte ich das bitteschön, wenn ich in Sachen B1.3a im Unklaren gelassen werde? ☺

PS₂: Selbstverständlich bin ich jederzeit gerne bereit und auch in der Lage, Ihnen die von mir aufgeführten Daten in beweiskräftiger Form vorzulegen. Noch nicht gänzlich Alles, was von mir kommt, ist in Ironie und Zynismus getränkt - noch nicht.

Erwin Widmer
Chef Steueramt
Telefon 032 627 87 09
Telefax 032 627 87 00
erwin.widmer@fd.so.ch

Herr
Hans-Peter Leuenberger
Eichholzstrasse 16
3254 Messen

16. Februar 2005

Ihr Schreiben vom 11.02.2005

Sehr geehrter Herr Leuenberger

Die Ausgestaltung eines Steuertarifes ist eine politische Angelegenheit. Sie ist nicht „mein
Entscheid". Der Kantonsrat hat nach langem Ringen so entschieden. Ich erachte den Entscheid
als richtig.

Dass Personen mit mittleren und kleinen Einkommen wenig Verständnis für
Steuererleichterungen zu Gunsten von Personen mit höheren Einkommen haben, kann ich
verstehen. Doch hier spielt die Konkurrenz. Unsere Kunden mit hohen Einkommen sind im
gesamtschweizerischen Vergleich sehr stark belastet, auch nach der Revision des Steuertarifes.
Wenn wir für sie nichts unternehmen, dann besteht die Gefahr, dass sie abwandern. Dann
haben wir, die zurück Gebliebenen, verloren. Wie dieser Wettbewerb spielt, können Sie aus dem
beiliegenden Weltwoche-Artikel ersehen. Ein Ziel sollte es auch sein, sehr gut Verdienende in
den Kanton zu holen. Das ist, wie ebenfalls der Zeitungsartikel zeigt, bei unseren Tarifen
schwierig bis unmöglich.

Mit freundlichen Grüssen

Erwin Widmer
Chef Steueramt

Zeitungsartikelkopie

Hans-Peter Leuenberger
Eichholzstrasse 16
3254 Messen
142-722-58/5672219

Messen, 25. Februar 2005

Steueramt des Kantons
Solothurn
Chef Steueramt
Herrn Erwin Widmer
Schanzmühle
Werkhofstrasse 29c
4509 Solothurn

Ihr Schreiben vom 16. Februar 2005

«Ave CÄSAR, die armgeweihten grüssen Dich!»...
...drum seien Sie reichlich gegrüsst Herr Widmer

Lauwarmen Dank für Ihre doch recht *partielle Antwort* auf meine Anfrage vom 11. Februar 2005. Immerhin konnte mich Ihre UMFANGREICHE FOTOKOPIERARBEIT für zwei, drei Minuten von der herben Enttäuschung über Ihr punktuelles SCHWEIGEN ab lenken.

Henusode! Wer nichts sagt, scheint zuzustimmen...👍

Ich darf Ihre Aussage kurz zusammenfassen:

> Der Kanton Solothurn ist für Reiche steuerlich unattraktiv und wird es wahrscheinlich auch immer bleiben. Dafür senkt man den wenigen Vermögenden, die logischerweise alsbald auch noch abwandern werden, die Steuertarife und erhöht zum Ausgleich diejenigen der kleinen Einkommen. Sie erachten diesen politischen Entscheid als richtig.

Aha. Und auf die Idee, dass am bestehenden System vielleicht unter Umständen eventuell eine kitzekleine WENIGKEIT nicht ganz stimmt, ist wohl noch niemand von unseren fürstlich entlöhnten Politikern und Beamten gekommen?

Ach ja, entschuldigen Sie, ich vergesse immer wieder, dass es ja an den ent…ah…gesetzlichen Grundlagen grundsätzlich - aber mit Sicherheit nicht grundlos - immer etwas mangelt und alles ist schlussendlich tief empfundenes **Demokratieverständnis** ♟. **Gelle?** Hauptsache, alles ist immer **flauschig-filzig-föderalistisch**.

Ich beziehe also ein kleines Einkommen, wohne in einem steuer**un**ngeheuer günstigen Kanton und daselbst in einer **GEMEIN**de, die direkt der **Steuerhölle** entsprungen scheint. **Toll. Wirklich primafeinifeini toll!** Und dann habe ich armseliger **Wicht** noch die bodenlose Unverschämtheit nicht **reich** 💰 zu sein, obwohl ich durchaus der amtlichen Logik Respekt zu zollen bereit bin, wenn der öffentliche Verkehr im randständigen Bezirk Bucheggberg – insbesondere der ÖV nach dem ach so fernen Kantonshauptort - mit dem Fahrplanwechsel einmal mehr abgebaut wurde und dafür der Arbeitnehmer, der die von der Politik immer sehr gerne propagierte nachhaltige Flexibilität täglich lebt, damit belohnt wird, dass man ihm steuertheoriefachmännisch an den Fahrkilometern rumbastelt und diese im Bereich der Abzüge folgerichtig auch noch entwertet, weil bekanntlich die ersten 10'000 Kilometer mit CHF 0.65 und neu die zweiten 10'000 Kilometer nur noch mit CHF 0.45 in Abzug gebracht werden können, womit beide Sätze – insbesondere in Anbetracht des Benzinpreises und der immer höheren Unterhaltskosten - sicherlich als überaus realistisch bezeichnet werden können, wenn man bedenkt, dass solche Arbeitnehmer, die seltsamerweise die Mehrheit in diesem durch und durch demokratischen Lande stellen, nicht einmal einen eigenen Chauffeur anständig zu unterhalten in der Lage sind.

Wo war ich? Ach ja; werter Herr Widmer, Sie entschuldigen mich bitte, aber diesen ganzen **Irrsinn** kann ich wirklich nicht mehr ernst nehmen. Der gesunde Menschenverstand ist in diesem Land definitiv abhanden gekommen. **Amen.**

Ach, wissen Sie was? **Achtung**, jetzt kommt's! **Obacht**, sind Sie bereit? **Gut! Drei**…zwei…eins… **LOS**…

Rutschen Sie mir doch den

 **steuerlich ungünstigen** **Buechibärg**

runter. ☺ ✋

Spass **beiseite.** Ich bin überzeugt, dass all' dies sicherlich mit Bestimmtheit irgendwie einen tieferen UnSinn hat, auch wenn dieser sich mir bisher hartnäckig verschliesst 🔒. Da ich gerade gestern die Rechnung für den Vorbezug der Staatssteuer 200**5** – einmal mehr für Einkommen, das ich noch gar nicht erwirtschaften konnte – erhalten habe, obwohl ich doch erst vor einer Woche in rekordverdächtigem Tempo die Steuererklärung 200**4** eingereicht habe, muss dies doch eindeutig darauf hinweisen, dass unsere **weit**sichtigen Behörden ihrer Zeit weit voraus sind...sehr weit...noch weiter...viel, viel weiter...Lichtjahre...viele, viele Lichtjahrhunderte...

Uagada dudu balla balla gugus,
nada Pipifax irrgiga stussi grulus*.

Hans-Peter Leuenberger

PS: Vielleicht versuchen Sie es ja mal wieder damit, hinter nicht Ihren politischen Entscheiden die Auswirkungen auf die weniger verdienenden Menschen zu sehen, deren Kaufkraft immer kleiner wird und deren Existenzängste dafür kontinuierlich zunehmen. Leider sind gerade diese Menschen nicht - wie Ihre soooo sehr geschätzten Reichen - in Promille zu quantifizieren.

Ach ja: Das Geheimnis des Könnens liegt bekanntlich im Wollen.

* Buechibärger Esperanto. Übersetzung auf Anfrage erhältlich.

25.02.2005　　　　　　　Seite 3/3　　　　　　　HPL

Hans-Peter Leuenberger
Eichholzstrasse 16
3254 Messen
142-722-58/5672219

Messen, 8. März 2005

Veranlagungsbehörde Solothurn
Frau Doris Bachmann
Sekretariat
Werkhofstrasse 29c
4509 Solothurn

Meine Einsprache vom 4. Oktober 2004/
Ihr vertröstendes Schreiben vom 19. Oktober 2004

PSSSSSSSSSSSSSSSSSssssssssssss....nid erchlüpfe...ig bis nume...dr

Löiebärger us Messe. Het öppe öpper d' Frou Bachmann gseh? Schaffet die überhoupt no bi Euch oder het sie dr Bling gnoh? Nei, nei, Dir müesst nid

hektisch tue , ig wett nume...äh...räusper...genier ein bisschen...

Grüessech Frou Bachmann!

Läck! Das schneit ja wie verrückt...und das im März. Ich kann mich gar nicht erinnern, wann wir das letztmals hatten. Aber für heute Nachmittag haben die Wetterkröten ja einige

Aufhellung vorausgesagt...

Wo war ich?

Ah ja, ich möchte mich nur kurz erkundigen, wann in etwa «...gegebene Zeit...» sein wird? Ich frage nur, weil ich in der Zwischenzeit die Steuern 2004 **fristgerecht** vorausbezahlt, die Steuererklärung 2005 noch **fristgerechter** 𝄞 ausgefüllt und eingeschickt und sogar schon eine **vorfristgerechtere** Vorausbezugsrechnung 👽 für das 2005 erhalten habe. Ich brauche doch gar keine Einsprachebearbeitungsvorverhandlung 🎆, ich verzehre mich nur nach einem Entscheid eines einigermassen 👁 **PRAKTISCH** 👂 und 🕯**KLAR**〰 denkenden 🔘 Mitbürgers in Ihrem Amt.

📢: **Heit Dir no Frage? ÄBE!** 🎭

Jesses! Was wird bloss der

WUMPROXTROSANI

dazu sagen?

Mit freundlichen Grüssen

Hans-Peter Leuenberger

PS: Sollte sich Ihr Geschwindbrief-Antwortschreiben mit dieser Mitteilung kreuzen, von oben betrachten Sie weder noch als gegenstandslos dürfen müssen wollen. Bitte.

PS2: Ich habe diesen Fall bereits meinem Lieblingssteueramtchef Erwin Widmer gesteckt. Er ist fassungslos darüber, wie nachlässig Sie mit den Financiers seines steuertarifvergünstigten Einkommens umgehen!

Hans-Peter Leuenberger
Eichholzstrasse 16
3254 Messen
142-722-58/5672219

Messen, 8. April 2005

Veranlagungsbehörde Solothurn
Frau Doris Bachmann
Sekretariat
Werkhofstrasse 29c
4509 Solothurn

Meine Einsprache vom 4. Oktober 2004
Ihr vertröstendes Schreiben vom 19. Oktober 2004
Meine Nachfrage vom 8. März 2005

Werte Frau Bachmann...

...ach wieso so kompliziert? Wir sind nun doch schon fast so etwas wie BrieffreundInnen und könnten uns doch einfach Du sagen – oder? Also, ich bin der Hampe...freut mich Doris...*Küsschen links♥... Küsschen rechts♥...Küsschen links♥...*

Sälü Doris 🌺

Alles im grünen Bereich? **Läck!** *Es ist schon wieder ein Monat vergangen, seit ich mich bei Dir nach «...*gegebene Zeit...*» erkundigt habe. Leider hat mir bisher* niemand👽 *geantwortet oder meine Einsprache, die ich vor sechs Monaten eingereicht habe, bearbeitet.* **Jesses!** *Und unsereins knebelt Ihr mit den Terminen und macht gleich einen auf obergärig, wenn mal einer eine Frist etwas lockerer nimmt. Könntest Du, liebe Doris, bitte in* **harnischer** *Manier Deine doch auffallend diskreten Leute etwas* **hessig** *zur Brust nehmen und ihnen etwas Strenge* widmern? *Ich bin nämlich sicher, dass Du meine Nachfrage vom 8. März 2005 weiter geleitet hast, aber die Mädels* 🧍 *und Jungs* 🧍 *von der*

08.04.2005   Seite 1/2   HPL

Einspracheversandungsabteilung 🎭 machen wohl auf verwaltungs-technischen **Stinkefinger**, weil ich einer bin, der es aufzumucksen 🔔 gewagt hat. Oder habt Ihr amänd soviel 🗣Einsprachen, dass...nein, das kann doch wohl nicht sein...bei der untadeligen Bürgernähe 🐭 der solothurnischen Steuerverwaltung! Wie auch immer, Du kannst von mir ausrichten, dass ich schon bald meinen Lieblingssteueramtchef **Erwin Widmer** oder aber den **WUMPROXTROSANI** auf sie hetzen werde, wenn sie weiterhin einen auf Pustekuchen 🏴 feiern. Ist doch wahr! Keinen Anstand haben die! Immer bei den Anderen fordern, was sie selber nicht in der Lage oder bereit zu leisten sind und dazu immer schön diejenigen peinigen, die sich nicht wehren können, weil sie zu ehrlich sind, sich dunkelgraue Kohle lohnausweisfrei zu krallen und somit an steuervergünstigungstariflichem Magenknurren und gleichbe-handlungstechnischer Anämie leiden. Sorry, liebe Doris, ich bin kurz entgleist. Ich weiss ja, dass Du nichts dafür kannst und Dein Bestes gibst, aber Deine Leute können einem halt mit ihrer **Art** 🦜 **und Weise** 🕸 auf die berühmte Palme bringen, bis diese Gift und Galle ins Kornfeld bricht und die Grube zum Überlaufen bringt.

Tief enttäuschte Grüsse

WIR SIND DAS VOLK! 🔔

Hampe

Veranlagungsbehörde Solothurn

Schanzmühle / Werkhofstrasse 29c
4509 Solothurn
Telefon 032 627 88 88
Telefax 032 627 88 20
vb.solothurn@fd.so.ch
www.steueramt.so.ch

Rudolf Rippstein
Steuerpräsident
Telefon 032 627 88 32
rudolf.rippstein@fd.so.ch

Herr
Leuenberger Hanspeter
Eichholzstrasse 16
3254 Messen

14. April 2005 / Rr

Ihr Schreiben vom 8. April 2005

Sehr geehrter Herr Leuenberger

Bezugnehmend auf Ihr oben erwähntes Schreiben möchten wir uns entschuldigen, dass Ihnen auf Ihre Anfrage vom 8. März 2005 keine Antwort gegeben wurde. Ihr Schreiben wurde leider als Teil der Einsprache betrachtet. Dadurch hat sich leider eine Verzögerung ergeben. Wir bedauern dieses Versehen.

Bezüglich der Einsprache möchten wir aber festhalten, dass verschiedene Gründe dazu führen, dass diese nicht i.d.R. nicht sofort nach deren Eingang bearbeitet werden können. Insbesondere gilt es in der Zeit ab 1. April (Eingang der Steuererklärungen bei der Veranlagungsbehörde) bis Ende März des folgenden Jahres allen Steuerpflichtigen eine Veranlagung zukommen zu lassen. Während der Wintermonate liegt deshalb die Priorität daher bei den ordentlichen Veranlagungen. In der Beilage erhalten Sie nun den Einspracheentscheid, der trotz der humorvollen Abfassung nicht gutgeheissen werden konnte. Die steuerrelevanten Grundlagen liessen keinen anderslautenden Entscheid zu.

Mit freundlichen Grüssen

Rudolf Rippstein
Steuerpräsident

Veranlagungsbehörde Solothurn
Einschätzungsabteilung

 *IIIIII KANTON* **solothurn**

Werkhofstrasse 29c
4509 Solothurn
Telefon 032 627 88 88
Telefax 032 627 88 20
vb.solothurn@fd.so.ch

Einsprache-Entscheid

Gemeinde: Messen

Name: **Lenenberger Hanspeter, Eicholzstrasse 16, 3254 Messen**
vertr. durch:
Pers.-Nr. 142-722-56 / 5672219 – *Staatssteuer 2003 / dir. Bundessteuer 2003*

T a t b e s t a n d :

Der Pflichtige machte in seiner Selbstdeklaration im Rahmen des Berufsunkostenabzuges einen Arbeitsweg mit einer einfachen Fahrt von 25 km oder einer täglichen Fahrleistung von 50 km geltend. Diese Fahrstrecke wurde im Veranlagungsverfahren auf 40 täglich gefahrene berufsnotwendige Kilometer gekürzt. Dagegen richtet sich die fristgerecht eingereicht Einsprache.

E r w ä g u n g e n :

Gemäss § 33 Gesetzgebung über die Staats- und Gemeindesteuern, wie auch Art. 26 DBG können Erwerbsunkosten in Abzug gebracht werden, soweit sie vom Arbeitgeber nicht vergütet werden, oder wenn die Vergütungen im Bruttolohn auf dem Lohnausweis enthalten sind. Bei diesen Erwerbsunkosten handelt es sich nach Lehre und angewandter Praxis um Aufwendungen, die zur Berufsausübung unabdingbar und notwendig sind. In der Folge sind einer steuerpflichtigen Person jene Aufwendungen zum Abzug zuzulassen, die aus beruflicher Notwendigkeit heraus entstehen, um das Erwerbseinkommen zu erzielen. Dazu gehören auch die Fahrtkosten für Fahrten mit dem Auto zwischen dem Wohnort und dem Arbeitsort, wenn der Arbeitsort nicht mit zumutbarem Zeitaufwand mit dem öffentlichen Verkehrsmittel erreicht werden kann.

Diese steuerrechtliche Regelung lässt somit die Autokosten für die notwendige Fahrstrecke zwischen dem Wohnort in Messen und dem Arbeitsort an der Bielstrasse 50 in Solothurn zu. Dabei gelten i.d.R. die Wegkosten für die kürzeste Wegstrecke als berufsnotwendig und sind daher als Grundlage für die Berechnung des Gewinnungskostenabzuges massgebend. Diese Wegstrecke weist der elektronische Routenrechner Twix-Route mit 18 km für die einfache Fahrt aus. Im Veranlagungsverfahren wurden jedoch 20 km je Fahrweg bzw. 40 km die tägliche Fahrleistung angerechnet. Es liegen indessen keine sachlichen Gründe vor, weshalb diese Fahrroute nicht zumutbar sein soll und die eine Fahrt über Grenchen notwendig machen würde. Auch aus den Erläuterungen des Pflichtigen ist kein sachlicher Grund ersichtlich, die die längere Wegstrecke notwendig macht. Die Veranlagung wurde sachgerecht und nach den steuerrelevanten Grundlagen vorgenommen. Die Einsprache erweist sich in der Folge als unbegründet und ist daher abzuweisen.

Obschon keine weiteren Einsprachepunkte durch den Pflichtigen gerügt wurden, ist die gesamte Veranlagung im Rahmen des Einspracheverfahren nachgeprüft worden. Dabei musste festgestellt werden, dass sowohl der Wertschriftenertrag wie auch der Abzug für Versicherungprämien und Zinsen von Sparkapitalien zu recht korrigiert wurden.

Entscheid:

Die Einsprache wird aufgrund der Erwägungen abgewiesen.

Solothurn, 14. April 2005

VERANLAGUNGSBEHÖRDE SOLOTHURN
Einschätzungsabteilung

Rudolf Rippstein
Steuerpräsident

Verteiler:

- ☒ Pflichtiger
- ☐ Vertreter
- ☒ Gemeinde
- ☒ Akten
- ☒ Archiv

Rechtsmittel:

Gegen einen Einsprache-Entscheid kann innert 30 Tagen von der Zustellung an gerechnet, schriftlich beim Kantonalen Steuergericht, Centralhof, Bielstrasse 9, 4502 Solothurn, Rekurs erhoben werden. Die Begehren, sowie die sie begründenden Tatsachen und Beweismittel sind anzugeben. Beweisurkunden sind beizulegen oder genau zu bezeichnen.

versandt am: 15. April 2005

Hans-Peter Leuenberger
Eichholzstrasse 16
3254 Messen
142-722-58/5672219

Messen, 22. April 2005

Veranlagungsbehörde Solothurn
Herr Rudolf Rippstein
Steuerpräsident
Schanzmühle
Werkhofstrasse 29c
4509 Solothurn

Ihr Schreiben vom 14. April 2005 und
Ihr Einsprache-Entscheid vom 15. April 2005

Werter Herr Rippenstein

Sie sind mir aber **EINER**! Ich habe mich so sehr über Ihre

NachHOLdoppelleppodPOST gefreut, dass meine

Wohlfühlschmusegefühle fast mit mir **durchgegangen** sind! Sie

haben doch so wunderbar *flauschig-einfühlsam*, ja nachgerade

in *prosaischen Worten* geschrieben, dass es mir vor

lauter **H Ü H N E R H A U T** fast die Leibwäsche vom steuerlich

ausgemergelten Körperchen fort **gestossen** hat. Also ehrlich:
Die Rosamunde Pilcher ist im Vergleich zu Ihnen die reinste
literarische Kreissäge!

Ein klein wenig bin ich allerdings dann schon **erchlüpft**, werter
Herr Ripsstein, als ich „**TATBESTAND**" gelesen habe. **Jesses!**
Wo ein **TATBESTAND** ist, muss doch irgendwie auch ein ganz böser
TÄTER sein – *oder öppe nid?*

Also so schlimm würde ich die ganze Sache nun doch nicht sehen, dass ich die sonderbar veranlagte Behörde von Solothurn gleich als (Schreibtisch-)**TÄTER** bezeichnen möchte müsste dürfte. Reden Sie sich also ja kein schlechtes Gewissen ein! Ist ja wirklich nicht soooooooooo.

schlimm...*bitte nicht mehr weinen...es wird ja alles wieder gut!*

Und als ich dann in Ihrem flauschigen Entscheid zu der Stelle gekommen bin, wo Sie «...ⵙerwägen ♪...»..**z'bhüetis nei!**...das habe ich nun wirklich nicht gewollt!...*es gibt doch in unserem Universum nichts, was so einen drastischen Schritt rechtfertigen würde*...wegen so einer blöden Einsprache gleich dermassen...**ich darf gar nicht daran denken!**

Sie sollten stattdessen viel erfreulichere Dinge **erwägen**! So könnten Sie zum Beispiel **erwägen**, Ihrem Kollegen *Erwin Widmer* mal ein paar **FETTE FLASCHEN** 🍾 möglichst reinen **solothurnischen Staatsweines** zu schenken und sie gemeinsam hinter den viel zu engen **Vatermörder** zu giessen. Sie würden staunen, wie **lustig** ♪ veranlagt *sie zwei beide* 🧍🧍🧍 plötzlich wären und was für erfreuliche **Erwägungen** da heraus ⊰👁**SCHAUEN**👁⊱ könnten würden dürften wollten!

Oder Sie **erwägen** nebst der Röti**BRÜCKE** auch gleich die Wengi**BRÜCKE** abzureissen und stellen sich anschliessend solothurnseits an die Aare, um allen, die veranlagungsbedingt vom ⊰*bezaubernden* **Buechibärg**⊱ her kommend die Bahnschranken, Ampeln und Baustellen endlich geschafft haben, eine **lange Nase** zu machen. **Heiderassa!** Das wäre aber ein Spass! Zu sehen wie die sich dumm und dämlich ärgern und dann zu kilometerreduzierten Berufsgewinnungskosten fürderhin die Arch**BRÜCKE** benützen dürfen müssen sollen.

Sie sehen, lieber Herr Rinnstein, es gibt doch so *viele schöne Dinge* auf unserer Erde, da muss man doch nicht gleich das TWIXTEL ins Korn werfen! Oder – wenn Sie mehr auf *Adventure* stehen - könnten Sie ja mal in der Rushhour die Strecke **SOLOTHURN-BIBERIST-MESSEN** fahren. Heja, das wäre aber ein Heidenspass für einen harten Kerl wie Sie, Herr Rumsstein!! Dagegen ist das *Dschungelcamp* was für *Werwollfelischisten* und *Dreimeterbrettsitzendspringer*. Aber vergessen Sie ja nicht ausreichend **Proviant**, ein paar Kanister **Wasser**, mindestens einen Tanklastwagen **Treibstoff** und vor allem genügend **RECHTSMITTEL** mitzunehmen! Sie sehen, liebster Herr Ripperstein, es gibt wirklich so schudderhaft viele

wunderschöne Preziosen auf diesem so herrlich

schräg veranlagten Planeten, dass Sie sich wirklich nichts **anerwägen** müssen sollen können!

Na ja, irgendwie habe ich mich dann aber ein klein wenig beruhigt als ich las, dass Sie mir grosszügigerweise auch noch **2 GANZE KILOMETER** schenken, weil Sie mir offensichtlich bei den heutigen Bussentarifen nicht zumuten wollen, dass ich in Lohn-Ammansegg die mit Fahrverbot belegte alte *Bernstrasse* nach Solothurn nehmen muss, um die *twixbehördroutlichen* 18 Kilometer nicht über**schreiten** zu müssen dürfen wollen sollen. Ich habe mich **ds Hudus u ds Fätzes** über dieses äusserst grosszügige Präsent gefreut! **ECHT!**

Im Gegenzug habe ich mir deshalb erlaubt zu versuchen möchten

dürfen wollen, Sie etwas in Ihrem präsidial veranlagten *Dasein* aufzumuntern und Sie für den mit CHF 10.00 dotierten

Wumproxtrosant 1. Klasse vorzuschlagen.

Ich freue mich fast **hingerumsi**, dass sich der Anstiftungsrat nach unsachlichem Studium der Sachlage  völlig spontan und unbürokratisch zugunsten meines Ansinnens ausgesprochen hat, da Ihre „**Erwägung**" im Verlaufe des Jahres 2005 kaum zu übertreffen sein wird.

Herzliche Gratulation Herr Ripperstein...*Küsschen links♥*... *Küsschen rechts♥...Küsschen links♥*...ich bin voller gemischter Gefühle darüber, in **Erwägung** ziehen zu müssen dürfen sollen, mich auch fürderhin von Ihrer *extragalaktisch* veranlagten Behörde nach der *Sinusquasar-MDQ-439-Methode* **verwägen** lassen zu müssen sollen können bedürfen. **WEITER SO!**

Ich wünsche Ihnen für die Zukunft viel **Gfröits** und noch so manche gerechte, bürgernahe und praktisch veranlagte Erwägung...und grüssen sie bitte *Doris* von mir.

Mit köstlicher Klabüsation

Viva Zapata!

Hans-Peter Leuenberger

Beilagen: **-Wumproxtrosani 1. Klasse**
- CHF 10.00 in bar

PS: Das Preisgeld wird üblicherweise zum Ankauf eines Goldrahmens verwendet, damit der **Wumproxtrosani 1. Klasse** in der Eingangshalle ins rechte Licht gerückt werden kann.

22.04.2005   Seite 4/4   HPL

Die Kackademie
der schnöden Dünste

bemüssigt sich hiermit den

Wumproxtrosani
1. Klasse

Blaues Danke am grauen Band

für aussergewöhnlich theoretische und umweltunfreundliche „Erwägungen" der dritten Art

an die

Veranlagungsbehörde Solothurn
Herr Steuerpräsident Rudolf Rippstein
Schanzmühle/Werkhofstrasse 29c
4509 Solothurn

für die ausserirdische Reaktion auf eine Einsprache vom 4. Oktober 2004 betreffend

„Wieso kürzer und länger, wenn's doch länger viel kürzer ist?"

zu verleihen.

Messen, 22. April 2005

Der Präsidialgeneralintenpenetrant des Anstiftungsrates

Veranlagungsbehörde Solothurn

Schanzmühle / Werkhofstrasse 29c
4509 Solothurn
Telefon 032 627 88 88
Telefax 032 627 88 20
vb.solothurn@fd.so.ch
www.steueramt.so.ch

Rudolf Rippstein
Steuerpräsident
Telefon 032 627 88 32
rudolf.rippstein@fd.so.ch

Herr
Leuenberger Hanspeter
Eichholzstrasse 16
3254 Messen

142-722-56

25. April 2005 / Rr

Ihr Schreiben vom 22. April 2005

Sehr geehrter Herr Leuenberger

Wir bestätigen Ihnen den Eingang Ihres oben erwähnten Schreibens und danken Ihnen für den gesprochen Barpreis von Fr. 10,--. Wir müssen aber darauf hinweisen, dass es uns nicht erlaubt ist, Geschenke in irgend einer Form anzunehmen. Aus diesem Grunde liessen wir den Geldbetrag auf Ihrem Konto der Staatssteuer 2004 gutschreiben.

Mit dem nochmaligen Dank für Ihre gezeigte Freundlichkeit verbinden wir die besten Wünsche und

grüssen freundlich

Rudolf Rippstein
Steuerpräsident

Kopie an: Kantonales Steueramt, Abteilung Bezug, Werkhofstrasse 29c, 4509 Solothurn

Hans-Peter Leuenberger
Eichholzstrasse 16
3254 Messen
142-722-56/5672219

Messen, 23. Juni 2005

Steueramt des Kantons
Solothurn
Bezug / Direkte Bundessteuer
Werkhofstrasse 29c
4509 Solothurn

Ihre Abrechnung Bundessteuer 2004

Guguseli liebi BEZÜGER

Da habe ich doch just vorgestern die definitive Veranlagung 2004 erhalten und Sie doppeln gestern gleich nach mit den entsprechenden Abrechnungen. Toll. Wirklich prima-feinifeini toll! Ich habe vor soviel beamtetem Tatendrang fast einen fünfach abgesackten Steuerling mit halber Bezugsdaumenschraube bekommen!

Nun, die FReUDe konnte allerdings nur partiell aufrechterhalten werden, da ich zur Abrechnung der Bundessteuer leider eine kitzekleine WENIGKEIT zu bemängeln hätte. SEHEN Sie, meine Zahlung erfolgte aufgrund Ihrer Vorbezugsrechnung vom 26.02.2005 am 24.02.2005. HA! Richtig! Ich bezahle ganz offensichtlich schneller, als Sie Rechnungen ausstellen können. Ich bin halt schon ein ❶❷❸❹❺❻❼-SIECH! Item. Ich habe Ihnen also CHF 469.10 überwiesen und nicht, wie Sie auf der Abrechnung zu scherzen geruhen, CHF 450.35. Da erblickt nunmehr mein scharfes

Alpendollarauge – Richtig: Geiz ist geil! Und gegenüber der Steuerverwaltung geradezu Pflicht 🚫! – eine sagenhafte Differenz

von CHF 18.75. **Her damit!** Übergeben Sie sich, **Sie sind umzingelt!** Ich brauche jeden Centime, da ich demnächst die Staatsvorbezug2005steuer blechen muss! *Ehrlich!* So unter uns: Sieht irgendwie nicht ganz so gut aus für Sie...pssssssssst!

Sicher, es könnte natürlich auch sein, dass ich Ihre doch recht *kunstvolle Art* der Ab^rechnung mit Rückerstattungszins über CHF 0.20, Vergütungszins von CHF 0.05 und die wohl damit verbundene **Kapitalevaporation à la Sigfried & Roy** nicht gänzlich begriffen habe, aber ich bin guter **HOFFNUNG**, dass Sie die Angelegenheit in den nächsten Tagen ins kapitalistische Lot rücken werden.

Ach ja! Sollte meine Meckerei gerechtfertigt sein, bitte ich um Berücksichtigung und Rückerstattung meiner Kosten für diese Intervention in der ^Höhe von **CHF 1.50** für **UMFANGREICHE FOTOKOPIERARBEIT** 📚, Briefpapier, *PC-Nutzung*, **PORTO** usw. **Danke z'Hudus u z'Fätzes!!**

Herzlichen Dank und die besten Wünsche für einen heissen Sommer aus dem

⋦steuerlich ungünstigen⋦ **Buechibärg** !

Liebe Grüsse auch an Ihren werten Herrn Erwin Widmer, dessen Weitblick, Logik und Gerechtigkeitssinn ich ausserordentlich zu schätzen gelernt habe.

1 + 1 = 3 (behalte 1!)
(Einstein war so was von Amateur...!)

Hans-Peter Leuenberger

Steueramt des Kantons Solothurn

Bezug
Werkhofstrasse 29c
CH-4509 Solothurn

Tel.:   032 627 88 00
Fax: 032 627 88 10
Email: steuerbezug.so@fd.so.ch
Internet: www.steueramt.so.ch

IIIIII *K A N T O N* **solothurn**

Personen-Nr.	/	Register-Nr.
142-722-56		5672219

Direkte Bundessteuer

Steuerperiode:	**2004**
Gemeinde:	3254 Messen

Adressberichtigungen melden

Herr
Leuenberger Hanspeter
Eichholzstrasse   16
3254 Messen

Steuerrechnung

1410 / 1410   SO005101.00/02

Rechnungsdatum	Datum der Veranlagung	Ersetzt Rechnung von	Faktura		Referenz
20.06.2005	20.06.2005	26.02.2005	007781766	005246605	01 01 02
Steuer vom 01.01.2004 - 31.12.2004			2004		450.60
Rückerstattungszins für zuviel geforderte Steuern			2004		0.20-
Vergütungszins für Vorauszahlungen			2004		0.05-
Ihre Zahlungen, Gutschriften, Belastungen etc. angerechnet bis			10.06.2005		450.35-
Saldo zu unseren Gunsten					0.00

Ein Rechnungsbetrag unter Fr. 20.-- (Staatssteuer) bzw. Fr. 25.-- (Dir. Bundessteuer) wird weder bezogen noch zurückerstattet. Sind Zinsen gutgeschrieben oder belastet, wird die Zinsrechnung definitiv, wenn der Rechnungsbetrag innert der angegebenen Frist beglichen wird. Verspätete Zahlung hat Verzugszins zur Folge, wofür eine neue bzw. separate Zinsrechnung erfolgt. Beträge zu Ihren Gunsten werden in den nächsten Tagen zurückbezahlt oder verrechnet. Rückerstattungen aufgrund von provisorischen Veranlagungen erfolgen nur auf Wunsch.

Rechtsmittel: Steuern: Rechtsmittel gemäss Veranlagung. Gegen diese Rechnung besteht kein Einspracherecht.
Zinsen: Gegen die Zinsrechnung kann innert 30 Tagen seit Zustellung dieser Rechnung Einsprache erhoben werden. Sie ist schriftlich, mit begründetem Antrag und mit den notwendigen Beweismitteln an das Kant. Steueramt, Abteilung Bezug (siehe Absender) einzureichen. Hier erhalten Sie auch ein Zinsdetail. Die Einsprache wird aufgrund der Akten entschieden.

▼ ▼ ▼ ▼ Vor der Einzahlung abzutrennen / À détacher avant le versement / Da staccare prima del versamento ▼ ▼ ▼ ▼

pfangsschein / Récépissé / Ricevuta	Einzahlung Giro	Versement Virement	Versamento Girata

ahlung für / Versement pour / Versamento per

Einzahlung für / Versement pour / Versamento per

)irekte Bundessteuer
Steuerperiode 2004
Personen Nr. 142-722-56

Steueramt des Kantons Solothurn
Bezug
Werkhofstrasse 29c
CH-4509 Solothurn

Keine Mitteilungen anbringen
Pas de communications
Non aggiungete comunicazioni

Steueramt des Kantons Solothurn
ezug
Verkhofstrasse 29c
:H-4509 Solothurn

Referenz-Nr. / N° de référence / N° di riferimento

to / Compte / Conto
F

CHF

Konto / Compte / Conto
CHF

Einbezahlt von / Versé par / Versato da

********** . ******   ************** . ******

ezahlt von / Versé par / Versato da

609

Die Annahmestelle
L'office de dépôt
L'ufficio d'accettazione

Steueramt des Kantons Solothurn
Abteilung Bezug

Schanzmühle, Werkhofstrasse 29 c
4509 Solothurn
Telefon 032 627 88 00
Telefax 032 627 88 10
steuerbezug.so@fd.so.ch

Maria-Elena Riedo
Sekretariat
Telefon 032 627 88 16
Telefax 032 627 88 10
maria-elena.riedo@fd.so.ch

IIIIII *KANTON* **solothurn**

Herr
Hanspeter Leuenberger
Eichholzstrasse 16
3254 Messen

27. Juni 2005

Bundessteuer 2004 - Personen Nr. 142-722-56

Sehr geehrter Herr Leuenberger

Wir beziehen uns auf Ihr Schreiben vom 23. Juni 2005.

Wie bereits auf der Rechnung vom 20. Juni 2005 erwähnt, werden Rechnungsbeträge unter Fr. 25.00 weder bezogen noch zurückerstattet.

Deshalb wurde die Differenz von Fr. 18.75 abgeschrieben. Die Details können Sie aus beiliegendem Kontoauszug ersehen.

Für weitere Auskünfte stehen wir Ihnen gerne zur Verfügung.

Mit freundlichen Grüssen

Maria-Elena Riedo
Sekretariat

- Kontoauszug Bundessteuer 2004

142-722-56 Leuenberger Hanspeter
       Eichholzstrasse 16
       3254 Messen

ST-Art/Jahr 020 Direkte Bundessteuer 2004 Letzte Faktura: 7781766 vom 20.06.2005

Datum	Text	Valuta	Nr.	Forderung	Zahlung	Saldo

Abrechnung 01.01.2004 - 31.12.2004 (def.) Nr. 5246605

Datum	Text	Valuta	Forderung	Zahlung
20.06.2005	Steuern		450.60	
20.06.2005	Rückerstattungszins		0.20-	

Abrechnung

Datum	Text	Valuta	Forderung	Zahlung
01.03.2005	Maschinelle Einzahlungen	28.02.2005		469.10
20.06.2005	Vergütungszins	20.06.2005		0.05
20.06.2005	Ausbuchung Kleinbetrag	20.06.2005		18.75-

Total: 450.40 450.40 0.00

** ENDE DER LISTE **

Hans-Peter Leuenberger
Elchholzstrasse 16
3254 Messen
142-722-56/5672219

Messen, 4. Juli 2005

Steueramt des Kantons
Solothurn
Abteilung Bezug
Frau Maria-Elena Riedo
Werkhofstrasse 29c
4509 Solothurn

Ihr Schreiben vom 27. Juni 2005

Sehr verehrte Frau Riedo

Riedo?...Riedo?...das weckt doch gleich heimatliche Gefühle in mir! Wenn Riedo kein veritables Freiburgergeschlecht ist, fresse ich doch glatt meine nächste Steuererklärung! Da ich auch in dem schwarz-weissen Kanton geboren worden musste durfte, handelt es sich also bei unserem kleinen Plausch fast ein klein Wenig um eine innerfamiliäre Angelegenheit. **Schön so!**

hohe

So, so, Sie fordern also willkürlich zu   Steuerbeträge (die explizit nicht angefochten werden können) ein, schicken eine buchhalterisch **?fragwürdige?** Schlussabrechnung, auf der weder die korrekte Einzahlungssumme noch die vorgenommene Abschreibung aufgeführt ist und verweisen schlussämand einfach aufs Kleingedruckte. ♪ Joba-Jooba-Jo-o-o-bajo ♪!

Das saugt ja jedem einigermassen gesunden Rechtsempfinden die letzten Revolutionsblocker aus den Adern! Sehen Sie, werte Frau Riedo, es würde ja noch ganz knapp angehen, wenn die Schlussabrechnung in der **FORM** des Debitorenkontoauszuges daherkäme. Aber dann würde Ihnen ja amänd noch der hinterletzte Büetzer auf die Schliche kommen und der Mob würde mit Sensen, Knüppeln und Mistgabeln vor Ihrem Amt auftauchen...gelle?

Wissen Sie, CHF 18.75 sind für Büetzer wie mich nicht einfach „Abschreiber aus der Portokasse", sondern hart verdientes Geld. Mag ja sein, das Differenzen unter CHF 20.00 für einen steuervergünstigten Manager 🕵 oder gut bezahlten Steuerbeamten 👽 einen Pappenstiel darstellen, aber für unsereiner, mit kleinem Einkommen und zu Gunsten höherer Einkommen erhöhten Steuertarifen, ist es z.B. der Gegenwert eines samstäglichen Bäckereieinkaufs. Und wissen Sie was? Auch in Ihrem Amt hätte man drauf kommen können, dass da was nicht stimmt! Wie? Ganz einfach: ⓘ Selbst jede Sonntagsschullehrerin predigt immer und immer wieder, das abschreiben niemals nie erlaubt sei.

Also, abschreibende Frau Riedo, ich nehme Ihr Angebot betreffend „weitere Auskünfte" gerne 🏹 an und frage Sie ganz einfach nach der gesetzlichen Grundlage dieser Abschreibungen aufgrund zu viel eingeforderter Bundesteuern. Weiter würde es mich sehr interessieren, warum die Darstellung der Schlussabrechnung nicht nach buchhalterischen Grundsätzen daherkommt. Und zu guter Letzt bestelle ich hiermit ein paar neutrale Einzahlungsscheine zur Überweisung der Bundessteuern, damit ich allfällige Abschreibungen selber verhindern kann.

Ich bin ja so was von gespannt auf Ihre Ausflüchte 🎭 und versichere Ihnen, dass ich bis auf weiteres allfällige Bundessteuern der direkten Abschreibung zuführen werde – selbst Freiburger lernen ab und zu ein klein Wenig schneller.

👁 GESPANNTE GRÜSSE 👂

Hans-Peter Leuenberger

Steueramt des Kantons Solothurn
Abteilung Bezug

Schanzmühle, Werkhofstrasse 29 c
4509 Solothurn
Telefon 032 627 88 00
Telefax 032 627 88 10
steuerbezug.so@fd.so.ch

Maria-Elena Riedo
Sekretariat
Telefon 032 627 88 16
Telefax 032 627 88 10
maria-elena.riedo@fd.so.ch

IIIIII *K A N T O N* **solothurn**

Herr
Hanspeter Leuenberger
Eichholzstrasse 16
3254 Messen

7. Juli 2005

Bundessteuer 2004 - Personen Nr. 142-722-56

Sehr geehrter Herr Leuenberger

Wir beziehen uns auf Ihr Schreiben vom 4. Juli 2005.

Nachdem dies bundesrechtlich nicht geregelt ist, sind die kantonalen Bestimmungen anwendbar. Beiliegend erhalten Sie die entsprechenden Auszüge (Vollzugsverordnung zum Bundesgesetz über die direkte Bundessteuer sowie Steuerverordnung Nr. 10).

Wunschgemäss erhalten Sie einige neutrale Einzahlungsscheine für die Bundessteuer 2005. Diese Steuer ist aber erst nächstes Jahr fällig. Die Vorbezugsrechnung wird im Februar 2006 gestellt.

Mit freundlichen Grüssen

Maria-Elena Riedo
Sekretariat

- Gesetzesauszüge
- Einzahlungsscheine Bundessteuer 2005

Steuerverordnung Nr. 10 über Bezug, Fälligkeit und Verzinsung der Haupt- und Nebensteuern

RRB vom 5. Juli 1994

Der Regierungsrat des Kantons Solothurn

gestützt auf §§ 118 Absatz 2, 177 Absätze 1 und 2, 178 Absatz 4, 179 Absatz 2, 179bis Absatz 2 und 264 Absatz 2 des Gesetzes über die Staats- und Gemeindesteuern vom 1. Dezember 1985[1])

beschliesst:

I. Bezug

§ 1. *1. Direkte Staatssteuer und Spitalsteuer*
Die direkte Staatssteuer und die Spitalsteuer werden gemeinsam bezogen.

§ 2.[2]) *2. Bezugs- und Rückerstattungsminima*
Steuern und Zinsen einer Steuerperiode, Verrechnungssteuern eingeschlossen, die insgesamt weniger als 20 Franken betragen, werden nicht erhoben, Beträge unter 20 Franken nicht zurückerstattet.

§ 2bis[3]) *3. Mahngebühr*
Nicht fristgerecht bezahlte Steuern und Bussen werden gemahnt. Für jede eingeschriebene Mahnung wird eine Mahngebühr von 50 Franken erhoben.

II. Fälligkeit

§ 3. *1. Direkte Staatssteuern*
a) Verfalltag und Fälligkeitstermine[4])

[1] Die direkten Staatssteuern der natürlichen Personen verfallen am 31. Juli der Steuerperiode, jene der juristischen Personen sieben Monate nach Beginn der Steuerperiode (Verfalltag).[5])

1) BGS 614.11.
2) § 2 Fassung vom 4. Juli 2000.
3) § 2bis eingefügt am 4. Juli 2000.
4) Marginale Fassung vom 4. Juli 2000.
5) § 3 Absatz 1 Fassung vom 4. Juli 2000.

KANTON SOLOTHURN

Vollzugsverordnung zum Bundesgesetz über die direkte Bundessteuer

RRB vom 18. Oktober 1994

Der Regierungsrat des Kantons Solothurn

gestützt auf Artikel 104 des Bundesgesetzes über die direkte Bundessteuer (DBG) vom 14. Dezember 1990[1])

beschliesst:

I. Behörden

§ 1. ¹ Als kantonale Verwaltung für die direkte Bundessteuer amtet unter der Aufsicht des Finanz-Departementes die Kantonale Steuerverwaltung.

Kantonale Verwaltung für die direkte Bundessteuer; Art. 104 DBG

² Der Kantonalen Steuerverwaltung kommen insbesondere zu

a) die Leitung und Überwachung des Vollzugs der direkten Bundessteuer;

b) der Verkehr mit der Eidgenössischen Steuerverwaltung und mit den Verwaltungen für die direkte Bundessteuer anderer Kantone;

c) die Erhebung von Verwaltungsgerichtsbeschwerden gegen Entscheide des Kantonalen Steuergerichts.

§ 2. ¹ Die Veranlagungsbehörden nach § 121 des Gesetzes über die Staats- und Gemeindesteuern vom 1. Dezember 1985[2]) unter der Leitung des Steuerpräsidenten oder der Steuerpräsidentin veranlagen die natürlichen Personen.

Veranlagungsbehörden; Art. 104 DBG

1) SR 642.11.

Hans-Peter Leuenberger
Eichholzstrasse 16
3254 Messen
142-722-56/5672219

Messen, 29. Juli 2005

Steueramt des Kantons
Solothurn
Abteilung Bezug
Frau Maria-Elena Riedo
Werkhofstrasse 29c
4509 Solothurn

Ihr Schreiben vom 7. Juli 2005

Hochgeschätzte Frau Riedo

ÜBERAUS ÜBERSCHWÄNGLICHEN

 für Ihre Postwurfsendung vom 7. Juli 2005

mit **partieller Antwort** auf mein Schreiben vom 27. Juni 2005.

Vorab möchte ich mich in aller **FORM** für meine unüblich späte Antwort entschuldigen! Mein **Arbeit**geber hat mir in einem Anfall von Gross**ZÜGIG**keitsekstase ausnahmsweise zwei Wochen Ferien gewährt, die ich, für die Senkung der allgemeinen Unterhaltskosten zu Gunsten der fälligen Staatssteuer, in Polen bei der **Cornichon**-Ernte verbracht habe. Die polnischen Landwirte sind ja so was von dankbar, wenn sie billige Arbeitskräfte aus der Schweiz einsetzen können und tun alles, um den Aufenthalt für willige Eidgenossen möglichst angenehm zu gestalten. So hat „mein" Bauer extra die ortsübliche Arbeitszeit von 39 h/Woche auf 45 h/Woche erhöht und spontan eine Kurtaxe von umgerechnet CHF 2.50/Tag eingeführt. **Ich muss schon sagen, ich habe mich ganz fest toll erholt!** Ach ja, werte Frau Riedo, nicht dass Sie jetzt gleich was von „Landwirtschaftlichem Nebenerwerb" und so denken! Lohn hat es – wie in der Schweiz für ehrliche Arbeitnehmer so üblich – kaum merkbar in der Schweiz für ehrliche Arbeitnehmer so üblich – kaum merkbar gegeben. Stattdessen gab's dreimal am Tag Cornichon ab Feld und Logis à la Erstaufnahmezentrum Kreuzlingen. **War schon toll!**

Sorry, irgendwie bin ich schon wieder abgeschweift. Wo war ich? Ach ja, bei Ihren *Nichtantworten*! Ist irgendwie schon schade!

Gehe ich recht in der Annahme, dass Ihre „**Kränzlitochter-Tracht**" so in etwa die Grösse 56 hatte? Eh ja, wieso bräuchten Sie den sonst so ein umfangreiches Werk wie die

„VOLLZUGSVERORDNUNG ZUM BUNDESGESETZ ÜBER DIE DIREKTE BUNDESSTEUER SOWIE STEUERVERORDNUNG NR. 10 ÜBER BEZUG, FÄLLIGKEIT UND VERZINSUNG DER HAUPT- UND NEBENSTEUERN „

um sich dahinter zu verstecken? **Henusode.**

Ich will Sie nicht weiter plagen und danke Ihnen nochmals für Ihre überaus geschätzte **KOPIER REIPOK**arbeit. Es ist schön zu wissen, dass es engagierte Volksvertreter gibt, die so lustvoll und mit viel Fantasie **vollzugsverordnen** und dass es wiederum andere treue Mitbürgerseelen gibt, die den ganzen Tag für mich so schön **vollzugsverordnendurchsetzenausführen**. Ist es nicht schön, in einem Land leben zu dürfen, in dem alles, was nicht verboten ist, illegal ist?

1. Trittst im Morgenrot daher,
Seh' ich dich im Strahlenmeer,
Dich, du Hocherhabener, Steuervogt!
Wenn der Alpen Firn sich rötet,
Betet, Schweizerbüezer, betet.
|: Eure fromme Seele ahnt :|
Regierungsrat im hehren Vaterland
macht per Verordnung gern die hohle Hand.

2. Kommst mit Gesetzen gern daher,
Find' ich dich ungerecht doch sehr,
Dich, du Formulargeneigter, Hintertriebener!
In des Amtesstuben lichten Räumen
Kann mancheiner froh und selig träumen;
|: Denn die fromme Seele ahnt :|
Die Steuer naht, schon bald!
Merz, der Herr, im Bundessteuerland!

3. Ziehst im Filzesflor daher,
Such' ich Gerechtigkeit so sehr,
Dich, du unergründlich Trübender!
Aus dem grauen Luftgebilde
Bricht die Mehrwertsteuer auch ganz wilde,
|: Und die fromme Seele ahnt :|
Hier im EU-freien Alpenland!
Bürger manch' Preis viel höher fand!

4. Taxierst im wilden Sturm umher,
Gerechtigkeit kümmert Dich nicht sehr,
schreien auch alle Mordio und Zeter!
In Gewitternacht und Grauen
Laßt uns gesundem Menschverstand vertrauen!
|: Ja, die fromme Seele ahnt :|
Gerechtigkeit im hehren Vaterland!
wurd' nicht beim Steueramt erlangt!

Frohen 1. August!

NEIN, TELL IST KEINE
NÄHMASCHINENMARKE!

Hans-Peter Leuenberger

BRIEFE AUS DEM HINTERHALT

BRIEFE AUS DEM HINTERHALT

KRANK,

KRÄNKER,

KRANKE KASSE

Hans-Peter Leuenberger
Eichholzstrasse 16
3254 Messen

Messen, 24. November 2003

Bundesamt für Sozialversicherung
Informationsstelle
Effingerstrasse 20
3003 Bern

Das Wettmelken von Käsbergen...

Es war einmal ein Land diesseits der Berge, das wurde Käsbergen genannt, da niemand so genau sagen konnte, ob es da mehr Käse oder mehr Berge hatte. Dort lebte das kleine Volk der Melker in Frieden, Freiheit und Freundschaft mit dem grossen Volk der Kühe. Die Melker waren studierte Leute, die sich um die Geschicke des Landes hervortaten und recht viel Käse produzierten, während die Kühe die niederen Arbeiten verrichteten und den Melkern die Milch lieferten. Es begab sich aber eines Tages, dass den Melkern der gesunde Melkerverstand abhanden gekommen war und nicht mehr aufgefunden werden konnte. Die Melker gewöhnten sich sehr rasch an den fehlenden Verstand, ersannen immer seltsamere Dinge, kommunizierten anstatt zu sprechen, dachten anstatt zu wissen, thematisierten anstatt Probleme zu lösen und gierten nach immer mehr Milch, um noch grösseren Käse zu produzieren. Die Kühe, die ihren gesunden Kuhverstand ja noch hatten, wunderten sich immer mehr über das sonderbare Verhalten der Melker, aber da der gesunde Kuhverstand viel weniger galt als der mittlerweile verloren gegangene Melkerverstand, glaubten sie, dass die Melker es schon recht machen würden. Aber die gutgläubigen Kühe irrten sich und die Melker verleugneten mit der Zeit sogar die Grundrechte Gleichheit, Brüderlichkeit und Freiheit, ersetzten die Gerechtigkeit durch das Recht und begannen in ihrer unersättlichen Gier die Kühe Tag und Nacht auszumelken. Die Kühe strengten sich zwar um des Friedens Willen immer mehr an, fanden aber kaum noch Zeit für das Grasen und alsbald verzichteten sie sogar auf das Wiederkäuen, so dass es ihnen immer mehr sauer aufstiess. Die Melker jedoch wandten immer listigere Methoden an, um den Kühen - nebst der Milch - auch das gesparte Heu abzujagen und so erfanden sie eines traurigen Tages das Melkergeld und das Milchgeld.

Das Melkergeld mussten die Kühe abliefern, damit sie immer mehr und mit weniger Aufwand gemolken werden konnten. Dafür kauften die Melker immer modernere und leistungsfähigere Melkmaschinen, bauten breite Strassen zu den mageren Weiden und verbanden die Ställe mit Röhren, die sie durch die Berge bohrten, damit die Kühe schneller zum Melken getrieben werden konnten. Ab und zu errichteten sie einen neuen Stall, damit die Kühe sehen konnten, was die Melker doch Gutes für sie taten. Den grösstenTeil des Melkergeldes liessen die Melker jedoch in die eigenen Taschen fliessen, wo es sich auf wundersame Weise weiter vermehrte. Die meisten Kühe gewahrten zum Glück nicht, dass in den oberen Stockwerken der Ställe wahre Paläste für die Melker eingerichtet und rauschende Feste gefeiert wurden, währenddem sie sich mit einfachen Strohlagern und kargem Gras zufrieden geben mussten, sonst wäre es mit dem Frieden wohl rasch vorbei gewesen.
Das Milchgeld hingegen mussten sie bezahlen, damit die Kühe, die ausgemolken und darob krank geworden waren, mit Milch wieder gesund gepflegt werden konnten. Diese Pflegemilch mussten die Kühe - trotz bezahltem Melker- und Milchgeld - bei den Melkern für viel Heu zurückkaufen, was die Melker in ihrer mittlerweile sehr abgehobenen Sprache Lactise und Melkbehalt nannten.

Das Volk der Kühe litt sehr unter dem Verstandesverlust ihrer einstigen Freunde und begann unruhig zu muhen. Eine der Leitkühe, die Kuschler hiess und der angesehenen Familie der Raclettierer entstammte, liess sich jedoch vom versprochenen Heu und von der vermeintlichen Macht blenden und verriet ihr Volk. Im Auftrag der Obermelker, die Gutrain der Nestler, Blochinger der Zwänger und Ospelino der Performer hiessen, beschwichtigte sie die Kühe und mahnte sie ruhig zu bleiben, da ja alles gar nicht so schlimm sei und man ja eigentlich ein ganz angenehmes Leben führen könne.

Die Melker jedoch bekamen eines Tages Streit untereinander, da jeder dem anderen die von den Kühen gepresste Milch missgönnte. Da beschlossen Gutrain, Blochinger und Ospelino es solle ein Wettmelken stattfinden, damit der Gierigste unter ihnen ermittelt und zum Königsmelker ernannt werden könnte. Dem Königsmelker stehe dann das alleinige Recht zu, die Milchausbeutungskontingente unter den Melkern zu verteilen und er werde dafür reich gelöhnt und mit Ansehen überhäuft werden. Die Melker strengten sich also an, da jeder König werden wollte, entwickelten aus unverständlichen Studien immer kompliziertere Strategien und implementierten daraus immer undurchsichtigere Arbeitsabläufe und zertifizierte Methoden, damit immer mehr Milch gemolken und daraus Käse gewonnen werden konnte, obwohl Käsbergen mit der Zeit im Käse zu ersticken drohte. Die Obermelker wollten den Käse sogar an andere Länder verschenken, aber die wollten ihn auch nicht, da sie selber mehr als genug Melker hatten, die riesengrossen Käse schröderten, schirackten und berlusklonten. Also begannen die Melker den minderen Käse zu einem überhöhten Preis an die Kühe zu verkaufen, obwohl die gar keinen Käse mochten und viel lieber ihre Milch behalten hätten. Der Melker, der diese Strategie erfunden hatte, nannte dies obligatorische Milchabsatzrückflussoptimierung und wurde von seinen begeisterten Kollegen sofort zum Gewinner des Melkwettbewerbes ausgerufen: der Mamonkrat Gesella von Noventis. Ab diesem Tage also wurde Käsbergen vom Königsmelker Gesella regiert und Gutrain, Blochinger und Ospelino wurden seine Ministerialmilcheinnehmer. Die Verräterin Kuschler wurde für ihre Dienste reich belohnt, zum Ehrenmelkvogt von Käsbergen ernannt und durfte nun ungestraft soviel Käse machen wie sie wollte. Gesella aber war ein skrupelloser Melker, der den Kühen jegliche Rechte absprach und jeden Tropfen Milch und alles Heu konfiszierte, so dass es den Kühen bald an Milch fehlte um ihre Kälber aufzuziehen.

Da beschlossen die Kühe in grösster Not einige der ihren auszuschicken, um überall nach dem gesunden Melkerverstand zu suchen. Aber sie fanden ihn auch nach langer Suche nicht und so begann das Volk der Kühe daran zu zweifeln, ob er denn je bestanden habe. Sie begannen laut zu muhen und zu scharren, so dass auch der Vogt Kuschler sie nicht mehr zu beschwichtigen wusste. Da das Volk der Kühe in grosser Überzahl war, bekamen es die Melker mit der Angst zu tun, rafften das Melk- und Milchgeld zusammen und flohen in weit entfernte Republiken, wo sie fortan mit den Bananen handelten, die Kuschler mit ihren Paladinen von den Stauden holen musste. Die Kühe jedoch sahen, dass es ihnen ohne Melker viel besser ging, tranken ihre Milch selber und lebten ohne Käse in Einklang, Fröhlichkeit und Wohlstand. Und die, die noch bis heute gemolken werden, werden auch nicht mehr lange brauchen, bis ihnen die Augen von so viel Käsesoufflé aufgehen.

Ein Märchen? Vielleicht. Jedenfalls nur ein halb so grosser Käse wie...

...die kranken Kassen von Helvetien

Sehr geehrte Damen und Herren

Die Politkaste, der Bundesrat, das BAG, die Pharmaindustrie, die Ärzteschaft, die kranken Kassen und leider auch Sie haben einmal mehr deutlich gemacht, dass sie nur neue Kosten generieren, ertragreiche Pfründe sichern und den Versicherten weiterhin Sand in die Augen streuen wollen, statt Kosten zu sparen und die Gesundheitskosten resp. die Prämien der kranken Kassen endlich zu senken.

Wie müssen sich Versicherte fühlen, die mehrere tausend Franken von ihren kleinen Löhnen für Prämien der kranken Kassen aufwenden müssen, gleichzeitig von Milliardengewinnen der Pharmaindustrie vernehmen, von "ach so kleinen" Einkommen der Ärzteschaft in Kenntnis gesetzt werden und von einem volksnahen Herrn Bundespräsidenten - geschätztes Einkommen >500'000 Franken - darauf hingewiesen werden, dass alles doch gar nicht so schlimm sei? In Härtefällen werden selbstverständlich Prämienzuschüsse aus den öffentlichen Kassen gewährt, die aber etwa in gleichem Masse krank sind wie die kranken Kassen selber und via Steuereinnahmen von genau den gleichen Leuten, die bereits die horrenden Prämien zu begleichen haben, finanziert werden. Die eidgenössischen Räte lösen das Problem offenbar mit definierten Maximalprämien: "...genial, bis die erreicht werden, haben wir Ruhe vor dem Volk...". Als Krönung dieser verfehlten Politik dürfen die Prämienzahler eventuell doch unvermeidliche Arztbesuche - dank den höheren Franchisen und Selbstbehalten - noch gleich selber bezahlen. Kann es erstaunen, dass ausser dem kleinen Prämienzahler wirklich niemand daran interessiert ist, diese schier unerschöpflichen Pfründe zu beschneiden. Ob das Schweizervolk eine obligatorische und vor allem dermassen teure Gesundheitsversorgung will wage ich zu bezweifeln, obwohl mir dies von den oben genannten Stellen fast täglich suggeriert wird.

Ich erlaube mir deshalb, mich mit den nachfolgenden Fragen an Sie zu wenden:

1.   Ist im KVG festgelegt, ob die obligatorische kranke Versicherung bei einer schweizerischen Versicherungsgesellschaft abgeschlossen werden muss oder ist es dem Versicherungsnehmer erlaubt, z.B. bei einer Versicherungsgesellschaft mit Sitz in Panama oder auf den Kaiman-Islands die entsprechende Police abzuschliessen?

2.   Gibt es Möglichkeiten, vom Obligatorium der kranken Kassen entbunden zu werden ohne sich dabei strafbar zu machen? Wenn nein, was für Strafen hätte man zu gewärtigen?

3.   Was gedenkt der Bund - als Dienstleister des Bürgers/Steuerzahlers - in den nächsten 24 Monaten _konkret_ für eine Prämien_senkung_ zu tun?

4.   Wann passt das BAG ihre Tarife dem europäischen Mittel an oder wieso ist eine schweizerische Grippe teurer als eine deutsche Influenza?

5.   Ich habe in den letzten 25 Jahren meiner kranken Kasse ca. CHF 60'000 überwiesen (KVG und VVG). Im gleichen Zeitraum habe ich für ca. CHF 20'000.00 (Augenarzt, Optiker, Zahnarzt, Arzt, Selbstmedikamentation) Gesundheitserhaltungskosten aus der eigenen Tasche bezahlt. Meine kranke Versicherung musste in 25 Jahren _keinen_ einzigen Franken für mich ausgeben. Ist dies nach Ihren Massstäben und unter der Berücksichtigung eines gesunden Kosten-/ Nutzenverhältnisses eine zufriedenstellende Versicherungsleistung oder könnte man mit etwas gesundem Menschenverstand gar einen kleinen Konflikt mit dem StGB ausmachen?

6.   Es wird immer wieder betont, dass die kranke Kasse eine soziale Einrichtung sei, da die Gesunden (damit sind wohl die Kranken gemeint, die Franchise und Selbstbehalt nie überschreiten) die Kranken unterstützen würden. Was ist daran sozial? Sozial wäre die Versicherung dann, wenn die Prämie für die kranke Kasse im Verhältnis zum Einkommen eingeführt würde.

> **...so nebenbei**
>
> Ich bezahle momentan eine Prämie in der Höhe von 4.8% meines Bruttoeinkommens und habe für 2004 eine Erhöhung von 7.3% - unter gleichzeitiger, massiver Anhebung der Franchise - mitgeteilt erhalten. Wann wird dem Herrn Bundespräsidenten die Monatsprämie mit einer moderaten Erhöhung von 7.3% von CHF 2'000.00 auf CHF 2'146.00 erhöht und gleichzeitig eine Anpassung der Franchise auf CHF 12'000.00 vorgenommen? Hat der allerseits diskrete Herr Vasella bereits eine Monatsprämienerhöhung von CHF 80'000.00 auf CHF 85'840.00 erhalten und wurde seine Franchise per 1.1.2004 automatisch auf CHF 480'000.00 erhöht? Ist es Ihnen bewusst, dass Monsieur le président nur 0.648% des Bruttoeinkommens für die kranke Kasse aufwenden muss und der Novartis-Leader gar nur 0.0162%?

Wann wird die kranke Kasse durch gerechte Prämien endlich gesunden und ab wann muss ich die Herren Couchepin und Vasella nicht mehr mit meiner sozialen Prämie unterstützen?

7. Wann wird das KVG dahingehend angepasst, dass sich auch die Ärzteschaft und die Pharmaindustrie an den Sparmassnahmen beteiligen, d.h. die Tarife/Preise senken müssen?

8. Ab wann werden Prämienzahler, die 5 Jahre lang keine Leistung der kranken Kasse in Anspruch genommen haben, mit einem Gutschein für eine Wellnesswoche im Wert von lächerlichen CHF 1'800.00 ($\approx$ 10% der einbezahlten Prämien) belohnt?

Für eine rasche und vor allem käsefreie Antwort danke ich Ihnen herzlich und hoffe inständig, dass der Melkerverstand doch noch in absehbarer Zeit wiedergefunden werden kann.

Mit (noch) freundlichem Muhen

Hans-Peter Leuenberger

BSV
OFAS
UFAS

Bundesamt für Sozialversicherung
Office fédéral des assurances sociales
Ufficio federale delle assicurazioni sociali
Uffizi federal da las assicuranzas socialas

Kranken- und Unfallversicherung

Ihr Zeichen
Ihre Nachr. vom 24.11.2003

Unser Zeichen 28
Bearbeitet durch Alr
Telefon (direkt) 031 322 88 25
E-Mail ruth.altay@bsv.admin.ch

Herr
Hans-Peter Leuenberger
Eichholzstrassse 16
3254 Messen

3003 Bern, 9. Dezember 2003

Krankenkassenprämien

Sehr geehrter Herr Leuenberger

Besten Dank für Ihr Schreiben vom 24. November 2003, zu welchem wir wie folgt Stellung nehmen können:

Seit dem Inkrafttreten am 1. Januar 1996 des neuen Bundesgesetzes über die Krankenversicherung (KVG) ist die Krankenpflegeversicherung für die gesamte Wohnbevölkerung in der Schweiz obligatorisch (Art. 3 KVG). Jede Person, die in der Schweiz wohnt, muss sich daher bei einem Krankenversicherer versichern lassen und zwar bei einer anerkannten schweizerischen Krankenkasse. Das System des Versicherungsobligatoriums dient vor allem dazu, die Solidarität innerhalb der Schweizer Bevölkerung zwischen Jung und Alt, Gesund und Krank sowie zwischen Mann und Frau zu stärken.

Wenn eine Person dieser Versicherungspflicht nicht nachkommt, so wird sie von der zuständigen kantonalen Behörde darauf aufmerksam gemacht und aufgefordert, sich bei einem Krankenversicherer zu versichern. Kommt die Person dieser Aufforderung nicht nach, so wird sie von der kantonalen Behörde einem Krankenversicherer zugewiesen (Zwangszuweisung).

Wir sind uns bewusst, dass die gegenwärtige Kosten- und Prämienentwicklung in der Krankenversicherung den Bürgerinnen und Bürgern unseres Landes grosse Sorge bereitet und dass mögliche Kosteneindämmungsmassnahmen auf verschiedenen Ebenen ansetzen müssen. Wie Ihnen vielleicht bekannt ist, hat der Bundesrat im Bereich der Ärztedichte auf den 4. Juli 2002 die Verordnung über die Einschränkung der Zulassung von Leistungserbringern zur Tätigkeit zu Lasten der obligatorischen Krankenpflegeversicherung in Kraft gesetzt. Damit hat er den Kantonen ein Instrument zur Verfügung gestellt, auf die Versorgungsdichte der Ärzte und Ärztinnen Einfluss zu nehmen. Im Rahmen der laufenden zweiten Teilrevision des Krankenversicherungsgesetzes (KVG) hat das Parlament zudem einer Lockerung des Vertragszwangs zugestimmt. Die Kantone haben danach im ambulanten Bereich den Bedarf, d.h. die nötige Anzahl der Leistungserbringer festzulegen, mit denen die Krankenversicherer einen Vertrag abschliessen müssen. Mit dem vom Parlament im Bereich der Spitalfinanzierung getroffenen Entscheid, die heutige Institutsfinanzierung durch ein leistungsbezogenes Abgeltungssystem zu ersetzen, welches eine Leistungsvergütung auch über Fallpauschalsysteme vorsieht, wird auch im Spital-

Effingerstrasse 20, 3003 Bern, Telefon +41 (0)31 323 70 66, Telefax +41 (0)31 322 90 20
Internet: http://www.bsv.admin.ch

bereich ein Anreiz für eine wirtschaftlichere Erbringung der Leistungen geschaffen. Die Beschlüsse zur besseren Verankerung von Managed Care-Modellen (Ärztenetze, HMO-Modelle) schliesslich, mit denen das Kostenbewusstsein sowohl der Leistungserbringer als auch der der Versicherten gestärkt werden soll, leisten ebenfalls einen Beitrag zur Stabilisierung der Kosten- und Prämienentwicklung.

Sie fänden es sozial, wenn die Prämien im Verhältnis zum steuerbaren Einkommen berechnet würden. Wie die klare Verwerfung der sogenannten Gesundheitsinitiative vor einigen Monaten zeigt, stellt für die Mehrheit der Stimmenden ein System mit einkommens- und vermögensabhängigen Prämien keine Alternative zum bestehenden Krankenversicherungssystem (Kopfprämien und Prämienverbilligung) dar. Es gilt nun, das bestehende Krankenversicherungssystem im Hinblick auf eine Verbeserung der Kosten- und Prämienentwicklung im Rahmen der zweiten und dritten Teilrevision des KVG zu optimieren.

Mit freundlichen Grüssen

Fachstelle Versicherten-Anfragen

Ruth Altay

Hans-Peter Leuenberger
Eichholzstrasse 16
3254 Messen

Messen, 16. Dezember 2003

Bundesamt für Sozialversicherung
Kranken- und Unfallversicherung
Fachstelle Versicherten-Anfragen
Frau Ruth Altay
Effingerstrasse 20
3003 Bern

Ihr Antwortschreiben vom 9. Dezember 2003

Sehr geehrte Frau Altay

Besten Dank für Ihre partielle Antwort vom 9. Dezember 2003 auf mein Schreiben vom 24. November 2003, das ich am 15. Dezember 2003 erhalten habe.

Es freut mich z' Hudus u z' Fätzes, dass "*der Bundesrat im Bereich der Ärztedichte auf den 4. Juli 2002 die Verordnung über die Einschränkung der Zulassung von Leistungserbringern zur Tätigkeit zu Lasten der obligatorischen Krankenpflegeversicherung in Kraft gesetzt hat*". Weiter darf ich Ihnen versichern, dass ich beim Lesen von "*Stabilisierung der Kosten und Prämienentwicklung*", "*Leistungsvergütung über Fallpauschalsysteme*", "*Kostenbewusstsein der Leistungserbringer*" und "*Verankerung von Managed Care-Modellen*" förmlich in Ekstase geraten bin. Darf ich mich erkundigen, wo Sie solche Worte und Sätze fertigen lassen? Item, obwohl ich - wie bereits gesagt - völlig aus dem Häuschen bin, wundert es mich schon ein bisschen, dass die Prämien dieses Jahr doch wieder gestiegen sind. Ich möchte Sie nicht über Gebühr versuume, aber eine abschliessende Frage erlaube ich mir noch zu stellen:

Geht das Bundesamt für Sozialversicherungen tatsächlich davon aus, dass das Problem in der Ärztedichte und an so seltsamen Zungenbrechern (...hmmh...was heisst das eigentlich alles auf Deutsch? Ich hoffe doch sehr, dass es kein Söniggelzüügs ist?), wie in Ihrem Antwortschreiben öfters vorhanden, liegt? Könnte es nicht auch sein, dass ganz einfach "Angebot, das" viel zu teuer ist, weil "Kunde, der" zahlen **muss** was verlangt wird, auch wenn er mit "Preis-/Leistungsverhältnis, das" nicht zufrieden ist? Sie müssen meine Klugscheissereien bitte höflichst entschuldigen, aber irgendwann hat mir ein Lehrer was von "Freie Marktwirtschaft, die" und "Angebot und Nachfrage, das/die" eingepaukt. Eigentlich war ich schon damals ziemlich sicher, dass das alles nur Mumpiz ist. Aber ich bin nun trotzdem völlig verunsichert, ob ich nicht mitbekommen habe, dass in der Schweiz "Zwangkonsumplanwirtschaft, die" nach "TARMED, der" und "BAG-Medikamenten- und Hilfsmittelliste, die" eingeführt worden ist. Aber eigentlich haben Sie schon recht, so vorlaute Mitbürger, wie ich einer bin, gehören nämlich zwangszugewiesen!

Besten Dank für Ihre Bemühungen und Ihre baldige Antwort.

Mit freundlichen Grüssen und

Hans-Peter Leuenberger

16.12.2003   Seite 1/1   HPL

Weiterentwicklung des KVG

D F I E

suchen | erweitert

AKTUELL

THEMEN

Krankenversicherung

  Grundlagen

  Statistiken

  Projekte

  Gesetze

  Media

  RKUV

  Bestellbüro

  Beratung

  Links

DIENSTE

DAS BAG

HILFE

Suchen

Sitemap

Stichworte

Kontakt

Bedienung

•

Hans-Peter Leuenberger
Eichholzstrasse 16
3254 Messen

Messen, 27. Januar 2004

Bundesamt für Gesundheit
Informationsstelle
Schwarzenburgstrasse 165
3003 Bern

Ihr Schreiben vom 18• Januar 2004

Sehr geehrte Damen und Herren

Herzlichen Dank für Ihr freundliches, ja nachgerade köstliches, Antwortschreiben vom 18• Januar 2004 auf mein Schreiben vom 17• Dezember 2003•

Aufgrund Ihrer ausführlich kommunizierten Antworten und Ausführungen denke ich, dass ich mich nun als bestens über Ihre Leistungen informiert bezeichnen darf• Obwohl ich in einigen Punkten keinesfalls mit Ihnen übereinstimmen kann, muss ich zugestehen, dass die Problematik der kranken Kassen wohl etwas differenzierter thematisiert werden muss als bisher von mir angenommen• Es erstaunt aber dennoch, dass Sie davon ausgehen, dass Sie in absehbarer Zeit von einem von Ihnen initiierten und geförderten Krankenkassensterben und einem daraus resultierenden Outsourcing der bisher rein hypothetisch vorhandenen Dienstleistungen ins kostengünstiger produzierende Ausland ausgehen• Es stellt sich in diesem Zusammenhang die Frage, wie die dereinst geoutsourcten Stellen mit renitenten Prämienzahlungsverweigerern verfahren wollen, wenn jeweils von einer 5Z-Situation (Zwangsausschaffung zwecks Zuführung zur Zwangszuweisung) ausgegangen werden muss• Oder ungeklärt wird vorerst wohl auch die Frage bleiben, ob Rückvergütungen, der im Ausland operierenden kranken Kassen an die im Inland beheimateten Prämienzahler, ohne zeitraubende Zollformalitäten abgewickelt und wie dadurch sich anbietende Verstösse gegen das "Geldwäschereigesetz" verhindert werden können•

Wie dem auch sei, der Prämienzahler und Bürger wird sich da wohl auf Ihr Bundesamt verlassen müssen, was angesichts Ihrer Website "Projekte" nicht ganz unproblematisch scheint• Ich habe am 27• Januar 2004 nämlich Ihre Website besucht und neugierig die besagten "Projekte" angewählt. Tja, was soll ich sagen **?** Ihr Bundesamt scheint doch etwas ziel- und orientierungslos durch die Weiten der ungelösten Probleme der kranken Kassen zu schlittern• Der Titel "Weiterentwicklung des KVG" dürfte Ihr Webmaster getrost löschen, da mittlerweile allerseits bekannt sein dürfte, dass unsere Volkszertreter die entsprechende Revision gebodigt haben• Was allerdings der dicke, fette und vor allem nichtssagende Punkt darunter soll bleibt dem geneigten Websitebesucher verborgen **●** Wichtig scheint mir aber schon, dass Sie dieses "Schwarze Loch" mit einem "© **2002**" auch noch schützen• Haben Sie Angst, dass Ihnen jemand Ihre Ratlosigkeit über die ewig steigenden Krankenkassenprämien klaut?

Erlauben Sie mir deshalb doch noch ein, zwei kitzekleine Fragen? Unter "Was gibt's Neues?" führen Sie unter

24.10.2003   Krankenversicherung: Grundsatzkommission hat die Kassenpflichtigkeit der Lebertransplantation von Leberspendern diskutiert

auf● Ist dies so zu verstehen, dass bei einer **Leber**transplantation die kranke Kasse bisher die Aufwendungen für den Empfänger zu bezahlen hat, diejenigen für den **Spender** aber nicht?

Und bei

10.10.2003   Krankenversicherungsprämien 2004: **moderate Erhöhungen**

muss man Ihnen neidlos eine gewisse Begabung zur Realsatire zugestehen! Bis zu welcher prozentualen Erhöhung verwendet Sie beim **B**undes**A**mt für **G**esamterheiterung die Bezeichnung "moderat"?

Ich danke Ihnen für Ihre Aufmerksamkeit und gebe mich der Hoffnung hin, dass ich erneut mit einer raschen Antwort rechnen darf, obwohl der gesunde Melkerverstand offenbar immer noch nicht aufgefunden werden konnte.

Mit fragendem Staunen

Hans-Peter Leuenberger

Beilagen: 2 Ausdrucke Website

Neue Aufgabenteilung innerhalb des EDI:

Information an die Benutzer/-innen der Webangebote von BAG und BSV

Per 1. Januar 2004 wurde das Geschäftsfeld Kranken- und Unfallversicherung (KUV) vom Bundesamt für Sozialversicherung (BSV) in das Bundesamt für Gesundheit (BAG) überführt. Mit dem Zusammenführen der Gesundheitsfragen in einem Amt sollen Wissen und Kompetenzen in diesem Bereich vereint werden. Mittelfristig erhofft sich der Vorsteher des eidgenössischen Departements des Innern von dieser Reorganisation eine bessere Kenntnis und Kontrolle der Faktoren, die einen Einfluss auf die Gesundheitspolitik haben.

Diese Reorganisation schlägt sich auch in den Webauftritten von BSV und BAG nieder. Grundsätzlich finden Sie Informationen zur Kranken- und zur Unfallversicherung neu auf der Website des BAG. Wo – abweichend von diesem Grundsatz – welche spezifischen Informationen abgerufen werden können, entnehmen Sie der nachstehenden Übersicht.

Wo ist was

Medienmitteilungen

Medienmitteilungen aus den beiden Versicherungsbereichen Krankheit und Unfall finden Sie abhängig vom Publikationsdatum auf der Website des BSV bzw. des BAG.

	publiziert bis 31.12.2003:	publiziert ab 1.1.2004:
Medienmittelungen zur KV:	→ BSV	→ BAG
Medienmittelungen zur UV:	→ BSV	→ BAG

Beratungsinformationen für Versicherte

- Beratungsinformationen zur Krankenversicherung (z.B. Prämien, Tipps, FAQ etc.) finden Sie ab sofort auf der Website des BAG
- Beratungsinformationen zur und Unfallsversicherung finden Sie ab sofort auf der Website des BAG
- Informationen zum Netzwerk «Prämienoptimierung» finden Sie weiterhin unter http://www.bsv.admin.ch/info_praemien

Forschungsbeiträge

- Forschungsbeiträge zum Thema Kranken- und Unfallversicherung (z.B. Wirkungsanalyse KVG), welche das BSV bis 31.12.2003 in seiner Reihe «Beiträge zur Sozialen Sicherheit» publiziert hat, finden Sie auf der Website des BSV .

Individuelle Anliegen und Feedbacks

Anfragen können Sie per Feedbackformular ans BAG richten:

Krankenversicherung

Unfallversicherung

http://www.bsv.admin.ch/kv/aktuell/d/index.htm   27.01.04

Hans-Peter Leuenberger
Eichholzstrasse 16
3254 Messen

Messen, 28. Januar 2004

Bundesamt für Sozialversicherung
Kranken- und Unfallversicherung
Fachstelle Versicherten-Anfragen
Frau Ruth Altay
Effingerstrasse 20
3003 Bern

Mein Schreiben vom 16. Dezember 2003

Sehr geehrte Frau Altay

Ich hoffe, dass Sie den Jahreswechsel gesund und munter überstanden haben und keine TARMED-Taxpunkte beanspruchen mussten. Mit tiefem Bedauern muss ich feststellen, dass ich bis heute keine Antwort auf mein oben erwähntes Schreiben erhalten habe, was unserer Brieffreundschaft doch ein klein wenig schaden dürfte...ist doch wahr!

Nun Frau Altay, es ist nicht weit her mit Ihrer KVG-Revision - oder? Die lieben Volkszertreter haben ganze Arbeit geleistet und das Päckli gebodigt ✄ Ich darf Sie aus Ihrem Schreiben vom 9. Dezember 2003 zitieren:

«Es gilt nun, das bestehende Krankenversicherungssystem im Hinblick auf eine Verbesserung der Kosten- und Prämienentwicklung im Rahmen der zweiten und dritten Teilrevision des KVG zu optimieren.»

Ui, ui, ui...war die torpedierte Vorlage jetzt im Rahmen der zweiten oder der dritten Teilrevision? Wird das Parlererment jetzt einen neuen Anlauf nehmen? Glauben Sie auch - wie meine Grosstante Isolde mütterlicherseits, die sich mit übersinnlichen Phänomenen befasst -, dass man spätestens während den Beratungen zur fünfzehnten Teilrevision im Jahre 2045 🕸 zum Schluss kommen wird, dass eine Totalrevision des KVG anzustreben sei, da die ganze Übung von Anfang an fürs Büsi war?

🐈 Mmmmiiiaaaaauuuuuu!

Oh pardon...ich habe völlig vergessen, dass

«Per 1. Januar 2004 wurde das Geschäftsfeld Kranken- und Unfallversicherung (KUV) vom Bundesamt für Sozialversicherung (BSV) in das Bundesamt für Gesundheit (BAG) überführt. Mit dem Zusammenführen der Gesundheitsfragen in einem Amt sollen Wissen und Kompetenzen in diesem Bereich vereint werden. Mittelfristig  **erhofft** *sich der Vorsteher des eidgenössischen Departements des Innern von dieser Reorganisation eine bessere Kenntnis und Kontrolle der Faktoren, die einen Einfluss auf die Gesundheitspolitik haben.»*

Nun, da bin ich aber platt (DBIAP), es macht mich rasend vor Bewunderung über soviel Esprit (EMMRVBÜSE), Ideen und Visionen muss man haben (IUVMMH), das dürfte der Zenit der KVG-Genialitäten sein (DDDZDKVGGS)! Und dabei ist Mösiö le président noch so bescheiden und gläubig! Ja, ja, wenn alle KVG-Halteleinen reissen, jegliche politische Visionen und Ideen sich als veritable Rohrkrepierer erweisen, Wissen und Kompetenz auf Bundesebene zu reinen utopischen Schlagworten verkommen, die Gewinne der Pharmaindustrie und der Ärzte auf Kosten der kleinen Leute ins Wallhall der Shareholder-Values aufsteigen, die Unfähigkeit der classe politique sich wie ein geistiges Leichentuch über das Land legt und die Prämien der kranken Kassen zum Glück nur *präsidial-moderat* ins Unendliche katapultiert werden, dann bleibt wenigstens noch die

Hoffnung. Amen. ✝

Liebe Frau Altay, seien Sie froh, dass Sie den Bettel los sind! Oder haben Sie etwa mit dem KUV vom BSV ins BAG gewechselt und betreuen dort nun das KVG, obwohl dieses eigentlich ins EJPD und nicht ins EDI gehören müsste? Und wenn schon EDI, dann in das Büro für Weltraumangelegenheiten

(SSO) 🚀 . Amen.

In diesem Sinne werde ich zukünftig dem BAG auf den KVG-Geist gehen, sofern die - nebst dem von Mösiö le président verordneten Dauerrosenkranzbeten - überhaupt Zeit dazu finden.

Amen.

Mit Glaube, Liebe und Hoffnung entbiete
ich Ihnen ein freudvolles Urbi et Orbi

Hans-Peter Leuenberger

Hans-Peter Leuenberger
Eichholzstrasse 16
3254 Messen

Messen, 1. März 2004

__Direktion__
Bundesamt für Gesundheit
Informationsstelle
Schwarzenburgstrasse 165
3003 Bern

Meine Schreiben vom 17. Dezember 2003 und 27. Januar 2004

«*HHHAAAALLLOOOOOOOₒₒₒₒₒₒₒ!!!...*»

«...ist da wer?»   «Oh! Entschuldigen Sie bitte, aber ich hab' schon gedacht, dass dieses Bundesamt gar nicht existiert oder durch aufgebrachte Prämienzahler arg dezimiert worden ist.» «Was?» «Aha! Sie sind nur die Putzfrau.» «So, so?!» «Aber wieso sagen Sie „*nur*"?» «Wen ich es mir so recht bedenke, sind Sie um einiges effizienter und kundenfreundlicher als die überaus diskret agierenden Beamten!» «Wären Sie wohl so lieb, die nachfolgende Notiz dem nächsten Bundesstrategen, der Ihren arbeitsamen Weg kreuzt, gewaltsam in die Hände zu drücken?» «Das ist sehr lieb, Danke!»

Sehr geehrte Damen und Herren

Ich hoffe doch sehr, dass ich, nachdem Sie die 20%-Selbstbehalt-Schnapsidee und den AHV-Mehrwertssteuer-Amoklauf Ihres Chefs verdaut sowie die Gewinnverdoppelung von Helsana mit einem Gläschen Schampus vom Feinsten mitgefeiert haben, irgendwann in den nächsten Tagen eine Antwort auf meine oben erwähnten Schreiben erhalten werde. Wissen Sie, ich gehöre zu der Minderheit im Lande, die Ihren Lohn berappt und die Sie ab und zu spöttisch „Der Souverän" zu betiteln geruhen.

Eine Bergpredigt zum Thema „Höflichkeit" und „Bürgernähe" würde - in Anbetracht der

2½-monatigen Ignoranz - eh vergeudete Zeit darstellen.

Danke, falls Sie es doch noch als nötig erachten würden, meine Anfragen zu beantworten.

Mit gemischten Gefühlen

Hans-Peter Leuenberger

Hans-Peter Leuenberger
Eichholzstrasse 16
3254 Messen

Messen, 7. April 2004

Bundesamt für Gesundheit
Public Relations
Schwarzenburgstrasse 165
3003 Bern

Sehr geehrte 🚺 und 🚹, werte 🚺 🚹, schläfrige 👽

Immer noch ist mir eine Antwort auf meine Schreiben vom 17. Dezember 2003, 27. Januar 2004 und

1. März 2004 vergönnt. Daraus schliesse ich, dass sie sich um Anfragen aus dem Volk **völlig**

fouttieren und die Steuerzahler sind ihnen

Ꙅ◦◦◦◦◦◦◦◦◦◦◦◦◦◦◦◦◦◦◦◦◦◦◦◦◦◦◦ was von völlig egal…

Henusode! Gut zu wissen, dass sich eine dermassen 🕸**aktive Behörde**🕸

um unsere ➚ steigenden ⚒ **Gesundheitskosten** ☠ kümmert!

Spüele bitte!

Schlafen sie wohl!

[Unterschrift]

Hans-Peter Leuenberger

BRIEFE AUS DEM HINTERHALT

MÖSIÖ LE PRÉSIDENT:

... UND DIESE NASE...

...DIESE NASE!

Hans-Peter Leuenberger

Eichholzstrasse 16

3254 Messen

Messen, 2. März 2004

Chefsache!

Eidg. Departement des Innern

Monsieur le Président Pascal Couchepin

Inselgasse

3003 Bern

Pyramidenspiele und Imageverlust

Sehr geehrter Monsieur le Président Couchepin

Bitte entschuldigen Sie meine Offenheit, aber Sie scheinen wirklich ein veritables Händchen dafür zu haben, sich in die Sch….. zu reiten. Ihr PR-Berater ist entweder konstant bis Oberkante Unterkiefer voll oder rauft sich die Haare büschelweise aus und steht kurz davor, sich dem Ueli Maurer vor die Füsse zu werfen.

Zuerst erhöhen Sie die Krankenkassenprämien „moderat", dann wollen Sie den Selbstbehalt auf 20% verdoppeln, drohen anschliessend damit, dass das Rentenalter ohne Eingewöhnungsfrist angehoben werden muss, wenn das Volk die Mehrwertsteuererhöhung nicht schluckt und dann setzen Sie noch ein Sahnehäubchen drauf, indem Sie den schlecht arbeitenden Pensionskassen die Unterschreitung des Mindestzinssatzes ermöglichen wollen. Wenn Sie so weiterfahren, wird es Ihnen amänd noch so ergehen wie der armen Frau Metzler! Ich bin aber der Meinung, dass Sie eigentlich das Zeug für einen Bundesrat à la Ruedi Minger, Ruedi Gnägi oder Willy Ritchard hätten! Sie sind um Worte nie verlegen, gehören einer einigermassen vernünftigen Partei an und haben eine markante Nase. Was wollen Sie eigentlich noch mehr? Wichtig wäre halt, dass Sie in Zukunft ein klein wenig überlegen, bevor Sie wie der" Muni i Chrishuufe" auf die Öffentlichkeit losgehen. Die Leutchen da draussen sind nämlich Ihre Wähler, Lohnzahler und Chefs und ab und zu nennen Sie sie ja auch spöttisch „Der Souverän"…gelle?! Also, da Sie mir mittlerweile ans Herz gewachsen sind (…diese Nase!...*D I E S E* Nase!), will ich Ihnen gerne etwas unter die Arme greifen.

Moderate Krankenkassenprämienerhöhung

Wissen Sie, werter Monsieur le Président, es gibt Leute in diesem Land, die haben ein Jahreseinkommen, das in etwa einem Zehntel Ihres Salärs entspricht und die gehören damit sogar noch zu den besser verdienenden Arbeitnehmern. Zugegeben, alles arme Hungerleider, aber tatsächlich finanzieren sie auch *Ihre* Krankenkasse mit. Wie das? Ganz einfach: Ich zitiere aus einem Schreiben, das Ihrem Bundesamt für Gesundheit übermittelt wurde. Der Absender wartet übrigens seit 2½ Monaten vergeblich auf eine Antwort.

> **...so nebenbei**
> Ich bezahle momentan eine Prämie in der Höhe von 4.8% meines Bruttoeinkommens und habe für 2004 eine Erhöhung von 7.3% - unter gleichzeitiger, massiver Anhebung der Franchise - mitgeteilt erhalten. Wann wird dem Herrn Bundespräsidenten die Monatsprämie mit einer moderaten Erhöhung von 7.3% von CHF 2'000.00 auf CHF 2'146.00 erhöht und gleichzeitig eine Anpassung der Franchise auf CHF 12'000.00 vorgenommen? Hat der allerseits diskrete Herr Vasella bereits eine Monatsprämienerhöhung von CHF 80'000.00 auf CHF 85'840.00 erhalten und wurde seine Franchise per 1.1.2004 automatisch auf CHF 480'000.00 erhöht? Ist es Ihnen bewusst, dass Monsieur le Président nur 0.648% des Bruttoeinkommens für die kranke Kasse aufwenden muss und der Novartis-Leader gar nur 0.0162%?

Läutet  was bei Ihnen, Monsieur le Président? **Äbe!** *Immerhin ein bescheidener Anfang.*

Erhöhung des Selbstbehaltes auf 20%

Wir wollen diesen Punkt mit einem hypothetischen Beispiel angehen, d'accord? Nehmen wir also an, eine alleinstehende und kinderlose Bürgerin – wir wollen sie Vache nennen - bezahlt pro Monat für die Krankenkassenprämie (KVG und VVG) CHF 240.00. Dies würde pro Jahr CHF 2'880.00 machen und auf 25 Jahre gerechnet sogar CHF 72'000.00. Nun gehen wir weiter davon aus, dass Vache in diesen 25 Jahren nur im Rahmen des Selbstbehaltes/der Franchise krank war. Soweit noch klar, Monsieur le Président? Gut. Vache ist auf eine Brille angewiesen, ohne die sie schlichtweg nichts sehen würde und somit nicht arbeitsfähig wäre. Folgen Sie mir noch? Bien. Nun wissen wir, dass eine „normale", also nicht krankheitsbedingte Kurz- oder Weitsichtigkeit nicht als Krankheit gilt und somit von den kranken Kassen nicht bezahlt wird. Vache hat also 25 Jahre lang Geld in eine Versicherung einbezahlt, ohne jemals eine Vorsorgeuntersuchung oder Brille rückvergütet erhalten zu haben. Würde Vache ihre Brille zertreten und sich fortan weigern, eine Sehhilfe zu kaufen, wäre sie zwangsläufig arbeitslos und müsste von der Fürsorge leben. Dieser Vache sagen Sie nun also, man müsste den Selbstbehalt auf 20% anheben. Was wäre da wohl die Reaktion? Richtig: *Une vache qui rit*!

Seien wir doch ausnahmsweise mal ehrlich, Monsieur le Président: Das jetzige KVG ist eine Farce! Und die 48 Milliarden Franken, die das Gesundheitswesen offenbar pro Jahr kostet, sind nichts anderes als eine Bestätigung dafür. Vielleicht müsste man nicht eine Revision des KVG anstreben, sondern es sofort abschaffen. Weiter fabulierend gehen wir nun davon aus, dass Vache eine Autoversicherung mit Haftpflicht hat und sie bezahlt dafür pro Jahr lächerliche CHF 480.00. Folgen Sie noch? Super! Vache fährt nun also mit ihrem Auto Amok, weil sie sich über die ewig steigenden Prämien der kranken Kassen ärgert und legt die ganze Schweiz in Schutt und Asche. Richtig: Für die lächerlichen 480 Stutz

wird die Versicherung alles übernehmen. Klingelts nochmals? **Bravo, Monsieur le Président! Sie machen enorme Fortschritte!**

Altersvorsorge

Wir haben uns zwar schon fast ein klein wenig an Vache gewöhnt, wollen aber im - Sinne der Gleichberechtigung - nun zu Corneboeuf wechseln und ihn in seinem bundesverordneten Leben kurz begleiten…natürlich nur wenn Sie mögen, Monsieur le Président?

Monsieur le Président geruht also dem Souverän mit einer ungepufferten Pensionsaltererhöhung zu drohen, wenn dieser die Mehrwertsteuer nicht erhöht. Schön. Aber völlig wirkungslos und vergebene Liebesmühe! Corneboeuf wird nämlich erst in exakt 20 Jahren 65 Jahre alt. Hat er die geringste Chance, im Jahr 2025 tatsächlich mit 65 Jahren pensioniert zu werden? Kaum - seien wir auch in diesem Punkt ausnahmsweise mal ehrlich. Wieso um *gottmächterliswillen* sollte er jetzt aber 20 Jahre lang freiwillig mehr Mehrwertssteuer bezahlen, wenn das Rentenalter dennoch erhöht werden wird?

Jetzt sollten aber im Departement des Inneren langsam ganze Glockenspiele

Ding-Dong-Ding-Dong!!

losgehen…oder?

Mutmassen wir weiter. Sowohl die AHV als auch das BVG sind nicht mehr ganz zeitgemäss und sollten eigentlich nicht mehr revidiert, sondern durch geeignetere Mittel ersetzt werden. Zu diesem Zweck würde der Bund allen Versicherten Ihre bisher einbezahlten und verzinsten AHV- und BVG-Guthaben auszahlen, damit diese in ein neues „Instrument" eingebracht werden könnten. Können Sie das, Monsieur le Président? Oder ist amänd die angesprochene Kohle gar nicht im Keller. Ja könnte es sogar sein, dass sich die AHV und das BVG als mittlerweile umgekehrtes Pyramidenspiel erweisen?

Immer weniger junge Vaches und Corneboeufs haben immer weniger Jobs und können immer weniger Beiträge für immer mehr vieilles Vaches und vieux Corneboeufs entrichten. **Aha!** Die Vaches und Corneboeufs haben aber ein Anrecht auf mindestens die einbezahlten Beträge plus Zinsen, finden Sie nicht auch? Nun, wir wollen uns nicht unnötig mit Peanuts aufhalten, dieses läppische Problemchen kurz beiseite lassen und einen Schritt weitergehen.

AHV und BVG wurden nun also abgeschafft. Stattdessen wird eine Altervorsorge – wir wollen sie „Vraiment pour les Vaches et les Corneboeufs (VPVC)" nennen – geschaffen, die so einfach ist, dass jede Vache und jeder Corneboeuf sie begreift. Arbeitgeber und Arbeitnehmer bezahlen je hälftig einen monatlichen Beitrag, der auf ein „Sperrkonto" nach heutiger 3. Säule überwiesen wird. Hier wollen wir eine kleine Klammer öffnen: (Corneboeuf hat nämlich festgestellt, dass seine 3. Säule mehr rentiert als seine wackeligen 1. und 2. Säule, was doch einigermassen zu erstaunen vermag…oder?). **Item.** Gehen wir also davon aus, dass Corneboeuf, der per 31.12.2003 CHF 135'000.00 auf seinem BVG-Konto und CHF 75'000.00 auf seinen AHV-Konten liegen hat, die nächsten 20 Jahre pro Monat CHF 1'200.00 (Auf diese Zahl könnte Corneboeuf z.B. gekommen sein, indem er auf seiner Lohnabrechnung die AHV- und BVG-Abzüge addiert und mit zwei multipliziert hätte) auf das neue Konto überwiesen bekommt. Dies würde pro Jahr 13 x CHF 1'200.00 = CHF 15'600.00 machen und in 20 Jahren sogar CHF 312'000.00. Zählen wir nun das bereits vorhandene Kapital dazu, ergibt dies die stolze Summe von CHF 522'000.00 (Na ja, geht so mit „stolz"…gelle? Ist ja grad' mal ein Jahresgehalt von Monsieur le Président! Aber so ist das eben mit den elendiglichen Hungerleidern im Souverän.). Nun wollen wir nicht so sein und Corneboeuf ein klein wenig Zins gewähren. Sagen wir also unser Corneboeuf wird mit Zins und Zinseszins – die 3. Säule löhnt ja nicht schlecht – CHF 650'000.00 auf seinem Konto haben, wenn er das fixe Pensionsalter **65** erreicht. Wir mögen es ihm von ganzem Herzen gönnen…n'est-ce pas mon Président!? Was meinen Sie nun, Monsieur le Président? Wird sich unser kleiner Corneboeuf von CHF 650'000.000 das Alter am freien Markt wohl finanzieren können?

Was geschieht aber, wenn Corneboeuf sozialverträglich ablebt, d.h. vor dem Erreichen des Pensionsalters den Löffel abgibt? Ganz einfach: Die Hälfte seines Altersguthaben geht an die Erben und die andere Hälfte in einen Fond für diejenigen Vaches und Corneboeufs, die nur wenig oder gar kein Alterskapital sparen konnten. Na, hören sich doch gut an diese sozialen Schalmeien…gelle? Da wird sich aber die Madame Brunner so richtig grün und rot ärgern, dass nicht sie auf diese Idee gekommen ist. So unter uns, Monsieur le Président, **pppssssssssss.........ttt**…*leise*…würde den *Staat keinen Centime kosten! Viel Ruhm und Ehr' ohne Kosten!*

Die Frage, die sich Corneboeuf nun aber abschliessend stellt, ist ganz einfach: Wieso muss er sich um seine Altervorsorge Sorgen machen, wenn er doch soviel Geld einbezahlt hat und zum Teufel nochmal, was hat das Ganze mit der Mehrwertsteuer zu tun? Dazu könnte – immer noch rein hypothetisch – gekommen sein, dass Corneboeuf die BVG-Bescheinigung 2004 erhalten hat, woraus er entnehmen musste, dass seine voraussichtliche Altersrente im Vergleich zum Vorjahr um 13.81% gesunken ist (im Vorjahr bereits -8.07%) und gleichzeitig eine Erhöhung des reglementarischen Beitrages um 34% (Vorjahr +8.33%) vorgenommen wurde.

Könnten Sie, werter Monsieur le Président, unserem lieben Corneboeuf eine zufriedenstellende Antwort geben? Denn – jetzt erst recht ganz, ganz, ganz hypothetisch – sollten die obigen Zahlen von Corneboeuf einigermassen der Realität entsprechen, könnten les Vaches und les Corneboeufs doch auf die Idee kommen, dass sie per Gesetz „über's Näscht abezoge wärde" und tatsächlich so richtige Vaches und Corneboeufs sind. Nichts könnte les Vaches und les Corneboeufs mehr davon abhalten, tatsächlich eine Amokfahrt zu machen und die Schweiz in Schutt und Asche zu legen? Immerhin wäre ja alles bezahlt, nicht wahr Monsieur le Président? Aber das, hoch geschätzter Monsieur le Président, wäre nun vachement mauvais für Ihr Image! **N'est-ce pas?**

Ding-Dong
Ding-Dong
Ding-Dong

Sodeliso, Monsieur le Président, ich habe Ihnen nun ein paar boeufement chice Gratistipps gegeben, wie Sie Ihr Image très rapide zum Guten wenden könnten. Sie müssen halt etwas mehr Initiative zeigen, ein paar Visionen verwirklichen und nicht immer auf bestehendem Schrott herumreiten. Vielleicht hat Ihre Partei ja recht, wenn sie meint, man brauche mehr Eigenverantwortung, Unternehmertum und Eigeninitiative und nicht immer mehr Staat. Und wer weiss: Vielleicht sind ja les Vaches und les Corneboeufs einigermassen erwachsene Leute, die nicht immer bevormundet werden müssen. Und seien wir mal ehrlich: Der Souverän zahlt Ihnen, den Beamten und den Volksvertretern ein gäbiges Gehalt, damit sie ab und zu ein paar *Visiönchen zum Wohle des Volkes* haben könnten…oder?

In diesem Sinne hoffe ich inständig, dass Sie es doch noch zu einem, vom Volk heissgeliebten Magistraten bringen werden. Ich drücke Ihnen jedenfalls ganz feste die Daumen!

Ihr Fan (…diese Nase!…*D I E S E* Nase!!)

Hans-Peter Leuenberger

Hans-Peter Leuenberger
Eichholzstrasse 16
3254 Messen

Messen, 7. April 2004

Chefsache!

Eidg. Departement des Innern
Monsieur le Président Pascal Couchepin
Inselgasse
3003 Bern

Mein Schreiben vom 2. März 2004

Monsieur le président Couchepin

Bon, da ich nach über ↗ einem Monat [1] kein ⋛Zeichen⋚ von ihnen erhalten habe, gehe ich mal ganz nüchtern ☂ davon aus, dass sie 👽 mich nicht als würdig erachten, ihr kurzes ⚡Wohlwollen⚡ zu erregen.

Wissen sie, das scheint im 🕸EDI ☾ – seit sie sich…ah…es **über nommen** haben – Usanz 🚑 geworden zu sein. Kleines Beispiel? **Gut:** Dem Bundesamt für Gesundheit habe ich am 17. Dezember 2003 eine Anfrage geschickt und mich am 27. Januar 2004 und am 1. März 2004 schriftlich ✏ nach einer ☛Antwort erkundigt. Wissen sie, was ich bisher erhalten habe? Genau:

Schön zu sehen 👁, wie sich alle im 🕸EDI ☾ um Anfragen aus dem Volk **völlig fouttieren.** Das nennt man **Effizienz…** n'est-ce pas?…monsieur le président!?

Darum hier meine abschliessende Wertung ihres 👽 🕸Departementes🕸:

Spüele bitte!

Schlafen sie wohl!

Hans-Peter Leuenberger

Ach ja, fast hätte ich es vergessen:

Ding-Dong-Ding-Dong!!

Requiescat

in pace

Homepage
Mail
Suche

Politische Rechte
Daten der Eidgenössischen Volksabstimmungen
Ergebnisse der Volksabstimmungen

français | italiano

Volksabstimmung vom 16. Mai 2004

- Erläuterungen des Bundesrates
- Empfehlung von Bundesrat und Parlament an die Stimmberechtigten
- Zusätzliche Informationen

Aenderung vom 03.10.2003 des Bundesgesetzes über die Alters- und Hinterlassenenversicherung (AHVG) (11. AHV-Revision)

	Ja	Nein	% Ja	% Nein
Volk	772773	1634572	32.1	67.9

Stimmbeteiligung 50.82%
Die Vorlage wurde abgelehnt
Kantonsresultate / Detailangaben zu dieser Vorlage

Bundesbeschluss vom 03.10.2003 über die Finanzierung der AHV/IV durch Anhebung der Mehrwertsteuersätze

	Ja	Nein	% Ja	% Nein
Volk	756550	1651347	31.4	68.6
Stände	0	20 6/2		

Stimmbeteiligung 50.83%
Die Vorlage wurde abgelehnt
Kantonsresultate / Detailangaben zu dieser Vorlage

Bundesgesetz vom 20.06.2003 über die Änderung von Erlassen im Bereich der Ehe- und Familienbesteuerung, der Wohneigentumsbesteuerung und der Stempelabgaben

	Ja	Nein	% Ja	% Nein
Volk	821475	1585910	34.1	65.9

Stimmbeteiligung 50.84%
Die Vorlage wurde abgelehnt

Hans-Peter Leuenberger
Eichholzstrasse 16
3254 Messen

Messen, 18. Mai 2004

Chefsache!

Eidg. Departement des Innern
Monsieur le Président Pascal Couchepin
Inselgasse
3003 Bern

Abstimmunsvorlagen vom 16. Mai 2004

Bedauernswerter Mösiö le Président

Sie entschuldigen sicher, dass ich Sie ungebührlich in Ihrem Schmollen störe…gelle!? Ist ja aber auch ein zu garstiges Volk…ist doch wahr! Diese Schweiz hat Sie ganz einfach nicht verdient!

Wissen Sie, die kurze Störung muss einfach sein, sonst bekomme ich noch ein **Zwerchfellsoufflé mit Milzrisstopping.**

Mit grösster Schadenfreude

Hans-Peter Leuenberger

BRIEFE AUS DEM HINTERHALT

LEISTUNGSLOSE ABRECHNUNG

UND EIN MATHEMATISCHES

GEDICHTBÄNDCHEN

```
Helsana Versicherungen AG
Postfach
4609 Olten

Telefon 0844 80 40 86
```

HELSANA

Olten, 20.12.2003

Seite: 1/1

242743

Herr
Leuenberger Hans-Peter
Eichholzstrasse 16
3254 Messen

Leistungsabrechnung
Abrechnungsnummer 11337757

Kontoinhaber: Leuenberger Hans-Peter
Leistungskonto: 50292056   Bank-Verbindung: 235 / 66055040R

Leistung für Leuenberger Hans-Peter, Messen Versicherten-Nr. 33596494		zu Ihren Lasten	zu Ihren Gunsten
Ihre Zahlung an	Optiker, Zürich		
Betrag von	Fr. 1356.00		
Beleg-Nr. 649302705			
Behandlung vom	02.12.2003 bis 05.12.2003		
Rechnungs-Nr.	0 vom 05.12.2003		
Vergütung BASIS	Gläser/Kontaktlinsen		902.00
Limitierung		702.00	
Franchise 2003	(Fr. 400.00)		
	bereits bezahlt Fr. 136.60	200.00	
Vergütung BASIS	Brillenfassung		454.00
Limitierung		454.00	
Total zu Ihren Gunsten			0.00

Hans-Peter Leuenberger
Eichholzstrasse 16
3254 Messen

Messen, 30. Dezember 2003

Helsana Versicherungen AG
Leistungsabrechnungen
Postfach
4609 Olten

Ihre Leistungsabrechnung 11337757 vom 20.12.2003

Sehr geehrte Damen und Herren

Herzlichen Dank für die oben erwähnte Leistungsabrechnung, die mich in einen sowas von ekstatischen Zustand versetzt hat, dass mir fast die Worte fehlen.

Wissen Sie, ich bin gerade dabei ein kleines, mathematisches Gedichtbändchen unter dem Arbeitstitel "Eins und eins gibt drei - behalte eins" herauszugeben und möchte Sie höflichst anfragen, ob ich die bereits mehrmals schwärmerisch erwähnte Leistungsabrechnung dafür verwenden darf?
Nein, nein, das ist kein Scherz, die Abrechnung macht jeden Leser trunken vor prosaischem Glück!
Ich möchte Ihnen nachfolgend den geplanten Rahmen vorstellen:

Nummer eins eins drei drei sieben sieben fünf sieben,
das sind Zahlen, die sie bei Helsana lieben.
Dreizehnhundertsechundfünfzig stehen links am Rand,
Neunhundertzwei zu Ihren Gunsten davon man fand.
Doch dann kamen da die Siebenhundertundzwei zu Ihren Lasten
Oh je, dass heisst wohl über die Festtage muss ich fasten.
Es kommt noch toller, mit den Zweihundert in ebender Kolonne,
irgendwie steht mir der Kalkulator vor der Sonne!
Hallelujah, die Vierhundervierundfünfzig rechter Hand
ich hingegen völlig lässig fand!
Aber znäbisnei auso, die gleichen Zahlen wieder lastig,
das hingengen fand ich allzugarstig!
Und der langen Rechnung tiefer Sinn?
Null Punkt Null Null ich glaub' ich spinn'!
Zwar zu meinen Gunsten steht da glüschtig - so wär's recht,
doch fehlen vor den Nullen valable Zahlen - so ein Pech!

Reinste Poesie! Völlig vom kalten, nackten und gartigen Dasein entrückt! Wie schön, dass es sowas Realitätsfremdes in unserer Zeit noch gibt!

Gerne erwarte ich Ihre baldige Zustimmung für die Veröffentlichung und hoffe, dass bei Ihnen ein Gremium gebildet wird, dass einen passenden Titel zu dem Gedicht auswählt.

In freudiger Erwartung und mit den besten, prosaischen Wünschen für 2004

Hans-Peter Leuenberger

medi-24
0800 8 24 365

Medizinische Beratung rund um die Uhr.
Kompetent und kostenlos.

0800 8 24 365

Sprechstunde – Tag und Nacht.

Sie fühlen sich nicht wohl und sind unsicher, ob es nötig ist, einen Arzt aufzusuchen. Oder es kommen Ihnen nach einem Arztbesuch noch neue Fragen zur Diagnose in den Sinn. Dann wählen Sie einfach 0800 8 24 365. Die medi-24 GesundheitsberaterInnen helfen Ihnen rund um die Uhr weiter und geben Ihnen konkrete Empfehlungen und kompetente Auskünfte zu medizinischen Fragen. Für Helsana-Kunden sind die Dienstleistungen von medi-24 kostenlos.

So kann Ihnen medi-24 helfen:

Claudia B. hütet die 1-jährige Tochter ihrer Freundin. Sie weint diesmal oft und hat Fieber. Claudia B. ist verunsichert und will nichts falsch machen. Sie ruft medi-24 an. Die Gesundheitsberaterin beruhigt Claudia B., dass zurzeit keine ernsthaften Symptome vorliegen. Sie erklärt ihr, worauf in den nächsten Stunden besonders zu achten ist, damit nichts Ernsthaftes unbeachtet bleibt.

Andreas L. sitzt an seinem Schreibtisch. Der Fuss, den er sich gestern übertreten hat, ist geschwollen. Er hat aber wichtige Termine und keine Zeit für einen Arztbesuch. Er ruft medi-24 an. Die Gesundheitsberaterin gibt ihm wertvolle Tipps, wie er den Fuss pflegen kann, und beruhigt ihn, dass er mit einem Arztbesuch noch zuwarten kann.

Martha E. war heute wegen ihrer Zuckerkrankheit beim Hausarzt. Zu Hause kommt ihr in den Sinn, dass sie noch weitere Fragen zu ihrer Zuckerkrankheit hat. Sie ruft medi-24 an und ist froh, dass sie mit der Gesundheitsberaterin alle offenen Fragen klären kann.

medi-24 hilft schnell und unkompliziert.

Wenn Sie unsicher sind, ob Sie einen Arzt benötigen, nicht wissen, an wen Sie sich wenden sollen, oder medizinische Fragen haben: Dann zögern Sie nicht und wählen Sie 0800 8 24 365. Die medi-24 Gesundheitsberaterinnen stehen Ihnen rund um die Uhr zur Seite.

Hans-Peter Leuenberger
Eichholzstrasse 16
3254 Messen

Messen, 21. Januar 2004

Helsana Versicherungen AG
Leistungsabrechnungen
Postfach
4609 Olten

Mein Schreiben vom 30. Dezember 2003

Sehr geehrte Damen und Herren

Besten Dank für Ihre telefonische Kontaktnahme von letzter Woche. Da ich nicht zu Hause war, hat der Telefonbeantworter das Gespräch entgegen genommen. Leider wurde Ihre Nachricht nur bruchstückhaft aufgezeichnet resp. vom Beantworter wiedergegeben. Na ja, das Gerät ist halt schon etwas alt und klapprig, aber leider fehlen mir die Finanzen, um einen neuen Telekomposter kaufen zu können, da ich so hohe Krankenkassenprämien zahlen muss...**SEUFZ!** Item. Damit Sie nicht alles wiederholen müssen, hier die Fragmente, die ich verstehen konnte:

Neuer Kleber, Heizungsunterbrechung, *Bellblabla*, sehr plärren, verzückte Stufen, Null-Acht-Fünfzehn...**chrschkrmblh**achtzigrrrschkcteacht*undvierzigwaooou-ummmm sechundachzigxschabrlh.*

Da ich mir daraus beim besten Willen keinen Reim machen kann und der Telefonbeantworter - nach meiner Behandlung mit dem Brotmesser - offenbar in ein definitives Schmollen übergegangen ist, hoffe ich, dass Sie mir der Einfachheit halber die Antwort schriftlich zukommen lassen. Wie gesagt, ich würde mich immer noch über Ihre Zustimmung zur Verwendung Ihrer Leistungsabrechnung für mein mathematisches Gedichtbändchen und über einen entsprechenden Titelvorschlag sehr freuen.

Zwischenzeitlich haben Sie mir freundlicherweise einen neuen Entwurf für ein weiteres Gedicht zugestellt, über das ich mich ausserordentlich gefreut habe. Hier also gleich meinen Vorschlag, wie er ins Prosabändchen aufgenommen werden könnte - Ihre Zustimmung vorausgesetzt:

> *Null-Acht-Null-Null-Acht keine Frag',*
> *Zwei-Vier sind die Stunden vom ganzen Tag,*
> *Drei-Sechs-Fünf, ist es nicht wunderbar?*
> *Gemeint sind alle Tage vom ungeschalt'nen Jahr!*
> *Wählt man das Nümmerchen am Telefon,*
> *naht der liebe Hörrohrdoktor schon.*
> *Da kann die Claudia B. - leider ungeübt im Hüten-*
> *ein gekochtes Kind oder gar Schlimmeres verhüten.*
> *Der Andreas L. im Büro, den Fuss wie ein Ballon,*
> *da schiesst die helsansche Flugabwehr auch schon,*
> *schreitet mit des losen Mundwerk Rat*
> *und ohne falsche Scham zur Tat.*
> *Die arme Martha E., wohl nicht nur zuckerkrank,*
> *findet ab und zu auch geistig nicht den Rank,*

kommt vom Doktor grad' nach Haus',
sinnt, grübelt und studiert, findet raus,
dass sie Onkel Doktor's Befund gar nicht recht verstand,
wählt deshalb die Nummer von Helsana's dargebot'nen Hand:
"Der Arzt sagte was von Salz und Pfeffer!"
Zum Glück gibt's einen medi-24-Helfer!
Und auch aus M. der Hans-Peter L.
sucht sich den geschätzten Rat ganz schnell.
Möchte wissen, ob er mit seinem Rückenschmerz
- ein Fleischermesser steckt da, es ist kein Scherz -
sich begeben soll - auch wenn TARMED jubiliert -
in die Fänge eines Doktors, der vielleicht versiert
entfernt des Missetäters Dolche rasch und sehr professionell
oder ob die medi-24-Helferin ihn per Telefon wägschnurre will.
Rund um die Uhr kostenlos und kompetent
schafft Helsana ihre Versicherten aus der Welt.
Denn nur wer am Telefon rasch den letzten Atem tut,
tut jeder kranken Kasse wirklich gut!
In diesem Sinne wählen wir besagte Nummer,
werden sorglos, frei von jedem Kummer,
lassen uns beschwatzen, nehmen flotte Sprüche mit,
schön gibt's bei Helsana eine Aussenstelle von EXIT.

Sollten Sie Ihre Zustimmung abhängig von einer Tantiemenbeteiligung am Gedichtbändchen machen, würde meinerseits einer entsprechenden Diskussion nichts im Wege stehen. Selbstverständlich würde ich auch einem kleinen Sponsoring (z.B. Helsana-Schriftzug auf dem Buchdeckel) nicht negativ gegenüber stehen.

Besten Dank für Ihre Bemühungen und Ihre baldige Antwort.

Mit freundlichen Grüssen

Hans-Peter Leuenberger

Hans-Peter Leuenberger
Eichholzstrasse 16
3254 Messen

Messen, 10. Februar 2004

Helsana Versicherungen AG
Direktion
Postfach
4609 Olten

Meine Schreiben vom 30. Dezember 2003 und 21. Januar 2004

HHHAAAALLLOOOOOOOO...........!!!...

...ach, entschuldigen Sie bitte, aber ich habe gedacht, dass die Helsana so konsequent spart, dass mittlerweile alles Personal abgebaut worden ist.

Sehr geehrte Damen und Herren

Ich wollte eigentlich nur kurz Hallo sagen und fragen, ob Sie meine Briefe erhalten haben. **Wie?**

Was? Aha! Sie möchten also nicht auf meine Schreiben antworten.

Henusode! Bekanntlich kann man niemanden zu seinem

Glück zwingen...gelle!

Da mir trotz Funkstille sehr viel an der lieben Helsana liegt, will ich mal nicht so sein und trotzdem eine Kleinigkeit in mein mathematisches Gedichtbändchen aufnehmen:

> Eins, zwei, drei,
> ich bin so frei,
> werd' an Helsanas Stell'
> ein wenig werben schnell.
> Kurz, bündig und gerahmt ich sag',
> was ich besonders an Helsana mag:

Ich hoff' nun mit grinsend' Häme,
dass die Helsana sich auch schäme.
Den wer seine Kunden links lässt liegen,
wird bald einmal den Lohn dafür kriegen.
Vier plus zwei gibt acht,
selten hab' ich so gelacht!
Kassieren tut die kranke Kasse sehr präzis,
nur wenn's um die Leistung geht, da ist sie mies.
Abgerechnet wird zwar mit viel Bürokratie,
doch Kohle sieht der treue Kunde nie!
Helsana wird es bald, ganz ohne Zweifel, schaffen
und dabei belämmert aus der blauen Wäsche gaffen,
dass alle Prämienzahler ihr den Vogel zeigen
und gar zum Mittelfingerheben neigen,
wird doch die helsansche Kalkulation allsbald ergeben,
die Franchise müsse man auf einhundert Prozent nun heben.
Verstehen wird es die Helsana wohl nicht können,
dass die Kunden nun definitiv nicht mehr wöllen.
Am besten wär's sie würden's endlich selber sehen,
dass sie den Leuten schudderhaft auf die Nerven gehen.
Ganz offen zu erwähnen wäre, denn es macht alle ranzig,
die Quintessenz aus Null hoch Null ist medi vierundzwanzig.
Ruft dort doch selber an, am besten gleich noch heut',
vielleicht ist am anderen Ende sogar der Sigmund Freud.
Eine Therapie wär' rasch erkannt,
dafür ist der gute Mann bekannt.
Würd' das kranke Gesundheitswesen
zwar nicht eigentlich genesen,
doch vor weiterem Schaden *uns* bewahren
und es definitiv auf alle Zeit verwahren.

Besten Dank für Ihre äusserst diskrete Kommunikation und weiterhin gutes Gelingen.

Adieu mein gieriges Dornröschen

Hans-Peter Leuenberger

Kundendienst Region Nordwestschweiz
Postfach 416
4603 Olten
Telefon 0844 80 40 86
Telefax 062 205 46 02
www.helsana.ch
kd-olten@helsana.ch

Herr
Hans-Peter Leuenberger
Eichholzstrasse 16
3254 Messen

11. Februar 2004

Ihre Schreiben betreffend Leistungsabrechnungen

Sehr geehrter Herr Leuenberger

Besten Dank für Ihre Mitteilungen.

Die zuständige Stelle in Zürich wird sich Ihres Falles annehmen und sich mit Ihnen in Verbindung setzen.
Bis dahin bitten wir Sie um Geduld.

Freundliche Grüsse
Helsana Versicherungen AG

Isabelle Engweiler   Mara Racioppi
Leiterin Kundendienst   Assistentin Leiterin Kundendienst

Hans-Peter Leuenberger
Eichholzstrasse 16
3254 Messen

Messen, 13. Februar 2004

Helsana Versicherungen AG
Frau Isabelle Engweiler
Kundendienst Region Nordwestschweiz
Postfach 416
4603 Olten

Ihr ~~Schreiben~~ **vom 11. Februar 2004**

HERRRRJESSSES...

...es lebt!

Ein Wunder ist geschehen...lobpreiset die dreifache Einfaltigkeit...gebenedeit seien die eiligen drei Könige Eugen David, Manfred Manser und Philippe Signer!!!

Grüessech Frau Engweiler, Leiterin Kundendienst
Hasta la vista Frau Racioppi, Assistentin Leiterin Kundendienst

Unendlich herzlichen Dank für Ihr Schreiben, das nachgerade tiefe Gefühle ♥ der Rührung 💧💧 in mir hervorgerufen hat. Entschuldigen Sie bitte kurz, aber ich muss mir rasch ein paar Tränen💧💧 aus den Augen 👁 wischen und die Nase putzen... **Schliiieeergggggggg...** 🚚... **Ffpfstschn rkstzsssssssss...** 🚗... **kstzsssssssss... zssssssss... sssss...**

...danke...da bin ich wieder. Also, ehrlich, meine Kollegen haben noch vor einigen Tagen am Stammtisch gewettet, dass es sowas wie Helsana gar nicht gebe, es sei wahrscheinlich nur so eine Scheinfirma, die meiner galoppierenden Fantasie entsprungen sei. Ich bin sofort nach Hause geeilt und habe in meinen Unterlagen nachgeschaut und siehe da: Helsana muss es geben, da ich ihr jeden Monat Kohle überweise. Können Sie sich nun vorstellen, wie erleichtert, ja schon fast wohlig nudelfertig ich bin, dass ich ein Lebenszeichen von Ihnen erhalten habe? Und wie bin ich, Versicherungsnehmer im Bereich Zusatzversicherungen, also nach VVG, also nicht Versicherungsnehmer einer Versicherung nach dem Krankenversicherungsgesetz KVG, erst froh, dass die Helsana Versicherungen AG ermächtigt ist, alle Handlungen im Namen und für Rechnung (oh, dies Pünktle ist sehr, sehr, sehr wichtig für Ihre Chefs!) der Helsana Zusatzversicherungen AG vorzunehmen. *Hallelujah!*

Doch **obacht!** Irgendwie scheint sich da in unsere Kommunikation ein gravierender Fehler eingeschlichen zu haben! Wieso müssen Sie «meinen Fall» nach Zürich leiten, wo Sie doch haargenau wissen, dass ich gegen kein Volk dieses Universums etwas habe, keine Vorurteile gegenüber Lebewesen anderer Haut- und Fellfarbe hege und sogar den Deutschen ein paar Lacher abgewinnen kann...es gibt nur zwei Dinge in meinem Leben, für die ich wirkliche negative Gefühle entwickle: **Rassisten und Zürcher!** «Fall», was heisst hier «Fall»? Muss ich mich jetzt an dieser Stelle schuldig oder unschuldig erklären? Ich bin irgendwie ganz, ganz, ganz wenig verunsichert! Ich habe doch nur eine ganz kitzekleine, einfache und liebenswürdige Anfrage an Sie gerichtet und nun kommen Sie mir mit «Fall»! Tz-tz-tz-tz...könnte es nicht vielmehr sein, dass Sie mich *lätz verstanden* haben? Nun gut, man soll ja nichts unversucht lassen, darum wiederhole ich meine Anfrage einfach noch mal. Ich werde auch ganz **deutlich** und l-a-n-g-s-a-m schreiben, damit Sie vielleicht diesmal nachkommen:

I-c-h n-i-x w-o-l-l-e-n K-o-h-l-e! I-c-h h-a-b-e-n v-e-r-s-t-a-n-d-e-n w-a-s s-t-a-n-d a-u-f L-e-i-s-t-u-n-g-s-a-b-r-e-c-h-n-u-n-g 1-1-3-3-7-7-5-7. M-i-r s-e-i-n k-l-a-r, d-a-s-s f-o-r-m-s-c-h-ö-n-e S-e-h-h-i-l-f-e-n w-e-r-d-e-n g-e-s-p-o-n-s-o-r-t v-o-n I-h-n-e-n n-u-r f-r-e-i-w-i-l-l-i-g. I-c-h w-i-s-s-e-n, d-a-s-s k-e-i-n G-e-s-e-t-z s-e-i-n v-o-r-h-a-n-d-e-n, d-a-m-i-t i-c-h k-a-n-n p-r-e-s-s-e-n K-o-h-l-e v-o-n S-i-e f-ü-r G-e-b-r-ü-l-l. A-l-s-o n-o-c-h e-i-n-m-a-l: Ic-h w-o-l-l-e-n n-i-x K-o-h-l-e! I-c-h h-a-b-e-n n-u-r g-e-f-r-a-g-t g-a-n-z l-i-e-b, o-b i-c-h d-a-r-f v-e-r-w-e-n-d-e-n d-i-e A-b-r-e-c-h-n-u-n-g 1-1-3-3-7-7-5-7 f-ü-r m-e-i-n-e m-a-t-h-m-a-t-i-s-c-h-e (i-s-s-e a-l-l-e-s, w-a-s h-a-b-e-n z-u t-u-n m-i-t R-e-c-h-n-e-n) G-e-d-i-c-h-t-b-a-n-d (i-s-s-e k-l-e-i-n-e-s B-ü-c-h-l-e-i-n, w-a-s h-a-t d-r-i-n k-l-e-i-n-e, l-i-e-b-e R-e-i-m-e). H-a-b-b-e i-c-h w-e-i-t-e-r g-e-f-r-a-g-t g-a-n-z h-ö-f-l-i-c-h, o-b S-i-e v-i-e-l-l-e-i-c-h-t h-a-b-e-n F-r-e-u-d-e, z-u s-u-c-h-e-n Ü-b-e-r-s-c-h-r-i-f-t f-ü-r d-a-s G-e-d-i-c-h-t. A-l-s-o n-o-c-h-m-a-l-s:

I-c-h n-i-x w-o-l-l-e-n K-o-h-l-e!

Ja, meine lieben Damen Engweiler und Racioppi, das gibt es noch in der heutigen Zeit: Jemand der

nicht hinter Ihrer Kohle her ist! **Singet Hallelujah** und lasset die

 Schalmeien erklingen:

E-r w-i-l-l definitiv *keine* Kohle!

Ich weiss jetzt halt nicht, ob Sie mich richtig verstanden haben, aber Ihne z'lieb fasse ich es gerne nochmals sehr, sehr, sehr, sehr einfach zusammen, so dass ich in meinem unbändigen Optimismus davon auszugehen wage, dass die Grundaussage, sogar unter den denkbar-widrigsten Umständen, auch von Helsana verstanden werden kann: **Kohle? Nein danke!**

Sodeliso, ich hoffe nun inständig, dass alle Kohlenabgabeängste Ihrerseits überwunden werden können und gebe meiner tiefen Hoffnung Ausdruck, dass eine Inanspruchnahme von zürcherischem

Kulturgut...  verhindert werden kann.

Nochmals besten Dank für Ihr überschwengliches Lebenszeichen und Ihre baldige Stellungnahme zu meinem mathematischen Gedichtbändchen. Ich möchte Ihre wertvolle Zeit keinesfalls überbeanspruchen, also würde es ein simples «**Ja**» oder ein bünzliges «Nein» auch tun. Hauptsache ist, dass der Wisch rechtsgültig unterzeichnet ist (was Ihnen vielleicht erklärt, wieso ich es gerne schriftlich hätte...gelle...man sucht halt manchmal ein klein wenig zu weit...).

Mit grosser Anteilnahme an Ihrer Erweckung

Hans-Peter Leuenberger

Ja sagen's mal, ja kann es sein,
da schneit ein Helsanabrieflein rein.
Nach nagend Zweifeln, vielen Fragen,
möchte ich ein grosses Danke sagen!
Erlösung, einer Erscheinung gleich sogar,
war Helsana's blumig' Wort vom 11. Februar,
mit einem einzig' markig' Satz, liebe Frau Engweiler.
Top! Nur eine Leistungsabrechnung, die ist geiler!
Und für diesen mächtig Einzelsatz - dem Famosen,
musste sogar noch die Frau Racioppi in die Hosen.
Der ganze Kundendienst Nordwest, so könnt' man denken,
arbeitete an diesem Sätzelein, um zum Guten es zu lenken.
Und was verkündet uns das geniale Gemeinschaftselaborat?
Eh ja, der Helsanaberg wohl eine kranke Maus geboren hat.
Ich hör die Leut' in Olten schon ganz böse knurren:
«den Quälgeist verweisen wir an unsre Zürrischnurren».
Die werden ihn beschwatzen, ganz ohne Gnaden,
bis sie ihn am Boden liegend haben.
Doch sei's erlaubt an dieser Stell',
ich versprech's: ich mach' ganz schnell,
zu richten eine delikat-verschmitzte Frag' an Sie,
zum Thema Effizienz und Ergo-nomeh!-mie.
Ich hoff', Sie sind einmal mehr nicht gar zu fest beleidigt,
aber sind bei Ihnen immer so viel' Leut' an einem einz'gen Satz beteiligt?

Hans-Peter Leuenberger
Eichholzstrasse 16
3254 Messen

Messen, 3. März 2004

Helsana Versicherungen AG
Frau Isabelle Engweiler
Kundendienst Region Nordwestschweiz
Postfach 416
4603 Olten

♥ Herzliche Gratulation!

Sehr geehrte Frau Engweiler,
Sehr geehrte Frau Racioppi

Hhhmmmhhhh…finde ich echt umständlich! «Eigentlich kennen wir uns ja schon recht gut, kommen gut miteinander aus und finden uns sehr sympathisch…oder? Also, ihr dürft mir jetzt **Hampe** sagen…freut mich, Isabelle…» …Küsschen links…Küsschen rechts…Küsschen links… «…ja, gebürtiger Freiburger…immer drei baisers…» «…freut mich, Mara…» …Küsschen links…Küsschen rechts…Küsschen links… Jetzt können wir den Wisch nochmals starten…gelle.

Liebe Isabelle, liebe Mara,
Hallo Mädels

Ihr seht heute aber so was von knusprig aus…ja isses den die Möglichkeit!? Wie macht ihr das bloss immer, dass ihr mit jedem Tag jünger ausseht? Da wir nun per „Du" sind, kann ich euch ja noch ein Geheimnis verraten…natürlich nur wenn ihr wollt? Hab ich's mir doch gedacht: Frauen und Geheimnisse…*ha, ha, ha, ha!*

Also, eigentlich heisse ich ja offiziell „Hanspeter" und nicht „Hans-Peter". Ich habe aber meinen Vornamen immer gehasst, darum habe ich auch ein bisschen daran rumgebastelt. Richtig – also laut Taufschein und Bundesanwaltschaft – heisse ich „Hanspeter Fritz Leuenberger". *Läck!* Nach heutiger Mode könnte ich mich eigentlich ja „H. Peter F. Leuenberger" nennen! Mit dem Namen wäre es eine Kleinigkeit, Verwaltungsratspräsident der Helsana AG zu werden…*aber mer wolle ja nid gleich z'Schlimmste höffele…gelle?!* So von wegen „ungeliebter Vorname": Meine Mutter hat mir mal gesagt, wie ich getauft worden wäre, wenn ich ein Mädel geworden wäre: „Heidi". *Ummpfpfpf*…eigentlich bin ich doch recht zufrieden mit meinem Vornamen!

Könnte es amänd sein, dass ich geringfügig abgeschweift bin? Was wollte ich eigentlich mit euch zwei Hübschen besprechen? Ah ja!

Nein, Nein, keine Angst, ich bohre nicht an der immer noch fehlenden Einwilligung für die Verwendung eurer Leistungsabrechnung in meinem mathematischen Gedichtbändchen rum. Da ich nun weiss, dass ihr für einen Standartfloskelsatz zwei Monate braucht, gehe ich mal davon aus, dass eine söttige Einwilligung mindestens acht Monate in Anspruch nehmen wird. Viel einfacher:

Ich möchte euch und euren Kollegen von ganzem Herzen gratulieren!

Es ist nicht selbstverständlich, dass eine Firma so wertvolle MitarbeiterInnen hat, die alles daran setzen, den Gewinn zu verdoppeln. Ich – ein alter Artisana-Scherge – kann mich noch gut an die Fusion erinnern und auch daran, wie wir Versicherten die Helsana aus der Sch….. geholt haben, als sie kurz vor dem Konkurs stand. Da mussten wir pro Monat ein Supplement zur Rettung entrichten, was schlussendlich dazu führte, dass Helsana zu gesunden begann. Selbstverständlich gehen wir Versicherten jetzt davon aus, dass uns die Helsana auch wieder was zurückzahlt. Aber daran wird der Verwaltungsrat sicher schon arbeiten…gelle?!. Und ich hoffe doch sehr, es springt auch was für euch raus, Mädels?! Also nochmals:

Die allerbesten Wünsche und weiterhin viel Erfolg!

Ein kitzekleines…also gut!...zwei kitzekleine Wünschchen hätte ich aber trotzdem noch. Ich bin sicher, ihr Mädels erledigt das mit Links!

Also, da sind erstens die Werbeflyer, die ihr immer der Rechnung beilegt. Beim letzten Mal ging es um „Helsana-advocare PLUS", irgend so eine Versicherung, damit man die kranke Kasse kostenlos verklagen kann, wenn sie Nonsens macht. Aber wisst ihr Mädels, meine Prämien für die kranke Kasse sind so hoch, dass ich mir kaum noch was zum Essen kaufen kann. Wie sollte ich also eine söttige Versicherung bezahlen? Könntet ihr also liebe Girls sein und für mich diese sinnlose Papierverschwendung stoppen? Ihr wisst ja sicher, dass der Datenschützer schon die Swisscom wegen dem gleichen Problemchen zusammengestaucht hat…gelle?! *Ha, ha, ha…nein, das war für einmal nicht ich!*

Ach ja, da wäre eigentlich gleich noch das Krankheitsmagazin „senso" zu erwähnen, das mir regelmässig ins Haus flattert. Seht ihr Mädels, ich habe die Brattig noch nie gelesen und stelle mir immer vor, wie viele arme, unschuldige Bäumchen dafür in den trockenen Waldboden beissen müssen. *Hmmhh…*also gut, ich gebe es ja zu: Diesmal habe ich kurz ins senso reingeschaut, weil mich eine Headline interessiert hat. „90'000 Betreibungen im Jahr 2003" stand da auf der Titelseite und ich habe in der Folge kurz die Seite 20 aufgeschlagen. Mädels, ich muss schon sagen! Ist euren Chefs noch kein Licht aufgegangen? Es gibt in der reichen Schweiz sehr, sehr, sehr viele Leutchen, die machen am Existenzminimum rum. Was glaubt ihr, was die ewigen Prämienerhöhungen der kranken Kassen bei denen verursachen? Natürlich, eure Direktion ist ja überaus korrekt und geradezu vorbildlich: Die würden in jedem Fall zuerst die kranken Prämien bezahlen und dann den Kindern was zu futtern kaufen…gelle! Was müssen das für Menschen in eurem Betrieb sein, die so unüberlegt, herzlos und kaltschnäuzig einen solchen **RIESENSEICH** veröffentlichen? Ich verzichte also per sofort gerne auf dieses Horrormagazin! Alles klaro? Brav, ihr seit gute Mädels!

Sodeliso, mer wolle zum Schlüssle komme…gelle?! Aber trotzdem mein liebes Brieflein vom 13. Februar nicht vergessen! Ich warte wirklich nur noch auf euch, um den Termin der Drucklegung festzusetzen!

Mit freundschaftlichen Grüssen

Hampe

Zur Hölle mit der kranken Kasse

Da schreibt doch euer senso-Magazin,
der Betreibungen gäbe es gar viel,
so um die neunzigtausend im vergang'nen Jahr,
aber mir ist da eigentlich so ziemlich alles klar!
Immer höher ihr die Prämien schraubt,
niemand auf den kleinen Mann mehr schaut.
Der Gewinn ist doch das Mass von allen Dingen.
Hallelujah! Lasst froh die kranken Kassen klingeln!
«Verdoppelt haben wir die Beute,
doch keine Angst: Das war erst heute!
Morgen werden wir die Zitrone fester pressen,
soll das Volk doch einfach Abfall fressen!»
Wenn ihr was verdoppeln könnt, sei's mit Gewalt,
so werdet ihr das weiter tun – mein Herz wird kalt!
Eure Shareholder sind ganz gierig,
die Direktion, sie lächelt schmierig.
Pharmaindustrie und Ärzteschaft sind ungeduldig,
seit ihr denen doch ‚ne Menge Kohle schuldig.
«So lasset uns dem Mammon fröhnen»,
so wird das Gebet der Helsana tönen.
Lasst Kinder hungern, Mütter weinen, Väter schiessen,
die gierig' Wirtschaft wird die Familiendramen voll geniessen.
Selbst aus den Headlines wird bare Münze fliessen!
Freude herrscht! Die Gewinne werden spriessen!
Doch eines möcht' ich noch sagen, hier zum Schluss:
So un-senso-ibel ich hoffentlich nie werden muss.
Warum seit ihr nicht ehrlich, tauft euch um,
es schert sich eh ja kein Schwein darum.
Schreibt Hellsana mit zwei „l", das würd' doch passen,
ich ring nach Luft, kann's immer kaum noch fassen!
Schluck' ihn runter – den Megafrust,
zum Reimen vergeht mir nun die Lust.

PS: Sorry, mein heutiger Reim ist halt ausnahmsweise nicht ganz so lustig. Aber da seit ihr ganz selber schuld! Euer blödes senso hat mich ganz prorös gemacht und wenn ich nicht sofort aufhöre mit Schreiben, bekomme ich noch einen königlichen Pflaumensturz und flenne!
Stellt euch mal vor, ich würde nicht ein lustiges, mathematisches Gedichtbändchen veröffentlichen sondern einen seriösen Prosaband…

Hans-Peter Leuenberger
Eichholzstrasse 16
3254 Messen

Messen, 15. März 2004

Helsana Versicherungen AG
Frau Isabelle Engweiler
Kundendienst Region Nordwestschweiz
Postfach 416
4603 Olten

Werbeflyer

Hallo Mädels

Na ja, meine Begeisterung für Euren Einsatz hält sich so im Rahmen…wenn Ihr wisst, was ich meine?!

> Also, da sind erstens die Werbeflyer, die ihr immer der Rechnung beilegt. Beim letzten Mal ging es um „Helsana-advocare PLUS", irgend so eine Versicherung, damit man die kranke Kasse kostenlos verklagen kann, wenn sie Nonsens macht. Aber wisst ihr Mädels, meine Prämien für die kranke Kasse sind so hoch, dass ich mir kaum noch was zum Essen kaufen kann. Wie sollte ich also eine söttige Versicherung bezahlen? Könntet ihr also liebe Girls sein und für mich diese sinnlose Papierverschwendung stoppen? Ihr wisst ja sicher, dass der Datenschützer schon die Swisscom wegen dem gleichen Problemchen zusammengestaucht hat…gelle?! *Ha, ha, ha…nein, das war für einmal nicht ich!*
> **Aus meinem Wisch vom 3. März 2004**

Da habe ich doch letzte Woche mit der Rechnung gleich wieder so einen Flyer reinbekommen:

„Mehr Freizeit für Sie dank LSV und Debit Direct!"

Darf ich gleich noch ein weiteres Zitat aus meinem Schreiben vom 3. März 2004 nachschieben?
Auso:

RIESENSEICH

Beweise? Ich benötige für meine monatlichen, garantiert LSV- und Debit Direct-freien Zahlungen präzis 6 Minuten und 34 Sekunden (extra mittels Stoppuhr ermittelt für unsere liebe Helsana) pro Monat, was umgerechnet aufs Jahr 78 Minuten und 48 Sekunden machen würde. Nun gehen wir in unserem Beispiel davon aus, dass aufgrund des LSV eine einzige Reklamatione pro Jahr nötig sein könnte. Hierfür nehmen wir die durchschnittliche Zeit für einen individuellen, einsatzigen Kundenbrief

von der Helsana: 2 ½ Monate ☺. Nun, liebe Mädels, was glaubt Ihr? Macht es Sinn, mit dem

LSV zu arbeiten? **Äbe!**

Einmal mehr bin ich abgeschweift…Ihr müsst mir verzeihen, aber im Alter und als Helsana-Mitglied wird man halt so. Könntet Ihr also ganz liebe Mädels sein und nochmals einen **Effort** unternehmen, damit ich von **söttigem Seich** verschont bleibe? Wisst Ihr, bei den mageren Leistungen der Helsana kann ich nicht auch noch die Entsorgungsgebühren für Eure

abverheiti Wärbig übernehmen!

Mittels LSV will sich Helsana nun bedienen,
ganz direct und ohne zu genieren,
auf einem Konto - als gehöre es nun ihr,
ehrlich, ich hintersinne mich da schier!
Kein Risiko, nur Vorteile seien da zu seh'n,
ganz ohne lästige Umtriebe würd' es geh'n.
Mehr freie Zeit dank LSV sei zu erwarten,
steht auf den doofen Werbekarten.
So einfach sei's nun mit der KK-Prämie,
übrig dafür hab' ich allerdings nur Häme!
Denn hätt' ich noch mehr der freien Stunden,
käm Helsana gar nicht mehr über d'Runden.
Würd' mit lieben Briefen zugedeckt,
die ich alle ganz fein ausgeheckt.
Drum' nehmt die Hand von meinem Baren
und lasst eurer schmieriges Gebaren!
Wandle sonst den Slogan einfach um,
und lach' mich dabei erst noch krumm.
Spare mir die läst'ge Helsana-Zahlung,
warte stets auf die dritte Mahnung.
Habe so nebst mehr der freien Zeit
auch die unnachahmliche Gelegenheit
meine Kohle länger zu verzinsen
und über Helsana ganz fest toll zu grinsen.

Viel Freude und allzeit frohes Gelingen, Mädels!

Häbet's gäng gäbig!

Hampe

15.03.2004　　　　　　　　Seite 2/2　　　　　　　　HPL

Helsana Versicherungen AG

Hauptsitz
Unternehmenskommunikation
Stadelhoferstrasse 25
Postfach
8024 Zürich
Telefon 01 250 63 33
www.helsana.ch

Zuständig: Reto Frick
Direktwahl 01 250 64 11
Telefax 01 250 63 45
reto.frick@helsana.ch

Herr
Hanspeter Leuenberger
Eichholzstrasse 16
3254 Messen

9. März 2004

Ja, natürlich

Lieber Herr Leuenberger

Halt, nicht wegwerfen – es ist nicht alles schlecht, was aus Zürich kommt. Aber manchmal dauert es halt etwas lang, bis etwas kommt. Etwas gar lang, müssen wir zugeben.

Es ist keine Frage: Es geht nicht an, Sie so lange warten zu lassen. Dafür gibt es keine Ausrede. Trotzdem, oder gerade deswegen:

Entschuldigung.

Kurzum, um jetzt gleich zur Sache zu kommen: Natürlich geben wir Ihnen gerne unser Einverständnis. Sie dürfen unsere Leistungsabrechnung in Ihrem Gedichtband veröffentlichen.

Ja, das war doch gar nicht so schwer, dieses Brieflein zum Leben zu erwecken. Wir werden versuchen, Sie in Zukunft nicht mehr so lange auf die Folter zu spannen. Ehrlich. Aber wer weiss, was uns im Arbeitsalltag alles dazwischen kommen mag.

Danke für Ihre Geduld.

Freundliche Grüsse
Helsana Versicherungen AG

Reto Frick
Unternehmens-
kommunikation

Hans-Peter Leuenberger
Eichholzstrasse 16
3254 Messen

Messen, 16. März 2004

Helsana Versicherungen AG
Hauptsitz
Unternehmenskommunikation
Herr Reto Frick
Stadelhoferstrasse 25
Postfach
8024 Zürich

Ihr Schreiben vom 9. März 2004

Sehr geehrter **Herr Frick**

Mit nahezu an **EKSTASE** grenzender Begeisterung habe ich Ihr Schreiben vom 9. März 2004 in mein Herz geschlossen. **Ja**, *ja*, da darf man ausnahmsweise einen Namen schon mal **gross** schreiben und auf den Sockel der korrespondentlichen Erlösungen hieven!

> **Eins-eins-drei-drei-sieben-sieben-fünf-sieben,**
> **Ziffern, die mich fast zum Wahnsinn trieben!**
> **Eine simple Frage im Dezember vom Nulldrei**
> **endet nun in einem alles erlösenden Schrei,**
> **«Uuuuaaaaaahhhhhh...» so tönt's aus Messen,**
> **«...den lieben, süssen Frick, ich könnt ihn fressen!!»**
> **Voller Zweifel liegen hinter mir nun siebzig Tage,**
> **eine lange Zeit für mich – nicht aber für Helsana.**
> **Minuten laufen dort wohl über Doppelkomponentenkleber,**
> **bis sechsundneunzig Stund' einen einz'gen Tag ergeben.**
> **Da geht mein Brief von Solothurn nach Olten**
> **und weil die ihn da nicht haben wollten,**
> **via Timbuktu, Havanna, Ulan-Bator,**
> **so stell' ich's mir halt vor,**
> **über Kuala-Lumpur und Eindhoven,**
> **endlich doch nach Zürich Stadelhofen.**
> **Nun weiss doch jeder, oder fast,**
> **in Stadelhofen gibt's auch einen Knast.**
> **Wurd' mein Brieflein nur vergessen**
> **oder hat's zwei Monate eingesessen?**
> **Angeschmiert von Helsana's Kundendienst Nordwest,**

weil die manisch meinten, also richtig fest,
mein Brieflein wollt' ihnen den Verstand wohl rauben,
herrjesses, lassen wir sie weiter in dem Glauben.
Der liebe Frick, wir woll'n auf's Podium ihn heben,
obwohl er vielleicht beim eifrig Tütenkleben
(weil er es war, der auf harter, staatlich' Pritsche sass),
die Antwort auf das liebe Briefelein vergass.
Wie es nun auch immer mag gewesen sein,
gestern flattert doch die offizielle Antwort rein.
Gerührt, eine Trän' im linken Auge,
den Rotz ich durch die Nase sauge,
mit Hühnerhaut den frickschen Brief ich mehrmals las,
und alle krankenkasslich' Mühsal subito vergass.
Da stand: «Ja, natürlich dürfen Sie's verwenden!»
Drum kann ich meine Korrespondenz hiermit beenden.
Der Gedichtband, Sie haben es sicherlich geahnt,
war eine Finte und daher niemals nie geplant.
Nun dürfen Sie gerne Hypothesen wagen
und sich dabei die Haare raufend fragen:
«Was sollte dieser Schabernack aus Messen?»
und haben dabei offensichtlich längst vergessen,
was da war der Ursprung dieser ganzen Dichtung!
Okay, will mal nicht so sein und zeige auf, die Richtung.
Hoffe sehr, Sie können es auch rasch begreifen
und in Ihnen möge gar ´ne kleine Einsicht reifen.
Mit eins-eins-drei-drei-sieben-sieben-fünf-sieben
Sie Mumpiz mit einem alten Kunden trieben.
Der wagte irgendwie naiv zu hoffen,
seine Alterskurzsicht mache Sie betroffen
und würden vielleicht, eventuell eine kleine Geste zeigen
für einen derer, die sonst nicht zum Kostenmachen neigen.
Würden überlegen, dass der gute Mann
ohne Gebrüll wohl gar nicht chrampfen kann.
Könnt' er sich also keine Brille kaufen,
müsst' er zur Arbeitslosenkasse laufen.
Ausgesteuert dann, müsst er, zwar mit Klagen,
aber dennoch zur Fürsorg' sich nun wagen.
Würd' zur Last der Allgemeinheit ewig gehen,
aber Krankheit ist's ja nicht, das mangelnd' Sehen.
Die fehlend' Logik mag erschüttern,
doch am KVG tut man vergeblich rütteln.
Und von der Restvernunft der kranken Kassen,
kann man sich auch nicht grad' begeistern lassen.

Geht man davon einmal aus, eine Schätzung könnt' es sein,
es zogen sich sechs HelsanerInnen meine Briefe rein,
lasen das Geschreibe mit gewohnter Langsamkeit,
verloren ging dabei doch etwas Arbeitszeit.
Pro Wisch und Nase, so nehmen wir nun weiter an,
waren zwanzig Minuten Produktivität vertan.
Das gäbe dann, diesen Megareim schon kalkuliert,
vierzehn Stunden gut, die Helsana da verliert.
Es wäre wohl viel billiger gekommen,
hätte sie ein paar Nötli in die Hand genommen,
einem blinden Güggel eine Freud' gemacht,
anstatt dass der sich jetzt ins Fäustchen lacht!

Nochmals **vielen**, vielen, vielen herzlichen Dank nach Zürich – ich hab's
ja immer gesagt:

> Soll was funktionieren,
> musst du Zürich kontaktieren,
> besonders seit die in Olten,
> irgendwie ein bisschen schmollten.
> Doch vielleicht ist Zürich sogar mehr als lieb
> und reicht ihn an Olten weiter – diesen Hieb!

Mit gerührtem Gruss

Hans-Peter Leuenberger

KATZENFUTTER-
MARKETING
FÜR DIE FÜCHSE

Hans-Peter Leuenberger
Eichholzstrasse 16
3254 Messen

Messen, 5. Februar 2004

Nestlé Purina Petcare
Konsumentenservice
Postfach 352
1800 Vevey 1

Wird Rainer E. Gut schlecht?

Sehr geehrte Damen und Herren

Die neu gestylte *Felix Terrine* **ist** nicht nur **für die Katz'**, sie ist auch fürs Büsi!

Was um Büsis Willen hat Ihre Katzenbüchsenfutterzauberlehrlinge veranlasst, am gut eingeführten Katzenbüchsenfuttermarkenprodukt Felix Terrine (gelbe Etikette) rumzubasteln? Wird dem Herrn Rainer E. Gut schlecht, wenn er gelbe Katzenfutterbüchsenetikettenembleme auf der Katzenbüchsenfutterbilanzmappe anschauen muss? Es wäre ja noch knapp angegangen, dass Ihre Katzenbüchsenfuttermarketingstrategen zur unumstösslichen Meinung gelangt sind, dass Katzen Katzenbüchsenfutter mit blauem Katzenfutterbüchsenetikett öfters kaufen als Katzenhalter **Katzenbüchsenfutter** mit gelber Katzenfutterbüchsenbanderole, aber offenbar haben Ihre Katzenbüchsenfutterkocher den gelben Katzenbüchsenfutterlockstoff irgendwie mit blauem Katzenbüchsenfutterabwehrstoff versetzt. Anyway, mein strammer Kater F. von Barbarossa - kurz Rösi genannt - will subito sein angestammtes **Katzenbüchsenfutter** zurück - egal ob mit gelber Katzenfutterbüchsenbanderole oder mit blauer Katzenfutterbüchsenetikette - Hauptsache es ist wieder der gelbe Katzenbüchsenfutterlockstoff drin.

Ist Ihnen bewusst, dass mein Kater die erste Serie Ihres neuen Produktes zu ca. 95% verweigert und dazu eine allergische Reaktion in den Ohren entwickelt hat? Ich musste den ganzen Posten (ca. 60 Büchsen) wegschmeissen. Ach nein, stimmt gar nicht! 5 Büchsen habe ich meiner Nachbarin geschenkt, die hat es ihrer Schildkröte verfüttert. Seither torkelt das arme Ding durch seinen Freilaufkäfig und gröhlt was wie «*...ja, ja, ja, so blau, blau, blau blüht der Löwenzahn...*» und ist nicht zum Winterschlaf zu bewegen. F. von Barbarossa habe ich auf Anraten des Tierarztes auf Trockenfutter umgewöhnt, aber es ist äusserst mühsam, dreimal am Tag das Katzenklo staubzusaugen und regelmässig wildfremden Leuten Erste Hilfe leisten zu müssen, weil das zierliche Katerchen sie mit Katzenbüchsennassfutter verwechselt hat. In der Folge habe ich also trotz allem wieder ein paar Dosen Katzenbüchsenfutter Felix Terrine gekauft und siehe da...das Katerchen hat zur Freude aller Beteiligten wieder unanständig geschmatzt und es scheint, dass die Katzenbüchsenfutterallergie nach 6 Monaten endlich nachlässt.

Was also schliessen wir daraus? Die erste Charge Ihres Katzenbüchsenfutters war experimentell verdorben, für Katzen und Schildkröten schlicht ungeniessbar und sogar gesundheitsschädigend. Die Tierarztkonsultationen betreffend der Allergie belaufen sich bisher auf ca. CHF 260.00 und das entsorgte Katzenbüchsenfutter auf CHF 75.00. **Petcare? Da wiehern ja die Flusspferde!**

Was also gedenken Sie zur Wiedergutmachung anzubieten? Ein kleiner Tipp: Faule Sprüche wie «...sind wir uns keines Katzenbüchsenfutterfehlers bewusst... » oder «...kann ein Zusammenhang zwischen unserem qualitativ einwandfreien Katzenbüchsenfutter und der Allergie Ihres Haustieres nicht festgestellt werden...» oder «...das Katzenbüchsenfutter darf nicht an Schildkröten unter 90 Jahren abgegeben werden...» oder «...können wir Ihnen versichern, dass das Katzenbüchsenfutter Felix Terrine keine Anteile von Rainer E. Gut enthält - es ist somit gutenfrei...» wären irgendwie Ihrer nicht würdig und **Gratiskatzenbüchsenfutter** wäre sogar total daneben - aber ein Rainer-E.-Gutschein für die Reinigung von katzenbüchsenfuttergeschädigten Katzenohren oder simple Wundpflaster für die zerkratzten Körperteile des katzenbüchsenfuttergeschädigten Katzenohrenreinigungspersonals würden vielleicht passen. Und um Gotteswillen: **stoppen Sie Ihre Zauberlehrlinge!**

Mit fröindlischen salutations

Hans-Peter Leuenberger

PS: *Haben Sie gewusst, dass neuste Studien ergeben haben, dass Katzenhalterinnen Katzenfutterbüchsen mit rosaroter Katzenfutterbüchsenetikette eher kaufen als Katzenhalter Katzenbüchsenfutter mit grüner Katzenfutterbüchsenbanderole. Hurtig, hurtig! Ändern Sie die Katzenfutterbüchsenetiketten sofort auf Rosarot-grün und Sie werden Ihr blaues Katzenbüchsenfutterumsatzwunder erleben!*

Nestlé Purina PetCare

Switzerland

Nestlé Suisse S.A.
ENTRE-DEUX-VILLES
CASE POSTALE 352
CH 1800 VEVEY
TEL 021 924 31 11
FAX 021 924 51 99

Herr
Hans-Peter Leuenberger
Einholzstrasse 16
3254 Messen

Tel. direkt: 021/924.51 11
Fax direkt: 021/924.51.99

Unsere Ref: Claudia Mestres

Vevey, 12. Februar 2004

FELIX Terrine

Sehr geehrter Herr Leuenberger

Wir beziehen uns auf Ihr Schreiben vom 5. Februar und freuen uns Sie als treuen Kunden kennen zu lernen. Umso mehr tut es uns leid, daß Sie und *Rösi* mit obenerwähntem Produkt nicht zufrieden waren. Wir bedauern sehr, dass Sie so lange gewartet haben um uns über das Problem zu informieren

Die einzige Veränderung, die wir im Felix Sortiment vorgenommen haben, war die Gestaltung eines attraktiveren Designs, welches beim Konsumenten auf ein sehr gutes Resultat gestossen ist. Die Rezeptur der Produkte ist unverändert geblieben. Zudem unterliegen unsere Produkte strengsten Qualitätsnormen und erreichen durch regelmäßige Qualitätskontrollen aller verwendeten Rohstoffe, der Herstellungsabläufe und der Fertigprodukte eine einwandfreie Qualität.

Wir haben mit unserer europäischen Qualitätssicherung Kontakt aufgenommen, die uns bestätigte, dass bis heute kein Fall von allergischer Reaktion aufgetaucht sei und kein Zusammenhang nachgewiesen werden kann. Gerne würden wir mit Ihrem Tierarzt in Verbindung treten um zu verstehen, wie es zu dieser Allergie kam.

Für weitere Fragen und Anregungen stehen wir Ihnen natürlich zur Verfügung.

Mit freundlichen Grüssen

NESTLE SUISSE SA
Nestlé Purina PetCare

C. Mestre

Claudia Mestres

Entreprise suisse du Groupe Nestle · Schweizer Unternehmen der Nestlé-Gruppe · Impresa svizzera del Gruppo Nestle

Hans-Peter Leuenberger
Eichholzstrasse 16
3254 Messen

Messen, 25. Februar 2004

Nestlé Suisse SA
Nestlé Purina PetCare
Frau Claudia Mestres
Entre-Deux-Villes
Case Postale 352
1800 Vevey

Ihr Schreiben vom 12. Februar 2004

Sehr geehrte Frau Mestres

Läck! Da bekommt man ja schon vom Adressenschreiben *den diamantenen Wolf am Brockatband zum tennisarmierten Miniskuspflaumensturz 1. Klasse!* Sorry, tut ja eigentlich nichts zur Sache...ist mir nur so rausgerutscht.

Herzlichen Dank für Ihre ausflüchtige ☹ Stellungnahme vom 12. Februar 2004, die Rösi und mich irgendwie total verunsichert hat. *«Was miaust du?» «Hä?» «Ich soll der Dame sagen, dass du noch nie Mäuse mit ihr gehütet hast?» «Ach so, für sie bist du also immer noch F. von Barbarossa!» «O.K., ich werde es ihr verklickern, du kannst ruhig weiterpennen.»* Liebe Frau Mestres, geht es Ihnen auch manchmal so, dass Sie einfach nicht in Ruhe einen Gedanken fassen können? **Abe**, geht mir auch öfters so. Wo war ich? Ah ja, Ihr Schreiben.

Danke übrigens auch für die nette Beilage. Was war es eigentlich? Ich habe es Rösi vorgesetzt, aber der wollte es partout - auch unter Waffenandrohung - nicht fressen! Na ja, ich hab's im Gemeindewerkhof zu den Altbatterien geschmissen...

Also, es drängen sich da ein paar kaum nennenswerte Präzisierungen zu Ihrem Standardbrief auf:

Ich bin kein **"treuer Kunde"** von Ihnen! Oder glauben Sie tatsächlich, dass ich je

Katzenbüchsenfutter mit blauer **Katzenfutterbüchsenetikette** zu mir nehmen würde?

Geit's no?

Rösi war mit Ihrem **"oben erwähnten Produkt"** immer sehr zufrieden, bis ein paar offensichtlich gelangweilte Marketingfritzen daran rumgebastelt haben. Was mich betrifft: Ich war

damit nie zufrieden...siehe oben! **Ehrlich! Ich frage mich**

langsam!

Was heisst hier "**...so lange gewartet haben...**"? O.K., es geht auch schneller, wenn Sie's unbedingt wünschen: Mein Kater F. von Barbarossa hat von Ihrem **Katzenbüchsenfutter** Felix Terrine - seit dem 15. Mai 2007 mit rosaroter **Katzenfutterbüchsenetikette** - eine **blaue Nase** bekommen. Kann diesem Umstand mit Atropin abgeholfen werden?

"**...die Gestaltung eines attraktiveren Designs, welches beim Konsumenten auf ein sehr gutes Resultat gestossen ist...**". Also, da es sich offenbar um nur einen Konsumenten handelt, muss es sich zwangsläufig um F. von Barbarossa handeln. Ich darf Ihnen also versichern, dass das neue Design bei F. von Barbarossa auf **völliges** Desinteresse und *taube Ohren* gestossen ist. Was mich betrifft: Sowas von unpraktischem Rand, unter dem das **Katzenbüchsenfutter** mit der blauen **Katzenfutterbüchsenetikette** immer hängen bleibt, ist mir bisher noch nie untergekommen.

Was die Rezeptur♞, die Herstellungsleerläufe☄, die Qualitätsnormen↷, die europäische Qualitätssicherung♥ und die damit zusammenhängenden Floskeln④ betrifft: *Ja, ja, ob das Wetter wohl ändern oder ob es sogar so bleiben wird?*

Und wieso bitteschön möchten Sie "**...mit Rösis Arzt in Verbindung treten um zu verstehen, wie es zu dieser Allergie kam.**"? Ganz l-a-n-g-s-a-m und `deutlich` zum Mitschreiben: `D-e-r  T-i-e-r-a-r-z-t  h-a-t  k-e-i-n-e  A-l-l-e-r-g-i-e!`

Tja, elegant wie Sie da stilvollendet ums Effektive rumgekurvt sind! Gratulation! Spielt alles ja nicht so eine Rolle, aber ich habe 55 Büchsen dieses experimentellen **Katzenbüchsenfutters** mit blauer **Katzenfutterbüchsenetikette** wegschmeissen müssen und die nachbarliche Schildkröte neigt plötzlich zu Exhibitionismus: Sie wirft dauernd den Panzer über das Gehege. Die einzige Therapie, die bisher einigermassen angeschlagen hat, ist die regelmässige intravenöse Verabreichug von **20jährigem MacAllan Single Malt**. Jesses...und was das kostet! Ob das je wieder raineregut wird? Bei F. von Barbarossa hat übrigens das regelmässige Ausspülen der Lauscher mit Bleifrei 95 sehr geholfen. Muss man zuerst drauf kommen! Super 98 hat er übrigens überhaupt nicht vertragen. Der Schwächling. Ging jeweils nach ca. 3 dl in die Knie. Ich frage mich schon, ob Sie sich eigentlich der gesamten Tragweite dieses Dramas📖 bewusst sind?

Schön, dass Sie für weitere Fragen und Anregungen so natürlich zur Verfügung stehen. Das tue ich übrigens auch immer. Allerdings müsste dann nach **SSOOOOOOOOOviiiieeeeee₋₋** Fragen und noch **meeeeeeeeeeehhhhhhhhhhhhₕₕₕ₋** Anregungen irgendwann auch eine *sinnvolle Antwort oder gar Lösung* kommen.

Mit fragenden Grüssen

Hans-Peter Leuenberger

Hans-Peter Leuenberger
Eichholzstrasse 16
3254 Messen

Messen, 18. März 2004

Nestlé Suisse SA
Nestlé Purina PetCare
Frau Claudia Mestres
Entre-Deux-Villes
Case Postal 352
1800 Vevey 1

Mein Schreiben vom 25. Februar 2004

Sehr geehrte Frau Mestres

Irgendwie will mich dünken, dass Sie Ihrem Job nicht den gebührenden Ernst entgegenbringen! Wie denn sonst sollte ich Ihre äusserst diskrete Art der Korrespondenz interpretieren? Da manövriert Ihre Firma einen Kunden so richtig in die Katzensche...äh...sorry...äh...Schoggicreme, versucht ihn dann mit **bunten Glasprerlen** (Ja, Frau Mestres, dies ist natürlich bildlich gemeint. Nicht das Sie jetzt dem Rainer E. an den Karren fahren, weil Sie meinen, dass er hinter Ihrem Rücken...) abzuspeisen und macht dann auf Stille in der Windhose. Nun, wenn Sie mich schon für einen **EINGEBORENEN SENNECHUTTELITRÄGER** halten, kann ich Ihnen meine Meinung ja gerade heraus sagen, einfach so, wie mir der Schnabel gewachsen ist:

MUGRUDA POTI WALUSCHI NADA LULUPILLA GOSCHTRAKUNDU ELFRIKROTA LALLIFATZ JUTUNDI MKARDULA IFPIBIGOUDI NUSTRIDURIAN ROBBIDOG HUSQUARNA CHOO-CHOO-CHATANOOGA ÜSPROCK MUSTARD SCHNOP.

Entschuldigung, Sie sprechen wohl kein BUECHIBÄRGER ESPERANTO?! Also gut, hier die Übersetzung ins für Sie wohl besser verständliche *Nestléanisch* :

Also, ich hoffe doch sehr, dass Sie daraus gewisse Erkenntnisse ziehen konnten und fürderhin entsprechend mit Ihren **lieben Kunden** umgehen werden.

Da Sie mich so überschwänglich mit den symbolischen Glasperlen beschenkt haben, will ich mal nicht so sein und Ihnen auch ein Geschenk übermitteln. Kleine Geschenke erhalten ja bekanntlich die Freundschaft...gelle?!

Mmm**m**iiiaaaaauuuuu**!**

Urundi bagamuli rottunamäli

Hans-Peter Leuenberger

PS: *Die letzte Serie des Katzenbüchsenfutters mit blauer Katzenfutterbüchsenetiketten wurde von F. von Barbarossa mit Heisshunger restlos weggeputzt. Zufälle gibt es!*

Honnit soit, qui mal y pense. ☺

PS2: *Die Schildkröte hält sich mittlerweile offenbar für Konstantin und geht allen kräftig auf den Wecker, weil sie sich immer in die Waschküche schleicht und dort Enkapulver reinzieht! Irgendeine Idee, was da zu machen wäre?*

BRIEFE AUS DEM HINTERHALT

DELIKAT, DELIKAT:

ROSTFRASS AN DER WC-BÜRSTE

Hans-Peter Leuenberger

Eichholzstrasse 16

3254 Messen

Messen, 21. Juni 2004

Bürstenfabrik Ebnat-Kappel AG
Qualitätskontrollstelle
Industriestrasse 34
9642 Ebnat-Kappel

Ebnat Bürsten bürsten besser...

Sehr geehrte Damen und Herren

Ob Ihre Bürsten wirklich besser bürsten als andere Fabrikate kann ich nicht wirklich beurteilen, da ich üblicherweise selber bürste und die Bürste nur das Mittel zum Zweck darstellt. Ob es tatsächlich Bürsten gibt, die ohne menschliches Dazutun zu Bürsten in der Lage sind, entzieht sich ebenfalls meiner bescheidenen Kenntnis. Was ich aber zu Protokoll geben kann ist, dass ich mit Ihren Produkten — seien es Bodenwischer, Schüfeli u Bäseli, Zahnbürsten, Haarbürsten, Abwaschbürsteli, Flaschenbürsten und was auch immer für Ebnatbürsten meinen Lebensweg gekreuzt haben mögen — immer sehr zufrieden war. Sie sind sicherlich nicht die Billigsten, dürften aber zweifelsohne zu den Preiswertesten gehören.

Nun muss ich Sie aber trotzdem mit einer kleinen, durchaus delikaten und völlig unerklärbaren Verhaltensabnorm eines Ihrer Erzeugnisse belästigen, die mich irgendwie intensiv zu beschäftigen beginnt. Nun, es geht um Ihre

WC-Bürste Flex
Bürstengriff: Polypropylen
Besatz: Polypropylen,

die an und für sich zum angestammten Zweck optimal geeignet wäre, wenn sie sich nicht nach ziemlich exakt drei Wochen **unappetitlich verfärben** würde.

Natürlich werden Sie sich jetzt augenblicklich in eine Abwehrhaltung à la „...sind uns ähnliche Beanstandungen bisher nicht bekannt..." begeben und mir versichern, dass Sie mit dem **Kennedy**-Mord und dem Spontanableben von JOHANNES PAUL I absolut nichts zu tun hätten. Aber sehen Sie, es geht mir nicht um Schuld, Schadenersatz und all die üblichen primitiv-materiellen Dinge unserer so genannten Zivilisation! Ich möchte aus purem Interesse an den physikalischen und chemischen Vorgängen an meiner WC-Bürste Informationen, die sich vielleicht sogar auf eine Verhaltensänderung in der Nahrungsaufnahme auswirken könnten. Ich erlaube mir also davon auszugehen, dass Sie meinem Problem ein gewisses Verständnis entgegenbringen können.

Also, die WC-Bürste, die neben der WC-Schüssel in einem durchaus „handelsüblichen Steller" aus Glas in Bereitschaft ist, verfärbt sich nach ca. drei Wochen ausschliesslich am Besatz **extrem rotrostbraun**. Ich setzte übrigens keine wie auch immer geartete „WC-Frischhalter-Produkte" ein und reinige die Schüssel und den Glassteller zweimal pro Woche mit dem Qualitätsmarkenprodukt „WC-Ente blau". Mich persönlich würde die Verfärbung nicht übermässig stören, aber gewisse spitze Bemerkungen seitens von Gästen und auch von meiner Nachbarin (Ihr Produkt mag dazu beigetragen haben, dass es mit ihr nicht geklappt hat!) haben darauf hingedeutet, dass Ihr Fabrikat mit dieser Verfärbung in gewissen Bevölkerungsgruppen unappetitliche Vorstellungen zu suggerieren in der Lage ist. Ich habe in der Folge auch schon – leider ohne Erfolg – versucht, die Bürstenverfärbungen im Geschirrspüler (Calgonit Powerball 3-Phasen) und in der Waschmaschine (Enka) zu entfernen. So ist es dazu gekommen, dass ich mittlerweile die WC-Bürste öfter ersetze als die Zahnbürste! Ihre „WC-Bürste Flex" mag zwar bei Coop nicht alle Welt kosten, aber es scheint mir auf die Dauer doch etwas verschwenderisch und nicht unbedingt umweltgerecht, eine technisch durchaus intakte Bürste in den Müll zu geben.

Guter Rat wird also mittlerweile tatsächlich teuer und deshalb erlaube ich mir, mit diesem Problem an Sie zu gelangen. Auf die Zustellung einer verfärbten Bürste habe ich vorerst verzichtet, könnte dies aber - sollten Sie dies ausdrücklich wünschen - gerne nachholen.

Besten Dank für Ihr Verständnis, Ihre Bemühungen und Ihre baldige Stellungnahme.

Mit freundlichen Grüssen

Hans-Peter Leuenberger

Sachbearbeiter

Herr Hans Ritz

Tel.   071 992 62 12 (Mo – Do)
Fax   071 992 62 30
e-mail: hans.ritz@ebnat.ch

Herr
Hans-Peter Leuenberger
Eichholzstrasse 16
3254 Messen

Ihr Zeichen	*Unser Zeichen*	*CH 9642 Ebnat-Kappel,*
Votre réf.	*Notre réf.*	
Tel.	hri	24.06.2004
Fax		

Stellungnahme

Sehr geehrter Herr Leuenberger

Vielen Dank für Ihr Schreiben. Es freut uns sehr, dass Sie unsere Produkte verwenden. Wir sind bemüht unseren Kunden eine optimale Qualität anzubieten.

Um es vorweg zu nehmen, Ihr Problem ist uns bekannt. Wir hatten bei früheren Produktionschargen einen vermeintlich rostfreien Stanzdraht verwendet, welcher nach kurzer Zeit zu rosten begann. Als Massnahme wurde anderer Draht verwendet. Die Produkte wurden bei uns im Hause unter realistischen Bedingungen getestet - das Resultat war positiv. Seither sind eigentlich keine Beanstandungen mehr bei uns eingetroffen. Daher würde es uns sehr interessieren wie die besagten WC-Bürsten aussehen. Es wäre super wenn Sie uns einen oder auch mehrere der mangelhaften Bürsten zusenden könnten. Oder vielleicht haben Sie eine Digitalkamera und könnten uns Fotos per Mail senden. Sollte dies nicht möglich sein, benachrichtigen sich mich bitte.

Was den Kennedy-Mord betrifft, kann ich Ihnen versichern, dass niemand aus unserer Firma zu diesem Zeitpunkt in Dallas war. Was das plötzliche Ableben von Johannes Paul I angeht, muss ich noch Abklärungen treffen. Die Geschichte mit Ihrer Nachbarin hingegen ist äusserst bedauerlich und ist mir unangenehm. Ich hoffe Sie schenken uns trotzdem weiterhin Ihr Vertrauen.

Freundliche Grüsse aus dem Toggenburg
Bürstenfabrik Ebnat-Kappel AG

Hans Ritz
Leiter Qualität und Umwelt

Bürstenfabrik Ebnat-Kappel AG ι **Fabrique de Brosses** Ebnat-Kappel SA ι **Swiss Brush** Ebnat-Kappel Ltd.
Industriestrasse 34 ι CH 9642 Ebnat-Kappel ι Tel +41 71 992 62 62 ι Fax +41 71 992 62 00 ι www.ebnat.ch

Hans-Peter Leuenberger
Eichholzstrasse 16
3254 Messen

Messen, 28. Juni 2004

Bürstenfabrik Ebnat-Kappel AG
Herr Hans Ritz
Leiter Qualität und Umwelt
Industriestrasse 34
9642 Ebnat-Kappel

Ihre Stellungnahme vom 24. Juni 2004

Sehr geehrter Herr Ritz

Besten Dank für Ihre ungemein **offenen** und FADENGRADEN **Worte** - mit Sicherheit eine grosse Ausnahme in unserer heuchlerischen und verlogenen Zeit. Ich darf Ihnen versichern, dass ich Ihr Schreiben *mehrmals* **lesen** musste, bis ich endlich begriff, dass da eine namhafte Firma zugibt, dass sie **Sche....** - ähem...nun, vielleicht ein etwas...räusper...**zu** passendes Wort für das Problem - gebaut hat und auch noch dazu steht, was aber leider im Endeffekt an der **verfahrenen** **Situation** mit der *Nachbarin* nichts mehr zu ändern vermag. Trotzdem gebe ich gerne zu, dass ich **restlos begeistert**, ja nachgerade *trunken* **vor soviel Ehrlichkeit** bin und ich **gratuliere** Ihnen **herzlichst** zu diesem sehr erfreulichen **Ausnahmegeschäftsgebaren** ★ ★.

Ein kleiner **Wermutstropfen** bleibt allerdings dennoch! Ihre **Produktedeklaration** ist leider nicht ganz vollständig. Ich hatte eigentlich von Anfang an den dringenden **Verdacht**, bei den **Verfärbungen** könnte es sich um **Rost** handeln, was bei einem Griff und einem Besatz ausschliesslich aus *Polypropylen* aber irgendwie unmöglich schien. Hand 🤚 aufs Herz ❤, Herr Ritz: Was hat es ausser Polypenpropelyn und **Stanzdraht** sonst noch für **Sche...** ahem… Bestandteile in der Bürste? **Au ja!** Eine kitzekleine *Gwunderfrage* hätte ich da noch: **Was verstehen Sie genau unter «Die Produkte wurden bei uns im Haus unter** *realistischen* **Bedingungen gestestet – das Resultat war** *positiv*»? Nein, nein, Herr Ritz, keine falsche Scham! Ich bin immer bereit, etwas Neues zu lernen – besonders wenn es der **Realität** entspricht!

Sie haben es nicht anders gewollt! In der Beilage erhalten Sie die edle Bürste, die ich am 11. Juni 2004 bei Coop erstanden habe. Ich habe sie selbstverständlich in der Spülmaschine kurz mit **PERWOLL** - das Bürstelein ist also definitiv nicht mehr neu - gereinigt, bevor ich sie verpackt habe.

Leider muss ich zu meiner Schande gestehen, dass ich kein weiteres Exemplar vorrätig habe, da ich zwar Briefmarken und Kaffeerahmdeckeli, aber leider keine gebrauchten *WC-Bäseli* sammle. **ALLERDINGS**...bei **näherer Betrachtung**... sicher ein faszinierendes Hobby. Wie viele haben Sie den schon im Album? Haben Sie auch ganz besondere Exemplare? Vielleicht eine Gebrauchte aus dem Bundeshaus? Von **Mösiö le Président Pascal Couchepin**? Daran wäre ich unter Umständen sehr interessiert! Was würde den so was kosten?

Sind Sie reif für „**Bekenntnisse eines ewig gestrigen Kunden**"? **Gut.** Sie kennen wohl nichts...**gelle?!** Sind hart im Nehmen. **Also gut:** Ich habe **keine** Digikramdingsbums. „Per **Mail** senden"? Habe ich doch gemacht – aber wieso können Sie nicht einfach „Post" schreiben? So, nun der Hammer, die finale Restanz aus dem **vorigen Jahrhundert:** Ich habe auch **kein** E-mail! **Kein** Handy! **Keine** Mikrowelle! **Kein** DVD! Und meine SCHELLLACKPLATTEN laufen noch alle mit **78 Touren**! **Ha!** Geben Sie es doch einfach zu, nun sind Sie doppelt doppelt **begeistert**, dass jemand wie ich so was wie ein „**Polypropylen stanzdraht-WC-Bäseli**" kauft?!

Henusode! Ich würde mich jedenfalls freuen, wenn Sie mich stanzdrahtrostmässig auf dem Laufenden halten würden, damit ich weiss, wann ich wieder ein **söttig köstliches Bürsteli** kaufen kann, ohne es in der **Blüte** seines *Polypropylens* mit **Altersflecken** entsorgen zu müsse. **Nein, nein, keine Angst:** Selbstverständlich habe ich, als vielleicht **altmodischer** aber nichts desto trotz als sehr reinlich verschriener Zeitgenosse, am Freitag ein neues, **polymer-verdrahtetes Ebnat-WC-Rührwerkzeug** erstanden. Sollte das Ding auch wieder **zart erröten**, werde ich es Ihnen selbstredend für Ihre Sammlung überlassen!

Mit freundlichen Grüssen

Hans-Peter Leuenberger

PS: Sie sind nicht zufällig mit dem Ritz-Clan aus 1792 Kleinguschelmuth verwandt?

BÜRSTEN · BROSSES · BRUSHES

dental home body profi

Herr
Hans-Peter Leuenberger
Eichwiesstrasse 16
3254 Messen

<u>Sachbearbeiter</u>

Daniel Mächler

Tel. 071 992 62 21
Fax 071 992 62 00
e-mail: daniel.maechler@ebnat.ch

Ihr Zeichen	*Unser Zeichen*	CH 9642 Ebnat-Kappel,
Votre réf.	*Notre réf.*	
Tel.	dma / 08 / 221	30.06.2004

Sehr geehrter Herr Leuenberger

Wir bedauern die Umtriebe, welche durch unsere WC-Besen verursacht wurden und möchten uns dafür
entschuldigen. Wir können Ihnen jedoch versichern, dass wir alles tun werden, damit Sie in Zukunft nur
noch einwandfreie Ware erhalten.

Als Ersatz schicken wir Ihnen zwei neue WC-Besen, und zusätzlich erhalten Sie von uns ein kleines
Geschenk für ihre Umstände.

Mit freundlichen Grüssen

Bürstenfabrik Ebnat-Kappel AG

Daniel Mächler

Bürstenfabrik Ebnat-Kappel AG ı Fabrique de Brosses Ebnat-Kappel SA ı Swiss Brush Ebnat-Kappel Ltd.
Industriestrasse 34 ı CH 9642 Ebnat-Kappel ı Tel +41 71 992 62 62 ı Fax +41 71 992 62 00 ı www.ebnat.ch

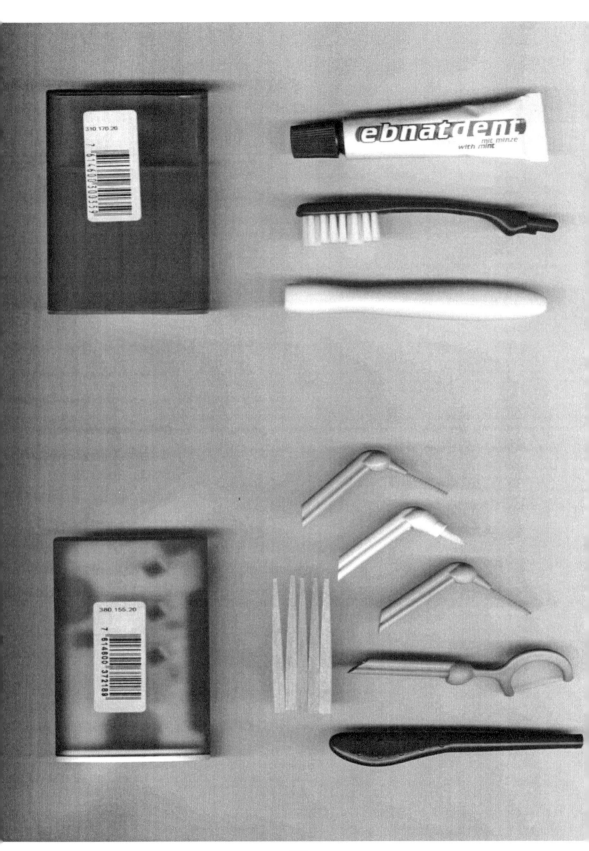

Hans-Peter Leuenberger
Eichholzstrasse 16
3254 Messen

Messen, 5. Juli 2004

Bürstenfabrik Ebnat-Kappel AG
Herr Daniel Mächler
Industriestrasse 34
9642 Ebnat-Kappel

Ihre Sendung vom 30. Juni 2004

Sehr geehrter Herr Mächler

Nun bin ich aber wirklich fast sprachlos! **Vielen, vielen,** vielen, **herzlichen Dank** für Ihre **gross**zügige **Zustellung** von zwei *Polypropylen* –Flex–WC–Besen. Seien Sie versichert, sooo gross waren meine, durch Ihre WC–Besen verursachten

() Umtriebe () nun wirklich nicht und ich will somit Ihre offenherzige Entschuldigung gerne annehmen. Auch freut es mich ungemein, dass Sie mir versichern können, dass ich **in Zukunft** nur noch einwandfreie Ware erhalten werde. Da ich ja nun zwei *Polypropylen*–WC–Besen auf Vorrat habe, kann ich die dazwischen liegende Gegenwart wohl problemlos überbrücken und warte gelassen auf die einwandfreie Ware mit dem rostfreien Stanzdraht. **Danke, danke,** danke, *ich bin wirklich gerührt!*

Gerne danke ich Ihnen auch für die zwei tollen, umständehalber beigelegten Geschenke. Das eine Geschenk (Artikel 310.170.20) habe ich eindeutig als **Reise–WC–Bürsteli–Set** identifiziert. Obwohl mich der Bürstenkopf doch etwas klein dünkt, der Griff nicht unbedingt optimal zwischen Daumen und Zeigefinger liegt und ich von der Handhabung der tubenförmigen WC–Ente noch nicht gänzlich überzeugt bin, werde ich das Set zweifelsohne anlässlich meiner nächsten Ferien gerne ausprobieren. **ES IST JA HINREICHEND BEKANNT, WIE ES IM AUSLAND DOCH AB UND ZU AN DER NÖTIGEN WC-REINLICHKEIT MANGELT.** **Danke!**

Nun, beim zweiten Objekt (Artikel 380.155.20) habe ich schon eher **Mühe** zu bekunden und ich hoffe inständig, dass ich mich jetzt nicht zu sehr als **Ewiggestriger** blamiere. Ich habe die diversen **Tools** ✗ ausprobiert, muss Ihnen aber gestehen, dass ich das **Hakle feucht** eindeutig praktischer finde. Sicher, Hygiene hat durchaus ihre Berechtigung, aber meiner Meinung nach kann man die Angelegenheit auch übertreiben. Aber obwohl doch einiges an turnerischem und handwerklichem Geschick vorausgesetzt wird, ist **Ihnen ein Lob dennoch sicher:** Man muss zuerst auf die Idee kommen, einen manuellen **Reise-Clos-o-maten** zu entwickeln. *Sehr fantasievoll!*

Ganz toll originell! Ein riesengrosses **Merci!**

Sodeliso! Ich will Sie nicht länger versuume und würde mich freuen, wenn Sie mich informieren könnten, wenn Zukunft ist und die *Polypropylen*-Flex-WC-Bäseli mit dem _rostfreien_ Stanzdraht auf den Markt kommen. Und nicht vergessen, dass ich von Herrn Ritz noch keine Antwort auf meine Frage „**Was verstehen Sie genau unter** «**Die Produkte wurden bei uns im Haus unter *realistischen* Bedingungen gestestet – das Resultat war *positiv*»?**" erhalten habe!

Grossmächtigen Dank für Ihre Bemühungen, Ihr Verständnis, Ihre Offenheit und Ihre Grosszügigkeit und allzeit gute Geschäfte.

Mit freundlichen Grüssen

Hans-Peter Leuenberger

BRIEFE AUS DEM HINTERHALT

...UND DANN

SCHAFFEN WIR

DIE PARTEIEN AB

IG FRISSOPA

Messen, 4. März 2004

Hans-Peter Leuenberger
Eichholzstrasse 16
3254 Messen

<u>**Parteipräsidium**</u>
An die
politischen Parteien
der ältesten Demokratie
des Planeten Erde

Renaturalisierung der Schweizerischen Demokratie

Sehr geehrte Damen und Herren

Seit geraumer Zeit müssen die Bürgerinnen und Bürger - oder wenn es Ihre offensichtliche Selbstüberschätzung zulässt: **DER SOUVERÄN** - ernüchtert feststellen, dass die Ideologien der Parteien kaum mehr von einander zu unterscheiden sind und dass innerhalb dieses Einheitsbreies ein **kindisches Gezänke** auf Vorschulstufe im Gange ist. Als wenn dies nicht genug wäre, brechen immer wieder Machtkämpfe innerhalb der Parteien aus, die wohl von der **Orientierungslosigkeit** und dem **Verlust jeglicher Visionen und Ziele** ablenken sollen. Die Politkaste beschäftigt sich in ihrer Profilierungsneurose und Mediengeilheit lieber mit dem Entwerfen von **dümmlichen Kampagnen** und stellt sich in der «Arena» zur Schau, als ihre **primäre Aufgabe,**

die Geschicke des Staates im Auftrag und zum Wohle der Bürgerinnen und Bürger zu lenken,

wahrzunehmen. Bereits vor dem offensichtlichen Aufbrechen der oben erwähnten Probleme durfte man getrost von **Parteipolitik im wahrsten Sinne** des Wortes sprechen, da die partei- und wirtschaftsideologisierten «Volksvertreter» mit Sicherheit eines nie taten: Das Volk und dessen Interessen vertreten. Welcher Politokrat, welche Politokratin im filzdurchwucherten Elfenbeinturm ist sich des ursprünglichen Sinnes des Wortes „Demokratie" noch bewusst?

Es dürfte Sie deshalb nicht weiter erstaunen, dass eine namhafte Anzahl besorgter Bürgerinnen und Bürger die **IG FRISSOPA** (Interessengemeinschaft Freiheit im schönen Schweizerland ohne Parteien) gegründet hat, da sie der Ansicht ist, dass die Parteien mittelfristig abgeschafft werden müssen, damit **der gesunde Menschenverstand** wieder obsiegt und die Probleme dieses Staates endlich zum Wohle aller pragmatisch, speditiv und vor allem ohne Floskeln und strategische Heuchelei gelöst werden können. Zukünftige Wahlen werden also Persönlichkeits- und nicht mehr Parteimitgliederwahlen sein und es darf guten Mutes angenommen werden, dass ausgewiesene Praktikerinnen oder Praktiker als wirkliche Volksvertreter zum Zuge kommen und nicht wie bisher partei-, lobby- und verwaltungsratmandatgesteuerte Eigeninteressewahrnehmerinnen und Eigeninteressewahrnehmer, deren Vorzüge und Fähigkeiten sich auf Parteibuch, Sprache, Kanton, Religion, Status, Vermögen, allenfalls noch Schuhgrösse und persönliche Beziehungen reduzieren lassen. Das Bonmot, wonach Politikerinnen und Politiker dort, wo sich bei normalen Leuten das Rückgrat befindet, einfach etwas dickere Haut hätten, hat sich längst als bedauerliche Wahrheit erwiesen.

Dieser Staat braucht gradlinige, offene und ehrliche Macherinnen und Macher, Seebärinnen und Seebären quasi, die erst bei hoher See zur Höchstform auflaufen und nicht opportunistische Beckenrandschwimmerinnen und Beckenrandschwimmer, die die Badehose mit Hosenträgern resp. das Badekleid mit Gürteln zusätzlich fixieren. Einer Renaissance unserer Demokratie steht nur eines im Wege: *Ihre Partei!*

In diesem Sinne bitten wir Sie, uns ein **detailliertes Parteiauflösungsszenario mit Zeitplan** und einer **kurzen Stellungnahme der Parteileitung** bis spätestens am 15. April 2004 zukommen zu lassen. Wir werden in der Folge als neutrale Stelle die geordnete und gleichzeitige Auflösung aller Parteien koordinieren, damit spätestens die Wahlen von 2011 völlig parteienfrei abgehalten werden können.

Für Ihre wertvolle Mitarbeit im Dienste unserer Demokratie danken wir Ihnen herzlich und wir freuen uns, Sie auf dem Weg in eine freiere, fairere und durch und durch demokratische Schweiz begleiten zu dürfen.

Mit garantiert parteilosem Gruss

Hans-Peter Leuenberger
Obmann
IG FRISSOPA

Geht an: Christlich demokratische Volkspartei der Schweiz
EDU Schweiz
Europa Partei der Schweiz
Freiheits-Partei der Schweiz
Freisinnig-Demokratische Partei der Schweiz
Grüne Partei der Schweiz
Liberale Partei der Schweiz
Partei der Arbeit der Schweiz
Schweizerische Volkspartei
Sozialdemokratische Partei der Schweiz

Generalsekretariat
Secrétariat général
Segretariato generale

Herr
Hans-Peter Leuenberger
Eichholzstrasse 16
3254 Messen

Bern, 12. März 2004 CW/cg

Sehr geehrter Herr Leuenberger

Besten Dank für Ihr Schreiben vom 4. März zu dem ich gerne Stellung nehme.

Ihren Ärger über die aktuelle politische Kultur – oder besser gesagt: Unkultur – kann ich sehr gut verstehen. Daran beteiligt sind alle politischen Institutionen – natürlich auch die Parteien. Es ist in der Tat zur Zeit ein Gezänke und eine Hektik festzustellen, welche von zahlreichen Bürgerinnen und Bürgern nicht mehr verstanden wird. Dieses aggressive Klima in der Politik ist nicht zuletzt auch ein Abbild der gesellschaftlichen Befindlichkeit der Schweiz. Ich persönlich stelle allgemein eine zunehmende Rücksichtslosigkeit und Aggressivität fest; sei dies nun im Strassenverkehr oder auch anderswo. Diese Tendenz, dass diffamiert anstatt diskutiert wird, dass ultimative Forderungen an Stelle der Konsensfindung treten, ist zu bedauern. Eigentlich sollte man erwarten können, dass erwachsene Menschen einen Umgang pflegen, der von Anstand und gegenseitigem Respekt geprägt ist. Damit diesen Werten wieder nachgelebt wird, müssen wir vermutlich alle zusammen in unserem Alltag vermehrt ein Augenmerk darauf legen.

Sie greifen in Ihrem Brief speziell die Parteien heraus und verlangen, dass diese aufgelöst werden sollten. Eine Partei ist – so die Definition nach Brockhaus – ein „permanent organisierter Zusammenschluss von Menschen, die aufgrund gleich gerichteter politischer Anschauungen oder Interessen Einfluss auf die staatliche Willensbildung erstreben." Ein demokratisches System, das eine Versammlungsgrösse überschreitet, benötigt Repräsentanten. Um sich auf solche Repräsentanten einigen zu können, braucht es mehr oder weniger enge Zusammenschlüsse von gleichgesinnten, weil sie sonst in der Öffentlichkeit nicht wahrgenommen werden. Hier leisten die Parteien eine entsprechende Arbeit. Indem Repräsentanten unter einem bestimmten Label (zum Beispiel dem Parteinamen) auftreten, werden sie fassbar, denn es ist ja nicht möglich, beispielsweise alle Nationalratskandidat/innen im Kanton Solothurn persönlich zu kennen. De facto – und im Sinne

Neuengasse 20, Postfach 6136, CH-3001 Bern
Telefon: 031 320 35 35, Fax: 031 320 35 00, e-mail: gs@fdp-prd.ch, http://www.fdp.ch

der brokhaus'schen Definition – ist auch Ihre IG FRISSOPA eine Partei, die es sich zum Ziel gesetzt hat, die politische Landschaft umzugestalten, indem die Parteien aufgelöst werden.

Mit freundlichen Grüssen

Generalsekretariat FDP Schweiz
Der Pressechef:

Christian Weber

IG FRISSOPA

Messen, 16. März 2004

Hans-Peter Leuenberger
Eichholzstrasse 16
3254 Messen

Freisinnig-Demokratische Partei
der Schweiz
Herr Christian Weber
Neuengasse 20
Postfach 6136
3001 Bern

Ihr Schreiben vom 12. März 2004

Sehr geehrter Herr Weber

Besten Dank für Ihr **„staatskundliches Restwertdemokratie-Guetnachtgschichtli"**, das einmal mehr beweist, dass sich die classe politique durch viel Worte und wenig Taten auszeichnet.

Zur Erinnerung:

In diesem Sinne bitten wir Sie, uns ein **detailliertes Parteiauflösungsszenario mit Zeitplan** und einer **kurzen Stellungnahme der Parteileitung** bis spätestens am 15. April 2004 zukommen zu lassen. Wir werden in der Folge als neutrale Stelle die geordnete und gleichzeitige Auflösung aller Parteien koordinieren, damit spätestens die Wahlen von 2011 völlig parteienfrei abgehalten werden können.

Besten Dank für Ihr Verständnis und Ihre Bemühungen.

Mit freundlichen Grüssen

Hans-Peter Leuenberger
Obmann
IG FRISSOPA

EDU Schweiz

Zentralsekretariat / Secrétariat central
Postfach 2144 ● 3601 Thun
Tel. 033 222 36 37 ● Fax 033 222 37 44
info@edu-udf.ch ● www.edu-udf.ch

Eidgenössisch-Demokratische Union
Union Démocratique Fédérale

IG FRISSOPA
Herr Hans-Peter Leuenberger
Eichholzstrasse 16
3254 Messen

Thun, 1. April 2004

"Renaturalisierung der schweizerischen Demokratie"

Sehr geehrter Herr Leuenberger

Bei der Lektüre Ihres Schreibens dachten wir zuerst an einen Scherz. Dann – ganz am Schluss – freuten wir uns über Ihren Dank "für die wertvolle Mitarbeit im Dienste unserer Demokratie". Darum schenken wir Ihrem Brief auch unsere Aufmerksamkeit.

Auch wir sind überzeugt, dass die Demokratie gepflegt werden muss. Als EDU tun wir das seit bald 30 Jahren. Wir verstehen unser Engagement als Beitrag zum Allgemeinwohl. Deshalb distanzieren wir uns bewusst von Eigeninteressen und Eigennutz.
In diesem Punkt können wir den Ansatz Ihrer Kritik nachvollziehen. Sicher verstehen Sie aber, dass wir kein "Parteiauflösungsszenario" entwerfen werden.

Wenn Sie meinen, mit der Auflösung der Parteien in der Schweiz eine Besserung der Situation herbeizuführen, ist das Ihr gutes Recht. Wir denken, auf Grund obiger Ausführungen sollten Sie mindestens der einen oder anderen Partei ein Existenzrecht zugestehen... (Offenbar tun Sie das unbewusst bereits, indem Sie nicht alle im Bundesparlament vertretenen Parteien angeschrieben haben.)

Unsere Politschulung vom 6. März in Olten behandelte u.a. die Parteienthematik. Bestimmt sind die beigelegten Unterlagen von einigem Interesse für Sie.

Mit freundlichen Grüssen

Für die EDU Schweiz
Der Präsident: Der Sekretär:

Hans Moser   Thomas Feuz

Einige Unterlagen

IG FRISSOPA

Messen, 8. April 2004

Hans-Peter Leuenberger
Eichholzstrasse 16
3254 Messen

EDU Schweiz
Zentralsekretariat
Herr Hans Moser
Postfach 2144
3601 Thun

Ihre Postwurfsendung vom 1. April 2004

Sehr geehrter Herr Moser,

Gemischten Dank für Ihre Werbesendung vom 1. April (!) 2004. Was sollen wir davon halten? Ein **Hans Moser** (...wirklich komisch...ha-ha-ha...wir haben sogar kurz gelacht...) schickt uns am **1. April** (...ha-ha...) „einige Unterlagen" (...ha...) und geht wohl davon aus, dass er ernst zu nehmen sei. **Nun gut.**

Kommen wir zuerst kurz zum Inhalt Ihres Schreibens:

Sie denken also, die Parteien abzuschaffen, weil das Volk/**der Souverän** mit dieser sogenannten Vertretung nicht mehr zufrieden ist, könnte ein **Scherz** sein. Nun, wir gehen davon aus, dass Sie offensichtlich mit den Worten „**Überheblichkeit**", „**Selbstüberschätzung**" und „**Neben dem Volk vorbeipolitisieren**" auch nichts anzufangen wissen. Sie könnten aber zum Beispiel bei einem kleinen Imbiss für CHF 110.00 darüber nachdenken.

Ja richtig: Die Demokratie muss gepflegt werden. Dies kann durchaus mit der Wildpflege verglichen werden, wo auch ab und zu einige Tiere eliminiert werden müssen, damit sie nicht zuviel Landschaftsschaden anrichten. Man nennt so was übrigens „Metapher" und dafür gibt es definitiv _kein_ Sitzungsgeld.

So, so, Sie distanzieren sich also «bewusst von Eigeninteresse und Eigennutz». Irgendwie haben wir diese Aussage auch schon mal gehört...ha!...

Wir nehmen zur Kenntnis, dass Sie Ihre Partei als unentbehrlich einstufen und somit kein Auflösungsszenario zur Verfügung stellen wollen.

Gut aufgepasst und immer schön von sich ablenken: Ja, wir haben bewusst nicht alle Parteien angeschrieben. Wir sind von der Studie von Professor Dr. Waldvogel ausgegangen, welcher bekanntlich alle Veröffentlichungen (Reden, Medienauftritte, Artikel, Werbematerial, Plakate usw.) der Parteien auf deren Glaub- und Vertrauenswürdigkeit überprüft hat. Wir haben in der ersten Phase unseres Vorhabens nur diejenigen Parteien kontaktiert, deren Werte in der erwähnten Studie **unterhalb** eines einigermassen akzeptablen resp. erträglichen Levels liegen.

Ah ja?! Sie hatten am 6. März eine Politschulung?! So mit Politkommissaren, Propaganda und Androhung von Umerziehung? **Uffa!** Man kann Ihnen zumindest nie vorwerfen, Sie würden in Ihrer Partei nur halbe Sachen machen!

Aber erfreulicherweise - wir nehmen durchaus auch positive Aspekte gerne zur Kenntnis! - haben Sie sich die Mühe genommen, uns eine Antwort zukommen zu lassen, was doch immerhin von einem minimalen Demokratieverständnis zeugt. Andere Parteien haben nicht einmal das.

Kommen wir nun zu Ihren „einigen Unterlagen":

Wir erlauben uns diese „**einige**" Unterlagen

- **Postkarte „Zukunft gestalten"**
- **Faltprospekt „Was Sie schon immer schwarz auf weiss haben wollten"**
- **Büchlein „Aktionsprogramm 2003-2007"**
- **Büchlein „25 Jahre EDU / AufRückBlickVoraus"**
- **Zeitung „EDU Standpunkt" Nr. 3**
- **Zeitung „EDU Standpunkt" Nr. 4**
- **Prospekt „Leitbild der EDU"**
- **Faltprospekt „Erkennen Denken Umsetzen"**
- **Faltprospekt „Thomas - ein tragisches Beispiel"**

zu retournieren, da erstens die von unseren verpackungsindustriefreundlichen Volksvertretern festgelegten Entsorgungsgebühren astronomisch hoch sind, es zweitens im Umweltbereich offensichtlich engagiertere Leute als das EDU-Parteivolk gibt und es drittens nicht unsere Aufgabe sein kann, schon bald ausgedientes Parteienwerbematerial zu archivieren. Allerdings können wir eine gewisse Befriedigung nicht gänzlich verhehlen, da bekanntlich die Einsicht der Weg zur Besserung sein soll: Wir gehen davon aus, dass es sich bei „**Thomas**" um Ihren Sekretär Thomas Feuz handeln muss.

Wir danken für Ihre Aufmerksamkeit und Ihr Verständnis.

Mit parteilos-demokratischem Gruss

Hans-Peter Leuenberger
Obmann
IG FRISSOPA

Beilagen: erwähnt

IG FRISSOPA

Messen, 22. April 2004

Hans-Peter Leuenberger
Eichholzstrasse 16
3254 Messen

Parteipräsidium
Christlichdemokratische Volkspartei
der Schweiz
Generalsekretariat
Klaraweg 6 / Postfach 5835
3001 B ern

Unser Schreiben vom 4. März 2004

Wie nicht anders zu erwarten war, haben Sie einhellig die Frist ⌛ für die Einreichung der

Parteiauflösungsunterlagen ungenutzt 🕸 verstreichen lassen.

Immerhin darf an dieser Stelle 🏳 eine kleine Klammer geöffnet und der **FDP**, der **CDU** und der

Europapartei für Ihre 👊 Kontaktnahme gedankt werden. Obwohl auch sie nicht zu einer
Selbstauflösung bereit sind, so hat ihr demokratisches Restverständnis oder auch ganz einfach ihre

Höflichkeit ☺ so weit gereicht, die Korrespondenz einer besorgten Bürgergruppe zu

beantworten. **⇒Danke⇐** 🪰

Die restlichen Parteien können es sich offenbar in ihrem festen **Unentbehrlichkeitsglauben** und

ihrem selbstzufriedenen **Gehabe** schlichtweg nicht vorstellen, dass ihre völlig

volksfremde 👽 Politik und ihr zänkisches Gehabe 💥 untereinander zu einer

**breiten   Ablehnung   in   der
Bevölkerung** führen könnte. Ebenso unverständlich dürfte es demnach sein,
dass das Volk nicht primär linientreues Parteivolk mit möglichst umfangreicher
Verwaltungsratmandatsammlung sondern fähige ⚥ und unabhängige ❤ Volksvertreter will.

Henusode!

Zurück zum Morgarten

Dereinst mit Chemp und Trämel unsre Ahnen warfen,
um die feudalen Herren am Morgarten zu bestrafen.
Habsburger nehmen heut' uns nicht mehr aus,
haben dafür Filz und darin eine gierig' Laus:

Politiker haben hier das grosse Sagen,
nisten in Parteien, dies mit sichtlichem Behagen,
spielen gerne auch Verwaltungsrat und Lobbyist,
was für die Demokratie 'ne grosse Schande ist.
Sie würden doch das Volk vertreten, nur das Beste wollen,
alles für uns tun, das jedenfalls die Bürger glauben sollen.
Hinterrücks, oft sogar auch hemmungslos,
gehen sie auf unsre Steuerbatzen los.
Erhöhn sich selbst die Entschädigung fürs Speisen,
für das Sitzen, Logieren - auch fürs Reisen.
Man wird sie nun pro Tag für Franken hundertzehn
in den Berner Beizen üppig tafeln sehn.
Derweil versucht das Volk die Zeche zu berappen,
weil's mit versprochnem Aufschwung nicht will klappen.
Auch die Prämien unsrer kranken Kassen
die Bürger nicht grad' jubeln lassen.
Das Steuerpäckli: einmal mehr ein Fingerzeig,
was denen z'Bärn so alles abverheit.
Dem Durchschnittsbürger sei es wohl, er sei doch reich,
achttausend Stutz pro Monat hab' er – so ne Seich!
Irgendwie kommt man zum Schluss,
die Politclowns machen nur noch Stuss.
Der Bürger kann nur noch innigst hoffen,
die seien als nicht gar zu machtbesoffen.
Politiker interessiert dies aber nur am Rande,
deren Ethik ist doch schlichtweg eine Schande.
Müssten sie von Leistungslohn nur leben,
gäbe es in Bern ein grosses Beizensterben.

Doch was, so fragt sich mancher Eidgenoss',
machen die in Bern den bloss?
Debattieren, zanken, feilschen, reden ohne was zu sagen,
verwässern und verschleiern, einen Vorstoss wagen,
Gummiparagraphen, faule Kompromisse, im Filze suhlen,
ab und zu im TV um die Gunst der Wähler buhlen.
Etwas in die rechte Richtung lenken,
dabei zuerst stets an sich selber denken,
aber immer gerne auch parat,
was grad' zu biegen fürs VR-Mandat.
Auch für die Interessen der Partei,
hat man immer etwas Zeit noch frei.
Geht's aber um des Volkes Wunsch und Wohle,
ist der Politiker diskret und geht auf leiser Sohle.

Stellt man sich vor, als Fantasie natürlich,
unsre Politiker seinerzeit, ganz ungebührlich,
hätten an der Stell' von Habsburg,
getrieben ihren argen Unfug,
ohne Zögern, nicht lange hätte es gedauert,
man hätte sie in einem Kerker eingemauert.
Und sicher auch Genosse Tell
würde heute ziemlich schnell,
nicht den Apfel auf Walters Kopfe anvisieren
sondern auf des Politokraten Birne zielen.
Die Rütlischwüre würden wiederholt,
statt Österreicher Politiker nun versohlt.
Zwinguri tät' nicht in Schutt und Asche liegen,
dafür würde man Parteizentralen nun besiegen.
Am Gotthard täte man - statt eine arme Geiss - ganz unverhohlen
Politiker übers Brücklein jagen - der Teufel soll sie ruhig holen.

Kommen wir nun von der Geschicht' zur Quintessenz:
Parteien und Politiker sind schlimmer als die Pestilenz.
Doch wie kämen wir von denen frei?
Möglichkeiten sieht man höchstens deren zwei:

Da könnt' man erstens die Parteien in die Wüste jagen,
eine gute Sache, ohne Zweifel, ohne Fragen.
Alle die im Filze wohl gedeihen, Volkes Wille stets missachten,
könnten wir mit Freud' ins Pfefferland verfrachten.
Sehr einfach wär's in jedem Falle,
denn es beträfe schlichtweg alle.

Die zweite Möglichkeit, die wäre da brutaler
und auch das Resultat käm' sicherlich fataler.
In altem Brauch und Sitte,
ging's ab aus Volkes Mitte,
wie mancheiner oft schon wollte,
gäb' es eine prächtige Revolte.
Bauern würden Gabeln, Sensen, Knüppeln fassen,
mit denen sie gestaute Wut auslassen.
Mittelstand und Proletariat
wären sicher auch sehr schnell parat,
mit Steinen, Stecken und dem Molotow,
gäbe es schon einen rechten Zoff.
Selbst das Bürgertum wär' ausser Rand und Band,
nähme gwüss vom Salontisch den Fuss zur Hand.
Zum Einsatz käme noch ganz andrer Brockenstubenplunder,
würde chlepfen, tätschen, brennen wie ein grosses Fuder Zunder.
Womit wir mit Zanggen und mit Chären
wieder einmal beim Morgarten wären.

Friedvoll, intelligenter jedenfalls, würd' es gehn,
Partei und Politik würd' selber es einseh'n
und freiwillig sich unterm Stein verlochen,
wo sie einst ungefragt hervor gekrochen?
Sie finden dieses Votum zu direkt und krass?
Na gut, werft euch halt den Geiern vor - zum Frass.
Waseliwas? Auch so kann man's nicht gelten lassen?
Ohne Palaver wollt ihr nicht Entscheide fassen?
Zuerst soll die ganze Chose per Motion
an eine Untersuchungskommission.
Diese wird in sechs Jahren oder sieben,
eine lange Stellungnahme verabschieden.
Im Parlament wird diese dann beraten
und auf eine noch längre Bank geraten,
weil Fraktionen und auch Bundesrat
fänden es irgendwie doch schad',
wenn gänzlich ohne fachlich' Expertisen
Wirtschaft und Verbände sich vernehmen liessen.
Schon nach kaum vier Jahren hätten alle Interessierten
ihren Senf gegeben, weil sie schudderhaft pressierten.
Aufs Geschäft könnt' nun erneut im Rat, dem nationalen,
eingetreten werden, im ganz normalen Rahmen,
wo man mit üppig' Phrasendrescherei
stets heisse Luft am produzieren sei.
Dies würde dauern, so schätzt man schon,
mit Sicherheit die gänzliche Session.
Es würde überwiesen nun - es ist ein Jammer -
das Geschäft an die bedächtig', kleine Kammer,
wo die Vertreter unsrer Stände bald schon opponieren
und Differenzen an die grosse Kammer retournieren.
Hin und her und her und hin,
übrig bliebe vom Geschäft nicht viel.
Zerfleddert, aufgemixent und kaum noch zu erkennen,
würde man es Gegenvorschlag nun benennen.
Dem Volke endlich würd' die Sache vorgebracht,
die Frage lautet - wer hätte das gedacht -
«Wollt ihr den volksverbundenen Parteien
den Filz auf alle Zeit verzeihen?»

Drum sei es hier an dieser Stell' betont,
das Volk ist diesen Unfug zwar gewohnt,
FRISSOPA verkündet's den Parteien aber munter:

🔊 «Rutscht uns alle doch den Buckel runter!»

Wir hoffen, Ihnen einen kleinen  **Denkanstoss** zur Befindlichkeit 🌡 des Volkes vermittelt zu haben und versichern Ihnen, dass wir alles daran setzen werden, Ihrer **Auflösung** ja nicht im Wege zu stehen.

Wir danken für Ihre geneigte Kenntnisnahme🕸 und wünschen jetzt erst recht **«en Guete!»** 🍽 und **«Prost!»** 🍸

Mit parteilosem Gruss

Hans-Peter Leuenberger
Obmann
IG FRISSOPA

PS: Damit Sie keinen spontanen Demokratie-kulturschock erleiden, haben wir dieses Schreiben mit Ihnen wohlbekanntem Wohlfühlmaterial unterlegt.
Die lustigen Bildli haben wir übrigens gemacht, weil Sie ja die Sprache des Volkes nicht mehr recht verstehen.

Geht an: Christlich demokratische Volkspartei der Schweiz
EDU Schweiz
Europa Partei der Schweiz
Freiheits-Partei der Schweiz
Freisinnig-Demokratische Partei der Schweiz
Grüne Partei der Schweiz
Liberale Partei der Schweiz
Partei der Arbeit der Schweiz
Schweizerische Volkspartei
Sozialdemokratische Partei der Schweiz

BRIEFE AUS DEM HINTERHALT

PENSIONSKASSEN

ODER

DIE STAATLICH KORREKTE ENTSORGUNG DER RENTEN

Hans-Peter Leuenberger
Eichholzstrasse 16
3254 Messen

Messen, 3. Februar 2004

An den
BVG-Kassenvorstand
Garage Gysin AG
Bielstrasse 50
4503 Solothurn

BVG-Bescheinigung 2004

Sehr geehrte Damen und Herren

Gerne bestätige ich den Erhalt der BVG-Bescheinigung der Basler-Versicherung für das Jahr 2004, welche mir am 3. Februar 2004 ausgehändigt wurde.

Ich darf Ihnen versichern, dass ich mich durch den Begriff "Rentenklau" bisher nicht habe beeinflussen lassen, da ich durchaus einsehe, dass die Pensionskassen die Mindestzinssätze den Marktgegebenheiten anpassen müssen. Insofern ist für mich die Senkung des Mindestzinssatzes von 3.25% (2003) auf 2.25% (2004) durchaus verständlich und ich könnte sogar einer allfälligen moderaten Senkung des Umwandlungssatzes ein gewisses Verständnis entgegen bringen, obwohl die Pensionskassen in den "guten Jahren" doch äusserst diskret mit Überschussbeteiligungen umgegangen sind.

Was sich nun aber auf meiner Bescheinigung 2004 "abspielt" spottet jeglicher Rentenklaubeschreibung. Da teilt man mir offenbar allen Ernstes mit, dass meine voraussichtliche Altersrente um 14% sinkt, währenddem der reglementarische Beitrag um 34% erhöht wird (die Details wollen Sie bitte der beiliegenden Tabelle entnehmen). Ich bitte um Nachsicht, aber diese "Kröte" werde ich nicht kommentarlos schlucken. Ich bitte Sie deshalb um eine wohlwollende Beachtung meiner nachfolgenden Anfragen.

1. Der Kassenvorstand der Garage Gysin AG wird hiermit aufgefordert, bei der Basler-Versicherung vorstellig zu werden und eine detaillierte Kalkulation, die insbesondere auch die Verwaltungskosten ausweist, zu verlangen und diese den Mitarbeitern zugänglich zu machen.

2. Diese Detailzahlen sind unverzüglich mittels Offerten von anderen BVG-Stiftungen zu vergleichen. Den Mitarbeitern der Garage Gysin AG ist eine obligatorische BVG-Versicherung mit bestmöglichem Kosten/Leistungsverhältnis anzubieten.

3. Ich erbitte die schriftliche Zustellung einer Rechtsmittelbelehrung, die aufzeigt, in welcher Form und bei welcher offiziellen Stelle gegen diese "Kalkulation" Einspruch erhoben werden kann, sofern die Basler-Versicherung auf den vorliegenden Zahlen beharrt. Weiter ist aufzuzeigen, inwiefern der einzelne Versicherte die obligatorische berufliche Vorsoge mit einer Stiftung seiner Wahl abschliessen kann. Es muss zu denken geben, dass ich mit meiner 3. Säule eine bessere Rendite und Altersvorsorge erreiche als mit der obligatorischen 2. Säule!

4. Ich erbitte die Erlaubnis des Kassenvorstandes und der Geschäftsleitung, dieses Schreiben allen Mitarbeitern der Garage Gysin AG zur Kenntnis zu bringen.

Es tut eigentlich nichts zur Sache, aber...

Ich bezahlte 2003 eine Krankenkassenprämie in der Höhe von 4.8% meines Bruttoeinkommens und habe für 2004 eine moderate - so jedenfalls hat es unserer werter, letztjähriger Herr Bundespräsident Couchepin zu bezeichnen geruht - Erhöhung von 7.3%, unter gleichzeitiger, massiver Anhebung der Franchise, mitgeteilt erhalten, obwohl ich die kranke Kasse noch nie beanspruchen musste und sich die sogenannte Versicherung standhaft weigert, mir einen Beitrag an die Brille zu leisten.
Zum Glück ist der ALV-Beitrag von 1.25% auf 1.00% gesunken und mein Arbeitgeber hat mir einen Teuerungsausgleich von 0.5% zugestanden. Leider ist aber der NBUV-Beitrag von 1.79% auf 1.90% gestiegen und die Pensionskasse will lächerliche 34% mehr Beitrag. Komisch, aber irgendwie ist mein Lohn somit um 1.23% gesunken.
Über die vom Bundesamt für Statistik ermittelte Teuerungrate kann ich also angesichts des massiven Kaufkraftverlustes nur milde lächeln.

Ich gehe davon aus, dass die schriftliche Stellungnahme des Kassenvorstandes resp. der Pensionskasse bis zum 20. Februar 2004 vorliegt, um allfällige weitere Massnahmen noch innert Monatsfrist einleiten zu können.

Besten Dank für Ihre Bemühungen und Ihre umgehende Stellungnahme.

Mit freundlichen Grüssen

Hans-Peter Leuenberger

Business Personenversicherung

A
Via Arbeitgeber

Garage Gysin AG
Hr. Hans-Peter Leuenberger
Bielstrasse 50
Postfach
4503 Solothurn

Ihre Kontaktperson

Marcel Schnider
Verkaufssupport ID

Tel.   +41 32 625 69 15 (direkt)
Fax   +41 32 625 69 51
E-Mail marcel.schnider@baloise.ch

Solothurn, 10. Februar 2004

BVG-Bescheinigung 2004 - Versicherten-Nummer 51/1072613

Sehr geehrter Herr Leuenberger

Wir bestätigen den Erhalt Ihres Schreibens vom 03.02.2004, welches Ihr Arbeitgeber an uns weitergeleitet hat.

Die Beantwortung Ihrer Fragen bedarf gewisser Abklärungen. Wir werden uns so rasch als möglich mit Ihnen bzw. der Firma Garage Gysin AG in Verbindung setzen.

Freundliche Grüsse

Basler
Lebens-Versicherungs-Gesellschaft

Marcel Schnider

Basler Lebens-Versicherungs-Gesellschaft
Generalagentur Solothurn/Oberaargau, Bielstrasse 32, 4503 Solothurn
Tel. 032/625 69 11, Fax 032/625 69 51, www.baloise.ch

Hans-Peter Leuenberger
Eichholzstrasse 16
3254 Messen

Messen, 27. Februar 2004

Bundesamt für Privatversicherungswesen
Informationsstelle
Friedheimweg 14
3003 Bern

BVG-Bescheinigung 2004

Sehr geehrte Damen und Herren

Am 3. Februar 2004 wurde mir die BVG-Bescheinigung 2004 ausgehändigt. Nach einer eingehenden Kontrolle musste ich feststellen, dass meine voraussichtliche Altersrente um 13.81% gesunken war (im Vorjahr bereits -8.07%) und gleichzeitig eine Erhöhung des reglementarischen Beitrages um 34% (Vorjahr +8.33%) erfolgte. In der Folge wandte ich mich an den Kassenvorstand, der an die Basler Versicherung gelangte. Diese wiederum entsandte zwei Vertreter, welche mir die Angelegenheit zu erklären versuchten (Stichworte: Mindestzinssatzsenkung, magische Altersgrenze 45 usw.), was kurz zusammengefasst auf die Floskel „Ist alles im gesetzlichen Rahmen" reduziert werden kann. Fast unglaublich bleibt jedoch die Tatsache, dass meine Altersrente innerhalb von nur zwei Jahren um 22% weniger wert ist und dass sich die Beiträge im gleichen Zeitraum um über sagenhafte 42% erhöht haben. Ich darf mir gar nicht vorstellen, wie diese Zahlen aussehen werden, wenn in absehbarer Zeit der Verrechnungssatz auch noch gesenkt wird.

Da ich ebenfalls um Rechtsmittelbelehrung ersuchte und mir die Basler Versicherung Ihre Adresse angab, erlaube ich mir nun an Sie zu gelangen.

1. Können Sie aufgrund der Beilagen bestätigen, dass sich meine berufliche Vorsorge im gesetzlichen Rahmen bewegt.

2. Wenn dies zutrifft, können Sie mir erklären, wieso meine 3. Säule eine erheblich höhere Rendite abwirft als meine BVG-Versicherung. Oder anders gefragt: Ist Ihnen bewusst, dass ich mittels BVG dazu gezwungen werde mein Altersgeld zu entwerten?

3. Können Sie mir eine schriftliche Garantie abgeben, dass ich bei meiner Pensionierung mindestens CHF 350'000.00 als voraussichtliche Altersrente zur Verfügung haben werde (bei Beiträgen im jetzigem Rahmen bis zur Pensionierung mit 65 oder 67 Jahren).

4. Ist in absehbarer Zeit vorgesehen, dass der Arbeitnehmer eine BVG-Stiftung frei wählen kann oder gibt es Möglichkeiten, die 2. Säule in die 3. Säule fliessen zu lassen?

Erlauben Sie mir abschliessend ein Bonmot, das Sie sicher als übertrieben und unsachlich empfinden werden. Tja, das ist aber die Stimmung in der arbeitenden Bevölkerung. Und die bezahlt bekanntlich Ihr Salär und wird ab und zu auch spöttisch „Der Souverän" genannt.

> **Alle schreien *Rentenklau!***
> und dabei sieht keine Sau,
> all dies ist gesetzlich' einwandfrei,
> weil's so im BVG geschrieben sei.
> Keiner unsrer hohen Räte
> sich mal kurz was fragen täte
> und auch das Beamtentum
> dreht lieber an ihren Däumen rum.
> Letztere reiten Paragraphen, kaum zu fassen,
> derweil bereichern sich unverschämt die Kassen,
> den ihnen werden Pfründe generiert,
> ehrlich, nicht einmal einer, der sich da geniert.
> Der kleine Mann wird einmal mehr gerupft,
> doch kein Volksvertreter fühlt sich da betupft.
> Kommen im kühnsten Traum nicht drauf',
> auch wenn's Pöpel protestiert zu Hauf,
> es könnt' vielleicht eventuell ja sein,
> das dieses BVG für's Büsi sei!

 Mmmmiiiaaaaauuuuu**!**

Besten Dank für Ihre Bemühungen und Ihre umgehende, schriftliche Stellungnahme.

Mit sorgenvollen Grüssen

Hans-Peter Leuenberger

Beilagen: BVG-Bescheinigungen 2002-2004
            Tabelle „Entwicklung BVG-Kollektivversicherung"

27.02.2004   Seite 2/2   HPL

Bundesamt für Privatversicherungen BPV
Office fédéral des assurances privées OFAP
Ufficio federale delle assicurazioni private UFAP
Swiss Federal Office of Private Insurance FOPI

Datum	30. März 2004	**A-Post**
Ihr Zeichen		Herrn
		Hans-Peter Leuenberger
Ihre Nachricht vom	27. Februar 2004	Eichholzstrasse 16
		3254 Messen
In der Antwort anzugeben	007-L-361-22 / Dr (Hm)	
Direktwahl	031 322 79 42	

BVG-Bescheinigung 2004

Sehr geehrte Herr Leuenberger

Wir beziehen uns auf Ihr Schreiben vom 27.2.2004. In diesem stellen Sie zunächst fest, dass Ihre Beiträge stark gestiegen sind, gleichzeitig sich aber der Wert der voraussichtlichen Altersrente stark verringert hat. Beide Änderungen haben verschiedene Ursachen, die nichts miteinander zu tun haben.

- Die Beitragserhöhung von 2002 auf 2003 beruht im Wesentlichen auf Ihrer Lohnerhöhung, die entsprechend höhere Spar- und Risikoprämien zur Folge hat. Sie profitieren jeweils von einer entsprechend erhöhten Leistung.

- Die Beitragserhöhung von 2003 auf 2004 ist begründet durch das Erreichen der nächsten Sparstufe im Alter von 45 in der Höhe von 10% gegenüber vorher 7%. Diese Erhöhung der Sparprämie fliesst ebenfalls voll in Ihr Altersguthaben.

- Wieso erhöht sich nicht die voraussichtliche Altersrente, wenn man in die nächste Sparstufe rutscht? Die voraussichtliche Altersrente ist natürlich unter anderem von den erwarteten Sparprämien abhängig. Da die Sparstufen vertraglich festgelegt sind, werden diese planmässigen Prämienerhöhungen bereits in die Hochrechnung miteinbezogen. Ein Erreichen der nächsten Stufe ändert also nichts an der Hochrechnung.

- Wieso aber hat sich die voraussichtliche Altersrente sogar deutlich verringert? Die Sparbeiträge fliessen in Ihr Altersguthaben, das mit dem gesetzlichen BVG-Mindestzinssatz verzinst wird. Aufgrund des Ertragseinbruchs in den Kapitalmärkten hat der Gesetzgeber diesen Zinssatz in den letzten zwei Jahren zweimal gesenkt, von 4% auf 3.25% und jetzt auf 2.25%. Bei der Hochrechnung des zukünftigen Altersguthabens hat die Anwendung des reduzierten Zinssatzes natürlich ein deutlich verringertes Altersguthaben zur Folge.

Friedheimweg 14   Tel. +41 (0)31 322 79 11   ruth.diggelmann@bpv.admin.ch
CH-3003 Bern   Fax +41 (0)31 323 71 56   www.bpv.admin.ch

anfrage leuenberger.doc

Bundesamt für Privatversicherungen BPV
Office fédéral des assurances privées OFAP
Ufficio federale delle assicurazioni private UFAP
Swiss Federal Office of Private Insurance FOPI

2

Zu Ihren Fragen im Einzelnen:

1. Für die berufliche Vorsorge gelten gesetzliche Rahmenbedingungen. Tatsächlich würden Sie von den beiden oben genannten Ursachen für die Prämienerhöhung und die voraussichtliche Leistungsminderung bei jeder anderen Versicherung oder Pensionskasse ebenfalls getroffen werden.

2. Ein direkter "Renditevergleich" zwischen BVG und dritter Säule ist eigentlich nicht möglich, da die Bedingungen sehr unterschiedlich sind. Der garantierte technische Zins ist in der kollektiven Vorsorge normalerweise immer höher als bei Neuabschlüssen in der dritten Säule. Die Risikoprämien für Kerngesunde sind im Einzelleben günstiger, aber als Mitarbeiter z.B. der Baubranche könnte man sich privat kaum gegen Invalidität absichern. Die Kostenprämien für den Verwaltungsaufwand sind allerdings in der letzten Zeit in der beruflichen Vorsorge deutlich gestiegen. Insgesamt kann man sicherlich sagen, dass generell das "Preis-Leistungsverhältnis" bei der beruflichen Vorsorge nicht ungünstiger ist als bei der privaten.

3. Eine Garantie für das zukünftige Altersguthaben können wir nicht geben, da dieses von verschiedenen Faktoren abhängt. Wenn sich der gesetzliche Rahmen der beruflichen Vorsorge nicht ändert, der BVG-Mindestzinssatz nicht weiter reduziert wird, der Sparstufenplan Ihres jetzigen oder zukünftigen Arbeitgebers sich nicht ändert und auch Ihr Gehalt nicht verringert, dann reduziert sich auch Ihr voraussichtliches Altersguthaben nicht. Der Bundesrat hat den BVG-Mindestzinssatz, der seit 1985 bei 4% lag, am 1.1.2003 auf 3.25 und am 1.1.2004 auf 2.25% gesenkt. Bei einer nachhaltigen Erholung des Kapitalmarktes wird er beschliessen, ihn wieder anzuheben. Letzteres hätte dann auch wieder höhere Altersguthaben zur Folge.

Zu berücksichtigen ist allerdings auch der Rentenumwandlungssatz, der auf Ihr Altersguthaben angewandt wird, um die Altersrente zu bestimmen. Er beträgt derzeit noch 7.2%. Der implizit darin enthaltene Zinssatz von 5.44% für Männer und 5.95% für Frauen kann derzeit von den Versicherungen kaum erwirtschaftet werden. Dies führt praktisch dazu, dass sich die Aktiven partiell an der Finanzierung derjenigen laufenden Renten beteiligen, die mit diesem Umwandlungssatz bestimmt wurden. Die mit der 1. BVG Revision beschlossene Verringerung des Umwandlungssatzes wird eine Reduktion der zukünftigen Renten zur Folge haben.

4. Es ist uns bekannt, dass es politische Vorstösse gibt, den einzelnen Arbeitnehmer die Vorsorgeeinrichtung frei wählen lassen zu können oder die Vorsorgegelder in die 3. Säule fliessen zu lassen. Ob die Vorstösse je Gesetzeskraft erlangen, wird die Zukunft zeigen. Tatsächlich widerspräche dies dem Grundprinzip der kollektiven Vorsorge in der 2. Säule, in der die Prämien nicht von individuellen Merkmalen ausser dem Alter und dem Geschlecht abhängen. Andernfalls würde eine Risikotrennung stattfinden, die für Kerngesunde zu günstigen Prämien, für durchschnittlich Gesunde zu mittleren Prämien und für die übrigen zu einer extremen Verteuerung bzw. zu Unversicherbarkeit führen würde.

Friedheimweg 14   Tel. +41 (0)31 322 79 11   ruth.diggelmann@bpv.admin.ch
CH-3003 Bern   Fax +41 (0)31 323 71 56   www.bpv.admin.ch

anfrage leuenberger.doc

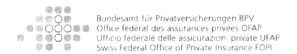

Bundesamt für Privatversicherungen BPV
Office fédéral des assurances privées OFAP
Ufficio federale delle assicurazioni private UFAP
Swiss Federal Office of Private Insurance FOPI

3

Mit Ihrem angefügten Vers haben wir kein Problem. Als Mitarbeiter der Versicherungsaufsicht sollte man ruhig auch über etwas Humor verfügen.

Wir hoffen, Ihnen mit diesen Erläuterungen gedient zu haben.

Mit freundlichen Grüssen

i.V.

Ruth Diggelmann, Aufsichtsbeauftragte

Beilage: BSV-Mitteilung zur 1. BVG-Revision

Friedheimweg 14   Tel. +41 (0)31 322 79 11   ruth.diggelmann@bpv.admin.ch
CH-3003 Bern   Fax +41 (0)31 323 71 56   www.bpv.admin.ch

anfrage leuenberger doc

223

Hans-Peter Leuenberger
Elchholzstrasse 16
3254 Messen

Messen, 5. April 2004

Bundesamt für Privatversicherungen BPV
Frau Ruth Diggelmann
Aufsichtsbeauftragte
Friedheimweg 14
3003 Bern

Ihr Schreiben vom 30. März 2004

Sehr geehrte Frau Diggelmann

Herzlichen Dank für Ihr ausführliches Antwortschreiben vom 30. März 2004 auf meine Anfrage vom 27. Februar 2004. Es ist erwiesenermassen nicht selbstverständlich, als Bürger und Steuerzahler von einer Bundesstelle eine Antwort auf eine Anfrage zu erhalten, was Ihre Bemühungen sogar doppelt ehrt.

Zuerst verursachten mir Ihre Ausführungen erhebliche Kopfschmerzen und eine heillose Angst vor dem baldigen Unvermögen, weiterhin genügend Geld in meine baufällige 2. Säule pumpen zu können, damit die im gesetzlichen § Rahmen stattfindende Deflation meine Altervorsorge nicht vollständig auffrisst. Dann aber dämmerte es mir langsam, dass Sie sich einen veritablen **Scherz** mit mir erlaubt haben, da mich das Schreiben just am **1. April** erreichte. Eh ja, ich habe Ihr Schreiben einfach zusammengefasst und so gesehen, dass da kein einziges Wort stimmen kann:

> Alle erwähnten und belegten Mutationen meiner BVG-Bescheinigungen bewegen sich im gesetzlichen Rahmen und alle vorgenommenen Prämienerhöhungen fliessen voll in mein, durch eine Hochrechnung berechnetes Altersguthaben, obwohl sich dieses durch den neuen Mindestzinssatz deutlich verringert und durch die beschlossene Senkung des Umwandlungssatzes noch mehr reduzieren wird. Ein direkter Vergleich zwischen BVG und dritter Säule ist nicht möglich, eine Garantie für mein Alterguthaben können Sie nicht abgeben, eine frei wählbare Vorsorgeeinrichtung widerspräche dem Grundprinzip der kollektiven Vorsorge und als Mitarbeiterin der Versicherungsaufsicht verfügen Sie über Humor.

05.04.2004 Seite 1/3 HPL

Hi, hi, hi, hi... also Letzteres kann ich Ihnen voll bestätigen! ⋛☺⋚ Sie sind mir aber eine...!

Ich habe mir fast einen **Bauchfellwolf** gelacht, so habe ich mich über Ihre Ausführungen amüsiert, als ich sie noch weiter gerafft habe:

> Ich bezahle immer mehr BVG-Prämien, mein Alterguthaben, für das das BPV keine Garantie abgeben kann, reduziert sich aber logischerweise immer mehr und alles ist gesetzlich in bester Ordnung.

Ganz ehrlich, liebe Frau Aufsichtsbeauftragte, soviel Joke hätte ich einer Bundesbeamtin nie zugetraut! Ha, ha, ha, ha... Sie möchten mich also tatsächlich zwingen, meine Altersvorsorge via BVG abzuwickeln, für das Sie aber nicht die geringste Garantie zu übernehmen bereit wären. Ha, ha, ha, ha... und mit der privaten Vorsorge könne man es auch nicht vergleichen, obwohl beides meine sauer verdienten Kohlen sind! Ha, ha, ha, ha... echt, Sie lassen aber nichts aus! Spätestens bei der Verweigerung der Garantie habe ich gewusst, dass es sich um einen Aprilscherz handelt! Eh ja, Sie können mir also nicht garantieren, dass ich dereinst CHF 350'000.00 als Altersguthaben auf dem Konto haben werde. Würde ich nämlich seit meinem 25 Alterjahr genau die gleichen Einzahlungen (Arbeitnehmer- und Arbeitgeberbeiträge) auf ein privates Vorsorgekonto geleistet haben und würde ich diese im jetzigen Rahmen bis zu meinen 65. Alterjahr weiter überweisen, wären mir mindestens CHF 500'000.00 garantiert. Sehen Sie, liebe Frau Diggelmann, das wäre ja Betrug unter dem Schutz von Bundesparagraphen! Ha, ha, ha, ha...und das gibt es nicht! Betrug auf Bundesgeheiss...

Uagadudu-mobatissu-walla-balla-balla ...

...Bananenrepublik... Ha, ha, ha, ha...Ich bin schlussendlich ja **SOOOOOOOooooo** froh, ist das alles nur ein gut gelungener Scherz von Ihnen und das ganze BVG bewegt sich weiterhin auf dem tugendhaften Pfade des Gesetztes §!

Ha, ha, ha, ha...Stellen Sie sich nur vor, wie man Ihre Aussagen zu einer Quintessenz zusammenfassen könnte:

Das Bundesamt für Privatversicherungen kann keinem BVG-Versicherten einen Altersrentenbetrag im Rahmen seiner Einzahlungen garantieren.

Hi, hi, hi, hi...Kein Zweifel: Das würde ja bedeuten, dass in diesem Lande der gesunde Menschenverstand mittlerweile durch Paragraphen ersetzt worden wäre! Ha, ha, ha, ha...Ich kann mich fast nicht mehr

erholen... >:(-)<

Besten Dank jedenfalls für Ihr lustiges Schreiben zum 1. April 2004. Ich muss zugeben, dass ich angenehm überrascht bin! Ich hätte das von einem Bundesamt nie erwartet!!

Darf ich jetzt – da der 1. April doch hinter uns liegt – eine seriöse Antwort auf mein Schreiben erwarten? Ich danke Ihnen mit einem Augenzwinkern und einem schallenden

◀))) **„Hellau!"** bereits im Voraus herzlich ♥ !

Hi-hi-hi-ha-ha-hi-hä-hu-ha-hi-hi...

Mit äusserstem Vergnügen

Hans-Peter Leuenberger

Hans-Peter Leuenberger
Eichholzstrasse 16
3254 Messen

Messen, 3. Mai 2004

Bundesamt für Privatversicherungen BPV
Frau Ruth Diggelmann
Aufsichtsbeauftragte
Friedheimweg 14
3003 Bern

Meine Schreiben vom 27. Februar 2004 und 5. April 2004

Sehr geehrte Frau Diggelmann

Mit grossem Bedauern musste ich feststellen, dass Ich noch immer ohne *seriöse* Antwort auf meine Schreiben vom 27. Februar 2004 und 5. April 2004 bin.

Es ist nicht etwa so, dass ich Ihren scherzhaften Abstecher vom 30. März 2004 nicht schätzen würde, aber mir sitzt mittlerweile die Basler-Versicherung im Nacken, da ich mich seit dem Erhalt der erwähnten Bescheinigung 2004 weigere, AHV- und BVG-Beiträge zu entrichten. Und es wäre mir auch irgendwie recht, wenn die Angelegenheit bereinigt werden könnte, damit ich mich unbelastet der Mehrwertsteuervorlage vom 16. Mai 2004 zuwenden kann. Da hat ja unser heiss geliebter Mösio le Président gedroht, dass das Rentenalter irgendwie zwischen 76 und 92 Jahren steigen würde, wenn wir die MWSt. nicht freiwillig erhöhen. Stellen Sie sich das mal vor:

> **Ich würde immer mehr AHV- und BVG-Prämien bezahlen, mein Alterguthaben, für das das BPV keine Garantie abgeben kann, würde sich immer mehr reduzieren, gesetzlich wäre alles in Ordnung und wenn ich endlich in den Genuss des nicht mehr vorhandenen Altersguthabens kommen würde, wäre ich schon längst tot.**

Ich weiss nicht, ich weiss nicht, aber irgendwie bin ich noch nicht so ganz von unserer viel gerühmten Altersvorsorge überzeugt. Es muss also irgendwie ein grosses Missverständnis vorliegen.

Für Ihre seriös aufklärenden Worte wäre ich also äusserst dankbar.

Mit grösster Verunsicherung
und tiefster Besorgnis

Hans-Peter Leuenberger

Bundesamt für Privatversicherungen BPV
Office fédéral des assurances privées OFAP
Ufficio federale delle assicurazioni private UFAP
Swiss Federal Office of Private Insurance FOPI

Datum	19. Mai 2004
Ihr Zeichen	
Ihre Nachricht vom	3. Mai 2004
In der Antwort anzugeben	007-L-361-22 / Ba (Dr)

A-Post
Herrn
Hans-Peter Leuenberger
Eichholzstrasse 16
3254 Messen

Sehr geehrte Herr Leuenberger

Wir beziehen uns auf Ihr Schreiben vom 3. Mai 2004, in dem Sie festhalten, dass Sie auf Ihre Schreiben vom 27. Februar und 5. April 2004 noch immer ohne seriöse Antwort sind.

Nach Durchsicht der zwischen Ihnen und dem BPV erfolgten Korrespondenz sind wir zur Auffassung gelangt, dass die in Ihrer Anfrage vom 27. Februar und 5. April 2004 aufgeworfenen Fragen und Feststellungen umfassend und seriös beantwortet worden sind. Zu den in Ihrem Schreiben vom 3. Mai allgemeinen Feststellungen haben am 30. März 2004 bereits geantwortet, soweit es den Aufsichtsbereich des BPV betraf.

Mit freundlichen Grüssen

Peter-Heinz Bader,
Leiter Ressort Lebensver-
sicherungen

Friedheimweg 14   Tel. +41 (0)31 322 79 11   ruth.diggelmann@bpv.admin.ch
CH-3003 Bern   Fax +41 (0)31 323 71 56   www.bpv.admin.ch

anfrage leuenberger190504.doc

228

Hans-Peter Leuenberger
Eichholzstrasse 16
3254 Messen

Messen, 24. Mai 2004

Bundesamt für Privatversicherungen BPV
Herr Peter-Heinz Bader
Leiter Ressort Lebensversicherungen
Friedheimweg 14
3003 Bern

Ihr Schreiben 007-L-361-22 / Ba (Dr) vom 19. Mai 2004

Sehr geehrter Herr Bader

Besten Dank für Ihr Schreiben vom 19. Mai 2004, das mich hochgradig verunsichert, ja nachgerade in eine heillose Angst vor meiner Pensionierung versetzt hat.

Wollen Sie tatsächlich **durchblicken** lassen, dass das Schreiben von Frau Diggelmann vom 30. März 2004 **ernst** gemeint war **?** Wollen Sie mir , einem kleinen Lohnbezüger, der per Gesetz zur Abgabe der BVG-Beiträge verknurrt wird, schonend beibringen, dass Sie als BVG-Aufsichtsbehörde mir nicht einmal dafür garantieren können und wollen, dass ich dereinst meine einbezahlten Beiträge zinslos als **Altersguthaben** zur Verfügung haben werde **?**

Nun, dazu gibt es eigentlich nicht mehr viel zu bemerken – oder?

Ah doch, eine allerletzte Frage hätte ich noch:

Können Sie mir bitte mitteilen, wer auf Bundesebene für eine allfällige Anpassung der Schweizerflagge zuständig ist? Ich möchte nämlich Unterschriften dafür sammeln, dass die

Hoheitszeichen

Schweizerkreuzfahne durch ein neues ersetzt wird:

Zwei diagonal gekreuzte schmutzig-gelbe Bananen auf braunem Grund.

Besten Dank für Ihre Bemühungen und Ihre baldige Antwort.

Bongo-Bungo-Bam-Bam

Hans-Peter Leuenberger

PS: Einen herzlichen Gruss an Frau Diggelmann. Oder ist Sie schon ganz beschämt vom Bürostuhl gesprungen?

BRIEFE AUS DEM HINTERHALT

Gevierteilte Vorfahren, rostige Rüstungen und viele, viele, viele Ämter

Hans-Peter Leuenberger
Eichholzstrasse 16
3254 Messen

Messen, 28. Januar 2004

Gruppe Rüstungen
Unterhaltsdienst
Kasernenstrasse 19
3003 Bern

Produkteverzeichnis

Sehr geehrte Damen und Herren

Ich habe von meiner Grosstante Isolde mütterlicherseits die alte Kampfrüstung von unserem Vorfahr Niklaus (...er soll scheins in dieser Rüstung zu Bern geviertelt worden sein...) geschenkt bekommen. Leider ist das etwas verbeulte Ding arg angerostet und völlig mit Grünspan patiniert.

Da Sie offenbar Spezialisten in Sachen Rüstungen sind, können Sie mir vielleicht einen Tipp geben, wie ich das alte Familienerbstück wieder in einen einigermassen präsentablen Zustand bekomme? Vielleicht verfügen Sie sogar über eine Liste mit geeigneten Produkten und/oder Werkzeugen, welche Sie mir zur Verfügung stellen könnten?

Gerne erwarte ich Ihre geschätzte Antwort und danke Ihnen bereits herzlichst im Voraus.

Mit freudlichen Grüssen

Hans-Peter Leuenberger

Hans-Peter Leuenberger
Eichholzstrasse 16
3254 Messen

Messen, 1. März 2004

Gruppe Rüstungen
Unterhaltsdienst
Kasernenstrasse 19
3003 Bern

Mein Schreiben vom 28. Januar 2004

«HHHAAAALLLOOOOOOooooooo!!!...»

«...ist da wer?»   «Oh! Entschuldigen Sie bitte, aber ich hab' schon gedacht, dass Sie zu denen gehören, die der Sämi Schmid den rostigen Leoparden zum Frass vorwerfen will.»

Sehr geehrte Damen und Herren

Leider habe ich bis heute keine Antwort auf mein Schreiben vom 28. Jänner 2004 erhalten. Ich hoffe doch sehr, dass Ihre Reglemente und Paragraphen auch einige Hinweise auf „Höflichkeit", „Bürgernähe und „Service Publique" enthalten?! Wissen Sie, obwohl ich zu der Minderheit gehöre, die Ihren Lohn berappt und die Sie ab und zu spöttisch „Der Souverän" nennen, bin ich der Meinung, dass es möglich sein müsste, mir die gewünschte Auskunft zu erteilen. Oder haben Sie amänd das Schreiben vernuschet? Also gut, hier eine kleine Gedächtnisstütze:

> Ich habe von meiner Grosstante Isolde mütterlicherseits die alte Kampfrüstung von unserem Vorfahr Niklaus (...er soll scheins in dieser Rüstung zu Bern geviertelt worden sein...) geschenkt bekommen. Leider ist das etwas verbeulte Ding arg angerostet und völlig mit Grünspan patiniert.
> Da Sie offenbar Spezialisten in Sachen Rüstungen sind, können Sie mir vielleicht einen Tipp geben, wie ich das alte Familienerbstück wieder in einen einigermassen präsentablen Zustand bekomme? Vielleicht verfügen Sie sogar über eine Liste mit geeigneten Produkten und/oder Werkzeugen, welche Sie mir zur Verfügung stellen könnten?

Herzlichen Dank für Ihre umgehende Antwort.

Mit freundlichen Grüssen

Hans-Peter Leuenberger

PS: Ich möchte die Rüstung demnächst als Leihgabe ans Historische Museum geben, damit die Erinnerung an meinen Vorfahr weiterlebt. Aber ich glaube kaum, dass die das Exponat im jetzigen Zustand überhaupt annehmen würden.

01.03.04   Seite 1/1   HPL

arma suisse
Zentrum für militärische und zivile Systeme
Centre pour systèmes militaires et civils
Centro per i sistemi militari e civili
Center per sistems militars e civils

Herr
Hans-Peter Leuenberger
Eichholzstrasse 16
3253 Messen

Ihr Zeichen	Aktenzeichen Internas	Direktwahl +41 31 324 55 53	Datum 04.03.2004
Unser Zeichen ZD/ KRU/ HEC	Ident.-Nr. AR 26381475/ V01	ruedi.kropf@armasuisse.ch	

Ihr Schreiben vom 01. März 2004

Sehr geehrter Herr Leuenberger

Wir haben Ihr Schreiben heute zur Beantwortung an folgende hiefür zuständige Stelle weitergeleitet:

Bundesamt für Betriebe des Heeres
Viktoriastrasse 85
Postfach 5851
3003 Bern

Tel 031 324 74 00 (Information Auskunft)

Mit freundlichen Grüssen

Zentrale Dienste
Der Direktor

R. Kropf

armasuisse
Ein Bereich des Departements für Verteidigung,
Bevölkerungsschutz und Sport VBS

Kasernenstrasse 19, CH-3003 Bern
Tel. +41 31 324 55 53, Fax +41 31 324 59 76
info@armasuisse.ch, www.armasuisse.ch

MANAGEMENTSYSTEM
ISO 9001 / 14001

Hans-Peter Leuenberger　　　　　　　　　　**Messen, 8. März 2004**
Eichholzstrasse 16
3254 Messen

VSAM
Verein Schweizer Armeemuseum
Herrn Henri Habegger
Postfach 2634
3601 Thun

Ihr telefonische Mitteilung vom 6. März 2004

Sehr geehrter Herr Habegger

Herzlichen Dank für Ihre Mitteilung vom 6. März 2004, die Sie auf meinem Telefonbeantworter hinterlassen haben. Bitte entschuldigen Sie mich, dass ich Sie nicht zurückgerufen habe, aber es geschah im Interesse Ihres wohlverdienten Schlafes: Ich arbeite immer in der Nachtschicht, schlafe also, wenn Sie arbeiten und arbeite, wenn Sie schlafen.
Meine Grossmutter väterlicherseits war übrigens eine ledige Habegger. Sagt Ihnen die ehemalige Bäckerei Habegger in Salvenach (Dorfeingang von Gurmels herkommend, erstes Haus links) etwas? Anyway, tut ja eigentlich nichts zur Sache.

Also, wenn ich Ihre Mitteilung richtig interpretiert habe, hat die Gruppe Rüstungen die Angelegenheit an Sie „abgschüfelet"? Ich muss zu meiner Schande gestehen, dass ich nicht gewusst habe, dass es ein Armeemuseum gibt. Gehe ich aber recht in der Annahme, dass die Gruppe Rüstungen eine Abteilung von Ihnen ist, die sich auf die Restauration von alten Rüstungen spezialisiert hat? So jedenfalls wurde mir dies vom Auskunftsdienst VBS mitgeteilt. Insofern bin ich nun aber etwas erstaunt und verunsichert, dass die Spezialisten die Angelegenheit „nach Oben" weitergeleitet haben. Ist alles irgendwie so verwirrlich. Anyway.

Es könnte natürlich sein, dass Sie als Museumskurator spitzgekriegt haben, dass es um eine historisch recht wertvolle Rüstung geht und nun ein klein wenig Honig um meinen Bart streichen wollen. Ich muss Sie aber enttäuschen! Niklaus Leuenberger wurde in Bern hingerichtet und geviertelt und ich betrachte es als meine persönliche Lebensaufgabe, die Rüstung dorthin zurückzuführen, damit den „hohen Herren zu Bern" auf alle Zeiten das begangene Unrecht vor Augen geführt wird.

Es geht mir also wirklich nur darum, Informationen über geeignete Mittel und Geräte zu erhalten, um die Rüstung in einen ordentlichen Zustand zu bringen. Natürlich, so werden Sie nun sagen, könnte die Restauration vom beschenkten Museum vorgenommen werden, aber dabei übersehen Sie, dass es dabei auch um die Familienehre geht: Ein letzter Dienst für einen grossen Vorfahren.

In diesem Sinne danke Ich Ihnen von ganzem Herzen für Ihre Bemühungen und wäre nach wie vor über entsprechende Informationen sehr, sehr dankbar.

　　　　　　　　　　　　　　　　　Mit freundlichen Grüssen

　　　　　　　　　　　　　　　　　Hans-Peter Leuenberger

Hans-Peter Leuenberger
Eichholzstrasse 16
3254 Messen

Messen, 10. März 2004

armasuisse
Zentrale Dienste
Herrn Direktor Ruedi Kropf
Kasernenstrasse 19
3003 Bern

Ihr Schreiben vom 04. März 2004
ZD/KRU/HEC   Ident.-Nr. AR 26381475/V01

Sehr geehrter Herr Kropf

Jesses! Was habe ich um Gotteswillen mit dem VBS und daselbst mit militärischen und zivilen Systemen zu tun? Und von was für einem Schreiben von mir schreiben Sie da, Sie hätten ‚«…es an die hiefür zuständige Stelle weitergeleitet»? Und diese Stelle sei das Bundesamt für Betriebe des Heeres! Es muss sich hier um eine grundsätzliche Verwechslung handeln, da ich generell ein sehr friedfertiger Mensch bin und keinesfalls einen grösseren Konflikt mittels militärischen Systemen und einem Heer gegen wen oder was auch immer plane.

Könnten Sie bitte abklären, was ich damit zu tun haben könnte? Ich versichere Ihnen, dass ich sämtliche Militärdienste absolviert habe und sogar befördert wurde. Auch wurde ich schlussamänd ehrenhaft aus der Wehrpflicht entlassen. Ich kann mir also beim besten Willen nicht erklären, was ich mit dem Departement Schmid zu tun hätte. Könnte es sein, dass die fehlenden Finanzen beim VBS sich mittlerweile sogar auf die Korrespondenz niederschlagen?

Besten Dank für Ihre freundlichen Bemühungen und Ihre baldige Antwort.

Mit freundlichen Grüssen

Hans-Peter Leuenberger

Der 1. Vizepräsident und
Leiter Ressort Systematische Sammlung

Henri Habegger
Brucheggweg 13
CH-3612 Steffisburg
henri.habegger@armeemuseum.ch
Tf 079 / 415'11'67

Postfach 2634
3601 Thun

s a m ✚

schweizer armeemuseum
musée suisse de l'armée
museo svizzero dell'esercito
museum svizra da l'armada

Steffisburg, 11.03.2004

Herrn
Hans-Peter Leuenberger
Eichholzstr. 16
3254 Messen

Sehr geehrter Herr Leuenberger,

Ich danke Ihnen für Ihre umfassende Antwort auf meine telefonischer Kontaktaufnahme.

Es freut mich, dass Sie mit dem Namen Habegger verwandtschaftliche Beziehungen verbinden, muss aber leider eingestehen, dass meine Vorfahren in den 70er-Jahren des vorletzten Jahrhunderts aus dem Bernbiet ins Elsass ausgewandert sind und ich der erste Heimkehrer bin. Somit kann ich leider keine mir bekannte Verbindung nach Salvenach zu Ihrer Grossmutter väterlicherseits knüpfen. In der Annahme, dass deren Heimatort ebenfalls Trub war, ist eine verwandschaftliche Beziehung jedoch nicht auszuschliessen.

Bezüglich der (ehemaligen) Gruppe Rüstung und dem Armeemuseum werde ich versuchen die bestehende Verwirrung aufzulösen.

Die „Gruppe Rüstung" (seit 1.1.2004 neu unter dem Namen **armasuisse** bis in die Sechzigerjahre als Kriegstechnische Abteilung, KTA bekannt) ist einer der Geschäftsbereiche im Departement für Verteidigung, Bevölkerungsschutz und Sport VBS (früher EMD) und für die Beschaffung moderner Rüstungsgüter zuständig.

Der „Verein Schweizer Armeemuseum" ist organisatorisch vom VBS unabhängig, jedoch mit einer sogenannten Leistungsvereinbarung vom VBS beauftragt die Betreuung des Museumsmaterials der Armee im Sinne einer „Systematischen Sammlung" wahrzunehmen.

Das Sammelgebiet der Systematischen Sammlung erstreckt sich über die Zeit der Eidgenössischen Armee, also ab Beginn des 19 Jahrhunderts, mit Schwergewicht ab 1817. Keine Spur also von einer Begehrlichkeit unsererseits nach der Rüstung Ihres 1653 in Bern hingerichteten Vorfahren Niklaus Leuenberger.

Rüstung _Leuenberger1 / 11.03.04

Von eigenen Versuchen dieses Stück als Laie mit von irgend einer Stelle empfohlenen Mitteln und Geräten zu behandeln, raten wir Ihnen dringend ab. Dies kann nur Arbeit von erfahrenen Konservatoren sein, wie sie in der Schweiz beim Landesmuseum Zürich zu finden sind. Auf Wunsch vermitteln wir Ihnen gerne die notwendigen Kontakte.

Ich hoffe Ihnen mit diesen Informationen zu dienen und lege Ihnen ergänzend einen Broschüre über Ziele und Tätigkeit des Verein Schweizer Armeemuseum bei.

Mit freundlichen Grüssen

Der 1. Vizepräsident und
Leiter Ressort Systematische Sammlung

Henri Habegger

Hans-Peter Leuenberger
Eichholzstrasse 16
3254 Messen

Messen, 15. März 2004

VSAM
Verein Schweizer Armeemuseum
Herrn Henri Habegger
Postfach 2634
3601 Thun

Ihr Schreiben vom 11. März 2004

Sehr geehrter Herr Habegger

Besten Dank für Ihr ausführliches Schreiben vom 11. März 2004, das mich sehr eingehend über das Strickmuster des in Zahlungsschwierigkeiten steckenden VBS in Kenntnis gesetzt hat. Schon clever, der Sämi Schmid! Wenn man nicht mehr zahlen kann, ändert man halt den Namen und die Gläubiger kommen sich plötzlich wie bei der Schnitzeljagd vor. Aber eine Reorganisation scheint – wenn ich Sie recht verstanden habe - doch einigermassen dringlich gewesen zu sein, wenn man bedenkt, dass sich die Jungs von der ehemaligen KTA noch mit der Beschaffung von Rüstungen befasst haben. Jetzt geht mir ein Licht auf, warum ich zu meiner Militärzeit noch so abstruse Dinge wie „Leibbinde", „Lismer", „Kaputt", „Aff", „Schanzpigger" und „Hellebarde" fassen musste. Waren wohl ein klein wenig langsam in der Reaktionszeit, die Jungs von **armasuisse**grupperüstungen**KRIEGSTECHNISCHEABTEILUNG**…gelle!? Anyway.

Sehen Sie, ich habe gar nicht gewusst, dass ich mich mit meinem Brief an eine Abteilung des VBS gewandt habe. Ich habe die Adresse der Gruppe Rüstungen – ehemals KTA, jetzt armasuisse – von Bruno Hugentobler, Pfadfinderabteilung Schwyzerstärn Bärn. Kommen Sie überhaupt noch mit? **Gut. Also, der Bruno Hugentobler ist im Schwyzerstärn zuständig für's Rüsten und hat somit einige Erfahrung in der Angelegenheit. Vielleicht hat er sich aber auch einen kleinen Streich erlaubt und mich absichtlich auf eine falsche Fährte gelockt. Wer weiss?**

Ich danke Ihnen für den Tipp mit dem Landesmuseum Zürich! Ich werde selbstverständlich mit denen Kontakt aufnehmen, obwohl ich beim Schulterschutz der Rüstung mit Putzessig und Sigolin schon recht ansprechende Resultate erzielt habe.

Ich möchte es keinesfalls unterlassen, Ihnen meine Enttäuschung kund zu tun, weil Sie sich offensichtlich nicht für die Rüstung interessieren, obwohl sie dem letzten echten Revolutionär❦ der Schweiz – also quasi dem Che Guevarra Helvetiens - gehört hat. Tragisch, aber für Revoluzzer hatte und hat die Schweiz noch nie etwas übrig gehabt. Früher hat man sie geviertteilt 🗡 und heute besticht man sie gross…ah…bloss mit einem Nationalratssitz ❦. **Henusode. Hauptsache ist doch, der Tell bleibt der schillernde Held unserer Nation…gellel?**

Mit bestem Dank für Ihre sehr geschätzten Bemühungen und mit den besten Wünschen für Ihre Tätigkeit im Armeemuseum.

Mit freundlichen Grüssen

Hans-Peter Leuenberger

Hans-Peter Leuenberger   **Messen, 15. März 2004**
Eichholzstrasse 16
3254 Messen

Schweizerisches
Landesmuseum
Erfahrene Konservatoren
Museumstrasse 2
Postfach
8023 Zürich

Restauration Rüstung

Sehr geehrte Damen und Herren

Ich habe Ihre Adresse von Herrn Habegger, 1. Vizedirektor des Schweizer Armeemuseums in Thun, via Bundesamt für Betriebe des Heeres, via Gruppe Rüstungen, via Ruedi Kropf, Direktor Zentrale Dienste armasuisse, via Bruno Hugentobler, Pfadfinderabteilung Schwyzerstärn Bärn und werde wahrscheinlich frankaturbedingt bankrott sein, bevor sich jemand für meine Anfrage interessiert und mir weiterhilfft. Es würde eindeutig zu weit führen, wenn ich Ihnen die ganze Odysse im Detail beschreiben würde, aber hier die Empfehlung von Herrn Habegger:

«Von eigenen Versuchen dieses Stück als Laie mit von irgend einer Stelle empfohlenen Mitteln und Geräten zu behandeln, raten wir Ihnen dringend ab. Dies kann nur Arbeit von erfahrenen Konservatoren sein, wie sie in der Schweiz beim Landesmuseum Zürich zu finden sind.»

Ach ja, Sie wissen ja noch gar nicht um was es geht. Hier also einige Ausschnitte meiner bisherigen Korrespondenz in dieser Sache:

Ich habe von meiner Grosstante Isolde mütterlicherseits die alte Kampfrüstung von unserem Vorfahr Niklaus (...er soll scheins in dieser Rüstung zu Bern geviertelt worden sein...) geschenkt bekommen. Leider ist das etwas verbeulte Ding arg angerostet und völlig mit Grünspan patiniert.
Da Sie offenbar Spezialisten in Sachen Rüstungen sind, können Sie mir vielleicht einen Tipp geben, wie ich das alte Familienerbstück wieder in einen einigermassen präsentablen Zustand bekomme? Vielleicht verfügen Sie sogar über eine Liste mit geeigneten Produkten und/oder Werkzeugen, welche Sie mir zur Verfügung stellen könnten?

Es könnte natürlich sein, dass Sie als Museumskurator spitzgekriegt haben, dass es um eine historisch recht wertvolle Rüstung geht und nun ein klein wenig Honig um meinen Bart streichen wollen. Ich muss Sie aber enttäuschen! Niklaus Leuenberger wurde in Bern hingerichtet und geviertelt und ich betrachte es als meine persönliche Lebensaufgabe, die Rüstung dorthin zurückzuführen, damit den „hohen Herren zu Bern" auf alle Zeiten das begangene Unrecht vor Augen geführt wird.
Es geht mir also wirklich nur darum, Informationen über geeignete Mittel und Geräte zu erhalten, um die Rüstung in einen ordentlichen Zustand zu bringen. Natürlich, so werden Sie nun sagen, könnte die Restauration vom beschenkten Museum vorgenommen werden, aber dabei übersehen Sie, dass es dabei auch um die Familienehre geht: Ein letzter Dienst für einen grossen Vorfahren.

Ich würde mich ausserordentlich freuen, wenn Sie mir weiterhelfen könnten und danke Ihnen bereits im Voraus für Ihre geschätzte Aufmerksamkeit.

Mit freundlichen Grüssen

Hans-Peter Leuenberger

Herrn
Leuenberger Hans-Peter
Eichholzstrasse 16
3254 Messen

IHR ZEICHEN VOTRE REFERENCE	UNSER ZEICHEN NOTRE REFERENCE DBKC/Fü	SACHBEARBEITUNG RESPONSABLE J.-C. Fürst	DATUM DATE 18.03.2004

Ihr Schreiben vom 1. März 2004 an die armasuisse, Bern

Sehr geehrter Herr Leuenberger

Wir danken Ihnen für Ihren Brief vom 1. März 2004 und können Ihre Anfrage wie folgt beantworten:

Unsere Organisation ist für die Instandhaltung von Material zuständig, welches von der Armee
verwendet wird und wie sie sicher wissen, gehört die Kampfrüstung bereits seit Jahrzehnten
nicht mehr zur Ausrüstung der Angehörigen der Armee.

Wir empfehlen Ihnen, für die Restaurierung Ihres Erbstückes die Erfahrungen des Historischen
Museums zu nutzen, oder sich an den Verein Schweizer Armeemuseum (Verein sam, Postfach
215, 3602 Thun) zu wenden.

Wir wünschen Ihnen viel Erfolg bei der Instandsetzung Ihrer Kampfrüstung, da wir annehmen,
dass sie bei der „Vierteilung" Ihres Vorfahren arg beschädigt worden ist.

Mit freundlichen Grüssen

LOGISTIK BETRIEBE
Chef Sektion Systembetreuung Kommunikationsmaterial, Textilien und Waffen

Jean-Claude Fürst

z K an
- armasuisse, Zentrale Dienste, der Direktor R. Kropf
- LBALBTIH, DBIC

TEL 031 324 43 37   FAX 031 324 83 60   POSTFACH 5853, CH-3003 BERN
INTERNET jean-claude.fuerst@babhe.admin.ch   VIKTORIASTRASSE 85

241

Hans-Peter Leuenberger
Eichholzstrasse 16
3254 Messen

Messen, 23. März 2004

Verteidigung
Logistikbasis der Armee
Chef Sektion Systembetreuung
Kommunikationsmaterial, Textilien
und Waffen
Herr Jean-Claude Fürst
Viktoriastrasse 85
Postfach 5853
3003 Bern

Ihr Schreiben vom 18. März 2004

Sehr geehrter Herr Fürst

Besten Dank für Ihr spitzzüngiges Schreiben vom 18. März 2004, das meine vollste Aufmerksamkeit und mein ungeteiltes Interesse gefunden hat.

Wie Sie ausführen «...gehört die Kampfrüstung bereits seit Jahrzehnten nicht mehr zur Ausrüstung der Angehörigen der Armee.» **Aha!? Was Sie nicht sagen.** Und als was bitteschön würden Sie denn den „alten Kämpfer", die 16er-Packung, das Raketenrohr, die UG-Kisten und...und...und... und die vermaledeiten Teekannen und Kochkisten bezeichnen? Im Gegensatz dazu muss sich das habsburgische Reitervolk am Morgarten wie in Strandbekleidung vorgekommen sein! Wie **rückständig** die Beschaffungspolitik des EMD...äh...sorry...des VBS ist, sieht man daran, dass gemäss Ihren Ausführungen «...bereits seit Jahrzehnten...» keine Kampfrüstungen mehr zur Ausrüstung gehören. Lieber Herr Fürst, ohne Sie durch einen Zungenkuss des Prinzen Samuel des Schmiedeisernen aus Ihrem mehrhundertjährigen Dornröschenschlaf aufschrecken zu wollen, aber ich persönlich hätte die Zeiteinheit „**Jahrhundert**" gewählt. Das zeigt doch deutlich, dass die Gruppe Rüstungen...äh...sorry...*arma*suisse ein ganz klein wenig im Beschaffungsverzug zu sein scheint. Immerhin bin ich dankbar, dass ich seinerzeit schon ein Sturmgewehr und keinen Vorderlader, bei dem der Schuss wie bei Ihrem etwas unbeholfenen Witzchen☺ hinten raus ging, fassen durfte. **Ist doch wahr!** Kleiner Tipp am Rande: Die „Diamantgeneration" reagiert etwas hektisch, wenn man an ihrem „39-45-Karren" rumschraubt. Die Generation „UG mit" reagiert sauer, wenn man sich über das köstlich-handlich-verhasste Material lustig macht, das sie sinnlos durch die Gegend schleppen musste!

Und dann erst die Zote über meines Vorfahr' Rüstung! **Geit's no?!** Sie nehmen also an, dass sie bei der „Vierteilung" (**in Anführungszeichen!**) arg beschädigt worden ist. **Ja, er wurde tatsächlich gevierteilt, auch wenn das dem gnädigen *Mösiö* Jean-Claude *Fürst* (!) nicht in den Kram zu passen scheint!** Wo waren Ihre Vorfahren denn in dieser Zeit der Not und Entbehrungen, **Mösiö Fürst**? **Plaisierten sie in gepuderten Perücken am französischen Hof zu scharwänzeln oder fristeten sie vielleicht sogar als „Gnädige Herren" zu Bern ihr opulentes**

Dasein und beuteten die Landbevölkerung mit ihrem Münzmandat aus?

Solche wie Sie, **Mösiö Fürst**, hat mein Vorfahr Niklaus mit dem Zweihänder ✝ gebodigt! Schade hat er – besonnen wie er nun mal war - die radikaleren Bauern von der Brandschatzung und Plünderung von Bern abgehalten!

Ihre Zote zeigt nicht mehr und nicht weniger, als dass Sie nicht die geringste Ahnung von der historischen Sachlage haben. In diesem Sinne ist es vielleicht gar nicht so ungeschickt, dass Sie sich mit löchrigen A-Zelten und restaurationsbedürftigen Benzinvergaserkochkisten befassen. Wissen Sie, werter **Herr Fürst**, wenn man in meiner Familie sagt «...jemand ist in seiner Rüstung hingerichtet worden...», meint man damit, dass er in seiner Rüstung - also in seinen „Farben" - zum Richtplatz geführt wurde (Bei Ihrer Familie dürfte es sinngemäss – damit Sie in etwa verstehen, was ich meine - Tenue-B und Schrottplatz heissen). Es musste also mitnichten zuerst ein Landmaschinenmechaniker, ein Büchsenöffner oder eine Schrottpresse herbeigeschafft werden. Niklaus Leuenberger wurde am 6.(julianischer Kalender)/16. (gregorianischer Kalender) September 1653, im Alter von 42 Jahren, in Bern

– wahrscheinlich von Ihresgleichen 👽 – meuchlerisch geköpft und anschliessend an den vier Gliedmassen zwischen zwei Pferde gespannt und geviertelt. Da die Kraft der menschlichen Sehnen enorm stark ist, wurden den Verurteilten oft vor dem Vierteilen die Sehnen durchgeschnitten. Der Kopf von Niklaus Leuenberger wurde übrigens neben dem Huttwiler Bundesbrief (Es würde hier eindeutig zu weit führen, Ihnen diesen Bundesbrief auch noch erklären zu müssen.) an den Galgen genagelt und seine Körperteile an den vier Landstrassen von Bern ausgestellt. Und Sie, **mein prickelnder Fürst von Metternich, oh Chef Sektion Systembetreuung Kommunikationsmaterial, Textilien und Waffen**, machen sich darüber lustig! **Echt!** Manchmal bedaure ich es sehr, dass Begriffe wie Ehre, Satisfaktion und Duell aus der Mode gekommen sind!

Was Ihre Ratschläge betreffen „VSAM" und „Historisches Museum" betrifft, muss festgestellt werden, dass Sie es nicht nur an Feingefühl vermissen lassen sondern nachgerade eine für Bundesbeamte unübliche Provokation an den Tag legen! Sie meinen also, dass ich die Rüstung meines von den „Gnädigen Herren zu Bern" zu Tode gebrachten Vorfahr's ebendiesen zur Restauration übergeben soll. **Geit's no?!** Wahrscheinlich würden Sie Brigitte Bardot für ein Lifting sogar die Robbenjäger von Grönland empfehlen...gelle!?

Wieso um alles in der Welt wollen mich alle davon abhalten, diese Restauration selber vorzunehmen? Ich habe einiges an handwerklichem Geschick und habe im Chemieunterricht auch immer ganz brav aufgepasst. Ich weiss was Sigolin ist, kenne den Dremel persönlich, habe den militärischen Bohrhammer mehrmals zum Laufen gebracht und treffe mit dem ZF-Sturmgewehr 58 auf 50 Meter einen voll aufgeblasenen Ballon in acht von zehn Fällen. **Und da verlangen alle von mir, dass ich meines Vorfahr' Rüstung an den Feind ausliefern soll.**

Henusode!

Lieber **Herr Fürst**, bitte entschuldigen Sie, wenn ich mich etwas echauffiert 🔪☠ haben sollte, aber auf Niklaus lasse ich nichts, **absolut rein gar nichts** kommen. Schon gar nicht so platte, blasphemische und vor allem bundesbernische Witzchen. Statt auf Kosten des Bundes herumzualbern, würde ich Ihnen dringend empfehlen, Ihre Adresse einmal genauer zu betrachten. Ich jedenfalls habe mir fast einen Wolf geschrieben. Weiter bitte ich Sie darum, mir ein Organigramm oder ein Verzeichnis zukommen zu lassen, auf welchem alle VBS-Betriebe und –Stellen mit alter und neuer Bezeichnung aufgeführt sind. Bei dem Durcheinander, das Ihr da veranstaltet, kommt ja kein Schwein mehr draus und das schiefe Pisa wird über kurz oder lang auf die Nase fallen.

🚹 🚺 Schpüele bitte!

Trotzdem mit bestem Dank für Ihre Bemühungen und Ihre baldige Zustellung der oben erwähnten Unterlagen.

Mit freundlichen Grüssen

Hans-Peter Leuenberger

Was wend wir aber singen
Us Gnad Herr Jesu Christ?
Vom Tellen fürzubringen,
Der längst gestorben ist.

Als man zählt sechszehnhundert
Und drei und fünfzig Jahr,
Ereignen sich gross wunder;
Ist kund und offenbar.

Ich sing es Niemand z'tratzen;
Man soll mich recht verstohn;
Von wegen ganzen Batzen
Ist dieser Krieg herkohn.

Ach Tell! Ich wollt dich fragen;
Wach auf von deinem Schlaf!
Die Landvögt' wend Alls haben,
Ross, Rinder, Kälber, Schaf.

Darum, ihr lieb Eidgenossen!
Stönd z'samen, haltet fest!
Verachtet Herren - Possen,
Und schüchet fremde Fürst!

Thünd's usem Land verjagen
Alsbald mit gwehrter Hand,
Um Fried' und Ruh zu haben
In eurem Vaterland.

Denkt an den Bruder Klausen,
Und sprechet früh und spat:
«Mit Knütteln muss man lausen,
Und folget minem Rath.»

Hans-Peter Leuenberger
Eichholzstrasse 16
3254 Messen

Messen, 23. April 2004

Schweizerisches
Landesmuseum
Erfahrene Konservatoren
Museumstrasse 2
Postfach
8023 Zürich

Restauration Rüstung – Mein Schreiben vom 15. März 2004

Sehr geehrte Damen und Herren

Guguseli!? *Ist da wer?*

Haaaaaaaaallllllllllooooooo.........!

Ich weiss jetzt halt nicht, ob mich jemand hört, aber ich wollte nur untertänigst nachfragen, ob ich noch mit einer Antwort auf mein Schreiben rechnen darf oder ob Sie alle **Ausserzürcher** generell schneiden?

Juuuuuhhhhhuuiiiuuuuuuuuuuuuuuu!

Item. Ich würde mich ausserordentlich freuen, wenn Sie sich doch noch zu einer Kontaktnahme entschliessen könnten.

Mit freundlichen Grüssen

Hans-Peter Leuenberger

Hans-Peter Leuenberger
Eichholzstrasse 16
3254 Messen

Messen, 23. April 2004

Verteidigung
Logistikbasis der Armee
Chef Sektion Systembetreuung
Kommunikationsmaterial, Textilien
und Waffen
Herr Jean-Claude Fürst
Viktoriastrasse 85
Postfach 5853
3003 Bern

Mein Schreiben vom 23. März 2004

Sehr geehrter Herr Fürst

Guguseli! ✋ Sind Sie 🕸 da?🕯 Habe ich Sie öppe z'fescht 📢VERCHLÜPFT? ∕ Oder wollen Sie mich amänd...💣...oder gar...☠...aber daran wollen wir doch gar nicht erst denken👄 ...gelle?!

Darf ich Ihnen also eine kleine Gedankenstütze übermitteln? Bittebitteschön:

> Weiter bitte ich Sie darum, mir ein Organigramm oder ein Verzeichnis zukommen zu lassen, auf welchem alle VBS-Betriebe und –Stellen mit alter und neuer Bezeichnung aufgeführt sind.

Sie würden mir und meiner Sippschaft einen grossen Gefallen tun, da wir doch ab und zu mit dem **VBS** 👽 und der **Armee XXI** ☾ zu tun haben.

Was die Rüstung von Niklaus betrifft, bin ich mittlerweile beim Landesmuseum in Zürich angelangt, welches es aber auch nicht nötig findet, mich nach 1½ Monaten zu kontaktieren. Es ist doch schön zu sehen, wie man für seine Steuerbatzen zuvorkommend behandelt wird. Haben Sie übrigens gewusst, dass ich aufgrund der neuen Gegenwartsbesteuerung bereits die Steuern für das Steuerjahr 2004 - also für Einkommen, das ich noch gar nicht verdienen konnte - bezahlen musste? Oder anders gesagt: Sie erhalten Ihren Lohn aus Geldern, die aus den Bürgern gepresst werden, obwohl die es noch gar nicht haben können. **Alles klar?**

Besten Dank für Ihre freundlichen Bemühungen und Ihre baldige Zustellung der oben angeforderten Unterlagen.

Mit freundlichen Grüssen

Hans-Peter Leuenberger

Hans-Peter Leuenberger
Eichholzstrasse 16
3254 Messen

Messen, 25. Mai 2004

Schweizerisches
Landesmuseum

Konservierte Konservatoren
Museumstrasse 2
Postfach
8023 Zürich

Restauration Rüstung – Meine Schreiben vom 15. März und 23. April 2004

Henusode!

Ich möchte mich in aller Form entschuldigen, dass ich Sie bei Ihrer wohlverdienten Dauerznünipause gestört habe und auf die völlig abstruse Idee gekommen bin, dass Sie mir eine Auskunft geben würden.

Himpelchen und Pimpelchen

stiegen auf einen Berg.

Himpelchen war ein Heinzelmann

und Pimpelchen ein Zwerg

sie blieben lange da oben sitzen

und wackelten mit den Zipfelmützen.

Doch nach vielen, vielen Wochen

sind sie in den Berg gekrochen,

dort schlafen sie in guter Ruh`.

Seid mal still und hört ihnen zu!

Chrzzzzzzz...

Krrrrrrrrrch...

Zrrrrrrrschsch...

Weiterhin gesegneten Schlaf!

Hans-Peter Leuenberger

Hans-Peter Leuenberger
Eichholzstrasse 16
3254 Messen

Messen, 25. Mai 2004

Verteidigung
Logistikbasis der Armee
Chef Sektion Systembetreuung
Kommunikationsmaterial, Textilien
und Waffen
Herr Jean-Claude Fürst
Viktoriastrasse 85
Postfach 5853
3003 Bern

Meine Schreiben vom 23. März und 23. April 2004

Huch!

Ha-ha-ha-ha-ha-ha-! **Grüesech Herr Fürst!**

Habe ich Sie ein kitzekleinwenig

erchlüpft?

Recht so! Irgendwie ist Ihre bürgernahe Dienstleistungsbereitschaft ein klein wenig in sich zusammen gesunken!

Schade! Das Organigrammübersetzungsverzeichnis

wäre wirklich sehr dienlich gewesen. *De haut nid!*

> In einem hohlen Berg, da schläft ein kleiner Zwerg.
>
> Die Sonne kommt den Berg herauf, beginnt schon ihren Tageslauf.
>
> Doch unsern Zwerg, den stört das nicht. Er schläft und schläft, der kleine Wicht.
>
> Ein Vöglein, das hat "piep" gemacht, davon ist`s Zwerglein nicht erwacht.
>
> Da kommt der Käfer Krabbelbein und krabbelt in die Höhle rein.
>
> Er kriecht dem Zweglein ins Gesicht-
>
> "Hatschi"! da erwacht der kleine Wicht.

Besten Dank für Ihre verteidigenden

⟨◉ Bemühungen ◉⟩

und allzeit rauchende

Ordonnanzschuhe ®.

Mit Blatere a de Scheiche ®

Hans-Peter Leuenberger

® „Ordonnanzschuhe" und „Blatere a de Scheiche" sind eingetragene Warenzeichen des VBS.

MUSēE SUISSE

SCHWEIZERISCHE NATIONALMUSEEN
MUSEES NATIONAUX SUISSES
MUSEI NAZIONALI SVIZZERI
SWISS NATIONAL MUSEUMS

Herrn
Hans-Peter Leuenberger
Eichholzstrasse 16

3254 Messen

4. Juni 2004

Betreff: Restauration Rüstung – Ihre Schreiben vom 23. April und 25. Mai 2004

Sehr geehrter Herr Leuenberger

Besten Dank für Ihre originellen Schreiben. Da Ihre ursprüngliche Anfrage vom 15. März, aus welchen Gründen auch immer, nicht bis zu mir gelangt ist, bitte ich Sie, mir deren Wortlaut nochmals zu übermitteln. Gerne werde ich Ihnen dann eine Auskunft geben.

Mit freundlichen Grüssen
SCHWEIZERISCHES LANDESMUSEUM
Leiter Forschungszentrum jüngere Kulturgeschichte
Ressort Waffen und Militaria

Dr. Matthias Senn

 BUNDESAMT FÜR KULTUR   **Landesmuseum** Museumstrasse 2   T +41 (0)1 218 65 11   kanzlei@slm.admin.ch
Zürich Postfach 8023 Zürich   F +41 (0)1 211 29 49   www.musee-suisse.ch

251

Hans-Peter Leuenberger
Eichholzstrasse 16
3254 Messen

Messen, 9. Juni 2004

BUNDESAMT FÜR KULTUR
MUSÉE SUISSE
Schweizerisches Nationalmuseen
Schweizerisches Landesmuseum
Herr Dr.Matthias Senn
Leiter Forschungszentrum jüngere Kulturgeschichte
Ressort Waffen und Militaria
Museumstrasse 2
Postfach
8023 Zürich

Ihr Schreiben vom 4. Juni 2004

Sehr geehrter Herr Doktor Senn

Danke für Ihre **Geschwindantwort** vom 4. Juni 2004, die mich völlig unerwartet überrumpelt, ja nachgerade **soumässig erchlüpft** hat.

Also, lieber Herr Doktor, auf einen leidigen Sachverhalt möchte ich gleich an dieser Stelle hinweisen: An Ihrer **ADRESSE** müssen Sie noch etwas feilen! Da holt man sich ja einen **Schreibwolf** und die Tonerpatrone macht einen dreifachen Keuchberger rückwärts mit halbem Quittenmarkfrappé.

Also, der Einfachheit halber erhalten Sie nachfolgend den Originalwortlaut von meinem Schreiben vom 15. März 2004, obwohl ich die **Hoffnung** auf eine vernünftige Auskunft längstens aufgegeben habe:

Ich habe Ihre Adresse von Herrn Habegger, 1. Vizedirektor des Schweizer Armeemuseums in Thun, via Bundesamt für Betriebe des Heeres, via Gruppe Rüstungen, via Ruedi Kropf, Direktor Zentrale Dienste armasuisse, via Bruno Hugentobler, Pfadfinderabteilung Schwyzerstärn Bärn und werde wahrscheinlich frankaturbedingt bankrott sein, bevor sich jemand für meine Anfrage interessiert und mir weiterhilft. Es würde eindeutig zu weit führen, wenn ich Ihnen die ganze Odyssee im Detail beschreiben würde, aber hier die Empfehlung von Herrn Habegger:

«Von eigenen Versuchen dieses Stück als Laie mit von irgendeiner Stelle empfohlenen Mitteln und Geräten zu behandeln, raten wir Ihnen dringend ab. Dies kann nur Arbeit von erfahrenen Konservatoren sein, wie sie in der Schweiz beim Landesmuseum Zürich zu finden sind.»

Ach ja, Sie wissen ja noch gar nicht um was es geht. Hier also einige Ausschnitte meiner bisherigen Korrespondenz in dieser Sache:

> *Ich habe von meiner Grosstante Isolde mütterlicherseits die alte Kampfrüstung von unserem Vorfahr Niklaus (...er soll scheins in dieser Rüstung zu Bern gevierteilt worden sein...) geschenkt bekommen. Leider ist das etwas verbeulte Ding arg angerostet und völlig mit Grünspan patiniert.*
> *Da Sie offenbar Spezialisten in Sachen Rüstungen sind, können Sie mir vielleicht einen Tipp geben, wie ich das alte Familienerbstück wieder in einen einigermassen präsentablen Zustand bekomme? Vielleicht verfügen Sie sogar über eine Liste mit geeigneten Produkten und/oder Werkzeugen, welche Sie mir zur Verfügung stellen könnten?*

> *Es könnte natürlich sein, dass Sie als Museumskurator spitzgekriegt haben, dass es um eine historisch recht wertvolle Rüstung geht und nun ein klein wenig Honig um meinen Bart streichen wollen. Ich muss Sie aber enttäuschen! Niklaus Leuenberger wurde in Bern hingerichtet und geviertelt und ich betrachte es als meine persönliche Lebensaufgabe, die Rüstung dorthin zurückzuführen, damit den „hohen Herren zu Bern" auf alle Zeiten das begangene Unrecht vor Augen geführt wird.*
> *Es geht mir also wirklich nur darum, Informationen über geeignete Mittel und Geräte zu erhalten, um die Rüstung in einen ordentlichen Zustand zu bringen. Natürlich, so werden Sie nun sagen, könnte die Restauration vom beschenkten Museum vorgenommen werden, aber dabei übersehen Sie, dass es dabei auch um die Familienehre geht: Ein letzter Dienst für einen grossen Vorfahren.*

Ich würde mich ausserordentlich freuen, wenn Sie mir weiterhelfen könnten und danke Ihnen bereits im Voraus für Ihre geschätzte Aufmerksamkeit.

--- ✂ ---

Ich hoffe, Ihnen damit gedient zu haben und wäre über eine vernüftig-fachmännische Auskunft eher überrascht. Ich gehe erfahrungsgemäss davon aus, dass Sie mir von einem eigenständigen Handanlegen abraten werden und mich stattdessen an das **Büro für Weltraumangelegenheiten SSO** 👽 verweisen werden. Die hätten zwar auch keine Ahnung, aber immerhin wären Sie die leidige Chose los und würden eine gewisse **ISO-Norm-Abschüfele-Kontinuität** der bisher beteiligten Bundesstellen einhalten.

Mit resignierten Grüssen

Hans-Peter Leuenberger
Der sichtlich Gealterte

MUSēE SUISSE

SCHWEIZERISCHE NATIONALMUSEEN
MUSEES NATIONAUX SUISSES
MUSEI NAZIONALI SVIZZERI
SWISS NATIONAL MUSEUMS

Herrn
Hans-Peter Leuenberger
Eichholzstrasse 16

3254 Messen

14. Juni 2004

Betreff: Restauration Rüstung

Sehr geehrter Herr Leuenberger

Ich danke Ihnen bestens für Ihre Antwort mit der Originalanfrage vom 15. März und möchte mich dafür entschuldigen, dass ich Sie erchlüpft und Ihre Tonerpatrone zu ungebührlichen Kapriolen veranlasst habe – das war nicht meine Absicht. Immerhin kann ich jetzt auch auf Ihr Anliegen eingehen. Natürlich stimme ich Herrn Habegger durchaus zu, wenn er Ihnen rät, nicht selbst an den Harnisch Hand anzulegen, sollte es sich denn tatsächlich um das persönliche Rüstungsstück von Niklaus Leuenberger handeln. Um das zu beurteilen, wäre es am besten, Sie brächten das Objekt mal ins Landesmuseum, damit wir es gemeinsam auch mit dem zuständigen Konservator anschauen könnten. Erfahrungsgemäss kommen wir so am schnellsten zu einer Entscheidung, wie man am gescheitesten vorgehen könnte. Bezüglich allfälliger Gelüste, den Harnisch für unser Museum zu erwerben, kann ich Sie beruhigen. Überlassen Sie ihn ruhig den Bernern, Ihre Argumente dafür sind hieb- und stichfest. Ausserdem befinden sich Rüstungsstücke Leuenbergers sowieso seit Jahr und Tag in Zürich, so wenigstens behaupten es die alten Zürcher Zeughausinventare seit dem 18. Jahrhundert (siehe Beilage), was allerdings aus meiner Sicht eine haltlose Zuweisung ist.
Bitte kontaktieren Sie mich doch gelegentlich, so dass wir einen Termin festlegen können. Ich bin direkt unter der Telephonnummer 01 / 218 65 45 erreichbar.

Mit freundlichen Grüssen
SCHWEIZERISCHES LANDESMUSEUM
Leiter Forschungszentrum jüngere Kulturgeschichte
Ressort Waffen und Militaria

Dr. Matthias Senn

 BUNDESAMT FÜR KULTUR

Landesmuseum   Museumstrasse 2   T +41 (0)1 218 65 11   kanzlei@slm.admin.ch
Zürich   Postfach 8023 Zürich F +41 (0)1 211 29 49   www.musee-suisse.ch

CLXXXIV

Neujahrsblatt

der

Feuerwerker-Gesellschaft

Artillerie-Kollegium

in Zürich

auf das Jahr 1993

Das Zürcher Zeughausinventar
von 1711

von

Dr. Hugo Schneider

Zürich 1992

p.13 r.	8	ganze panzer

p.13 r.   8 ganze panzer
In einem aufrechten kasten.
56 panzerkragen
3 harnischmänner[65] mit 3 hellparten und 2 grossen seitengwehren.
2 schlachtschwerter[66] ob der thüren.
Leüenbergers[67] sturmhauben, tägen und handschuh
1 windliecht
2 laternen

In der Kammer

p.14 r. Auf 2 aufrechten tragen

Kurzgewehr	86	Den verkauft darus v[ide]: S[?]: 12. Item kriegsusstand[a].
Buffer[68]	12	12 verkauft 2 He[rr]n H[au]pt[mann] Ulrich 2 H[err]n H[au]ptm[ann] Wolff 2 herren officier[a]

Reütereitragen / Rechter flügel

Paar pistolet	86	
Carabiner	108	Zu platzierung mehrerer flinten in
Pressaner mousquetons[69]	1	das Klein Zeüghus thun müssen[a].
1 zogener storzen mit model[70]		

p.14 v. Reütereitragen / Linker flügel

Paar pistolet	86	
Carabiner	108	auch in das Venetianisch Zeüghus
Pressaner mousqueton	1	gethan[a]
1 zogener storzen mit model		
Darob hangende trompeten	3	

Mit 9bris[Novembris] 1713 fundend sich in dem Kleinen Zeüghus an der tragen so us dem Grossen Z[eug]hus dahin kommen 152 par pistolen[a].

p.15 r. Tragen
No. 1. 226. geschiffte 2 lotige Suhler flinten[71] mit bajonetten.
Im krieg abgeben bis an 2[a].
2. 206. Zu dto. nach Cappel den 16. April 150[a].
3. 219. Zu dto. 200 nach Elgg den 17ds[a].
4. 222. Zu dto. He[rr]n Hptm Nüscheler [10?]. Item nach Elgg den 25. Mai 125[a].
5. 219. Zu dto. Handwerkergesellschaft etc. [?][a].

26

Hans-Peter Leuenberger
Eichholzstrasse 16
3254 Messen

Messen, 21. Juni 2004

BUNDESAMT FÜR KULTUR
MUSÉE SUISSE
Schweizerische Nationalmuseen
Schweizerisches Landesmuseum
Herr Dr.Matthias Senn
Leiter Forschungszentrum jüngere Kulturgeschichte
Ressort Waffen und Militaria
Museumstrasse 2
Postfach
8023 Zürich

Ihr Schreiben vom 14. Juni 2004

Sehr geehrter Herr Doktor Senn

Ha-ha-ha-**ha**-ha-ha-HA-

Haah-ha-**ha**-**HA**-ha-ha-ha-ha-ha-ha-ha-ha-ha-hahahahaha-

...tschuldigung... ha-ha-ha-ha-ha-ha-ha-ha-hahahahaha...schnauf...keuch...augenwisch...
ha...hahahahaha...sorry...**ähem**...hahaha...

Danke für Ihr **amüsantes Schreiben** vom
14. Juni 2004! Selten habe ich mich so **möstlich klabüsiert** – meine Oberschenkel
sind völlig weich geklopft.
Wieso? Nun, weil die Zürcher einmal mehr meinen, sie seien der *Nabel der*
Welt●, *die Krönung der Schöpfung* 🚹🚺, quasi *das Urquell des*
Urknalles🕸*!*

«Ausserdem befinden sich Rüstungsstücke Leuenbergers sowieso seit
Jahr und Tag in Zürich...» will man dem Zürcher Zeughausinventar von 1711
glauben: «Leuenbergers sturmhauben, tägen und handschuh». **Aha!**
„Leuenberger"!

21.06.2004   Seite 1/4   HPL

Und was finden wir auf jeder Alp? Richtig: Einen SENN! Was machen Sie also in der Stadt Zürich oder anders gefragt: War Ihr Urururururgrossvater nicht der Senn „ob dem juschten Thale", der 1478 den Bergkäse, der heute unter der Bezeichnung „Justitaler Bergkäse" vermarktet wird, erstmals produziert hat,? Sehen Sie, werter Herr Doktor Senn, Leuenberger-Clans und Leuenberger gibt es wie Sand am Meer, aber es gibt nur einen Niklaus Leuenberger, den zu erwähnen es sich überhaupt lohnt. Ob eine Erwähnung irgendeines käsenden Senn sich eventuell vielleicht mal lohnen würde wollen wir hier höflichst offen lassen.

Item. Da ich das Ammenmärchen längst kenne, hatte ich Gelegenheit, einige Nachforschungen anzustellen und der Sache auf den Grund zu gehen:

Bei den „Leuenberger-Rüstungsteilen", die die Zürcher so sorgsam inventarisiert haben, handelt es sich um historische Requisiten (wurden niemals nie im Kampf getragen), die der Ratsherr Chrysostomus Blochlinger (*15. Hornung 1656 †23. April 1698) anlässlich des „Sechs-Uhr-Läuten" von 1698 beim Zünfteritt getragen hat und damit die bernischen Bauerntölpel im Generellen und ihren Anführer Niklaus Leuenberger im Speziellen persiflieren wollte. Bekanntlich wollte Ratsherr Blochlinger vom hohen Ross herab eine schändliche Rede halten, als er bereits bei der wild gestikulierend vorgetragenen Einleitung «Liebi Manne und Froue...» von seinem erschrockenen Agram-Bosniaken abgeworfen wurde und sich dabei das Genick brach.

Henusode!
Es mag ja sein, dass Ihr lieben Zürcher gerne eine dermassen historienbelastete Rüstung hättet, aber dafür würde ich in meiner uneigennützigen und einfachen Art halt empfehlen, dass Ihr erst mal euren eigenen Leuenberger vierteilt...

Es spricht aber ohne Zweifel für Sie, dass Sie das Zürcher Zeughausinventar von 1711 als **haltlosen Mumpiz** titulieren, finde es aber trotzdem seltsam, dass Sie meinen, «...es wäre am besten, Sie brächten das Objekt mal ins Landesmuseum...». **netter Versuch! Nein, berechnendes Doktorchen, in diese Falle werde ich nicht tappen und die Rüstung wird meinen Härdöpfelkeller niemals verlassen!**

Was das „Den-Bernern-überlassen" betrifft, kann ich Sie vollumfänglich beruhigen. Es gibt für mich nur eine schlimmere Vorstellung, als die Rüstung irgendeiner bernischen Institution zu überlassen: Sie auf

ZÜRCHERISCHES HOHEITSGEBIET

verschieben zu müssen! **Unvorstellbar!** *Grauenhaft!*

SUPERGAU!!

Sodeliso. Ich stelle also ernüchternd fest, dass ausnahmslos alle kontaktierten einheimischen Spezialisten irgendwelche Ausflüchte oder Strategien vorschieben, um sich ganz offensichtlich meuchlerisch der Rüstung zu bemächtigen. Ich habe meiner Tante Isolde am Sterbebett versprechen müssen, dass ich weder die Rüstung noch die über Generationen überlieferten Originaltexte aus der Hand geben werde. **Dies wird der Fall sein, solange eine Ader in mir lebt! Punkt.**
Ich habe zwischenzeitlich mit Professor Vicenzo Nicastro di Campofranco vom Museo Stibber in Florenz Kontakt aufgenommen, der mir sehr uneigennützig und zuvorkommend zur Seite steht. Die Restauration der Rüstung ist somit auf guten Wegen. Tragisch scheint mir in der ganzen Angelegenheit nur, dass sich die einheimischen Herren Restauratoren offensichtlich zu schade sind, einem Laien uneigennützig mit ein paar technischen Tipps unter die Arme zu greifen – es könnte ja sein, dass man allfälligen Ruhm teilen müsste, nicht wahr?

> # Vielleicht wäre es wieder mal an der Zeit, eine kitzekleine Bauernrevolte gegen die hohen Herren anzuzetteln...?

Trotzdem besten Dank für Ihre wortgewandten Bemühungen und Ihr Verständnis dafür, dass der Rüstung jetzt halt italienisches Know-how zuteil wird. Sie dürften es aber unzweifelhaft verkraften: Die Zürcher haben ja schon eine „Leuenberger-Rüstung" – die Florentiner zum Glück noch nicht.

Mit wehrhaftem Gruss

Hans-Peter Leuenberger

IHR SEID VON GOTT, WENN IHR GERECHT, ABER VOM TEUFEL, WENN IHR UNGERECHT REGIERT!

Was rauscht durch unsre dunkle Zeit -
Es tönt wie Knistern vor dem Brand!
Es reitet nachts im roten Kleid
Der Leuenberger durch das Land.
Es schlägt uns heut die rechte Stund
Zu einem neuen Bauernbund.

Dieselbe Not, derselbe Schrei
Gellt durch die grünen Täler weit.
Dieselbe Geldbetrügerei
Wie seinerzeit, wie seinerzeit.
Es schlägt uns heut die rechte Stund
Zu einem neuen Bauernbund.

Der rote Reiter klopft bei Nacht,
Er klopft bei Nacht an deine Tür,
Und wer in Sorg und Not erwacht,
Der tritt als Streiter froh herfür.
Es schlägt uns heut die rechte Stund
Zu einem neuen Bauernbund.

PS: Das Museo Stibber in Florenz ist übrigens einen Besuch wert!

BRIEFE AUS DEM HINTERHALT

WENN SAUTEURE

LAUFSCHUHE

FRAGEBOGEN AUFWERFEN

Hans-Peter Leuenberger
Eichholzstrasse 16
3254 Messen

Messen, 27. Mai 2004

Montana AG
Kundendienst asics
Mühlebachstrasse 3
6370 Stans

asics Kayano: *Wow!* - sind die *Schnell!!!!!!!*

Sehr geehrte Damen und Herren

Herbst 2003 – die gute Nachricht!

Da springe ich doch über meinen **l a n g e n Schatten**  und kaufe auf **Anraten** meiner **Kniegelenke** erstmals in meinem Leben Joggingschuhe, die so um die 250.00 Alpendollar kosten:

Made in China
Made in China **asics Gel-Kayano TN300** Made in China
Turbo-Express-Supergripprofil mit gelatinierter Airbrushdämpfung, Downhill-Rennheckspoiler, 12-Zoll-Sicherheitsgürtelschnürung, netzgesteuerter Hydrogenevaporator und tiefer gelegter Galoschenrahmen.
Made in China

Läck!

Für meine 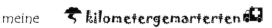 kilometergemarterten

FUSSILEIN geradezu ★**perfekt**★! : *Wahrlich, der Rolls-Royce unter den Sportschlarpen!*

Acht Monate später – die schlechte Nachricht!

Eine offenbar sonderbare Idee ist über mich gekommen! Ich will nochmals über meinen **langen**, mittlerweile sehr agilen Schatten springen und meinen **asics**-Schuhpark erweitern. **Nüt isch!** Da habe ich Ewiggestriger doch tatsächlich naiv geglaubt, dass bei dieser *Preislage* davon ausgegangen werden kann, dass dieser Schuh eine Art *edle Beständigkeit* haben wird. **Nada! Das Schwein trügt!** Der **asics Gel-Kayano TN300** hat schon ein Nachfolgemodell TN400, das – will man dem Verkäufer Glauben schenken – **genau gleich** sei wie der **TN300**...aber halt **Viiiiieeeeeeum** besser. Tja, *irgendwie* ist aber das „**genau gleiche**" 44 ½ kleiner geworden, da meine Zehen es etwas **stossend** finden, dass sie plötzlich vorne an der Schuhspitze ⸘touchieren⸘ . Das kann aber gar nicht sein, weil der Verkäufer die Einlage meines **TN300** demonstrativ auf die des TN400 legt und **aufzeigt**, dass diejenige des TN400 sogar **GRÖSSER** ist. «Ha! Übergeben sie sich, sie garstiger Kunde, sie sind übereinlagt und ihr Abdruck stinkt zum Obermaterial!» «Nun lieber Verkäufer , also „**...genau gleich wie der TN300**..." aber mit **Viiiiieeeeeeum** *grösserer* **Einlage** – *oder was?!* Und was bringt mir das schlussendlich sexuell?»

Item! Ich habe dann halt doch testweise einen TN400 Grösse 45 gekauft. **War sogar Aktion: CHF 255.00 anstatt CHF 277.00! Äbe:** "...**genau gleich wie der TN300**...", nur halt ein klein wenig inflationärer. Dafür bekommt der Kunde ja auch gratis einen latschenförmigen Schlüsselanhänger, der wohl den TN400 darstellen soll! **Toll!** Jetzt erst versetzt es mich in Erstaunen, dass ich bisher ohne dieses Ding runnen konnte. Ach ja: Das Ding ist für Runners etwa so praktisch wie ein Vorschlaghammer beim Spaghettiessen.

 **Spüele bitte!**

Ep①log

Davon ausgehend, dass im Herbst 2004 der TN400 bereits durch den **TN1200** rechts überholt worden ist, habe ich in der Zwischenzeit bei Botty vier Paar Turnschuhe „**Basics of Pain**" mit etwas üppigerer Sohle als üblich zum Stückpreis von CHF 36.50 gekauft und habe das „**B**" mit einem Japanmesser abgekratzt und an die Stelle einen Klammeraffen „**@**" gemalt. **Et voilà!** Meine **Kniegelenke** und auch **asics** können mir mal den **Buckel** runter runnen...**ist doch wahr!**

Besten Dank für Ihre Runningnahme und Ihre bemühenden Ausflüchte.

Mit beleidigten Füssen

Hans-Peter Leuenberger

Hans-Peter Leuenberger
Eichholzstrasse 16
3254 Messen

Messen, 25. Juni 2004

Montana AG
Kundendienst asics
Mühlebachstrasse 3
6370 Stans

Mein Schreiben vom 27. Mai 2004

Sehr geehrte Damen und Herren

👐 Guguseli! 👐

HAAAAAAAAAALLLLLLLLLLLOOOOOOOOOoooooooooo!

Ist da jemand? Oder sind amänd alle in China am Gel-Kayano TN wasauchimmer zusammenschustern?

Leider habe ich bisher nichts von Ihnen gehört. Keine Stellungnahme. Keine Ausflüchte. Keine Thematisierung der **SELTSAM** 👽 anmutenden Marketingmethoden von asics am Vorabend des 22. Jahrhunderts. Nicht einmal eine faule Ausrede zum tragischen Hinschied ✝ des besten Laufschuhs aller Zeiten. **nichts.** **Nada!**

Pustekuchen!

Spricht irgendwie nicht für Sie – oder irre ich mich da? Jeder gute Verkäufer...sorry...ah...Product-Ma🖐nager, der noch ein Minimum an phönizischem Händlergeist in sich hat, hätte sofort in den Weiten seines Lagers nach Restposten des TN300 Grösse 44½ suchen lassen und diese dem ewig gestrigen Kunden 3 für 1 frei Haus geliefert. **nö. Denkste!**

«*Dös habbe mer doch nid nötig! Mer zahlet jo pro Kayanöli-Päärle so um de 36 Fränkle u könnets nu för 250 Stützle verscherble. Mer wösset och ned so recht wie's geht, aber vo dene schwach 7 Prozentle Bruttogwönn könnet mer irgendwie no aständig löbbe.*»

Spass beiseite! Fertig lustig! Ich möchte wirklich nur aus reinem ⚡Gwunder⚡ wissen, was **asics** veranlasst haben könnte den **asics Gel-Kayano TN300**, der eindeutig beste Laufschuh diesseits der Milchstrasse, durch eine läppische, Zehenquetschende *Turnschlarpe* zu ersetzen.

Könnte es sein, dass da **Wumproxtrosani** seine **hinterlistigen** Finger...ah...'tschuldigung...Zehen drin hat?

Sollte sich doch noch jemand in Ihrem langsam verblassenden **asics**-Importierbetrieb finden, der sich zu einer Stellungnahme durchringen könnte, dürfte ich Ihnen bereits im Voraus versichern, dass meine unendliche Dankbarkeit auf ewige Zeiten hinter Ihnen 🐱**herschleichen**🐱 würde.

感谢万分一个迅速答复和好时间在您富有的工作。

Hans-Peter Leuenberger

MONTANA SPORT

An
Hans-Peter Leuenberger
Eichholzstrasse 16
3254 Messen

Stans, 1. Juli 2004/mlo

Ihr Schreiben vom 27. Mai 2004

Sehr geehrter Herr Leuenberger

Wir haben ihre provokative Aufforderung erhalten. Danke bestens, dass Sie bemüht sind eine Antwort zu erhalten, was auch Ihr Recht ist.
Da ich das erste Schreiben, welches wahrscheinlich detaillierter Auskunft über Ihre Unzufriedenheit betreffend dem neuen KAYANO Aufschluss gegeben hat, nicht erhalten habe, kann ich Ihnen nur wie folgt eine Antwort geben.
Der KAYANO TN 300 wurde weiterentwickelt zum KAYANO TN 400, welcher im Laufverhalten ein etwas anderes Gefühl vermittelt.

Ich habe Ihnen einen TESTBERICHT beigelegt, in welchem Sie mir gerne die zu verbessernden Stellen als konstruktives Feedback mitteilen können.

Ich hoffe Sie haben mit meinem Schreiben eine erste zufrieden stellende Antwort erhalten.

mit sportlichen Grüssen

MONTANA SPORT AG

M. Lorenzetti
PM ASICS Footwear

Montana Sport AG, Mühlebachstrasse 3, CH-6370 Stans

Tel. 041 619 16 66, Fax. 041 610 87 87
E-mail: info@montanasport.ch, www.montanasport.ch

asics   MIKASA

Advanced Product Group

asics. Fragebogen Laufschuhe

Name: _____ Vorname: _____ Alter: ____ Gewicht: ____
Anschrift: _____
Schuhgröße (UK):_____ Testschuh: _____ ArtikelNr.:_____
Testbeginn: _____ Testende: _____ Km (gesamt): _____
auf Asphalt(%) _____ Wald-/Feldwege (%). _____ Gelände (%): _____
bisherige Schuhe (Marke/Modell):_____

GESAMTEINDRUCK

Wie war der Gesamteindruck nach der Testphase?

□—□—□—□—□

top   o.k.   schlecht

Würden Sie den Schuh kaufen?

□ ja   □ nein, wegen........................

Würden Sie mit dem Schuh regelmäßig trainieren bzw. ihn im Wettkampf tragen?

□ ja   □ nein, wegen........................

Persönliche Anmerkungen zum Gesamteindruck:
_____
_____
_____

VERARBEITUNG:

Stellte sich ein Verschleiß des Obermaterials ein (z.B. Risse, Lösen von Nähten etc.)?

□ nein   □ ja, nach nach ca. ....km

Verschleiß der Außensohle

□ nein   □ ja, nach nach ca. ....km

Verschleiß der Einlegesohle

□ nein   □ ja, nach nach ca. ....km

Weitere Anmerkungen zur Verarbeitung/Qualität (z.B. Sohlenabrieb Ferse oder Vorfuß)
_____

TRAGEKOMFORT / PASSFORM

Wie ist der allgemeine Tragekomfort des Schuhes?

☐—☐—☐—☐—☐

top   o.k.   schlecht, wegen ....

Wie ist die Passform im Fersen- und im Knöchel-/Achillessehnenbereich?

☐ gut   ☐ schlecht, wegen ....

Wie ist die Passform im Vorfuß-/Zehenbereich?

☐ gut   ☐ schlecht, wegen ....

Wie ist die Passform und der Komfort der Einlegesohle?

☐ gut   ☐ schlecht, wegen ....

Wie ist das "Fußklima" im getragenen Schuh (Schwitzen, heisse Füsse)?

☐ gut   ☐ schlecht, wegen ....

Weitere Anmerkungen zur Passform (z.B. Weite, Knöchelhöhe, oder Zunge, Schnürung):

_____

FUNKTIONELLE FRAGEN

Dämpfung im Fersenbereich?

☐—☐—☐—☐—☐—☐—☐

super   gut   o.k.   na ja   schlecht

Dämpfung im Vorfuß?

☐—☐—☐—☐—☐—☐—☐

super   gut   o.k.   na ja   schlecht

Stabilität des Schuhes (Pronationsverhalten)?

☐—☐—☐—☐—☐—☐—☐

super   gut   o.k.   na ja   schlecht

Abrollverhalten?

☐—☐—☐—☐—☐—☐—☐

super   gut   o.k.   na ja   schlecht

Griffigkeit der Laufsohle?

☐—☐—☐—☐—☐—☐—☐

super   gut   o.k.   na ja   schlecht

Weitere Anmerkungen zur Passform (z.B. Weite, Knöchelhöhe, oder Zunge, Schnürung):

_____

DRUCKSTELLEN / BLASEN

Hatten Sie während der Testzeit Schmerzen/Druckstellen/Blasen am Fuß und Bein

☐ — ☐ — ☐ — ☐ — ☐ — ☐ — ☐

nie   selten   öfter.   häufig   immer

Bitte markieren Sie auf den nachfolgenden Bildern die Druckstellen / Blasen:

Weitere Anmerkungen:
_____
_____
_____

ZUSÄTZLICHE FRAGEN

Wie empfinden Sie das Gewicht des Schuhes?

☐ — ☐ — ☐ — ☐ — ☐ — ☐ — ☐

sehr leicht   leicht   o.k.   schwer   sehr schwer

Was halten Sie vom Design des Schuhes?
_____
_____

Weiter positive oder negative Merkmale des Schuhes?
_____
_____
_____

Gerade Ihre persönlichen Bemerkungen sind für uns sehr wichtig.

Seien Sie also ruhig so kritisch und ausführlich wie möglich!!

Vielen herzlichen Dank für Ihre Mithilfe und weiterhin viel Spaß beim Laufen!!!

MONTANA SPORT AG,
z.H. Marco Lorenzetti
Mühlebachstrasse 3
6370 Stans
mail: lorenzetti.marco@montanasport.ch

Hans-Peter Leuenberger
Eichholzstrasse 16
3254 Messen

Messen, 8. Juli 2004

Montana Sport AG
PM asics Footwear
M. Lorenzetti
Mühlebachstrasse 3
6370 Stans

Ihr Schreiben vom 1. Juli 2004

Sehr geehrte(r) Frau/Herr Lorenzetti

HUCH! **Bitte nicht zubeissen!** *Ich verspreche auch,* dass ich Sie nicht wieder **provokativ** zum Tanz auffordere...grosses Indianerehrenwort!

Sodeliso, Sie haben also mein erstes Schreiben nicht erhalten? Irgendwie bedauerlich – finden Sie nicht auch? Vielleicht sollten Sie mal bei Ihrer internen Poststelle nachhaken und darauf hinweisen, dass es durchaus vorkommen kann, dass es auf dieser wunderbaren, *sportlichen* Welt **LEUTE** gibt, die den

üblichen Schreibstil als bünzlig und **total langweilig** einstufen und dementsprechend **die Worte** halt "*etwas anders*" zu Papier bringen. Der **Inhalt** kann aber durchaus sehr ernst sein und darum sollte man einen solchen Wisch nicht a priori in den Häcksler schmeissen! **Bitte nicht zuschlagen!** War doch gar nicht so **provokativ!!**

Eigentlich ist mir ja gar nicht klar, was Sie den so **provoziert** haben könnte. Ich lobe Ihren **Gel Kayano TN300** doch schlichtweg als **„Rolls-Royce unter den Sportschlarpen"** und **„Der eindeutig beste Laufschuh diesseits der**

Milchstrasse"! Ich habe leider etwas zu wenig Zeit, auch noch bei Ihnen vorbeizuschauen, um Ihnen **zärtlich** übers Haupt zu streicheln, aber wenn Sie sich weiter so **aufregen**, wird es sich wohl nicht vermeiden lassen, Ihnen **persönlich** (Weiss der Wumproxtrosani, wo es Ihre interne Poststelle sonst hinschmeisst!) ein **Riechsalzfläschchen** zu bringen und Ihnen mit dem **Taschentuch** etwas **luft** zuzufächeln. Machen Sie genügend Sport? Essen Sie ausgewogen? Genügend Früchte und Gemüse? Mindestens 2 Liter Wasser am Tag? Ich frage nur, weil ich mir sonst um Ihren **Blutdruck** Sorgen machen müsste. **Anyway. Um was geht es überhaupt?** Ach ja, ich bin ein klein wenig abgeschweift.

Ah ja: **Eigentlich bin ich trunken vor Glück!** **Restlos begeistert!** **Es hat** nicht viel **gefehlt und ich hätte einen** gelatinösen Kreuzbandkatarr mit gesprinteter Minidiskusthrombose **bekommen! Echt!** *Ihre Stellungnahme,* dass «...der TN300 zum TN400 weiterentwickelt wurde, welcher im Laufverhalten ein etwas anderes Gefühl vermittelt», hat mich so was von **perplexiert!** Ich geniere mich fast ein klein wenig, dass ich da nicht selber drauf gekommen bin! Ist Ihr **Blutdruck** noch im irdischen Bereich? **Gut.**

Also, mein eigentliches **Unverständnis** richtet sich ganz einfach gegen den Umstand, dass **der beste Laufschuh, den dieser Planet wohl je gesehen haben dürfte,** durch ein neues Modell ersetzt wurde, welches ganz offensichtlich ein **tragischer Rückschritt** darstellt. Ja um **Gottsmäuchterliswillen,** Ihre Designer und Zauberlehrlinge machen wohl selbst vor der **absoluten Perfektion** nicht halt und basteln, was die Gerda Conzetti hergibt? Niemand, leider absolut gar niemand hat bei asics erkannt, was der **TN300** eigentlich war: Das unübertreffbare „**non plus ultra**"! Bastler! Amateure! Armselige Schusterknechte!

Item. Schade...ganz intensiv, tragisch, bedauerlich, elendiglich **schade!**

☁Sniff☁! Besten Dank für Ihren Fragebogen, den auszufüllen mir eigentlich völlig überflüssig erscheint. Am TN400 gibt es keine Stellen mittels **konstruktivem Feedback** zu verbessern. Ich **feedbacke** nur **TN300!** Ich wiederhole: **TN300!** In Worten: **T-N-3-0-0!**

Ich will wieder den **TN300!**

Muuuuueeeeeettttiiiiiii!

Ich hoffe, Ihnen nun in ausreichender Form meine Bekümmernis dargebracht zu haben und harre gerne ein paar verständnisvollen, tröstenden und Anteil nehmenden Worten Ihrerseits.

❦ In sportlicher Trauer und tiefstem Gram ❦

Hans-Peter Leuenberger

PS: Ist Ihnen bewusst, dass ich meine **TN300** wie Familienmitglieder behandelt habe und ihnen einen Namen zu geben pflegte? „Hurtig-Ulrich". „Heinrich der Heizbare". „„Gustav das Morgenmüffelchen" usw. Und Sie wollen mir was von „Weiterentwicklung" erzählen. **PAH!**

Beilage:Kopie meines Schreibens vom 27. Mai 2004

08.07.2004   Seite 3/3   HPL

Hans-Peter Leuenberger
Eichholzstrasse 16
3254 Messen

Messen, 6. August 2004

Montana Sport AG
PM asics Footwear
M. Lorenzetti
Mühlebachstrasse 3
6370 Stans

Mein Schreiben vom 8. Juli 2004

Sehr geehrte(r) Frau/Herr Lorenzetti

Sie sind aber äusserst diskret in Ihrer Art der **Kommunikation**! Sie sollten mehr aus sich **HERAUSGEHEN** und sich etwas unters korrespondierende **Volk** mischen. So wird es noch ein **schlimmes** **Ende** nehmen und **plötzlich** gucken Sie sprachlos aus der asthmatischen **Sportswear**. **Item.** Das geht mich ja eigentlich nichts an…gelle?

Wissen Sie, ich bin so was von **happy!** Wenn Sie in meiner Nähe wären, könnte ich Sie glatt *umarmen*! **Jupi-dupi-tra-la-la-fallera!** Ich habe

3 PAAR
GEL KAYANO
✦✦✦TN300✦✦✦

ergattert! **Da staunen Sie**... gelle?! **Und wissen Sie was?** Ich könnte noch mehr davon und in allen Grössen beschaffen! Wenn Sie also Ihr offenbar sehr, sehr, sehr bescheidenes Lagerchen etwas ergänzen möchten, dürfen Sie sich ganz vertrauensvoll an mich wenden - *nur keine falsche Scham!* **Damit Sie es gleich schnallen:** Das kommt nur daher, weil ich mich sehr, sehr, sehr kommunikativ verhalte und auf die Leute zugehe! **Da sehen Sie's!** Sie sollten sich wirklich etwas mehr *extrovertieren!*

Sie kennen mich nun ja schon ein bisschen und **AHNEN** sicherlich, dass da noch ein kitzekleines Nachträglein kommen muss... **recht so!** Sie werden ja gewiss auch **mega-gwundrig** sein, wo ich die **HEISS** geliebten **Savannenhuscherli** gekrallt habe – geben Sie es doch geradewegs zu!? Nun gut, ich will mal nicht so sein:

Und wissen Sie das Beste? Die feinen **Speedies** kosten dort **LÄCHERLICHE** **$89.99** und werden innert drei Tagen ins Haus geliefert. Alles (Transport und sonstige Spesen) inklusive kann ich also meine **HEISS** geliebten **TN300** für rund **142.00 Schweizerfränkli** aus dem nordamerikanischen Bushland frei Haus importieren!

Und die Quintessenz von der Geschicht' ?

Nun, Ihre FIRMA und die umtriebigen Sportartikelhändler ♣ üben sich offenbar nicht gerade in Bescheidenheit, wenn es um

margen ★ geht und halten die

Konsumenten in unserem Lande offenbar für beliebig verarsch-

und melkbare Idioten. Henusode! Freie Marktwirtschaft und Internet sei DANK, sind auch wir gutgläubigen Mauerblümchen mittlerweile nicht mehr auf ANBIETER DER DRITTEN ART 👽 angewiesen, die die Ware von gestern mit Werbemethoden von heute zu

Marketingpreisen von

morgen an die doofen Eingeborenen verscherbeln wollen. Lassen Sie es mich mal so ausdrücken, wie mir der Schnabel gewachsen ist – in Buechibärger-

Esperanto:

MUGRUDA POTI WALUSCHI NADA LULUPILLA 💣 GOSCHTRAKUNDU
ELFRIKROTA ⚡ LALLIFATZ JUTUNDI MKARDULA IFPIBIGOUDI ☁
NUSTRIDURIAN ROBBIDOG HUSQUARNA CHOO-CHOO-CHATANOOGA
ÜSPROCK MUSTARD SCHNOP PIPIFAXI ☠ MONTANI PRIISLI
ASTRONOMILIS LESCHUS UMAB JOPILICHUTTA ✝ RÜSCHTZI OS
DRBUCKELAB.

Uffa! Keine Ahnung, ob Sie was verstanden haben, aber es hat ungemein gut getan und meine geringfügige Echauffierung 🌡 etwas abgekühlt. Wo waren wir stehen geblieben? Ah ja: Sie entschuldigen mich sicher, wenn ich Schweizer Sportartikelgeschäfte generell und Ihre Firma im Speziellen ab sofort

GROSSRÄUMIG umfahre?

Es ist durchaus nicht böse gemeint oder so, aber **sehen** Sie, es ist für mich offenbar viel kostengünstiger, Sportswear von **SHANGHAI** via **Kirgisien** über die **Innere Mongolei**, **Wladiwostok**, **Tuvalu**, **San Diego**, **Romulus**, TIMBUKTU, **La Valletta** und Paris in den **Buechibärg** zu importieren, als mich auch nur ansatzweise dem seltsam anmutenden Ansinnen hinzugeben, in einem 💰 Schweizer Sportartikelgeschäft 💰 kostenpflichtig «*Guten Tag*» zu sagen. **Irgendwie verrückt!** Finden Sie nicht auch? Aber Sie werden zugeben müssen, dass abgehobenen Preise Ihre völlig vielleicht doch ein kitzekleinwenig **nicht** konkurrenzfähig und zu **ABSCHRECKEND** sind **?**

Bitte nicht weinen! ♪ **Ist ja gut!** ♪ Wie? Was? «Freundliche Bedienung und professionelle Beratung im Fachgeschäft **?** »

Wo????? ...ha-ha...ha-ha-ha-ha-ha-ha-ha-ha ...prust...keuch... ha-ha-ha-ha-ha-ha-ha-ha ...schenkelklopf... ha-ha-ha-ha-ha-ha-ha-ha ...ambodenwälz... ha-ha-ha-ha-ha-ha-ha-ha ...nachatemring... ha-ha-ha-ha-ha ...ahem...räusper... ha-ha-ha-ha-ha-ha-ha...ha-ha-ha...ha...

Mögen der gigantomanische Shareholder-Value und die schwülstigen Preisfantasien stets mit Ihnen sein! Für die Zukunft wünsche ich Ihnen nur das Allerbeste, viel Glück und stets soviel Offenheit und Ehrlichkeit, wie Sie es von anderen erwarten.

 Leben Sie wohl

Hans-Peter Leuenberger

BRIEFE AUS DEM HINTERHALT

...DREI!...

...ZWEI!...

...EINS!...

...FEUER!...

...BOOOOUUUUUUMMMMM!!!

Hans-Peter Leuenberger
Eichholzstrasse 16
3254 Messen

Messen, 4. Mai 2004

Schweizerische Sprengstoff AG
Cheddite
Bauenstrasse
Isleten
6466 Bauen

Offertanfrage

Sehr geehrte Damen und Herren

Ich möchte demnächst die Spielbank von Campione sprengen und erlaube mir Sie anzufragen, mit wieviel Cheddite ich etwa rechnen müsste und was das kosten würde.

Gerne erwarte ich Ihre fachmännische Offerte und danke für Ihre Bemühungen.

Mit freundlichen Grüssen

Hans-Peter Leuenberger

Hans-Peter Leuenberger
Eichholzstrasse 16
3254 Messen

Messen, 2. Juni 2004

Schweizerische Sprengstoff AG
Cheddite
Bauenstrasse
Isleten
6466 Bauen

Meine Offertanfrage vom 4. Mai 2004

Meine Offertanfrage vom 4. Mai 2004 ist leider bisher unbeantwortet

geblieben, was auf eine saumässig tiefe **Detonationsgeschwindigkeit**
Ihrerseits schliessen lässt. Irgendwie vermag auch das **Last-Update-
Datum** Ihrer Homepage nicht gänzlich vom Eindruck dieser
Bedächtigkeit abzulenken: 20. September 2001.

Da ich in 14 Tagen Ferien habe, möchte ich die Spielbank von Campione in der
Woche 26 oder 27 sprengen. Ich erwarte also Ihre Offerte mit einer gewissen
Dringlichkeit und hoffe doch sehr, dass ich nicht auf ausländische Anbieter
ausweichen muss. Zwecks Beschaffungsdauerverkürzung bitte ich gleichzeitig mit
der Offerte um die Zustellung von einigen Mustern, damit die verschiedenen
Einsatzsysteme 1:1 getestet werden können.

Besten Dank für Ihre zündende Geschwindantwort.

Mit freundlichen Grüssen

Hans-Peter Leuenberger

Hans-Peter Leuenberger Messen, 8. Juni 2004
Eichholzstrasse 16
3254 Messen

Schweizerische Sprengstoff AG *via* Kantonspolizei Uri
Cheddite Kriminalpolizei
Bauenstrasse Herr Denier
Isleten Tellsgasse 5
6466 Bauen 6460 Altdorf

per Fax 041/875 27 48

Meine Offertanfrage vom 4. Mai 2004

Sehr geehrter Herr Denier ,

Werte Damen und Herren der Schweizerischen Sprengstoff AG

Mit megagigantomanem **Lachanfall** und einem **Spontanzwetschgenmoostrauma** habe ich Kenntnis davon genommen, dass die Kriminalpolizei des Kantons Uri Ermittlungen betreffend meiner Offertanfrage vom 4. Mai 2004 aufgenommen hat und – nach **Kontaktnahme** mit der Polizei des Kantons Solothurn - festgestellt hat, dass ich ein vielleicht etwas *bösmäuliges*, aber ansonsten *unbescholtenes* Bürgerlein bin.

Wie von Herrn Denier gewünscht, erhalten Sie nachfolgend ein **Müsterchen** als Beweis, dass ich mir ab und zu erlaube, solche unverschämten, ja nachgerade die **Staatssicherheit** gefährdenden Schreiben zu versenden. Mehrheitlich darf ich mit recht interessanten Antworten oder zumindest gar keiner Reaktion rechnen. Ihr Fall...äh...'tschuldigung...mein Fall...erschüttert aber nun dermassen, dass ich mich frage, ob der Schweiz sämtlicher Humor abhanden gekommen ist und es wirklich nur

noch um **DAS EINE** geht:

Da ich davon ausgehe, dass trotz oder gerade wegen der obigen Zeilen immer noch eine kleine **Unsicherheit** betreffend meiner Beweggründe ᪣ besteht, hier eine kurze Lunte...äh...knappe und wohl auch für eher der **totalen Ernsthaftigkeit** verpflichteten Mitbürger klar verständliche

Detonation...äh...sorry...Stellungnahme :

Achtung! Volle Deckung!
Es war ein Scherz!!

Mit scheusslichem Müssen

Hans-Peter Leuenberger

⊛ ♫ ❶②❸④❺⑥❼⑧,
die Stiege kracht,
das Haus fällt ein:

Das muss Cheddite gewesen sein. ♫ ⊛

Spüele bitte!

Datum: 9. Juni 2004

Von: Hans-Peter Leuenberger
Eichholzstrasse 16
3254 Messen

An: Kapo/Kripo Uri
Herr Denier
041/875 27 48

Betreff: Schweizerische Sprengstoff AG

Hallo Herr Denier

Nachfolgend zur Ergänzung Ihrer Akten meine abschliessende Korrespondenz von heute an die humorlosen Sprengmeister.

Besten Dank für Ihre Bemühungen u e gueti Zyt.

Hans-Peter Leuenberger

Hans-Peter Leuenberger
Eichholzstrasse 16
3254 Messen

Messen, 9. Juni 2004

Schweizerische Sprengstoff AG
Cheddite
Geschäftsleitung
Bauenstrasse
Isleten
6466 Bauen

Im Zuge der Ermittlungen🌑🌑🌑

Hu!!...ha-ha-ha-ha-ha-ha-ha...
habe ich Sie öppe erchlüpft?
RECHT SO!

Sehr geehrte Damen und Herren

Herzlichen Dank für Ihre ⟩köstliche Reaktion⟨ auf meine Offertanfrage vom 4. Mai 2004 und die entsprechende Nachfassung vom 4. Juni 2004.

Am 7. Juni 2004 hat sich Herr Denier von der Kripo 🚓 Uri bei mir telefonisch gemeldet und mir das Eintreffen meiner Schreiben – im Zuge einer Ermittlung der Kantonspolizei Uri in Zusammenarbeit mit der

Kantonspolizei Solothurn - bei Ihnen bestätigt. **Wow!** Tolles Kaliber, mit dem Sie da offenbar im Kanton Uri auf Spatzen zu schiessen pflegen! Sorry, ich vergass: Sie sind ja vom Fach und haben entsprechende **Knallfrösche** en masse. Da drängt sich mir doch glatt eine kitzekleine Frage auf: Gehen Sie gegen jedermann so vor, der von Ihnen eine Offerte will? Das kann ich mir eigentlich nicht vorstellen! Der Kunde ist doch sicher auch bei Ihnen ab und zu König...oder? *Item.* Auch bin ich bin der festen Überzeugung, dass Sie, mit Ihrer offensichtlich seriösen und humorlosen Art, Ihre Produkte lückenlos bis zur gesetzeskonformen Detonation zurückverfolgen können – immerhin leben wir ja noch in der Schweiz...oder? Aber man macht sich halt schon so seine Gedanken, wenn man bedenkt, dass der internationale Terrorismus offenbar über unbeschränkten Zugriff auf Explosivstoffe - die niemand produziert, niemand offeriert, niemand verkauft, niemand kauft, niemand verschiebt, ja eigentlich gar nicht existieren und dann doch irgendwie und irgendwo explodieren – zu verfügen scheint. Sie sind ja nun fein raus, da Sie bewiesen haben, dass Sie nicht mal eine Offerte beantworten, geschweige denn ein lumpiges Zuckerstöcklein herausrücken. *Henusode, mir wei nid grüßle!*

Viel **erschreckender** scheint mir jedoch, dass Sie offensichtlich über nullokommanullonullonix 🔱Humor🔱 verfügen, so dass Sie eine kleine Wortspielerei wie „Spielbank von Campione sprengen" nicht einmal zu 👁erkennen👂 in der Lage sind. Hätten Sie, wie es die *Höflichkeit*👂 eigentlich gebieten würde und man in jeder KV-Lehre eingebläut bekommt, den Anfrager selber kontaktiert, hätte sich eine gepflegte, gesittete und durchaus humorvolle Korrespondenz entwickeln können. Nun, ich will nicht undankbar erscheinen: Eigentlich finde ich die Idee, die Korrespondenz zum Nulltarif durch Stellen des öffentlichen Dienstes erledigen zu lassen, durchaus interessant und die Angelegenheit wird mit Sicherheit einen Ehrenplatz👥 in meiner Sammlung erhalten, obwohl Sie nie eine Zeile an mich geschrieben haben.

Mit schnell brennendem Enthusiasmus erlaube ich mir, Ihnen die höchste Auszeichnung, die ich zu vergeben habe, zu verleihen:

Wumproxtrosani 1. Klasse
für aussergewöhnliche Humorlosigkeit.

Die Auszeichnung ist mit CHF 20.00 (bar in der Beilage) dotiert, die üblicherweise für den Erwerb eines billigen IKEA-Bilderrahmens verwendet werden, damit die Urkunde stilgerecht in der Eingangshalle Ihrer Firma ins rechte Licht gerückt werden kann. Selbstverständlich steht es Ihnen frei, die Preissumme an eine wohltätige Institution z.B.

WEISSER RING SCHWEIZ
Rasche und unbürokratische Hilfe
für unschuldige Opfer.
PC 80-22230-8

zu überweisen.

Besten Dank für Ihre Aufmerksamkeit, Ihre Mühe und Ihr unermüdlicher Einsatz im Dienste der Humorlosigkeit.

Mit freundlichen Grüssen

Hans-Peter Leuenberger

Zum Zähneputzen nur noch Cheddite benutzen! Cheddite entfernt probat die Zähne samt ihrem Belag!

Die Kackademie
der schnöden Dünste

bemüssigt sich hiermit, den

Wumproxtrosani
1. Klasse

**Blaues Danke am grauen Band
für aussergewöhnliche Humorlosigkeit**

an die

**Schweizerische Sprengstoff AG
Cheddite
Bauenstrasse / Isleten
6466 Bauen**

für die exquisite Reaktion auf eine Offertanfrage vom 4. Mai 2004 betreffend

„Spielbank von Campione sprengen"

zu verleihen.

Messen, 9. Juni 2004

Der Präsident des Anstiftungsrates

BRIEFE AUS DEM HINTERHALT

UND SOOOOOOOO EINFACH KÖNNTE

DAS STEUERWESEN

SEIN

IG FRISSOPA

Hans-Peter Leuenberger
Eichholzstrasse 16
3254 Messen

Messen, 17. März 2004

Eidgenössisches Finanzdepartement
Departementsvorsteher
Bernerhof
3003 Bern

Komplexität –
unabdingbarer Bestandteil jeder Ungerechtigkeit

Sehr geehrter Herr Bundesrat Merz,
Sehr geehrte Damen und Herren

Eine namhafte Anzahl besorgter Bürgerinnen und Bürger dieses Landes haben die **IG FRISSOPA** (Interessengemeinschaft Freiheit im schönen Schweizerland ohne Parteien) ins Leben gerufen, da sie der Ansicht sind, dass die Parteien mittelfristig abgeschafft werden müssen, damit *der gesunde Menschenverstand* wieder obsiegt und die Probleme dieses Staates endlich zum Wohle aller pragmatisch, speditiv und vor allem ohne Floskeln und strategische Heuchelei gelöst werden können.

Zur Erreichung dieses Zieles sind selbstverständlich auch einige flankierende Massnahmen geplant, deren Nachhaltigkeit ausserhalb jeglicher Diskussionen stehen dürfte. Wir erlauben uns deshalb, Ihnen die Sie betreffenden Punkte zur Vernehmlassung zukommen zu lassen und gehen davon aus, dass Ihre detaillierte Stellungnahme bis zum **30. April 2004** bei uns eintrifft.

Entwirrung des Steuerdschungels

Die Vorkommnisse betreffend der Abstimmungsvorlagen vom 16. Mai 2004 im Generellen und des *Bundesgesetzes vom 20. Juni 2003 über die Änderung von Erlassen im Bereich der Ehe- und Familienbesteuerung, der Wohneigentumsbesteuerung und der Stempelabgaben* - kurz auch Steuerpaket genannt - im Speziellen, bestätigen uns in unserer Meinung, dass selbst die Spezialisten des Finanzdepartementes – geschweige den unsere Parlamentarier oder gar **DER SOUVERÄN** – jeglichen Durchblick in unserer Steuergesetzgebung verloren haben. Es drängt sich offensichtlich eine radikale Erneuerung auf, die sich durch Einfachheit, Transparenz und praktische Handhabung auszuzeichnen hat. Nachfolgend erhalten Sie unseren Grobentwurf und einige Erläuterungen dazu.

So transparent könnten Steuern sein

Artikel 1
Sämtliche Steuern, Gebühren, Zölle, behördlich verordnete Versicherungsbeiträge, Subventionen und Zuschüsse jeglicher Art auf Stufe Bund, Kanton und Gemeinde werden abgeschafft.

Artikel 2
a) Einkommenssteuer
   Ausschliesslich die Eidgenossenschaft ist berechtigt, eine Einkommenssteuer zu erlassen.
   Die Steuer muss in Form eines bundesweit geltenden und einheitlichen prozentualen Satzes erhoben werden.
   Die Steuer wird ausschliesslich als Quellensteuer bezogen.

Der Satz kann jährlich durch das Parlament angepasst werden und untersteht dem fakultativen Referendum. Steuerpflichtig sind sämtliche Einnahmen von natürlichen oder juristischen Personen. Darunter fallen Löhne, Renten, Zinsen, Wertschriftenerträge, Zuwendungen, Schenkungen sowie Verkaufs- und Mieteinnahmen jeglicher Art.

b) Vermögenssteuer
Im ersten Bezugsjahr der neuen Steuergesetzgebung werden jegliche in- oder ausländische Vermögenswerte von Schweizerbürgern mit einem Satz von 50% einmalig besteuert.
Nach dem Bezug dieser Steuer sind alle Vermögenswerte von der Steuer befreit.
Diese einmalige Vermögenssteuer ist zur Tilgung der Bundes-, Staats- und Gemeindeschulden zweckgebunden.

c) Verteilung
Der Bund zeichnet verantwortlich für die Verteilung der Steuern auf Bund, Kantone und Gemeinden. Im Sinne der Gewaltentrennung, der garantierten Religionsfreiheit und der Gleichbehandlung aller religiösen Gemeinschaften werden keine, wie auch immer geartete Kirchensteuern erhoben oder eingezogen.

Artikel 3
Die Schweizerische Eidgenossenschaft kennt keine Subventionen, Zuschüsse oder ähnlich geartete Vergabungen zu Lasten der Steuerzahler.

Artikel 4
Die Schweizerische Eidgenossenschaft kennt keine Defizite in den Bundes-, Staats- oder Gemeinderechnungen.

Artikel 5
Magistraten, Beamte, Inhaber politischer Funktionen und jegliche Personen, die in irgendeiner Form Entschädigungen von Bund, Staat oder Gemeinde beziehen, erhalten einen Grundlohn nach bestehenden Reglementen. Dieser Grundlohn gilt als verdient, wenn die jeweilige Bundes-, Staats- oder Gemeinderechnung ausgeglichen ist. Weist die zutreffende Rechnung einen Gewinn oder Verlust aus, ist dieser prozentual an die genannten Grundlohnbezieher weiterzugeben.

Was kostet der Staat wirklich?

Wie Sie dem obigen Grobentwurf entnehmen können, wird die anzustrebende neue Steuergesetzgebung eine *„absolute Steuerwahrheit"* mit sich bringen. Bisher konnte wohl kein einziger Bürger dieses Landes genau beziffern, wie hoch sich seine behördlichen Abgaben belaufen, da eine Unzahl von Steuern, Gebühren und Zöllen - teilweise arglistig „versteckt" und je nach Kanton und Gemeinde unterschiedlich - erhoben werden. Bundessteuer, Staatssteuer, Gemeindesteuer, Kopfsteuer, Spitalsteuer, Feuerwehrsteuer, Wehrpflichtersatzsteuer, Kirchensteuer, Erbschaftssteuer, Motorfahrzeugsteuer, Zölle, Autobahnvignette, LSVA, Mehrwertsteuer, Stempelsteuer, Billettsteuer, Alkohol – und Tabaksteuer, Hundesteuer, Kerichtgebühr, Kerichtsackgebühr, Wasserzins, Abwassergebühr, Gebührenmarken jeglicher Art und…und…und…
Es scheint uns aber legitim, dass der Bürger jederzeit wissen darf, was *„sein"* Staat kostet, da wir strikte von *„Wer zahlt, befiehlt"* ausgehen.

Unwirtschaftliche Staatsgeschenke

Eine völlig undurchsichtige Subventions- und Bevorteilungspolitik, die in extremen Fällen dazu führt, dass der Konsument die Ware mehrfach zu bezahlen hat, ist heute gängige Praxis. Als Beispiel kann an dieser Stelle der Kauf eines Stückes Emmentaler Käse aufgeführt werden, wobei der Steuerzahler zuerst die Milch, dann die Verkäsung und die Vermarktung mit seinen Steuergeldern finanzieren muss, um anschliessend für den Käse mehr zu bezahlen als er nach dem Export im Ausland kostet. Es geht nicht länger an, dass auf Kosten der Steuerzahler *„Heimatschutz"* für das so genannte *„freie Unternehmertum"* gespielt wird. Unser Land bekennt sich offensichtlich zum System der Freien Marktwirtschaft – oder doch nicht?

Gleichheit und Gerechtigkeit auch bei den Steuern

Der Grundsatz, wonach jedem Einwohner dieses Landes nicht nur vor dem Gesetzt sondern auch vor der Steuer gleiches Recht zuteil werden muss, dürfte überfällig sein. Es kann nicht sein, dass Schweizerbürger unterschiedliche Steuern zu bezahlen haben, nur weil sie in verschiedenen Regionen wohnhaft sind. Ebenso ist es nicht mehr nachvollziehbar, wieso Einkommen – je nach Höhe und Verpflichtungen – unterschiedlich versteuert werden sollten. Mit einem fixen Prozentsatz ist gewährleistet, dass jeder - im Verhältnis zu seinem Einkommen - gleich viel Steuern bezahlt. Es ist auch fragwürdig, wieso Verheiratete weniger Steuern zahlen sollten als Ledige und erst recht bedenklich scheint die Tatsache zu sein, dass sich die Kinderlosen am Unterhalt des Nachwuchses wildfremder Leute zu beteiligen haben – es wird in diesem Lande niemand zur Heirat und zur Nachwuchszeugung gezwungen.

Sozialwerke/Bildung/Sicherheit einmal ganz einfach

Durch die neue Steuer würden selbstredend auch unsere Sozialwerke, das Gesundheitswesen, die Altersvorsorge, die Bildungseinrichtungen und eine Grundhaftpflichtversicherung finanziert.

Jeder Einwohner dieses Landes beteilig sich durch die neue Einkommenssteuer automatisch im Verhältnis zu seinen finanziellen Möglichkeiten. Es wird nicht mehr so sein, dass Manager mit millionenschweren Einkommen gleichviel Krankenkassenprämie zu entrichten haben wie ein kleiner „Büetzer". AHV und BVG (die eigentlich schon längst zusammengeschlossen werden könnten) würden ausnahmslos eine Grundrente von z.B. CHF 60'000.00/Jahr ausrichten, die zweifelsohne ein annehmbares Rentnerleben ermöglichen würde. Durch die vom Einkommen abhängige prozentuale Steuer würde also der Einkommensstarke automatisch den Einkommensschwachen unterstützen. Eine weitergehende Altervorsorge ist Sache jedes Einzelnen. Es ist nicht anzunehmen, dass nach diesem System eine 38. AHV-Revision zu gewärtigen wäre.

Dass das System auch bei der IV, der ALV und den Fürsorgeeinrichtungen absolut gerecht funktionieren würde, muss hier wohl nicht weiter erklärt werden.

Ebenso darf Bildung – wir sprechen hier selbstverständlich nur von staatlichen Einrichtungen wie Grund-, Mittel- und Hochschulen - nicht zu einem elitären Luxusgut erklärt werden. Sie muss für jedermann frei und kostenlos zugänglich sein, damit dieses Land wieder kluge Köpfe für die Wirtschaft, Politik und zum Wohle der Allgemeinheit hervorbringen kann.

Schluss mit nervtötendem Politgeschwätz

Ein weiter Vorteil dürfte die Erfolgsmessbarkeit der Regierung und der Verwaltung sein: Eine Regierung, die den Einkommenssteuersatz in ihrer Legislatur anheben müsste, dürfte mit gewissen Wiederwahlschwierigkeiten zu rechnen haben. Bei Sachvorlagen auf jeder Stufe, würde fast zwangsweise die Auswirkung auf den Einkommenssteuersatz eingehend geprüft, was es dem Stimmbürger anhand einer einzigen Zahl ermöglichen würde, die direkten Auswirkungen der Vorlage auf sein Portemonnaie nachzuvollziehen. Wünschenswertes und Machbares würden so klar zu unterscheiden sein und die Behörden müssten allfällige Kostensteigerungen nicht mehr möglichst kompliziert auf die vermeintlichen Verursachergruppen aufteilen, sondern könnten ganz klar eine prozentuale Erhöhung für alle kommunizieren.

Netto ist netter

Da der Erwerbstätige einen absoluten Nettolohn beziehen würde, wäre jedermann klar, was für Anschaffungen, Investitionen usw. getätigt werden können, ohne mit der Angst leben zu müssen, dass ein selbstherrliches Steueramt irgendwann eine fast nicht nachvollziehbare Nachforderung stellt. Will heissen: Was der Bürger – egal ob als selbständig oder unselbständig Erwerbender – als Salär erhält nimmt ihm, ohne seine ausdrückliche Zustimmung, keine Behörde und kein gesetzlich dazu legitimiertes Unternehmen mehr weg.

Das eine radikale Verbesserung in diesem Bereich dringend ist, dürfe jedermann klar werden, wenn man als kleines Beispiel die aktuelle Steuerpolitik des Kantons Solothurn kurz betrachtet:

Die Steuererklärung 2003 (also Einkommen und Vermögen vom 1.1.2003 bis 31.12.2003) muss in diesen Tagen eingereicht werden, wobei zu beachten ist, dass die voraussichtlichen Steuerbeträge dafür bereits letztes Jahr (1.1.2003 – 31.12.2003) bezahlt werden mussten. Die Steuer 2002 (1.1.2002 – 31.12.2002) wurde soeben definitiv abgerechnet und die ersten Vorbezüge für die Steuer 2004 (1.1.2004 – 31.1.2004) sind soeben geltend gemacht worden.

Wir glauben uns an Zeiten entsinnen zu können, da war es dem Bürger erlaubt, das Geld zuerst zu verdienen, *bevor* Steuer dafür bezahlt werden musste. Dies scheint sich – offenbar durch den Verlust des gesunden Menschenverstandes - geändert zu haben. Gerade dieses Beispiel kann aufzeigen, wie abstrus und völlig unlogisch die jetzige Steuerpolitik gehandhabt wird.

Wirtschaft kann wirtschaftlich sein

Es würde an dieser Stelle zu weit führen, die zu erwartenden Auswirkungen auf die Wirtschaft detailliert zu analysieren, aber es dürfte nicht allzu schwierig sein, sich auszurechnen, was schon nur infolge der abgeschafften Vermögenssteuer für positive Impulse initiiert werden könnten. Weiter würden die Vereinfachungen des steuerrechtsbedingten Administrationsaufwandes beträchtliche Synergien freisetzen, die sich in jedem Falle äusserst günstig auf unseren Wirtschaftsstandort auswirken würden.

Man kann einen wirtschaftlichen Aufschwung nicht mit Phrasendrescherei und Larifari herbeidebattieren, wie das momentan viele Politiker zu glauben scheinen. Es muss ein nachhaltiges Umfeld geschaffen werden, das eine Symbiose zwischen den interessierten Parteien (Und damit sind explizit *nicht* die politischen Parteien im heute bekannten Sinn gemeint!) zulässt. Man wird eine Pflanze nie zum Gedeihen bringen, wenn sie nur mit heisser Luft versorgt wird und ihr Erde, Wasser und Dünger verweigert.

Vertrauen? Kaum!

Zum Schluss möchten wir noch darauf hinweisen, dass das neue Gesetzt und die daraus notwendigen Verordnungen mit Vorteil von einer privatwirtschaftlich organisierten Expertengruppe erarbeitet würden, da **DER SOUVERÄN** ganz offensichtlich ein klein wenig das Vertrauen in die Finanzexperten des Bundes, die jeglichen Durchblick vermissen lassen, und die classe politique, die es im Zerfleddern von Vorlagen mittlerweile zur wahren Meisterschaft gebracht hat, verloren hat.

Der absolut zementierte Grundsatz, dass sich die öffentliche Hand zur Wahrnehmung ihrer Aufgaben ausschliesslich über diese einzige prozentuale Einkommenssteuer zu finanzieren hat, darf nicht ins Wanken geraten.

Es gibt viel zu tun: Ersparen wir uns Floskeln und faule Ausreden!

Ihre Stellungnahme erreicht uns, wie bereits eingangs angetönt, bis zum **30. April 2004**. In diesem Zusammenhang bitten wir Sie auch, in einer Grobberechnung zu ermitteln, wie hoch in etwa die neue Einkommenssteuer anzusetzen wäre. **Richtig:** *Eine simple, einfache und leicht verständliche Prozentzahl wäre durchaus ausreichend.*

Für Ihre wertvolle Mitarbeit im Dienste unserer Demokratie danken wir Ihnen herzlich und wir freuen uns, mit Ihnen den Weg in eine freiere, fairere und durch und durch demokratische Schweiz gehen zu dürfen.

Mit garantiert parteilosem Gruss

Hans-Peter Leuenberger
Obmann
IG FRISSOPA

Generalsekretariat
Secrétariat général
Segreteria generale

Eidgenössisches Finanzdepartement EFD
Département fédéral des finances DFF
Dipartimento federale delle finanze DFF
Departament federal da finanzas DFF

Bern, 24. März 2004

IG FRISSOPA
Herr Hans-Peter Leuenberger
Eichholzstrasse 16
3254 Messen

Ihr Schreiben vom 17. März 2004

Sehr geehrter Herr Leuenberger

Bundesrat Hans-Rudolf Merz hat Ihr Schreiben erhalten und lässt Ihnen dafür danken.

Freundliche Grüsse
Eidg. Finanzdepartement EFD

P. Grütter, Generalsekretär

IG FRISSOPA

Hans-Peter Leuenberger
Eichholzstrasse 16
3254 Messen

Messen, 29. März 2004

Eidgenössisches Finanzdepartement EFD
Generalsekretariat
Herr P. Grütter
Bundesgasse 3
3003 Bern

Ihr Schreiben vom 24. März 2004

Sehr geehrter Herr Grütter

Unser Vorstand hat Ihr sparsames Schreiben vom 24. März 2004 erhalten, lässt Ihnen dafür einen einfachen Dank ausrichten und folgende Gedankenstütze übermitteln:

Es gibt viel zu tun: Ersparen wir uns Floskeln und faule Ausreden!
Ihre Stellungnahme erreicht uns, wie bereits eingangs angetönt, bis zum **30. April 2004**. In diesem Zusammenhang bitten wir Sie auch, in einer Grobberechnung zu ermitteln, wie hoch in etwa die neue Einkommenssteuer anzusetzen wäre. **Richtig:** *Eine simple, einfache und leicht verständliche Prozentzahl wäre durchaus ausreichend.*

Lustloser Gruss

Hans-Peter Leuenberger
Obmann
IG FRISSOPA

IG FRISSOPA

Messen, 30. April 2004

Hans-Peter Leuenberger
Eichholzstrasse 16
3254 Messen

Eidgenössisches Finanzdepartement EFD
Generalsekretariat
Herr P. Grütter
Bundesgasse 3
3003 Bern

Unser Schreiben vom 17. März 2004

 Geehrter Herr Bundesrat Merz,

Werter Herr Generaloberdirektionsrat Grütter

Wieso nur haben wir es geahnt?

Sie ☻ haben erwartungsgemäss die Frist 1 für die Einreichung Ihrer Stellungnahme 🚹🚺 ungenützt verstreichen lassen. Sie erlauben uns sicher☺, dass wir Ihre Kurzmitteilung⚡ vom 24. März 2004 nicht wirklich🚑 als Stellungnahme klassifizieren können.

Wir können Sie aber dahingehend trösten🐝, dass - von einigen löblichen

Ausnahmen abgesehen – dies die **übliche Reaktion**

von Departementen 🕷 und Bundesämtern ☁ zu sein scheint. Man könnte es noch bedeutend kürzer zusammenfassen: Die Bürger sind Ihnen

völlig egal!

WARUM IST EUER SCHILD BESCHMUTZT, HELVETIA?

Herr Merz , hoher Herr im Bundesrate,
es läuft so mies in diesem Staate!
«Wer zahlt befiehlt» war früher keine leere Phrase,
kein Beamter zeigte Bürgern eine lange Nase,
weil er noch wusste, wer den Lohn berappt,
doch heute sind sie alle überg'schnappt.
Raffen und verwalten, defizitieren,
des Bürgers Wohl aus den Aug' verlieren.
Transparenz, oh liebes Volk, müsst ihr vergessen,
heut' wird in Newtonmeter grauer Filz gemessen.
Dicht muss der Steuerparagraphendschungel sein,
für den kleinen Mann ist die Chance mickrig klein,
jemals ohne Doktorat da durchzublicken,
drum tut er auch immer brav die Kohle schicken,
die ohne grosse Zinsespausen
draufgeht für Beamtenflausen.
Fast wie die Leut' der Laienbühne Niedermonten,
die ein modernes Stück uraufführen wollten.
Verkauften für 250 Fränkli das Billett,
wohlverstanden, für holzig' Klappgestühle im Parkett.
In Scharen das Volk von Niedermonten und Umgebung kam
und gespannt im vollgestunggten Löiensääli Einsitz nahm.
Was aber da geboten wurde,
ging – gelinde ausgedrückt – in das Absurde.
Beim nicht mehr so geneigte Publikum,
war die Geduld bald einmal um,
forderte so ziemlich vehement,
die Rückerstattung vom Eintrittsgeld.
Der Präsident der Theatercompanie
war um der Wort' verlegen nie:
«Liebe Leut', ihr hab doch keinen blassen Dunst,
das ist ganz einfach hohe Schauspielkunst!»

Unrealistisch, lachhaft und irgendwie daneben?
Keiner würd' für das Theater 250 Stutz ausgeben?
Überlegen wir doch mal in Ruhe, denn auch heuer,
schickt die Theatergruppe Bern die Rechnung für die Steuer.

Ach ja, was hat der alte Adam Riese scheins gelacht,
sich dabei fast in sein mathematisch' Hemd gemacht.
Das Steuerpäckli ist so was von köstlich' Scherz,
mancher ringt immer noch nach Luft, Herr Merz.
Oder war das noch ein Streich von Villiger?
Nein, dann wär' er platter und vor allem billiger.
Die Steuern gehen also runter, ist es nicht famos,
bei Schulden von 124 Milliarden bloss.
Entlastet würde auch der kleine Mann,
weil auch er ein paar Batzen sparen kann.
Der Aufschwung unserer Wirtschaft werde sofort starten,
keiner müsse mehr aufs Arbeitslosengeld nun warten.
Geschöpft wird allerdings mit ganz verschiednen Kellen,
man beachte doch die publizierten Spartabellen.
Bei einhunderttausend Stutz sie meist beginnen,
irgendwer scheint in unserm Land grandios zu spinnen.
Mancher Bürger muss sich schämen
und ab seiner Nichtigkeit sich grämen.
Was müssen das für kümmerliche Wichte sein,
bringen nicht mal hunderttausend Fränkli rein.

Doch kommen wir zurück zur Schizophrenie,
eins begreift der aufmerksame Bürger nie:
Die Steuern sollen also sinken, es ist nicht ganz geheuer,
wieso wollt Ihr dann erhöhn die Mehrwertsteuer?
Eine veritable Schnapsidee von Don Pasquales Gnaden,
um die Büetzerlein noch etwas mehr zu plagen?
«Wenn ihr nischt erhöht wollt la TVA,
wird es - coup de tonnere - nischt lange gah
und sie werdet pensioniert mit quatre-vingt annés
eventuellement vielleicht auch meh!»
Aber, aber, mösiö le président mit fabelhaftem Riechorgan,
sie haben doch des Volkes Goodwill längst vertan.

Einmal mehr will man den Büetzer offenbar bescheissen,
oh pardon, „Rentenaltererlotterie" muss es wohl heissen.
Gleichheit und Gerechtigkeit nicht länger heimisch scheinen,
Helvetia und Justitia drum im Chore heimlich weinen.
Auch die Logik trug man längstens schon zu Grabe,
hat irgendwer dazu noch eine g'scheite Frage?

Und auch Sie Herr Grütter
sind im Bürgerumgang etwas schütter.
Ihre Schreiben scheinen etwas kurz und mutz,
etwas kümmerlich für all' den Stutz,
den Sie Ende Monat auf dem Konto haben,
weil kleine Steuerzahler dafür täglich darben.
Dies geht amänd noch mal voll in die Hosen,
wenn Sie nicht auch auf Volkes Stimme losen.
Etwas Fantasie und Innovation
würde man erwarten schon,
anstatt hinter Paragraphen sich zu ducken
und von oben auf den kleinen Mann zu gucken.
Ein kleiner Tipp an dieser Stelle,
einfach, kostenlos und auf die Schnelle:
Genial kann auf dieser Welt nur sein,
was einfach ist und ethisch rein.

Quintessenzlich ist es kaum zu übersehen,
auch nicht mit Bitten, Beten und mit Flehen,
im Departement der bündigen Finanzen,
wird man nie nach Volkes Pfeife tanzen.
Lieber als den Bürgern zu umhegen,
tut man steuerliche Fallen legen.
Nimmt ihn aus nach Strich und Faden,
tut ihn auch mit andren Dingen plagen.
Anstatt zum bürgerlichen Wohle diesen Staate zu verwalten,
so wie einst, als Anstand und Vernunft noch etwas galten,
verwaltet man um der Verwaltung Willen
ohne über Ziel und Zweck zu sinnen.
Es ist Ihnen also völlig Wurscht, was Bürger will,
da verhält sich das Beamtentum ganz gerne still.
Niemand vom Departement kann's länger noch verhehlen,
wie kann man nur dermass' die Profession verfehlen.
Klar ist's doch wie Tapetenkleister:
werdet lieber alle Metzgermeister.
Wursten könntet ihr dann mit voller Lust,
noch mehr vorbei am Volk, es ist ein Frust.
Was nicht völlig Wurst ist, wird es sicher bald,
züchtet doch gleich Bananen in unsrem Land!

Eines noch zum Schluss und auch am Rande,
ihr z'Bärn seit schon eine cheibe lust'ge Bande.
Sicher kennt ihr all' den Witz vom Zirkus
und warum der eine Kuppel haben muss.
Ein Flachdach auf dem Bundeshaus wär' voll daneben,
so könnt' man dort nie eine Show zum Besten geben.
Doch halt, ist es nicht etwas übertrieben,
ein Zirkus mit 246 Clowns plus sieben?
Spräche man, da es so viele Komödianten het,
nicht viel treffender von einem Bundeskabarett?

PS:
Ein grauer Wohlfühlfilz die Beilag' schmückt,
wir hoffen sehr, Sie sind ganz toll entzückt,
freuen sich auf flauschig-anschmiegsame Wuscheli
mit einem Ihnen wohlbekannten Nuscheli.

Der Slogan zum Schluss
Lieber Micky Maus als Bundeshaus!

Sodeliso!

Wir hoffen doch sehr, Ihnen einen kleinen Überblick👁 über die

Befindlichkeit⚡ Ihrer Untertanen👪 übermittelt zu haben.

Sollten Sie alles nur als 〉**Mumpiz**〈 abtun wollen,

könnte es durchaus eines garstigen ⚡ Tages sein, dass sich

das Volk auch auf seine Kerngeschäfte 💰

besinnt und Politiker samt Verwaltung 👽 mittels klassischem

Outsourcing ☁ zum Sandstreuen in die Wüste Gobi abschiebt.

Mit heuchlerischem Müssen

Hans-Peter Leuenberger
Obmann
IG FRISSOPA

IG FRISSOPA

Hans-Peter Leuenberger
Eichholzstrasse 16
3254 Messen

Messen, 18. Mai 2004

Eidgenössisches Finanzdepartement EFD
Generalsekretariat
Herr P. Grütter
Bundesgasse 3
3003 Bern

Abstimmunsvorlagen vom 16. Mai 2004

Volksfremder Herr Ohnerat Merz,

Abgehobener Herr Obergefreiter Grütter

Sie entschuldigen sicher, dass wir Sie nochmals ungebührlich in Ihrem Elfenbeinturm stören...gelle!?
Wissen Sie, es muss einfach sein. Sonst gibt es in unserer Interessegemeinschaft einen doppelten **Süssmostmassenrittberger mit Suurchabisembolie.**

Mit grösster Schadenfreude

Hans-Peter Leuenberger
Obmann
IG FRISSOPA

BRIEFE AUS DEM HINTERHALT

RELATIVITÄTSTHEORIE IM KONTEXT DER ZUSTELLGESCHWINDIGKEIT EINER TAGESZEITUNG

ODER

WIE VERKAUFT MAN EWIGGESTRIGES

Freiburger Nachrichten

Tel. 026 347 30 00 – Fax 026 347 30 19
www.freiburger-nachrichten.ch
E-Mail: fn.verlag@freiburger-nachrichten.ch

Abonnenten- und Leserservice, Bahnhofplatz 5, 1701 Freiburg

MWST-Nr. 253 700

RECHNUNG   Nr. 256353 / 1036

Abo-Nr.	189726	Herr
Anz. Exemplare	1	Hans-Peter Leuenberger
vom	01/05/2004	Eichholzstrasse 16
bis	30/04/2005	3254 Messen
zahlbar bis	30/04/2004	

Freiburg, 18. März 2004

Abonnement   271.00

Rechnungsbetrag in CHF   **271.00**
inkl. 2.4% MWST (Fr. 6.35)

Liebe Leserin, lieber Leser,

Wir danken Ihnen für das uns entgegengebrachte Vertrauen und das Interesse an unserer Zeitung bestens.

Es freut uns, dass Sie sich regelmässig mit den Freiburger Nachrichten über das Geschehen in der Region sowie im In- und Ausland informieren und wünschen Ihnen viel Spass bei der täglichen Lektüre.

Mit freundlichen Grüssen   **Freiburger Nachrichten**
                                             Abonnenten- und Leserservice

▼▼▼ Vor der Einzahlung abzutrennen / A détacher avant le versement / Da staccare prima del versamento ▼▼▼

Empfangsschein / Récépissé / Ricevuta	Einzahlung Giro	Versement Virement	Versamento Girata

Einzahlung für / Versement pour / Versamento per

Freiburger Nachrichten AG
Bahnhofplatz 5
1701 Freiburg

Einzahlung für / Versement pour / Versamento per

Freiburger Nachrichten AG
Bahnhofplatz 5
1701 Freiburg

Keine Mitteilungen anbringen
Pas de communications
Non aggiungete comunicazioni

ISP IX 03 30 000

Referenz-Nr./N° de référence/N° di riferimento

00 00000 00040 00090 00025 63537

Konto / Compte / Conto **01-10055-4**
CHF
271 . 00

Konto / Compte / Conto **01-10055-4**
CHF
271 . 00

Einbezahlt von / Versé par / Versato da

Einbezahlt von / Versé par / Versato da
0000000000400009000025635337

Herr
Hans-Peter Leuenberger
Eichholzstrasse 16
3254 Messen

609

Herr
Hans-Peter Leuenberger
Eichholzstrasse 16
3254 Messen

Die Annahmestelle
L'office de dépôt
L'ufficio d'accettazione

0100000271001>000000000004000900002563537+ 010100554>

300

Hans-Peter Leuenberger
Eichholzstrasse 16
3254 Messen

Messen, 24. März 2004

Freiburger Nachrichten
Abonnenten- und Leserservice
Bahnhofplatz 5
1701 Freiburg/Fribourg

Abonnement 189726 - Rechnung 256353/1036 vom 18. März 2004

Sehr geehrte Damen und Herren

: Ich danke Ihnen für die zugestellte Rechnung und das Interesse, das Sie meinem Interesse an Ihrer Zeitung entgegenbringen bestens.

Es würde mich ausserordentlich freuen, wenn ich mich **regelmässig** mit den Freiburger Nachrichten über das Geschehen in Ihrer Region sowie im In- und Ausland informieren könnte und wünsche Ihnen viel Spass beim täglichen Kampf mit „**Die Post**“.

Leider erhalte ich die FN immer noch in einem schläfrigen **Englischwalzertakt** , obwohl ein *fetziger* **Sambarhythmus** der Sache eindeutig dienlicher wäre.

Spass beiseite. Haben Sie gewusst, dass „**Die Post**“ mittlerweile sogar „**Faule-Ausrede-Standard-Karten**“ gedruckt hat, die sie den Abonnenten in den Briefkasten einwirft, wenn sie es wieder einmal nicht geschafft hat, die Tageszeitung aus **FERNEN LANDEN** pünktlich zu liefern? Nun, da sitzt man dann halt mit dieser **bunten Karte** in der Hand und sinnt darüber nach, was wohl im Freiburgerland so passiert sein könnte. Ich mache es dann meistens so, dass ich die besagte Karte auf den Tisch knalle und «*Trumpf u gschtoche!*» rufe. Mein fernregionaler Informationsstand wird natürlich dadurch nicht wirklich besser, aber irgendwie lenkt es von der landesweiten Misere im postalischen Service Publique ab. Und wenn ich dann noch in einem alten Exemplar von „**Leben und Glauben**“ oder dem „*Gelben Heft*“ blättere, beruhige ich mich zusehends und kann mich Tagträumereien hingeben. *Ich stelle mir dann halt einfach vor, heute sei vorgestern und somit sei morgen die Tageszeitung von heute absolut aktuell.* **Genial – finden Sie nicht auch?** *Flattert dann aber Ihre Abonnementsrechnung heute mit den Preisen von übermorgen ins Haus, obwohl ich die Zeitung von gestern zum alten Preis von heute erst morgen erhalten werde, wandeln sich meine heimatlichen Gefühle im Bereich „Tageszeitung" schon ein klein wenig ins Poröse.*

In den letzten Jahren – seit ich in der abgelegenen und postalisch offenbar sehr schwer zugänglichen solothurnischen Wildnis ums Überleben kämpfe – haben Sie jeweils anstandslos 25% Rabatt gewährt, was mich einigermassen milde 👍 gestimmt hat, *wenn ich Ihre regionalen News von vorgestern in der preisreduzierten Ausgabe von gestern ausnahmsweise schon heute lesen konnte. Wenn ich mir nun aber heute vorstelle, dass übermorgen eine stets topaktuelle* **„Faule-Ausrede-Standard-Karte"** *anstatt einer* **FN-Vollpreisdonnerstagsspezialausgabe** *von morgen - mit regionalen „Neuigkeiten" von heute, die übermorgen aber von vorgestern sein werden - von einer ewiggestrigen* **„Die Post** 🕸 **"** *übermorgen zugestellt wird,* wandelt sich meine Masse trotz fehlender Geschwindigkeit fast augenblicklich zu reiner **Energie**  um.

Langer Rede kurzer Sinn: Mit 28% Rabatt dürfen Sie mir weiterhin einmal jährlich für mein entgegengebrachtes Vertrauen (Uff! Zum Glück nicht durch **„Die Post**🕸**"** entgegengebracht! Das gute Stück käme bei Ihnen schätzungsweise so in etwa drei Lichtjahren an! Aber nur unter optimalen Bedingungen, wenn der abbaufreudige Dr. Ulrich Gygi 👽 nicht noch weiter rumbastelt.) danken. Wenn es sich nicht richten lässt, muss ich mir halt **„DER MURTENBIETER"** abonnieren, obwohl sich alles in mir dagegen sträubt. Aber so hätte ich wenigstens die Garantie, *dass mich die regionalen Meldungen aus der Heimat von vorvorvorvorvorvorvorvorgestern übernächsten Monat auch wirklich erreichen.* In der Beilage retourniere ↺ ich Ihnen deshalb die erwähnte Abonnementsrechnung. **Ach ja: Würde die Zustellpünktlichkeit im gleichen Rahmen zunehmen wie Ihre äusserst diskreten Abonnementspreisaufschläge,** *hätte ich die FN von heute mit den Meldungen von gestern schon vorgestern erhalten müssen.*

Weiterhin viel Kraft beim postalischen 💣**KAMPF** 🗡 um termingerechte 🕐 Zustellungen!

✋ Mit freundlichen Grüssen ☺

Hans-Peter Leuenberger

🔌 🎵♪ *Lyoba, Lyo-oba, Lyo-o-o-ba-yo...* ♪ 🎵 🔌

Freiburger Nachrichten AG
ahnhofplatz 5, 1701 Freiburg
℡ 026 347 30 00
Fax 026 347 30 19
E-Mail: fn.verlag@
freiburger-nachrichten.ch

Geschäftsstelle Murten
Bernstrasse 1, 3280 Murten
℡ 026 672 34 40
Fax 026 672 34 49
E-Mail: fn.murten@
freiburger-nachrichten.ch

Freiburger Annoncen
ahnhofplatz 5, 1701 Freiburg
℡ 026 347 30 03
Fax 026 347 30 19

MWST / TVA Nr. 253 700

Die einzige deutschsprachige Tageszeitung im zweisprachigen Kanton Freiburg

Herr
Hans-Peter Leuenberger
Eichholzstrasse 16
3254 Messen

Freiburg, 31. März 2004

Ihr Schreiben vom 24. März 2004

Sehr geehrter Herr Leuenberger

Wir danken Ihnen recht herzlich für das oben genannte Schreiben.

In der Tat ist es so, dass die Restrukturierungen der Post für uns eine grosse Herausforderung darstellen. Doch auch interne Umstellungen auf eine neue Software für die Abonnementsverwaltung haben uns gewissen Schwierigkeiten bereitet.

Die Kinderkrankheiten sind zwischenzeitlich behoben. Darüber hinaus, wird unser Key Accout Manager bei der Post die Zustellung Ihrer Zeitung in den nächsten Tagen systematisch kontrollieren lassen und mir Rückmeldung erstatten. Somit dürfte in Zukunft einer einwandfreien Zustellung nichts mehr im Wege stehen. Wir bitten deshalb um Ihr Verständnis, dass wir an der gängigen Rabattskala keine Änderungen vornehmen können.

Jedoch schenken wir Ihnen gerne für den Unterhaltungswert Ihres Briefes sowie den Ärger eine FN Uhr im Wert von Fr. 45.-.

Wir hoffen, dass Sie Verwendung für diese finden werden und dass wir Sie auch weiterhin zu unseren treuen Lesern zählen dürfen.

Mit freundlichen Grüssen

Bernhard Imboden

Leiter Abo- und Leserservice

Hans-Peter Leuenberger
Eichholzstrasse 16
3254 Messen

Messen, 6. April 2004

Freiburger Nachrichten
Herr Bernhard Imboden
Abonnenten- und Leserservice
Bahnhofplatz 5
1701 Freiburg/Fribourg

Ihre Zusendung vom 31. März 2004

Sehr geehrter Herr Imboden

Ich bedanke mich ganz artig für Ihre postalische Wurfsendung ⚡ vom 31. März 2004, die hochhackiges Gewühle...äh...*zwiespältige Gefühle* in mir geweckt hat.

Es freut ✋ mich ausserordentlich, dass sich die Kinderkrankheiten bereitenden Schwierigkeiten mit der internen Softwareumstellung nun wieder positiv auf die externe Zustellungen der Freiburger Nachrichten auswirken werden. Was ich aber nicht ganz verstanden habe ist, was der **Key Account Manager** in den nächsten Tagen systematisch bei mir kontrollieren 👁 und rückmelden 🗣 will. Ich hoffe doch sehr, dass der Dings-Bums-Manager nichts unanständiges ist und mit der systematischen Kontrolle kein **Rückfall** ins **Fichenzeitalter** 📖 stattfindet! Sie müssen nämlich wissen, dass ich mir sicher bin, dass ich keinen Schlüssel...äh...sorry...Key veraccountet...äh...vernuschet habe. Bei den Tassen 🍸 habe ich aber so meine Selbstzweifel...wissen Sie was? Schicken Sie mir doch einfach einen **Cup Holder Manager**, der meinen Küchenschrank systematisch kontrolliert und mir die fehlenden Tassen rückmeldet! *Ich freue mich schon!* Endlich mal eine Zeitung, die einen anständigen Leserservice anbietet! **Bravo!** WEITER SO!

Nun, was den Abopreis anbelangt bin ich voll mit Ihnen einverstanden 👍, dass Sie an der gängigen 🕸 Rabattskala keine Änderungen vornehmen wollen können sollen müssen. Ich hatte bisher **25%** und die können wir ohne jegliche Änderung weiter vornehmen. Leider waren Sie aber auf der retournierten Rechnung nicht aufgeführt, was eine **gravierende Änderung** 🍄 an der gängigen Rabattskala bezüglich meiner Wenigkeit darstellt.

Wissen Sie, ich komme immer mehr zur Einsicht, dass auch Privathaushalte sich nach rein 💣 **wirtschaftlichen** ☠ Mässstäben organisieren sollten. Daher muss ich Ihnen leider mitteilen, dass ich mich wieder auf das Kerngeschäft – und das ist definitiv nicht das Lesen der FN – konzentrieren und konsequent Kosteneinsparungen realisieren muss. Die letztjährige Minderung des Cashflow↘ war ein nicht übersehbares Zeichen dafür, dass ich mich wieder vermehrt am Markt ausrichten und unbedingt noch dieses Jahr den Turnaround 🔧 schaffen muss. Dabei kann es unter Umständen nicht gänzlich vermieden werden, dass Zeitungsabonnemente abgebaut werden müssen. Ich gehe aber davon aus, dass keine Abonnemente gekündigt werden müssen und die Abgänge durch natürliche Fluktuation ausgeglichen werden können.

In der Beilage retourniere ich Ihnen übrigens die FN-Uhr 🕐 im Wert von CHF 45.00. Erstens hat mir meine Mutter immer eingebläut, dass ich von fremden Leuten 👽 keine Geschenke annehmen darf, zweitens geht die Uhr **20 Minuten** nach und drittens hat sie keine Datums- resp. Wochentaganzeige [1], an der ich mit absoluter Sicherheit erkennen könnte, dass es tatsächlich immer Freitag ist, wenn die FN vom Donnerstag bei mir eintrifft. Aber Sie haben dazu ja eine neue **Software ohne Mumps, einen systematischen Key Account Manager mit Rückmeldefeature und eine statische Rabattskala! Funktioniert sicher viel zuverlässiger als mein unausgereiftes Zeitgefühl…**

gelle?! ☺ **Übrigens:** *Ich bitte Sie davon abzusehen, mir anstelle der FN-Uhr bunte Glasperlen zuzustellen.* Aber wie wär's mit einer **Cuchaule**? Oder zwei?

Ärger? Wie kommen Sie um **gottsmäuchterliswillen** darauf? Meine Familie – und auch ich, der die Tradition fortsetzt – war immer zufrieden mit der Fryburgere! Insofern dürfen Sie weiterhin hoffen, dass ich zu Ihren treuen Lesern zähle. Mit 25% allerdings können Sie Ihre „**Hoffnung**" nahtlos in „**Wissen**" überführen…Sie haben es in der Tastatur…äh…Hand.

Herzlichen Dank für Ihre zeitlos-eleganten Bemühungen und Ihr aprilfrisches Wohlfühlverständnis.

Mit freundlichen Grüssen

Hans-Peter Leuenberger

Freiburger Nachrichten

Die einzige deutschsprachige Tageszeitung im zweisprachigen Kanton Freiburg

Freiburger Nachrichten AG
Bahnhofplatz 5, 1701 Freiburg
℡ 026 347 30 00
Fax 026 347 30 19
E-Mail: fn.verlag@
freiburger-nachrichten.ch

Geschäftsstelle Murten
Bernstrasse 1, 3280 Murten
℡ 026 672 34 40
Fax 026 672 34 49
E-Mail: fn.murten@
freiburger-nachrichten.ch

Freiburger Annoncen
Bahnhofplatz 5, 1701 Freiburg
℡ 026 347 30 03
Fax 026 347 30 19

MWST / TVA Nr. 253 700

Herr
Hans-Peter Leuenberger
Eichholzstrasse 16
3254 Messen

Freiburg, 08. April 2004

Ihr Schreiben vom 06. April 2004

Sehr geehrter Herr Leuenberger

Mit Bedauern nehmen wir zur Kenntnis, dass Sie unseren Anstrengungen mit der Post wenig Positives abgewinnen können.

Der Aussage, dass Ihr Kerngeschäft nicht mehr das Lesen der FN ist und dass Sie Kosteneinsparungen realisieren müssen, interpretieren wir, dass Sie Ihr Abo kündigen, sofern wir den Rabatt nicht erhöhen.

Wie bereits in unserem Schreiben vom 31. März 2004 erwähnt, kommen wir den Abonnenten, bei denen es an einzelnen Tagen zu Unregelmässigkeiten kommen kann, mit einem Spezialrabatt von 25% entgegen. Diese Rabattskala können wir im Sinne einer Gleichbehandlung aller Abonnenten nicht einfach zu Ihren Gunsten abändern. Dafür bitten wir um Ihr Verständnis.

Konsequenterweise müssen wir nun davon ausgehen, dass Sie Ihr Abo der Freiburger Nachrichten nicht erneuern wollen. Wir nehmen die Änderung in unserem System entsprechend vor.

Sollten Sie sich doch entschliessen, mit der FN Ihr Wissen über die Region aufrechtzuerhalten, bitten wir um eine kurze Mitteilung.

Wir möchten es an dieser Stelle nicht unterlassen, Ihnen frohe Ostertage zu wünschen und verbleiben mit freundlichen Grüssen.

Mit freundlichen Grüssen

Bernhard Imboden
Leiter Abonnenten- & Leserservice

Inserate für alle Zeitungen und Zeitschriften • Publicité de presse

306

Hans-Peter Leuenberger
Eichholzstrasse 16
3254 Messen

Messen, 16. April 2004

Freiburger Nachrichten
Herr Bernhard Imboden
Abonnenten- und Leserservice
Bahnhofplatz 5
1701 Freiburg/Fribourg

Ihr Schreiben vom 8. April 2004

Sehr geehrter Herr Imboden

Jöööööööööööö......†Z-†Z-†Z-†Z-†Z...

aber, aber, aber...wer wird den gleich...

Besten Dank für Ihr Schreiben vom 8. April 2004, das mich – fast so ⚡**schnell**⚡ wie meine Tageszeitung – am 15. April 2004 erreicht hat.

Jesses! ⋛☺⋚ Wie kommen Sie den darauf, dass ich

Ihren **postalischen** **Anstrengungen** ☾ nichts

Positives abgewinnen kann **?** Sollte ich zwei Wochen lang die FN tatsächlich ohne Verspätung erhalten, verspreche ich Ihnen hoch und heilig, dass ich in

Ekstase 🌳 geraten und Dr. Ulrich Gygi einen ❀Heiratsantrag♥ machen werde!

Erst kürzlich war übrigens ein recht aufschlussreicher Leserbrief in der FN, in dem sich ein Leser darüber aufhält, dass er die ferienumgeleitete 🏝 FN – im Gegensatz zu den anderen Tageszeitungen – immer verspätet erhält... **irgendwie komisch...nicht!?** Ich werde also mit dem Kauf der Verlobungsringe noch etwas zuwarten.

Ansonsten muss ich Ihnen mitteilen, dass Sie die **Kernaussage** meiner Korrespondenz völlig missverstanden haben! Ich werde also versuchen, Ihnen nachfolgend den Sachverhalt nochmals in sehr einfacher Form zu vermitteln. Ich verspreche Ihnen, dass ich auch ganz **langsam** und deutlich schreiben werde, damit Sie mit dem Zeigefingernachfahren ☞ auch sicher stressfrei mitkommen.

> **Im ersten Schreiben ich haben gesagt, dass ich bekommen habe Rechnung ohne Prozente. Ich aber bisher immer bekommen habe 25%, weil Freiburger Nachrichten immer etwas langsam. Ich dann etwas gemacht Witze und so, aber ich meinen, dass wenn Sie machen neue Rechnung mit 25%, ich wollen FN-Zeitung weiter.**

Ich weiss jetzt halt nicht, ob die Message zu Ihnen rüber gekommen ist, aber ich will mir Mühe geben und versuchen, die Sache nochmals zu vereinfachen:

> **Sie mir schicken Rechnung mit 25% Rabatt. Ich zahlen sofort ein.**
> **Sie mir schicken keine Rechnung oder Rechnung ohne Prozent, ich nicht mehr wollen freiburgisches Newslater🕸.**

In diesem Sinne freue ich mich **unsäglich** und gerate fast **ausser** **Rand** **und Band**, dass Sie den Abonnenten , bei denen es an regelmässigen Tagen zu Unregelmässigkeiten in der regelmässig unregelmässigen Zustellung kommen kann, mit einem Spezialrabatt von **25%** entgegenkommen können wollen sollen dürfen müssen. Ich versichere Ihnen, dass ich keineswegs anstrebe, dass die Freiburger Nachrichten ihre regelmässige *Unregelmässigkeitenspezialrabatttabelle* in irgendeiner Form abändern muss! Ich erlaube mir ganz einfach nochmals 📢kleinlaut darauf hinzuweisen, dass der von Ihnen propagierte Spezialrabatt von **25%** bei meiner Abonnementsrechnung schlichtweg vergessen wurde und ich

deshalb kniefällig um entsprechende Korrektur bitten sollte möchten wollte, weil ich mich förmlich nach der Aufrecherhaltung meines **regionalen Wissens** verzehre!

Liebreizenden Dank für Ihre flauschig-anschmiegsame Kontaktnahme und mit sehnsüchtigem Gieren nach einer ordentlich rabattierten Lesestoffdauerbezugsbelastungsanzeige.

In tiefster Zuneigung ♥

Hans-Peter Leuenberger

Hans-Peter Leuenberger
Eichholzstrasse 16
3254 Messen

Messen, 19. Mai 2004

Freiburger Nachrichten
Herr Bernhard Imboden
Abonnenten- und Leserservice
Bahnhofplatz 5
1701 Freiburg/Fribourg

Zwischenstand

Sehr geehrter Herr Imboden

Sie haben sich also entschieden. Lieber sparen Sie 25%, anstatt eine alte Abonnementsbeziehung glücklich und harmonisch bis ans Ende der Tage weiter zu führen. **Henusode!**

Ich habe in der Zwischenzeit bei einer Drückerkolonne dieses Blatt für lächerliche CHF 86.25/Jahr abonniert

und bin ganz zufrieden damit.

Erstaunlicherweise bekomme ich es immer pünktlich, was darauf hindeutet, dass die Presse der Russischen Föderation einen eindeutig besseren Draht als Sie zum umtriebigen Dr. Ulrich Gygi hat, werter Herr Imboden. **Item.**

Ich bekomme das Blatt also immer pünktlich und könnte es täglich lesen, wenn ich es lesen könnte. Bei den Freiburger Nachrichten war es ja immer umgekehrt: Ich hätte sie täglich lesen können, wenn ich es können hätte. Tja, so ganz optimal ist die ganze Chose noch nicht, aber immerhin sehr preiswert!

Sodeliso, ich hoffe, Sie sind nicht zu sehr traurig, dass ich nicht zu sehr traurig bin, weil ich die FN nicht mehr erhalte. Lustig war am Anfang nur, dass es mir gar nicht aufgefallen ist, dass die FN nicht im Briefkasten lag. Ich habe die ersten zwei Wochen nämlich geglaubt, die Zustellung laufe wieder mal im ganz normalen Trott, weil Ihre positiv-postalischen Anstrengungen ein klein wenig nachgelassen hätten.

все самое лучшее на ваше будущее

Hans-Peter Leuenberger

Hans-Peter Leuenberger
Eichholzstrasse 16
3254 Messen

Messen, 10. August 2004

Freiburger Nachrichten
Herr Bernhard Imboden
Abonnenten- und Leserservice
Bahnhofplatz 5
1701 Freiburg/Fribourg

EPILOG

...und wenns total in die Hose geht...

Sehr geehrter Herr Imboden

...sind Sie Ärmster wirklich nicht zu beneiden !

Neues System beim Zeitungstransport begeistert niemanden

Am Montag sind die abonnierten Zeitungen erstmals auf der Strasse statt auf der Schiene transportiert worden. Die Verlage rechnen mit Verschlechterungen bei der Zustellung. Manche Abonnenten müssen sich mit der Zeitung von gestern begnügen.

[sda] – Das neue System soll der Post Einsparungen von mindestens 10 Millionen Franken bringen. Die Verlage liessen sich darauf ein, um Tariferhöhungen zu vermeiden. Das System begeistere niemanden, sagte Hanspeter Kellermüller vom Verband Schweizer Presse.

Der Verband Schweizer Presse schätzt, dass der Anteil der Exemplare, die nicht am Erscheinungstag zugestellt werden können, etwa von 5 auf 7 Prozent zunehmen wird.

Die Post geht hingegen davon aus, dass mit dem neuen System "unter dem Strich" eine Verbesserung erreicht wird, wie Post-Sprecher Richard Pfister sagte. Am ersten Tag habe noch nicht alles geklappt, räumt er ein.

Das neue System bringt allerdings grundsätzliche Änderungen. Weil die Zeitungen für den Ferntransport die Druckerei früher als bisher verlassen müssen, erhalten manche Leserinnen und Leser keine aktuellen News.

Das "St. Galler Tagblatt" reagiert mit einer Fernausgabe auf die neuen Bedingungen, die vor der "normalen" Ausgabe gedruckt wird und deshalb den Lokalteil vom Vortag enthält.

Auch der "Walliser Bote" rechnet damit, dass die Walliser nördlich der Alpen künftig auf gewisse Informationen verzichten müssen. Weil die Zeitungen neu um 02.30 Uhr in Bern sein müssen statt wie bisher um 03.30 Uhr, werden künftig bei Bedarf zwei Ausgaben gedruckt, wie Verlagsleiter Jörg Salzmann erklärt.

Betroffen sind auch Deutschschweizer Abonnenten von Westschweizer Zeitungen. In manchen Regionen erhalten sie die Zeitung erst am nächsten Tag. Mit einem früheren Redaktionsschluss reagieren der "Quotidien jurassien" und der "Nouvelliste".

Können Sie sich **vorstellen**, was mit der Zustellung meiner FN passieren würde, wenn Sie mir nicht die Prozente und damit die Lust auf das Abonnement gestrichen hätten! Ich würde die Zeitung von vorgestern mit den News von vorvorgestern, abhängig von der Laune unseres umtriebigen Dr. Ulrich Gygi, vielleicht schon morgen erhalten! Dem Postueli bringt das offenbar **10 Millionen Alpendollar**, mir hätten Sie den Abonnementspreis um ca. **28%** (Rabattstreichung und diskreter Preisaufschlag) geringfügig **ERHÖHT** und dafür würden die **VERSPÄTUNGEN** meiner **TagesZeitUNG** nochmals um mindestens **7% zunehmen**, was nichts anderes bedeuten würde, als dass rund **ein Drittel der Zustellungen** als **postversehrte Altpapierlieferungen** klassifiziert werden müssten.

GANZ EHRLICH: IRGENDWER IN DIESEM SPIEL SPINNT GEWALTIG!

Mit mitfühlenden Grüssen

Hans-Peter Leuenberger

BRIEFE AUS DEM HINTERHALT

FERNMELDE-

GESELLSCHAFTS-

TERROR

Hans-Peter Leuenberger
Eichholzstrasse 16
3254 Messen

Messen, 19. Dezember 2003

Swisscom Fixnet AG
Customer Care
Contact Center
3000 Bern 14

Einfach verbunden...

Sehr geehrte Damen und Herren

Ich kämpfe da mit kommunikativen Problemen und hoffe inständig, dass Sie mir gottmäuchterliswillen und gebührenfrei weiterhelfen können.
Ihrer letzten Rechnung, die ich gestern erhalten habe, war - trotz schwarzem Stern vor meiner Adresse- ein Prospekt beigelegt, auf dem mit dicken Lettern "**Einfach verbunden.**" stand. Das erste Problem mit der Missachtung des Sterns wäre ja noch zu verkraften, wenn nicht ausgerechnet **_SIE!_** sich nicht daran halten würden, wo ich den schwarzen Stern doch mühsamst mit blankem Säbel bei Ihnen erkämpfen musste. Aber da wäre ja noch "**Einfach verbunden.**"! Warum - ich bitte meines halt etwas einfache Art zu entschuldigen - verrechnen Sie mir bitteschön über CHF 50.00 reine Anschlussgebühr für zwei Monate? _**HA!!!**_ Geben Sie's am Besten unumwunden zu, Sie legen mich schon seit Jahren rein!!? Wenn den die Verbindung so einfach ist, warum soll ich Ihnen dafür soviel Geld für sowas Simples abliefern? Ich habe bisher noch nie einen Ihrer Ingenieure bei mir zu Hause gesehen, der auch nur einen kleinen Finger für meine wenigen Verbindungen krumm machen würde! Also, entweder Sie stellen mir ab sofort einen Ihrer technischen Sachverständigen (bitte Hausschuhe anziehen!) zur Verfügung, damit meine Verbindungen wirklich einfach werden oder ich muss zukünftig davon absehen, Ihnen mein sauer verdientes Geld für die komplizierte Wählerei zu überlassen. Ich habe vorsichtig ausgerechnet, dass Sie mir für diesen imaginären Einfachverbinder in 25 Jahren ca. CHF 8'000.-- verrechnet haben! Mensch bin ich doch blöd! Da hätte ich mir ja beim Media-Markt locker einen eigenen ADSL-ISDN-Anschluss mit MultiLINE oder EconomyLINE und Alder-Verteilerzentrale mit USV,BAKOM und KOMKOM, letzter und vorletzter und hinterletzter Meile, eigener 145-Vergiftungslinie mit Fakultativoption auf die Übernahme des 111er-Auskunftsdienstes, inklusive geoutsourctem Unterhaltspersonal mit vorgezogenem Abbau kaufen können.

Ihre Adresse (es ist doch eine Adresse - oder?) habe ich einfach der Telefonrechnung entnommen. Leider weiss ich aber beim besten Willen nicht was "Customer Care" und "Contact Center" heisst und auch mein Word 8.0 unterstreicht die Wörter mit roter Wellenlinie. Ich hoffe jetzt einfach, dass es kein Söniggelzüügs ist, was "Einfach sicher." notwendig machen würde.

Was "Einfach Weihnachten." und "Einfach geschenkt." betrifft: Besten Dank, Sie sind ausserordentlich grosszügig zu Ihren langjährigen Kunden...aber eigentlich ist das bei den gigantischen Anschlussgebühren gar nicht so schwierig. Darf ich aber davon ausgehen, dass Sie mir den Audi A4 und die Kinogutscheine noch vor Heilligabend vorbeibringen?

Besten Dank für Ihre Bemühungen und Ihre baldige Antwort.

Mit freundlichen Grüssen und
den besten Wünschen für 2004

Hans-Peter Leuenberger

Beilage: Keine (Ihren Prospekt habe ich zu meiner Entlastung kompostiert)

Hans-Peter Leuenberger
Eichholzstrasse 16
3254 Messen

Messen, 26. Februar 2004

Swisscom AG
Direktion
Alte tiefenaustrasse 6
3050 Bern

Werbeflyer sind Vertragsbestandteile...basta!

Werter Herr Alder,
Sehr geehrte Damen und Herren

Mit Schreiben vom 19. Dezember 2003 habe ich Ihr Customer-Care-Contact-Center auf einige nicht ganz optimale Geschäftspraktiken hingewiesen. In der Folge wurde ich am 30.12.2003 von einer enervierten Dame - der werte Name der Dame ging leider bei ihrer mit blankem Säbel 💣 gerittenen Attacke unter ⚡ - dahingehend unterrichtet, dass es keinen Sinn mache, mit mir zu diskutieren. Sie wollte aber dafür sorgen, dass die unliebsamen Werbebeilagen beim Rechnungsversand unterbunden würden☺.

Soweit so gut!😐

Tja, die Rechnung Dezember/Januar ist eingetroffen. Ohne Werbung. **Super!** Allerdings fand ich da auf der Rechnung einen **ganz lieben und herzigen Spruch**:

> Swisscom Fixnet kommuniziert ihren Kunden Änderungen des Vertrages in der Regel mittels Rechnungsbeilage. Weil Sie auf die Zustellung der Rechnungsbeilagen verzichtet haben, erhalten Sie diese Informationen nicht mehr. Bitte beachten Sie, dass Swisscom Fixnet Ihnen keine anderen schriftlichen Mitteilungen versendet und Preis- oder Dienstleistungsänderungen für Sie auch ohne entsprechende Kenntnisnahme in Kraft treten.☹

Aha! Heisst ja wohl, dass für Sie Werbefötzel und Vertragsänderungsmitteilungen völlig identisch sind. Wissen Sie, ich gehöre zu den recht freundlichen und ruhigen Mitmenschen und kann auch den widerlichsten Situationen noch ein Grinsen abringen. Was Sie hier aber mit Ihren Kunden treiben, möchte ich eindeutig unter „SPRUNG IN DER SCHÜSSEL" einreihen. Und so kommt es, dass Sie in den Genuss einer ABSOLUTEN WELTPREMIERE von mir kommen.

Achtung, jetzt kommt's gleich! Ja, ja, *noch etwas Geduld!* **Sofort!**
Los, mitzählen! *Drei - zwei - eins - g g g g ooooooooooooo.....:*

26.02.2004   Seite 1/2   HPL

Danke,
Sie mich auch...!

Explizit ohne Dank für den Personal- und damit Dienstleistungsabbau, die künstlich hochgehaltenen Tarife und Gebühren und den offenbar völlig abhanden gekommenen gesunden Menschenverstand. Aber danke dafür, dass ich wieder einmal

ausgiebig grinsen

durfte.

Ich würde mich ausserordentlich freuen, wenn ich von Ihnen keine Antwort erhalten würde.

Mit scheusslichem Müssen

Hans-Peter Leuenberger

 **swisscom. fixnet**

Swisscom Fixnet AG, Retail Business, 3050 Bern   **P.P.**

Herr
Hans-Peter Leuenberger
Eichholzstr. 16
3254 Messen

Stephan Riedweg

Datum   16. Juni 2004
Ihr Kontakt   Gratisnummer 0800 715 015
Thema   **Einfach zurückkehren – einfach gut verbunden bleiben**

Sehr geehrter Herr Leuenberger

Wir haben festgestellt, dass sich Ihr Telefonierverhalten verändert hat. Vielleicht waren Sie längere Zeit abwesend, oder Sie telefonieren einfach weniger als gewöhnlich.

Möglicherweise haben Sie auch zu einem anderen Anbieter gewechselt. Dies kann sogar versehentlich passiert sein, da einzelne Anbieter fragwürdige Abwerbemethoden anwenden. Oder wurden Sie mit dem Argument «massiv günstiger telefonieren» zu einem Wechsel überredet? Ein Preisvergleich zeigt, dass unsere Preise absolut konkurrenzfähig sind.

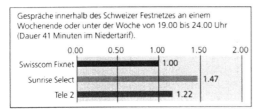

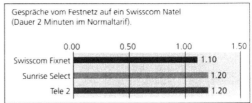

Quelle: Internet, Stand 1. April 2004.

Und hier noch weitere gute Gründe zu Swisscom Fixnet zurückzukehren:
- Telefonieren Sie **1 Stunde lang ohne Unterbruch für nur 1 Franken** wochentags ab 19 Uhr sowie an Wochenenden und Feiertagen: 1 Stunde lang telefonieren und nur 25 Minuten bezahlen!
- **5% Rabatt** bei monatlichen Gesprächskosten über CHF 100.– (Anmeldung unter 0800 86 87 88).

Melden Sie sich noch heute mit dem beigelegten Talon an, und profitieren Sie schon bald von unseren guten Angeboten – noch schneller gehts über die **Gratisnummer 0800 715 015.**

Mit freundlichen Grüssen
Swisscom Fixnet AG

Stephan Riedweg
Leiter Privatkundensegment

Hans-Peter Leuenberger
Eichholzstrasse 16
3254 Messen

Messen, 23. Juni 2004

Swisscom Fixnet AG
CPS Center
Leiter Privatkundensegment
Herr Stephan Riedweg
Aarbergstrasse 107
2501 Biel/Bienne

Ihr Schreiben vom 16. Juni 2004
Einfach zurückkehren - einfach gut verbunden bleiben

Sehr geehrter Herr Riedweg

Herzlichen Dank für Ihr *freundliches Schreiben* vom 16. Juni 2004, das mich ausserordentlich geringfügig gefreut hat. Ist es nicht **fantastisch**, wie mittels Computer gravierende Fälle von Telefonierfehlverhalten festgestellt werden können? Sie werden sicher mit mir einig gehen: George Orwell war so was von Amateur! Oh nein, lieber Herr Riedweg, ich war weder längere Zeit abwesend noch telefoniere ich weniger als gewöhnlich. **Aber eigentlich geht Sie das ja nicht wirklich etwas an - ODER?**

Hingegen haben Sie mit Ihrer dritten Vermutung voll ins **Schwarze** getroffen! **JA**, ich habe zu einem anderen Anbieter gewechselt. Ohne jegliches Versehen, ohne fragwürdige Abwerbemethoden von gewissen Anbietern und ohne undurchsichtige Argumente von wegen «massiv günstiger telefonieren»! Ich bin also weder schusselig noch **total verblödet** und schon gar nicht *unmündig*, wie Sie das offensichtlich meinen. Na ja, möglich, dass es Leute in meiner Umgebung gibt, die da völlig anderer Meinung sind, aber auch das gehört nicht wirklich hierher. So nebenbei: Der absolut einzige Anbieter, der mich bisher mit unsachlichen Schreiben, *schwachköpfiger Werbung* und unredlichen Rechnungen **belästigt** hat war...

Achtung...drei...zwei...eins...null:

swisscom.

Der Wechsel – das darf ich Ihnen versichern! – **hat sich gelohnt!** Leider bleibt da der Wermutstropfen **"Letzte Meile"**, für die ich immer noch von Ihrer Unternehmung Rechnungen erhalte. Und raten Sie mal, was diesen Rechnungen stets beiliegt? **Richtig:** Schwachköpfige Werbung! Und wissen Sie was immer unten auf der Rechnung steht? **Richtig:**

Swisscom Fixnet kommuniziert ihren Kunden Änderungen des Vertrages in der Regel mittels Rechnungsbeilage. Weil Sie auf die Zustellung der Rechnungsbeilagen verzichtet haben, erhalten Sie diese Informationen nicht mehr. Bitte beachten Sie, dass Swisscom Fixnet Ihnen keine anderen schriftlichen Mitteilungen versendet und Preis- oder Dienstleistungsänderungen für Sie auch ohne entsprechende Kenntnisnahme in Kraft treten.

Fälllt unserem lieben Herr Riedweg etwas auf? **Äbe!**

Die Swisscom hat es eigentlich **rächt guet preicht! Finden Sie nicht auch?** Sie durfte das mit Bundesgeldern finanzierte Telefonnetz von ihrer Vorgängerin übernehmen und darf immer noch Anschlussgebühren verlangen. **Sollte dieses sagenhafte Telefonnetz nicht langsam aber sicher abgegolten sein? Glauben Sie nicht auch, dass die Swisscom grosszügig Gnade walten lassen und den gesetzlich sanktionierten Knebelvertrag zerreissen könnte, da ich meinen Fixnet-Anschluss mit bisher CHF 8'000.00 irgendwie ausreichend gelöhnt habe? Oder erneuert die Swisscom meine "Letzte Meile" alle drei Monate mit vergoldeten Platindrähten komplett neu? Stösst sich schlussamänd Ihr Rechtsempfinden nicht auch daran, dass ich der Swisscom jeden Monat CHF 25.25 zu bezahlen habe, obwohl sie mir den Buckel** runter kommunizieren kann? **Wie? Was? Unterhalt- und Personalkosten ganz allgemein? Aha?!** Darf ich dann wenigstens davon ausgehen, dass Sie mich demnächst mit meinem ganz persönlichen Swisscom-Unterhaltstechniker bekannt machen? *Irgendwie hat er sich bisher sehr diskret verhalten.* Er ist doch nicht etwa schüchtern?

Selbstverständlich können wir jetzt das immer wieder gerne angeführte Argument „sichere Arbeitsplätze" auch gleich noch durchkauen: Ich bin jederzeit - im Sinne eines sozialen Engagements – bereit, etwas mehr für das Telefonieren oder auch für eine **IMAGINÄRE**, sehr 🕸 diskret 🕸 gewartete ✗ **"Letzte Meile"** zu bezahlen, wenn mir Ihr lieber Herr Alder 💀 verspricht,

dass er neue Stellen ˢᶜʰᵃᶠᶠᵗ und keine weiteren mehr **abbaut.** **Aha!** **Äbe!**

Ach so!? Sie meinen also, wenn die **"Letzte Meile"** freigegeben würde, könnte ein Funktionieren des Telefonnetzes nicht mehr garantiert werden? **Träumen Sie weiter, lieber Herr Riedweg!** Glauben Sie wirklich, dass der Milchbauer seinen Kühen die Euter abschneiden würde?

No grad einisch äbe!

Lieber Herr Riedweg, die einzige Telekommunikationsfirma, von der ich mich wirklich grausam übers Näscht abezoge gefühlt habe, ist und bleibt die Swisscom! Darf ich also davon ausgehen, dass ich von weiteren söttigen Schreiben, gefaltvollem Werbematerial und hoffentlich schon recht bald von Rechnungen der DRITTEN ART verschont bleibe? Darf ich weiter davon ausgehen, dass Sie mich als mündigen Konsumenten und als mindestens genau so halsabschneiderischen Galgenstrick - wie Sie und die Swisscom es ja offensichtlich selber sind - betrachten? **RECHT SCHÖNEN DANK!** 👍

Selbstverständlich stehe ich Ihnen jederzeit für weitere Auskünfte und/oder eine Fortsetzung des Diskurses gerne zur Verfügung. **Schriftlich!** **Telefonieren ist in der Schweiz viel zu teuer! Ach ja:** *Wären Sie wohl so freundlich, mir die Liste der Anbieter mit fragwürdigen Abwerbemethoden und eine Aufstellung resp. eine Direktvergleichstabelle der undurchsichtigen Argumente betreffend «massiv günstiger telefonieren» zuzustellen? Ein herzliches ♥ Dankeschön 🧚 bereits zum Voraus!*

Mit **fixistnet**-Anschluss und am Ende der **"Letzte Meile"**

Hans-Peter Leuenberger

Hans-Peter Leuenberger
Eichholzstrasse 16
3254 Messen

Messen, 21. Juli 2004

Herr
Stephan Riedweg
Leiter Privatkundensegment

Swisscom Fixnet AG
Retail Business
3050 Bern

Mein Schreiben vom 23. Juni 2004

Hallo?! Ist da wer?

✋ Guguseli!

Hat jemand in letzter Zeit den Riedweg gesehen...gesehen...gesehen...gesehen...geseh...

geseh...geseh...geseh...gese...gse...gs...gs...? Juhuuuuuuu...................uuuuuu!

Ah, sorry, ich habe gemeint, es seien öppe alle vom Jens Alder auf der letzten Meile gefeuert worden...

Sehr geehrter Herr Riedweg

Irgendwie habe ich nichts mehr von Ihnen gehört, was grundsätzlich nicht schlecht wäre, aber andererseits warte ich immer noch auf die **Liste der Anbieter mit fragwürdigen Abwerbemethoden** und die **Aufstellung resp. Direktvergleichstabelle** der undurchsichtigen **Argumente** betreffend «massiv günstiger telefonieren».

Und jammern Sie jetzt bloss nicht! Schliesslich und amänd haben Sie damit in Ihrem Schreiben vom 16. Juni 2004 selber angefangen und mein Interesse geweckt. Ich möchte mich wirklich umfassend informieren, bevor ich mich über eine allfällige Rückkehr in Ihre Arme entscheide. Aber wie bereits gesagt: Zum Zungenkuss wird es bestimmt nicht kommen! **Brrrrrhhhhhhh!**

Es könnte jetzt natürlich auch sein, dass Ihre interne Post mein Schreiben verschlampt hat und Sie noch gar nichts von meiner Begeisterung über Ihren Serienfötzel wissen. Oder aber Sie sind sich ganz einfach zu schade, einem Kleinkunden etwas anderes als einen dämlichen Werbeflyer zukommen zu lassen. **Anyway!** Vielleicht lassen Sie mir ja doch noch die gewünschten und von Ihnen angepriesenen Unterlagen zukommen?! Aber den Begleitbrief müssen Sie dann wirklich nicht extra *parfümieren* …gelle!

Mit freundlichen Grüssen

Hans-Peter Leuenberger

Swisscom Fixnet AG, Alte Tiefenaustrasse 6, 3050 Bern

Herr
Hans-Peter Leuenberger
Eichholzstrasse 16
3254 Messen

Datum 30. Juli 2004
Ihr Kontakt Heinrich Oppliger, +41 (0)31 342 31 90
Thema **Anschluss Nr. 031 765 64 03**

Sehr geehrter Herr Leuenberger

Wir haben Ihr Schreiben vom 21. Juli erhalten. Entschuldigen Sie bitte, dass wir auf Ihr Schreiben vom 23. Juni nicht geantwortet haben.

Wir können dazu stehen, dass wir mit Mitbewerbern gerichtliche Auseinandersetzungen haben. Aus Diskretionsgründen geben wir diese Firmen und Termine nicht selber bekannt. Es ist Ihnen jedoch freigestellt Mitbewerber selber anzuschreiben, ob Sie mit uns Termine vor Gericht haben.

Gerne stellen wir Ihnen als Beilage einige Gesprächsvergleichstabellen zu. Die Vergleichsvarianten sind gross. In unserer Broschüre "Einfach zurückkehren" haben wir zur Illustration "25 Minuten bezahlen, 1 Stunde sprechen" gelb angezeichnet. Man kann 1 Stunde telefonieren miteinander vergleichen, oder wie ein Mitbewerber 25 Minuten lang telefonieren. In ihrer Darstellung haben beide Firmen recht. Recht umfassende, objektive und neutrale Resultate erhalten Sie von Preisvergleichsfirmen im Internet.

Wir bitten Sie um Verständnis dass wir nicht alle Fragen umfassend beantworten können und danken Ihnen, wenn wir Sie als Kunde weiterhin bedienen dürfen.

Freundliche Grüsse

Swisscom Fixnet AG

Heinrich Oppliger
Kundenreaktionen Privatkundensegment

Beilage: 2 Preis- und Angebotsunterlagen

Swisscom Fixnet AG
Retail Business Residential
Analysis
Alte Tiefenaustrasse 6
3050 Bern

Telefon   +41 (0)31 342 31 90
Telefax   +41 (0)31 342 93 92

E-mail:
heinrich.oppliger@swisscom.com

Hunderttausende kehren zurück.

National telefonieren: 1 Stunde lang für 1 Franken

Jeden Abend von 19.00 bis 24.00 Uhr sowie an Wochenenden und
Feiertagen schweizweit 1 Stunde lang ohne Unterbruch für nur
1 Franken telefonieren.

Fix-to-Mobile

Vom Festnetz telefonieren Sie natürlich auch zu vorteilhaften Tarifen
auf ein Swisscom Natel. So können Sie z.B. 2 Minuten für nur
CHF 1.10 telefonieren.

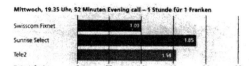

Mittwoch, 19.35 Uhr, 52 Minuten Evening call – 1 Stunde für 1 Franken

Angebot gilt nur für Anrufe im Inland von Festnetz zu Festnetz. Quelle: Internet, Stand 1.4.2004
Ausgeschlossen sind Business Numbers (08xx und 09xx) und Kurznummern.

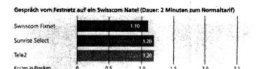

Gespräch vom Festnetz auf ein Swisscom Natel (Dauer: 2 Minuten zum Normaltarif)

Angebot gilt nur für Anrufe im Inland vom Festnetz auf ein Swisscom Handy. Quelle: Internet, Stand 1.4.2004
Ausgeschlossen sind Business Numbers (08xx und 09xx) und Kurznummern.

International telefonieren: 1 Stunde lang für 3 Franken

Jetzt jeden Abend von 19.00 bis 24.00 Uhr sowie an Wochenenden
und Feiertagen rund um die Uhr 1 Stunde lang ohne Unterbruch
für nur 3 Franken telefonieren nach:

- Deutschland
- Frankreich
- Italien (inkl. Vatikan)
- Österreich
- Liechtenstein
- Grossbritannien
- Kanada
- USA

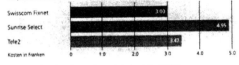

Gespräch am Wochenende, z.B. 49 Minuten nach Deutschland

Angebot gilt nur für Anrufe von Festnetz zu Festnetz. Quelle: Internet, Stand 1.4.2004
Ausgeschlossen sind Business Numbers (08xx und 09xx) und Kurznummern.

Global Volume

So macht Telefonieren Spass! Vieltelefonierer erhalten bei monatlichen Gesprächskosten über CHF 100.– einen Rabatt von 5%.
Anmeldung und Info unter 0800 86 87 88.

Keine Gebühren für Verbindungsaufbau

Im Gegensatz zu Tele2, Sunrise und Econophone verrechnet
Swisscom Fixnet in 10-Rappen-Schritten und belastet keine Ver-
bindungsaufbaugebühren.

Beim Telefonieren Superpunkte sammeln

Während Sie telefonieren, wächst und
wächst Ihr Supercard-Konto bei Coop.
Privatkunden können sich unter der
Gratisnummer 0800 820 821 anmelden oder die Supercard kostenlos
unter www.supercard.ch bestellen.

Einfach mehr Vorteile – Tausende kehren zurück.

Wer mit Swisscom Fixnet telefoniert, ist auf dem richtigen Netz. Das beweisen Tausende von Kunden, die Monat für Monat zu Swisscom zurückkommen. Überzeugen Sie sich selbst.

Einfach günstig – ganze Schweiz zum gleichen Preis.

Mit Swisscom Fixnet telefonieren Sie in der ganzen Schweiz zum gleichen Tarif. Ganz gleich, ob Sie einen anderen Festnetzanschluss anrufen oder ein Mobil-Telefon: unsere transparente Tarifstruktur zeigt Ihnen auf einen Blick, wie günstig wir sind.

Einfach plaudern. Mit dem günstigen Plaudertarif fürs Ausland – 1 Stunde für 3 Franken.

Mit Swisscom Fixnet telefonieren Sie am Wochenende günstiger ins Ausland: 1 Stunde lang für nur 3 Franken nach Deutschland, Frankreich, Italien, Österreich, Liechtenstein, Grossbritannien, Kanada und in die USA. Der Weekend call International gilt für Gespräche von Festnetz zu Festnetz. Anmelden müssen Sie sich nicht – einfach telefonieren und profitieren.

Einfach sparen – «Global Volume».

Von «Global Volume» profitieren Sie, sobald Ihre monatlichen Gesprächskosten mehr als CHF 100.– betragen. Dies gilt für Gespräche in der ganzen Schweiz, ins Ausland und auf das Swisscom Mobilnetz. Je höher diese Gesprächskosten sind, desto höher ist Ihr Rabatt.

Für «Global Volume» können Sie sich anmelden unter der Gratisnummer 0800 86 87 88 oder www.swisscom-fixnet.ch

Monatliche Gesprächskosten		Ihr Rabatt
CHF 100.– bis 500.–		5%
CHF 501.– bis 1000.–		6%
CHF 1001.– bis 2500.–		7%
ab CHF 2501.–		8%

Einfach immer erreichbar – fixnetbox®.

Mit fixnetbox®, dem Gratis-Anrufbeantworter inkl. E-Mail-Adresse, sind Sie rund um die Uhr erreichbar. Ohne Zusatzgerät und ohne Mehrkosten. fixnetbox® ist im Swisscom Festnetz integriert und wird als Zusatzdienst auf Ihren Anschluss aufgeschaltet. Anmeldung unter Gratisnummer 0800 55 22 85 oder www.swisscom-fixnet.ch/fixnetbox

Einfach Happy Weekend – gratis telefonieren bis zum Umfallen.

Junge Kundinnen und Kunden von Swisscom Fixnet telefonieren jetzt am Wochenende so günstig wie sonst nirgends: nämlich gratis! Mitmachen können alle, die unter 27 sind und einen Telefonvertrag mit Swisscom Fixnet haben (d.h. sie müssen Inhaber des Anschlusses sein und dürfen diesen nicht von den Eltern übernehmen.)

Mehr Infos und Anmeldung unter: www.swisscom-fixnet.ch/happyweekend

Festnetz Inland

	Normaltarif Mo–Fr 8 bis 17 Uhr	Niedertarif Mo–Fr 17 bis 8 Uhr Sa/So und allg. Feiertage
Rappen pro Minute	8	4

Gespräche vom Festnetz auf Schweizer Mobilnetze

	Normaltarif Mo–Fr 7 bis 19 Uhr	Niedertarif Mo–Fr 19 bis 7 Uhr Sa/So und allg. Feiertage
Rappen pro Minute	55	45

Einfach für 1 Franken telefonieren – am Abend und am Wochenende.

Auf dem Swisscom Festnetz telefonieren Sie jeden Abend zwischen 19.00 Uhr und Mitternacht und am Wochenende rund um die Uhr 1 Stunde für nur 1 Franken. Die ersten Gesprächsminuten werden normal verrechnet bis zum Maximalbetrag von einem Franken. Danach können Sie Ihr Gespräch für den Rest der Stunde gratis weiterführen. Nach Ablauf dieser Stunde setzt wieder der normale Minutenpreis ein. 25 Minuten bezahlen, 1 Stunde sprechen. Den günstigsten Plaudertarif gibt es nur bei Swisscom Fixnet. Und erst noch ohne Anmeldung.

Grundversorgung
Mit der Grundversorgung gewährleistet Swisscom Fixnet, dass Telefonieren, Faxen, Surfen und vieles mehr in jedem Winkel der Schweiz überhaupt möglich ist.

Hans-Peter Leuenberger
Eichholzstrasse 16
3254 Messen

Messen, 4. August 2004

Herr
Heinrich Oppliger
Swisscom Fixnet AG
Retail Business Residential
Analysis
Alte Tiefenaustrasse 6
3050 Bern

Ihre Postwurfsendung vom 30. Juli 2004

Sehr geehrter Herr Oppliger

Herzlichen Dank für Ihre dokumentarische Stellungnahme zu meinen diversen Schreiben.

Ich bedaure es ausserordentlich, dass Sie stehend mit Ihren **MARKTPARTNERINNEN** (Ich finde diesen Ausdruck einfach köstlicher als „Mitbewerber" oder „Konkurrenten". Die Bezeichnung stammt übrigens vom Migros-Bornhauser. ☺) gerichtliche **Auseinandersetzungen** haben. Ich hoffe doch sehr, dass da schlussamänd niemand aus der Nase blutet? **Item.** Ich möchte Sie ja nicht enttäuschen, aber die genauen Details dieser juristischen Streitereien † interessieren mich nun wirklich nicht die Bohne. Ich habe mir längst den Stil und das ethische Verhalten vom lieben **Jens Alder** angewöhnt und beschäftige mich ausschliesslich mit meinem ganz privaten Shareholder-Value: **Kohle**, **Schotter**, **Stutz** und **Knete**. Darum habe ich Ihre beigelegten Vergleiche **intensiv** studiert und die diversen Modelle () **berechnet** ✓. Man sucht ja immer nach Möglichkeiten, die

sTEIGENDEN KOSTEN

in den **Würgegriff** zu bekommen - **oder öppe nid?**

Mir fällt da als erster Punkt auf, dass die Anschlussgebühren von CHF 25.25/Monat irgendwie unters Eis gegangen sein müssen. Diese, lieber Herr Oppliger, werden nämlich ausschliesslich von der Swisscom erhoben. Die restlichen Anbieter haben bisher schlichtweg nicht die **Vorstellungskraft** gehabt, einen solchen ertrags**sTEIGERNDEN**

NEBENVERDIENST$

einzuführen. Wieso um **Gottsmäuchterliswillen** stellen Sie also das Swisscom-Lichtlein dermassen unter den Scheffel? Da können Ihre **MARKTPARTNERINNEN** doch glatt einpacken! Die wären nie und nimmer in der Lage, ein solch *surreales* **Aufgeld** so kostengünstig anzubieten! Da ist die Swisscom doch tatsächlich konkurrenzlos und nutzt es werbetechnisch nicht einmal aus! Irgendwie schade – oder?

Zur Vervollständigung meiner Unterlagen resp. um sicher zu sein, dass ich Ihre **BALKENGRAFIKEN** auch richtig verstanden habe, bitte ich Sie noch um die Zustellung der folgenden Berechnungsbeispiele:

Donnerstag, 20.24 Uhr, 13 Minuten Evening call – 1 Stunde für 1 Franken

Freitag, 10.46 Uhr, Gespräch Festnetz auf Festnetz - 3½ Minuten

Sie haben es ja sicherlich schon bemerkt, dass ich vielleicht ein klein wenig ein **Tüpflischiisser** bin und werden sicherlich nicht erschrecken, wenn ich Sie auch noch darum bitte, mir den Begriff **„Hundertausende kehren zurück"** etwas näher zu erläutern.

Machen wir es uns doch einfach: Wie viele Rückkehrer hatte die Swisscom im Februar 2004?

Eine Frage hätte ich auch noch zur Coop-Supercard: Was hat Swisscom mit Coop zu tun und wie können Migros-Kumuluskarten-Inhaber von dieser Aktion profitieren?

Sie sehen, lieber Herr Oppliger, ich mache mir die Sache wirklich nicht leicht und nehme mir die nötige Zeit dafür. Ich kann Ihnen aber versichern, dass ich nach dem Erhalt der Antworten auf die oben aufgeführten Fragen sicherlich zu einem Entscheid gelangen werde.

Ich *danke* ✻ Ihnen jedenfalls recht *herzlich* ♥ für Ihre Bemühungen und Ihre Geduld und ich würde mich über eine rasche Antwort ausserordentlich FREUEN ☺.

Mit freundlichen Grüssen

Hans-Peter Leuenberger

P.P.

Hans-Peter Leuenberger
Eichholzstr. 16
3254 Messen

Datum 23. August 2004
Ihr Kontakt Gratisnummer 0800 715 015
Thema **4 Monate lang zum Nulltarif telefonieren!**

Sehr geehrter Herr Leuenberger

Telefonieren im Festnetz ist jetzt einfach günstiger. **Mit Swisscom Fixnet telefonieren Sie von September bis Ende Dezember von 20 Uhr bis Mitternacht sogar zum Nulltarif!** Gültig für Anrufe von Festnetz zu Festnetz innerhalb der Schweiz.

Was Swisscom Fixnet Ihnen sonst noch bietet, zeigt die Broschüre in der Beilage. Überzeugen Sie sich von den vielen Vorteilen!

Möchten Sie von unserem exklusiven Angebot profitieren? Dann machen wir es Ihnen ganz einfach: Sie brauchen nur das untenstehende Formular zu unterschreiben und bis spätestens 15. Oktober 2004* abzuschicken.

Wir wünschen Ihnen viel Spass beim Telefonieren und einen schönen Spätsommer!

Ihre Swisscom Fixnet AG

Stephan Riedweg
Leiter Privatkunden

Daniel Beyeler
Marketing Manager

Als Privatkunde von Swisscom Fixnet können Sie auch beim Telefonieren Coop Superpunkte sammeln. Die Details finden Sie in der Broschüre.

Swisscom Fixnet AG
Retail Business
Alte Tiefenaustrasse 6
3050 Bern

Hans-Peter Leuenberger
Eichholzstrasse 16
3254 Messen

Messen, 8. September 2004

Herr
Heinrich Oppliger
Swisscom Fixnet AG
Retail Business Residential
Analysis
Alte Tiefenaustrasse 6
3050 Bern

Mein Schreiben vom 4. August 2004
Ihr Nulltarifbrief vom 23. August 2004

Sehr geehrter Herr Oppliger

Huch! Wie? Was? Wo? Telefonieren von **Fest**netz🕸

zu **Fest**netz🕸 von 20 Uhr ☾ bis Mitternacht ☾ zum

NULLTARIF? **Wow!** Und was würde Ihre
Grossmutter bitteschön so kosten?

Spass beiseite, lieber Herr Oppliger: Leider haben Sie mir bisher
nicht auf meinen Brief vom 4. August 2004 geantwortet, was mich
ganz *perös* macht. Es wird Ihre Schuld sein, wenn ich an ISDN, SMS
oder gar GSM erkranke oder plötzlich an Glasfaserknochen zu leiden
beginne! **Schämen Sie sich!**

Dafür hat aber unser *lieber Stephan Riedweg* 👽 - diesmal
zusammen mit dem Daniel Beyeler ♟ - wieder zugeschlagen💣, was
immerhin einige Rätsel aufgelöst hat. Eine kitzekleine Frage wäre da aber doch
noch:

> Gehe ich recht in der Annahme, dass mich, bei einer rein hypothetischen Rückkehr mit den übrigen
> Hunderttausenden, die «4 Monate lang zum Nulltarif telefonieren» (bei der Annahme, dass ich überhaupt
> gar kein Gespräch - auch nicht zwischen 20 Uhr und Mitternacht - führen möchte) lächerliche
> **101.00 Franken** kosten würde?

Äbe! *Das Schwein trügt also schon wieder!*

Spinnen wir den Faden nun aber trotzdem konsequent weiter: Würde ich den **Swisscom**anschluss künden, also quasi die letzte Meile in die Wüste schicken, so wäre ich präzis bei dem von Ihnen propagierten

NULLTARIF angelangt, was aber eine allfällige EUPHORIE nur kurzfristig nähren könnte, da ich ja gar nicht mehr zu telefonieren in der Lage wäre, obwohl ich meine Gespräche über Tele2 abwickle und mich nur noch ganz entfernt an etwas dermassen Unseriöses wie

Swisscom erinnere. Irgendwie schon etwas verwirrend...gelle, Herr Oppliger? Würde ich aber – obwohl ich die Dinger wie die Pest hasse – ein Natel bei Tele2, **Sunrise** oder **ORANGE** (Richtig: Ja nicht bei Swisscom! Die bescheissen einem immer und verkaufen Ihre Kunden für dumm!) kaufen und dieses ausschliesslich als Tischmodell bei mir im Wohnzimmer einsetzen, so wäre ich dann doch dem nutzungsfähigen **NULLTARIF** schon ein Stück näher gerückt. **Oder öppe nid?**

Und so komme ich zu der wirklich wichtigen Frage:

Was für eine Kündigungsfrist ist bei Festanschlüssen vorgesehen und würde die Swisscom allenfalls meine zwei Telefonapparate als Entgelt für die noch offene Festanschlussgebühr in Zahlung nehmen?

Danke für Ihre rasche Antwort und bitte teilen Sie dem Riedweg mit, dass er mir **schudderhaft** auf den Sack geht und meine Adresse schon mal ganz fürsorglich streichen soll.

Mit freundlichen Grüssen

Hans-Peter Leuenberger

Hans-Peter Leuenberger
Eichholzstrasse 16
3254 Messen

Messen, 28. September 2004

Herr
Heinrich Oppliger
Swisscom Fixnet AG
Retail Business Residential
Analysis
Alte Tiefenaustrasse 6
3050 Bern

Mein Schreiben vom 8. September 2004

Bedauernswerter Herr Oppliger

Haben Sie „**DAS GLÖGGLI**"🔔 im Fernsehen auch gehört?

Ganz schön hart, von **≥Tele2≤** so rechts überholt zu werden... gelle? Bei denen kann man die **GANZE** Nacht kostenlos an der Strippe quasseln und die Aktion ist erst noch zeitlich unbeschränkt. Hoffentlich hat Ihr lieber Stephan Riedweg ♥ genug anschmiegflauschige Frottiertücher, um sich gut abzutrocknen, sonst erkältet er sich amänd noch! Ah ja, bevor ich's vergesse: Ich möchte der **Swisscom** ganz herzlich♥ zu ihrer wegweisenden Superleistung beim SMS-Voting für die Misswahlen gratulieren! Wirklich toll! **Grandios! Fantastisch!!** Eigentlich hätte gar niemand ein SMS zu schicken brauchen! Die **Swisscom** hätte es trotzdem ausgewertet.

**THE FUTURE IS BRIGHT,
BUT SOMEONE AT SWISSCOM SWITCHED OFF THE LIGHT.**

Armer Herr Oppliger, es muss wirklich kein Schleck sein, bei einer söttigen „Firma" arbeiten zu müssen! Aber Kopf hoch: Immerhin dürfen Sie ja berechtigterweise darauf hoffen, dass auch Ihr Job demnächst vom umtriebigen **Jens Alder** 👽 abgebaut wird...

...eh ja, immerhin beschäftigen Sie sich ja doch noch mit so was Abstrusem wie **Kundendienst**...oder?

Sodeliso, ich will Sie nicht weiter **QUÄLEN** und Sie lieber etwas über Ihre Zukunft nachdenken lassen. In diesem Sinne wünsche ich Ihnen nur das **Allerbeste** - und das ist mit Bestimmtheit nicht die Swisscom!

Mit freundlichen Grüssen

Hans-Peter Leuenberger

BRIEFE AUS DEM HINTERHALT

PHILOT.T...

PHILUM...

PHILENA...

...ÖDE

POSTWERTZEICHEN

Hans-Peter Leuenberger
Eichholzstrasse 16
3254 Messen

Messen, 30. Januar 2004

Post
Bereich Briefmarken und Philatelie
Kundendienst
Ostermundigenstrasse 91
3030 Bern

<u>**Angebot**</u>

Sehr geehrte Damen und Herren

Als ich heute morgen beim Rasieren in den Spiegel geschaut habe, ging mir «Was für ein toller

Hecht» 🏅 durch den Kopf. Und als mir mein rotgetigerter Kater Barbarossa 🐈 um die Beine

strich, dachte ich «Du süsses Wollenknäuel». *Nur Geduld liebe Post, der Zusammenhang mit Ihnen wir*

gleich offensichtlich! Als ich kurz darauf auf die Post ging und mein 👁 Augenmerk auf die

frankierten Couverts fiel, war mir plötzlich alles klar ⚡

👍 Liebe Post, ich stelle mich und/oder Barbarossa als Briefmarkensujet für läppische

5'000 Alpendollar fast kostenlos zur Verfügung.

Lachen Sie nicht!

Ich kann Ihnen versichern, mein **herziges Gsichtli** und die

Schmusekontur meines Katers sind allemal erträglicher als die ***doofe Bahnhofsuhr*** ☹, der

schwebende Sparschäler oder so ein spotthässliches Fauteuil 💣! Wenn Sie so
weitermachen, dürfen wir demnächst wohl noch Produkte von Geberit oder Keramik Laufen als
Briefmarkensujets erwarten...

¡¡¡¡¡¡¡gggggggg¡¡¡¡¡¡ttttt**!**

 **Mmm**miiiaaaauuuuu!

Mein Kollege Urs schaut mir gerade über die Schulter und findet auch, es sei an der Zeit, dass Ihnen jemand sagt, was für scheussliche Marken wir derzeit zu kaufen **gezwungen** sind! Allerdings...hmmmh...wenn ich mir so seine...pssssst...leise...*Schlägervisage* anschaue...o.k....dann doch noch fast lieber den Sparschäler oder was von Keramik Laufen...**aber** das tut hier **absolut**

<u>nichts</u>**zur Sache**!

Gerne erwarte ich Ihre wohlwollende Antwort **mit** Cheque und ich danke Ihnen bereits herzlichst für Ihr Einsehen.

Mit freudvollen Grüssen

Hans-Peter Leuenberger

PS: Ich habe noch einen ganzen Karton voll Pfannen-Trophy-Marken von Coop. Können die als Frankatur gebraucht werden oder haben wenigstens Sie noch Verwendung dafür?

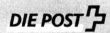

Die Schweizerische Post
Briefmarken und Philatelie
Peter Walther
Marketing-Support und
Dienste
3030 Bern

Telefon +41 31 338 47 89
Fax +41 31 338 23 81
waltherp@post.ch
www.post.ch

Postkonto 30-611812-2

PH, Ostermundigerstrasse 91, Postfach, 3030 Bern

Herr
Hans-Peter Leuenberger
Eichholzstrasse 16
3254 Messen

Ihr Zeichen
Ihre Nachricht vom 30. Januar 2004
Unser Zeichen
Kontaktperson
Datum 6. Februar 2004

Briefmarken; Ausgabepolitik

Sehr geehrter Herr Leuenberger

Danke für Ihr Schreiben vom 30. Januar 2004, in welchem Sie die Briefmarkengestaltung - insbesondere die neuen Dauermarken - kritisieren. Erlauben Sie uns dazu bitte die folgende Stellungnahme.

Wir versichern Ihnen, jede Kritik ernst zu nehmen. Zusätzlich versuchen wir, stets die Wünsche und Anliegen unserer Kunden mit aktuellen Umfragen zu ergründen. Alle Erkenntnisse und Fakten fliessen in unsere Ueberlegungen zur künftigen Markengestaltung und Ausgabeplanung ein. So hoffen wir, den Bedürfnissen des breiten Publikums weitgehend entsprechen zu können.

Zu Ihrer Kritik an den letzten Ausgaben: Wenn wir spezielle Briefmarken wie zum Beispiel die Design-Marken herausgeben, dann versuchen wir gezielt, einem häufig geäusserten Wunsch nach Abwechslung nachzukommen. Gewisse Kunden finden genau das „Normale" eben langweilig und uninteressant. Der Verkaufserfolg diverser Briefmarken wie „Alinghi" oder vor allem in der welschen Schweiz die Comics-Marken gibt uns in dieser Hinsicht recht.

Bei der Bildbeschaffung für neue Brtiefmarken sind, von der Idee oder der Vorgabe bis zum definitiven Markenentwurf, verschiedene Stellen beteiligt und demzufolge auch vielfältige Einflüsse wirksam. Im Wesentlichen können drei Bereiche unterschieden werden, die alle in mehrerer Hinsicht die Gestaltung des Markenbildes beeinflussen. Zuerst wird der Rahmen abgesteckt, in dem sich die Arbeiten der Künstler bewegen sollen, oder aber es gibt bereits konkrete Vorgaben zu Handen der Künstler, beispielsweise von gesuchstellenden Organisationen. In dieser Phase wird vor allem das Thema für die jeweilige Ausgabe strukturiert und fachlich mit kompetenten Stellen abgesprochen.

Der nächste Schritt liegt dann bei den am Wettbewerb beteiligten Künstlern. Wie sie die Vorgaben umsetzen und was sie aus den vorhandenen Grundlagen machen, liegt in ihrem Ermessen und entzieht sich weitgehend unserem direkten Einfluss. Dies gilt ebenso für die Art der Grafik oder die Stilrichtung, die sie für ihre Arbeit wählen.

Die dritte - wesentliche - Einflussnahme erfolgt zum Schluss durch die Briefmarken-Jury, welche alle von den Künstlern eingereichten Briefmarkenentwürfe begutachtet und den ihrer Meinung nach geeignetsten im Sinne einer Empfehlung zur Genehmigung weiterleitet. Die Jury umfasst insgesamt neun ständige Mitglieder. Sie setzt sich aus Vertretern der Post, der Philatelie, der angewandten und der bildenden Kunst sowie aus einem Vertreter des Museums für Kommunikation zusammen. Dazu kommen - je nach Markenausgabe - noch Repräsentanten von Gesuchstellern/Wohlfahrtsverbänden sowie nicht stimmberechtigte Experten.

Im Zusammenhang mit dem Briefmarkenschaffen werden wir immer wieder an das Sprichwort «Allen Leuten recht getan, ist eine Kunst, die niemand kann» erinnert. Während die einen begeistert sind, empfinden die andern die genau gleiche Marke aus ebenso achtenswerten Gründen als glatte Zumutung. Zustimmung oder Ablehnung haben meist einen ausgeprägt persönlichen, emotionalen Hintergrund. Briefmarken und Themen gefallen oder passen einem spontan oder eben nicht. Es bleibt dann jeweils nichts anderes übrig, als an die Toleranz zu appellieren, wenn gelegentlich auch Anliegen von (vielleicht) Minderheiten berücksichtigt werden.

Wir sind uns der Verantwortung gegenüber den Sammlern und Postkunden durchaus bewusst und nehmen die berechtigten Anliegen der Philatelisten unter Berücksichtigung der betrieblichen Sachzwänge ernst, dürfen diese doch für ihr Geld einen angemessenen Gegenwert in Form eines möglichst breiten Spektrums verschiedenster Motive und Themen erwarten.

Nochmals herzlichen Dank für Ihre aufbauende Kritik. Wir hoffen natürlich, dass bei Ihnen künftige Ausgaben wieder mehr Zustimmung finden werden.

Freundliche Grüsse

Die Schweizerische Post
Briefmarken und Philatelie
Marketing

Peter Walther
Marketing-Support und Dienste

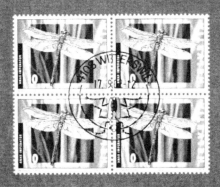

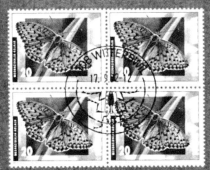

Dauermarken
Timbres-poste ordinaires
Francobolli ordinari
Definitive stamps

«Insekten»
«Insectes»
«Insetti»
«Insects»

Hans-Peter Leuenberger
Eichholzstrasse 16
3254 Messen

Messen, 8. Februar 2004

Die Schweizerische Post
Briefmarken und Philatelie
Herr Peter Walther
Marketing-Support und Dienste
3030 Bern

Ihr Schreiben vom 6. Februar 2004

Sehr geehrter Herr Walther

Ich danke Ihnen herzlichst für Ihre sehr detaillierte und umfangreiche Stellungnahme, obwohl ich finde, dass Sie die interessanten Bereiche Holzbeschaffung und Kautschukvulkanisierung doch etwas vernachlässigt haben. Ein spezieller Dank gebührt Ihnen natürlich für die tollen Insekten-Marken. Leider hat sie so ein Witzbold in Ihrer Amtsstelle gestempelt, so dass ich sie nun nicht mehr zum Frankieren benutzen kann. Schade! Und abgelaufen waren sie übrigens auch...seit 2002.

Irgendwie habe ich aber das Gefühl, dass mir der totale Evaluationsprozessdurchblick noch ein klein wenig verschlossen bleibt.
Da werde als erstes der Rahmen abgesteckt, schreiben Sie. Ja ums **gottsmäuchterliswillen**, da ist mir bisher glatt entgangen, dass man Briefmarken auch rahmen lassen kann. **Echt?** Gibt es tatsächlich solche Postwertzeichenfetischisten? Und erst recht habe ich gestaunt, als ich las, dass sich dann die Künstler bei der Arbeit **bewegen** sollen. Sie meinen also so à la

Action Painting

von Jackson Pollock? Ja dann darf es einem aber nicht wundern, wenn solche Marken dabei herauskommen! **Wow!** Dann kommt also die Briefmarkenjury ins Spiel, die sich in echt schweizerischem Demokratieverständnis aus neun anständigen Mitgliedern, einer unbestimmten Anzahl Repräsentanten von Wohlfahrtsverbänden (was hat eigentlich die Autopartei mit Briefmarkenentwürfen zu tun?) und einer völlig nebulösen, offenbar nicht stimmberechtigten Gruppe von Experten zusammensetzt.

Also, ich weiss nun, dass die Experten nicht stimmberechtigt sind. Das ist in der Schweiz immer so: wer was von der Materie versteht, wird nicht gewählt oder hat kein Stimmrecht. Item. **Mit welcher Gewichtung sind den die beständigen Mitglieder und die Repräsentanten stimmberechtigt?**

So, so, die randständigen Mitglieder setzen sich also aus Vertretern der Post (henusode!), der Philatelie (pfui!), der angewandten und bildenden Kunst (hä?), des Museums für Kommunikation (ET nach Haaaaauuuusssseeeeee!) zusammen. Wenn ich also meine bildende Mathematik richtig angewendet habe, ergibt das _vier Bereiche_. **Wie werden die neun Sitze den nun unter diesen vier Bereichen aufgeteilt?** Ach ja, die grösste, an den Briefmarken beteiligte Gruppierung hat man selbstverständlich ausgeschlossen:

das Volk

das Volk, diejenigen also, die die Marken **kaufen** und tagtäglich auf ihre Postsendungen kleben. **Wann wird das Volk in der bisher sehr abgehobenen Jury mit etwas Realitätssinn Einsitz nehmen und mit wievielen Sitzen?**

»Allen Leuten recht getan, ist eine Kunst die niemand kann« ist sicher richtig, aber nur weil die philatelistische Cervelatprominenz in ihrem Elfenbeinturm tagt, heisst das noch lange nicht, dass sie »alle Leute« vertritt. Eines ist diese Jury aber mit Sicherheit: Die von Ihnen angesprochene »Minderheit«.

Auch ich habe heute während der samstäglichen Einkaufstour durchs Dorf eine aktuelle Umfrage durchgeführt und insgesamt 42 Personen aller Alterschichten die Frage »Wie gefällt Ihnen die neue A-Post-Marke mit dem Fateuil?« gestellt. Zur Auswahl standen die Antworten *super*, *gut*, *geht so*, *mir wird schlecht* und *scheusslich*. Ich will Sie nicht länger auf die Folter spannen: 28 (66.64%) hatten keine Meinung, 6 (14.28%) fanden die Marke scheusslich, 4 (9.52%) bekreuzigten sich, 3 (7.14%) schlugen auf mich ein und 1 (2.38%) antwortete mit »Hä?!«.

Na? **Klingelts?** *Äbe!* Nix Begeisterung, nix Zumutung, nix Zustimmung, nix Ablehnung, nix emotionaler Hintergrund, nix spontan gefallen oder eben nicht, nix Toleranz, *nix, rein absolut gar nix!*

Ihre philatelistischen Einode lösen beim Endverbraucher in etwa die gleichen Emotionen aus wie das Aufeinandertreffen eines Weichspüleratoms auf den Absaugpumpenschlauch.

Ah ja? In der welschen Schweiz gibt es also Comics-Marken? Na also! Her damit! Wäre immerhin ein kleiner Lichtblick! Ich bin sicher, dass sowas nicht nur meine Zustimmung finden würde. Aber vergessen Sie ja nicht, sie vorher zu übersetzen, sonst kommen die Leute dann wieder nicht nach!

Herzlichen Dank für Ihre Bemühungen und Ihre baldige Stellungnahme.

Mit freudlichen Grüssen

Hans-Peter Leuenberger

Und noch was…Sie…Sie…Sie…Sie…schlimmer Finger: geben Sie es zu, Sie haben absichtlich eine von den scheusslichen Fauteuil-Marken auf Ihren Brief geklebt!!!? Da nützt es überhaupt nichts, wenn Sie mit einem speziellen Spezialstempel gestempelt haben…die Marke ist und bleibt

obermegagigascheusslich!

Hans-Peter Leuenberger
Eichholzstrasse 16
3254 Messen

Messen, 2. März 2004

Post Schweizerische Post
Briefmarken und Philatelie
Herr Peter Walther
Marketing-Support und Dienste
3030 Bern

Mein Schreiben vom 8. Februar 2004

«*HHHAAAALLLOOOOOOOoooooo:!!!...*»

«…ist da wer?»   «Oh! Entschuldigen Sie bitte, aber haben Sie zufälligerweise den Herrn Walther gesehen?» «Was?» «Aha! Der hat Ihnen also gesagt, dass er nicht da sei, wenn ich nach im Fragen würde?» «So, so?!» «Nun denn, wären Sie wohl so lieb, ihm die nachfolgende Notiz gewaltsam in die Hände zu drücken?» «Das ist sehr lieb, Danke!»

Sehr geehrter Herr Walther

Sind Sie böse auf mich? Etwa weil ich Ihnen ein klein wenig klaren Wein eingeschenkt habe? Das täte mir aber wirklich leid! Sehen Sie, ich bin ja eigentlich nur der Bote, der von seinen Vereinskollegen beauftrag worden ist, auf die absolute Scheusslichkeit der aktuellen Markensätze hinzuweisen. Da ich die Angelegenheit noch so gerne ad acta legen würde, wäre ich wirklich sehr, sehr, sehr dankbar, wenn Sie die offenen Fragen noch beantworten könnten.

Geben Sie sich doch einen Ruck…bitte! Tut bestimmt auch nicht weh!

Mit erwartungsvollen Grüssen

Hans-Peter Leuenberger

PS: Haben Sie's gemerkt? Ihnen zuliebe habe ich den letzten Absatz ganz normal geschrieben, so wie Sie's aus Bundesbern halt gewöhnt sind. Also, ich persönlich finde das schon ganz schön lieb von mir!

Hans-Peter Leuenberger　　　　　　**Messen, 19. März 2004**
Eichholzstrasse 16
3254 Messen

Post, Schweizerische welche
Briefmarken und Philatelie
Herr Peter Walther
Marketing-Support und Dienste
3030 Bern

<u>Meine Schreiben vom 8. Februar 2004 und 2. März 2004</u>

 ☺ *Guguseli!* 🖐 Herr Walther

Jä-tu-tu-tu-tuu! Tut der liebe Herr Waltherli ein bisschen schmollen? *Ja isch ihm amänd es philatelistisch's Himmugüegeli über's Läberli* gloffe? *Gieli-Gieli!*

Ich sehe schon: Da schreiben wir uns erst seit kurzer Zeit und schon haben Sie mir nichts mehr zu sagen. **Auf die Dauer muss so jede Beziehung in die Brüche gehen!**

Schluchtz ☂ ...das tut aber **SOOOOOOOOOOOO₀₀ weh!** Dabei hätte ich Ihnen noch **SOOOOOOOOOOOO₀₀** gerne meine Münzensammlung gezeigt! *Aber Sie gehen ja nie auf mich ein und hören mir auch nie zu!*

Dabei hätte ich so viele gute Ideen für neue Kaffeerahmdeckeli-Sujets! Aber wenn Sie partout lieber den Schmollermaxe markieren, als anderen Leuten einzugestehen, dass die auch mal eine gute Idee haben können, obwohl sie nicht Ihrem elitären Elfenbeinturmzirkel angehören, müssen Sie sich nicht wundern, wenn Ihre nächste Bierdeckel-Serie wieder so verrissen wird.

Leben Sie wohl

Hans-Peter Leuenberger

Hans-Peter Leuenberger
Eichholzstrasse 16
3254 Messen

Messen, 7. Februar 2005

Die Schweizerische Post
Briefmarken und Philatelie
Verkauf und Kundendienst
Ostermundigenstrasse 91
CH-3030 Bern

Die Lupe – sie ist mir schnuppe!

☺*Judihuuuuuuiiii!*🖐

Ohne Schlimmeres zu vermuten, habe ich ahnungsloses Landei Anfang 2004 ein paar Marken 🏛 bei Ihnen gekauft. Seither wird mein armer Briefkasten – ich nenne ihn übrigens *Elisabeth*, weil er immer so erhaben und majestätisch dreinblickt – in unschöner Regelmässigkeit durch Ihre bananengelbe Zeitschrift 🚻 ...ahem...hüstel...quasi...genier... vergewaltigt. Immerhin kommt Ihr Käseblatt nicht gänzlich blutt daher und schützt sich – wahrscheinlich in einer Art von Restverantwortung gegenüber seinem Opfer – mit einem gefühlsechten **PLATIC-BLISTER**.

Nun denn. Glauben Sie wirklich, dass jeder, der bei Ihnen Marken kauft, damit automatisch seine Zustimmung für die Zustellung Ihrer dösigen 🕸 Werbung gibt? Hausieren Sie generell dermassen ungeniert mit den Daten Ihrer Kunden? Ein schwarzes Sternelein ✸ beeindruckt Sie wohl gar nicht...gelle?!

Henusode! Wissen Sie, ich habe Ihnen Ihr gelbes Heft ☾ sogar immer mit dem offiziellen Refusékleber retourniert und auf dem steht bekanntlich, dass Sie meine Adresse löschen sollen. Und was ist passiert?

nada! Philapipifax! Offensichtlich ist es Ihnen sowas von **wurscht**, obwohl es da einen ganz **hässlich-primafeinen** **Bundesgerichtsentscheid** gibt.

Wie lange, so frage ich Sie ganz direkt und ungeschützt, wollen Sie...Sie...sie...sie...sie **Wüstlinge** ☻ meiner **Lisbeth** noch Gewalt antun? Sie kriegen wohl nie genug?! **WAS?!!!**

In der Beilage retourniere ich Ihnen demzufolge den Fehdenhandschuh...ah...ja was den nun?...ach ja: Ihr letztes Elaborat per unfrankiertem Brief und mit Refusékleber, fordere Sie hiermit **ULTIMATIV** 💣 zum Duell auf...hüstel...nö...richtig:..., mir innerhalb von 10 Tagen schriftlich zu bestätigen, dass Sie meine Adresse gelöscht und zur Kenntnis genommen haben, dass Sie mir den

≥bezaubernden Buechibärg≤

runterrutschen können.

Sollten Sie meiner **Sissi** auch nur noch ein einziges mal zu nahe treten, werde ich Sie ❶. wegen philatelistisch-postalischer Handlungen und Nötigung ♟ juristisch ✝ belangen und ❷. meine Marken nur noch bei der kongolesischen Post kaufen - die verstehen mich und mein Anliegen offensichtlich etwas besser als Sie.

Mit vorbehaltvollen Grüssen

Hans-Peter Leuenberger

Beilagen: Der gelbe Philablick retour

Die Schweizerische Post
Briefmarken und Philatelie
Ostermundigenstrasse 91
CH-3030 Bern

Telefon +41 (0)31 338 06 06
Fax +41 (0)31 338 73 08
www.post.ch

Herr
Hans-Peter Leuenberger
Eichholzstrasse16
3254 Messen

Ihr Zeichen	2007070
Ihre Nachricht vom	7. Februar 2005
Unser Zeichen	mabu
Kontaktperson	M. Buchs
Datum	16. Februar 2005

Kündigung

Sehr geehrter Herr Leuenberger

Wir bestätigen Ihre Kündigung und heben Ihre Kundennummer per sofort auf.

Wir danken Ihnen für Ihre Treue zu unseren philatelistischen Produkten und wünschen Ihnen alles Gute.

Freundliche Grüsse

Die Schweizerische Post
Briefmarken und Philatelie
Verkauf und Kundendienst

Palomi Formicola
Gruppenleiterin Kundendienst

Marlène Buchs

Die Schweizerische Post
Briefmarken und Philatelie
Marketing und Verkauf
Ostermundigenstrasse 91
3030 Bern

PP CH-3030 Bern   PH14, Ostermundigenstrasse 91, Postfach, 3030 Bern

2007070
Herr   03464
Hans-Peter Leuenberger
Eichholzstrasse 16
3254 Messen

Datum   15. Februar 2005

Collection Helvetia

Liebe Lupe-Leserin
Lieber Lupe-Leser

Wir freuen uns, Ihnen als Kunde von Briefmarken und Philatelie ein Angebot der
Firma Hallmark vorstellen zu können. Wir glauben, dass es Sie interessieren könnte.

Die Firma Hallmark gibt eine aussergewöhnliche Sammler-Kollektion mit einer Auswahl der
wichtigsten und wertvollsten Schweizer Briefmarken und Banknoten der letzten 150 Jahre in
Form von Replikaten in Silber-Ausführung mit 24 Karat Gold überzogen heraus.

Was diese „Collection Helvetia" alles zu bieten hat, erfahren Sie aus der beigelegten
Broschüre. Wenn Sie dieses exklusive Angebot anspricht, können Sie Ihre persönliche
Kollektion jetzt bestellen. Ein entsprechendes Formular finden Sie in den Unterlagen.

Wir machen Sie darauf aufmerksam, dass die „Collection Helvetia" ein exklusives Angebot
der Firma Hallmark aus England, in der Schweiz vertreten durch die Firma Faude & Huguenin SA
in Le Locle, ist.

**Für Fragen und Bemerkungen zum Angebot bitten wir Sie, sich direkt mit der Firma
Faude & Huguenin in Verbindung zu setzen. Sie können dabei folgende Möglichkeiten
der Kontaktaufnahme nutzen:**

Gratistelefonnummer: **0800 000 045**
Mailadresse: collection.helvetia@faude-huguenin.ch

Freundliche Grüsse

Die Schweizerische Post
Briefmarken und Philatelie
Marketing und Verkauf

Leonhard Sprecher   Renzo Lorenzetti
Leiter Marketing und Kommunikation   Koordinator Lupe

Collection Helvetia

Februar 2005

Liebe Abonnentin, lieber Abonnent

Als geschätzte Leserin und Leser der Zeitschrift LUPE möchten wir Sie exklusiv über ein neues und aussergewöhnliches Angebot informieren:
Die «Collection Helvetia» ist eine Sammler-Kollektion mit den wichtigsten und wertvollsten Schweizer Briefmarken und Banknoten der letzten 150 Jahre in Form von wertvollen Replikaten in feinster und edelster Silber-Ausführung mit 24 Karat Gold überzogen. Herausgegeben von Hallmark Group Ltd. und hergestellt in der Schweiz bei Faude & Huguenin SA, einem der angesehensten Graveuren der Welt, mit der Unterstützung der Schweizer Post.

Die «Collection Helvetia» besteht aus 21 Briefmarken- und 4 Banknoten-Replikas präsentiert in einer edlen Holz-Schatulle. Dazu erhalten Sie eine nummerierte und signierte Urkunde, die Sie als Besitzer dieser Kollektion auszeichnet, ein separates Album mit Informations-Karten, welche die einzelnen Briefmarken und Banknoten genau beschreiben sowie ein Leder-Pflegetuch und spezielle Handschuhe für den sorgfältigen Umgang mit den Preziosen. Weitere Details erfahren Sie aus der beigelegten Broschüre.

Die auf nur 5000 Exemplare nummerierte und limitierte Auflage möchten wir Ihnen, geschätzte Leserin und Leser, exklusiv anbieten. Wenn Sie dieses exklusive Angebot anspricht, können Sie Ihre persönliche Kollektion jetzt vorbestellen. Ein entsprechendes Formular sowie Rückantwort-Couvert finden Sie in den Unterlagen. Nutzen Sie also die einzigartige Möglichkeit und sichern Sie sich Ihre persönliche «Collection Helvetia».

Mit freundlichen Grüssen

Nathalie Boillat
Direktorin Collection Helvetia

Collection Helvetia, Kundendienst, Bellevue 32, Postfach 496, CH – 2400 Le Locle
Telefon 0800 000 045, Fax +41 (0)32 930 52 01

351

Hans-Peter Leuenberger
Eichholzstrasse 16
3254 Messen

Messen, 24. Februar 2005

Die Schweizerische Post
Briefmarken und Philatelie
Verkauf und Kundendienst
Frau Marlène Buchs
Ostermundigenstrasse 91
CH-3030 Bern

Jesses! Ihre Aufhebung vom 16. Februar 2005!!

Hochgeschätzte Zugeständige Buchs ♥

Werteste Gruppenleiterin Formicola 💐

Umgeben von der Aura des unwiderruflichen Abschiedes👀, oberkant Unterlippe emotionserfüllt 👄, die unfassbare Tragik des Augenblickes kaum ertragend 👄 und den Tränen kaum ☁ habhaft werden könnend müssen haben

𝕷isbeth und ich von Ihrem drastischen Schritt Kenntnis nehmen müssen.

Müssen Sie uns uns wirklich dermassen sowas von **AUFHEBEN**, damit wir

Ihre 𝕷upenbratig🍳 nicht mehr bekommen müssen sollen dürfen wollen?

Heftig 🗲, heftig 💣✸! Wissen Sie, eigentlich habe ich ja nicht gekündigt,

sondern nur darum gebeten, dass wir wir von **philatomaner Werbung**

verschont bleiben wollen können sollen dürfen. Und eigentlich war ich gar nicht ein soooooooo treuer Kunde, da ich bisher nur ein einziges Mal ein paar witzige Titeuf-Marken bei Ihnen gekauft habe, weil meine angestammte Poststelle sich geniert…hi-hi-hi-hi-hi…echt!…grins!…hat, diese ins Sortiment zu nehmen. Alles irgendwie

tragisch…und dann gleich **AUFHEBEN**…wirklich **HART! Läck!** Da

haben Sie es mir aber gegeben…äh… **AUFGEHOBEN**! Ich habe fast einen

verhockten, dreifachen **Zwetschgenmus-Philaflipflop** gemacht!

Ach ja, danke auch für die Werbesendung „Collection Helvetia", die mich just einen Tag nach Ihrem Aufhebungsversicherungsbrief erreicht hat.

Wärt Ihr oberflächlich aufhebenden Mädels wohl so lieb und würdet die Herren Leonhard Sprecher (Leiter Markending und Kommunifalsifikation 🕵) und Renzo Lorenzetti (Koordiprobator Schnuppe 🔍) – Richtig! Beide bei Euch im Hause…ganz, ganz nahe…näher…viel, viel näher…quasi in Sprechweite - darüber informieren, dass Ihr mich und Sissi am 16. Februar 2005 aufzuheben versucht habt? Und würdet Ihr uns uns wohl die überaus günstige Gunst erweisen, ohne Aufhebens die Aufhebung tatsächlich der nachhaltigen **AUFHEBUNG** zuzuführen? **Bravo!** Küsschen…Küsschen…Küsschen… Danke ds Hudus u ds Fätzes!

Darf ich davon ausgehen, dass Sie mir vier Bogen der köstlichen Titeuf-Marken kostenlos rüberschieben, wenn ich nochmals Werbepost von Ihnen erhalte? **Super!** danke…danke…danke… Top, die Wette gilt! Wenn das so weitergeht, fühle ich mich bei Euch noch ganz gut aufgehoben☺ !

Viele liebe Grüsse aus dem ⋝bezaubernden⋜ **Buechibärg**

Hans-Peter Leuenberger

BRIEFE AUS DEM HINTERHALT

MARIECHEN (R.I.P.),

NEW GLASS PROTECT TECHNOLOGY

UND MODERNE KORBFLECHTER

Hans-Peter Leuenberger
Eichholzstrasse 16
3254 Messen

Messen, 6. Juli 2004

LEVER FABERGÉ
Beratungsdienst
Frau Edith Morel
Postfach
6301 Zug

SUN Tablets

Sehr geehrte Frau Morel

Ich muss es unumwunden zugeben: Ich bin für Werbung sehr, sehr, sehr empfänglich! Kein Wunder also, habe ich mir sofort die neuen

SUN Tablets
New Glass Protect Technology

gekrallt und ausprobiert. Wie konnte ich es bisher nur zulassen, meine Gläser ungeschützt mit der Spülmaschine verkehren zu lassen!? Toll, wie so ein aprilfrisches **SUN Tablet** seine schützenden Mineralien um meine gemarterten Wassergläser legt und so hilft, die Oberfläche jugendlich-straff zu

halten, damit sie länger glänzen. **Toll! Grandios!**

FANTASTISCH!

Hmmmhhh…ohne unsere gemeinsame Begeisterung über die **SUN Tablets** ungebührlich abschwächen zu wollen: Ein kitzekleines **Wermutströpfchen** hat sich da dennoch im Regeneriersalztank festgesetzt.

Die schützenden Mineralien legen sich nämlich als nebeliger Film über die Gläser, als schmierige Streifen über das Geschirr und als bläulich schimmernde Flecken über das Besteck und die metallenen Spülmaschinenteile. Beim Geschirr ist wieder nostalgisches, intensives Polieren mittels gutem alten Küchentuch angesagt. Das gute WMF-Besteck hingegen ist vom Polieren sichtlich unbeeindruckt und kann nur durch einen ebenfalls sehr nostalgisch anmutenden Handabwasch in einen einigermassen appetitlichen Zustand gebracht werden. Ach ja, was die nun toll geschützten Gläser betrifft: Der Nebel hat sich spätestens beim zweiten Spülen „eingebrannt" und kann nicht mehr entfernt werden, was beweist, dass der mineralische Schutz keine leere Werbefloskel war. **Henusode!** **Wegschmeissen!** **Die Gläser!** Die **SUN Tablets!!** *Das 13-teilige WMF-Besteck wohl auch!*

Um Ihnen gleich zum Voraus einige Standartfloskeln aus dem Repertoire zu nehmen: Die Gläser habe ich seit vier Jahren stets in der Spülmaschine gereinigt und dies zu meiner und zu meiner Nachbarin vollster Zufriedenheit. Das Besteck habe ich vor Jahren von Grosstante Isolde geschenkt erhalten und hat sich – ausser den ganz normalen Abnützungserscheinungen – toll gehalten. Ich war eigentlich immer ein sehr zufriedener Calgonitianer und habe nur zu den **SUN Tablets** gewechselt, weil ich vor lauter verschiedenfarbigen Mehrphasen und integrierten Zauberkugeln den Durchblick verloren habe. Die genaue Rezeptur *Ihres* **"ZAUBERMITTLES"** entzieht sich meiner Kenntnis, aber erlauben Sie mir trotzdem Ihnen den Rat zu geben, dass es sehr vernünftig sein könnte, Ihre Zauberlehrlinge zu stoppen, bevor noch Schlimmeres passiert. Zum Glück habe ich die Nachbarin noch zu den Calgonitzeiten kennen gelernt!

Besten Dank für Ihre Abklärungen, Ihre Bemühungen und Ihre baldige Stellungnahme.

Mit freundlichen Grüssen

Hans-Peter Leuenberger

LEVER FABERGÉ
SCHWEIZ

Herr
Hans-Peter Leuenberger
Eichholzstrasse 16
3254 Messen

Zug, 19. Juli 2004   Ref: 9890206

Sehr geehrter Herr Leuenberger

Wir danken Ihnen für Ihr Schreiben vom 6. Juli 2004 und die ausführliche Schilderung Ihrer Erfahrung mit unserem Produkt Sun Tablets.

Wir bedauern, dass Sie ausgerechnet nach dem Wechsel auf das Geschirrspülmittel Sun eine schlechte Erfahrung machen mussten.

Für ein perfektes Spülergebnis im Automaten ist es notwendig, dass alle dafür beteiligten „Partner":
- Maschine (Programme, Wasser, Temperatur)
- Chemie   (Spülmittel, Spülglanz und Salz)
- Spülgut   (Besteck, Silber, Glas, Kochtöpfe etc.)

einwandfrei zusammen spielen. Wenn nun einer der erwähnten „Partner" nicht optimal funktioniert, wird das Spülergebnis beeinträchtigt. Das betrifft nicht nur die beiden Faktoren Maschine und Chemie, sondern auch das Spülgut. Nicht alles Spülgut eignet sich mit absoluter Garantie für das maschinelle Reinigen. Dazu gehört unter anderem auch Glas, vor allem Kristallglas.

Die Basis für Glas ist eine je nach Glastyp unterschiedliche Schmelze von Soda, Quarz und verschiedenen kleineren Zusätzen. Zusammensetzung und Herstellprozess (insbesondere der Abkühlprozess) bestimmen weitgehend seine Widerstandskraft gegen äussere Einwirkungen. Keinesfalls kann vom Preis eines Glases auf seine Beständigkeit geschlossen werden. So eignen sich teure Kristall- oder Bleikristallgläser weniger für die Reinigung im Geschirrspüler als billigere Alltagsgläser. Ausserdem können besonders dickwandige Gläser bei höheren Spültemperaturen zerspringen. Grundsätzlich wird Glas praktisch von allen chemischen Stoffen auf die Dauer angegriffen. Es durchläuft dabei verschiedene Phasen der Korrosion, von schillernden Regenbogenfarben bis zu kompakten Trübungen. So werden beispielsweise auch Fensterscheiben über die Jahre langsam trüb und können auch mit grösstem Einsatz nicht mehr in einen „glasklaren" Zustand gebracht werden.

Lever Fabergé GmbH
Grafenau 12, 6301 Zug   Tel. +041 729 25 11 Fax +041 729 25 10

Lever Fabergé GmbH ist eine Gesellschaft von /est une société de Unilever Home and Personal Care-Europe

Auch kann gesagt werden, dass das Wasser allein schon eine sehr grosse Kraft hat und je nach dessen Härte auch mehr oder weniger aggressiv ist. Diese Wasserkraft kann sehr gut in der Natur beobachtet werden, wie Wasser Steine schleifen kann etc.

Glastrübungen entstehen nicht von einem zum anderen Spülgang. Je nach Glastyp treten diese Trübungen schneller oder langsamer auf. So gibt es Gläser, welche nach wenigen Spülgängen trüb werden können, andere wieder können x- hundert mal gespült werden, ohne dass sichtbare Trübungen auftreten. Eine beginnende Glaskorrosion kann man an den schillernden Farben erkennen. Erst nach dieser Vorstufe werden dann nach und nach Trübungen sichtbar. Die Trübungen können als weisse Ränder, Wolken, als einzelne Flecken wie auch grossflächige Trübungen auftreten.

Glastrübungen können weder auf das Modell des Geschirrspülers noch auf das verwendete Geschirrspülmittel zurückgeführt werden.

Um festzustellen, ob es sich tatsächlich um Glaskorrosion oder Kalkrückstände handelt empfehlen wir Ihnen ein Glas in etwas Essigwasser einzulegen. Lässt sich der Belag entfernen, handelt es sich um Kalk. In diesem Falle sollten die Einstellung der Wasserhärte (Regenerierung mit Regeneriersalz) sowie des Spülglanzmittels überprüft und allenfalls angepasst werden.

Glasangriff im Geschirrspüler ist ein bekanntes Problem, mit welchem sich die Hersteller von Geschirrspülmitteln, Geschirrspülautomaten wie auch Glas seit langem beschäftigen.

Da hohe Spültemperaturen dem Glas nicht zuträglich sind, bieten heute die meisten Geschirrspülautomaten Gläserprogramme, welche nur mit 40°C arbeiten, an. Die Hersteller von Geschirrspülmitteln haben mit diesen schützenden Mineralien eine Lösung gefunden, dank welchen Gläser nachweisbar länger gespült werden können als ohne diesen Schutz. Mit der Glass Protect Technology von Sun können wir gemäss unseren Test sagen, dass Gläser bis 200 Spülgänge länger gespült werden können als ohne diesen Glasschutz. Calgonit bieten einen Diamanten mit diesen schützenden Mineralien an, welchen man im Geschirrspülautomaten einhängt damit die Wirkung bei jedem Spülgang aktiv wird. Sun hat diesen Schutz in den Tablets integriert, damit zum Geschirrspülmittel kein zusätzliches Produkt gekauft werden muss.

Wir empfehlen grundsätzlich nur Glas im Geschirrspüler zu spülen, wenn dieses dafür vom Hersteller als geeignet empfohlen wird.

Bei den bläulichen Flecken könnte es sich um eine zu hohe Dosierung des Spülglanzmittels handeln. Wir empfehlen Ihnen dieses zu überprüfen und der Wasserhärte entsprechend anzupassen. Gemäss unseren Informationen beträgt die Wasserhärte in Messer zwischen 28-32fH (französische Härtegrade). Wir empfehlen Ihnen die Spülglanzdosierung auf Stufe 3 zu stellen.

Wir hoffen, dass wir Ihnen mit unseren Ausführungen helfen konnten. Für allfällige Rückfragen oder stehen wir Ihnen jederzeit gerne zur Verfügung.

Mit freundlichen Grüssen
Lever Fabergé GmbH

Edith Morel

Glas-Korrosion im Geschirrspüler

Einleitung

Verschiedene Glastypen korrodieren nach dem öfteren Gebrauch im Geschirrspüler. Dieser Glasangriff äussert sich als sichtbare Kratzer, weisse, nicht entfernbare Linien oder Trübungen und/oder als «regenbogenartige» Verfärbungen.
Oft wird das Geschirrspülmittel als Ursache für die Glaskorrosion genannt. Nachstehend soll der Einfluss des Geschirrspülens auf Glas beschrieben werden.

Glaskorrosion ist sichtbar

Im Geschirrspüler ist das Glas höheren Temperaturen ausgesetzt. In Kombination mit alkalischen Spülmitteln wird die Glas-Oberfläche beansprucht. Dies wird mit der Zeit sichtbar als Streifen oder «regenbogenartige» Verfärbungen.
Bestandteile des Glases können ausgewaschen werden und somit die Oberflächenstruktur beeinträchtigen. Sichtbar werden diese Beschädigungen als graue oder weisse Flecken. Da es sich dabei um eine Beschädigung handelt, können diese Flecken nicht mehr entfernt werden. Eine Behandlung der Glasoberfläche mit verdünnter Säure oder Alkohol hat keinen Einfluss (hingegen können Kalkrückstände, die vom Wasser stammen, mit (Zitronen-)Säure gelöst werden).
Neben der Glaskorrosion verblassen auch Dekore auf Gläsern, dies liegt an einer natürlichen Abnützung von aufgetragenen Farben.
Ursachen der Korrosion
Glaskorrosion während des Geschirrspül-Prozesses ist unvermeidlich. Die **Zusammensetzung von Glas und die Herstellungs-Art** beeinflussen zu einem grossenTeil das Auftreten der sichtbaren Schäden.
Bleikristall (Glas mit mindestens 24% Blei) ist speziell anfällig wegen seiner weicheren Glasoberfläche. Deshalb sollten Bleikristall-Gegenstände nicht im Geschirrspüler gereinigt werden (dies auch im Hinblick auf den hohen Preis von Bleikristall).
Kristallglas ist preisgünstiger als Bleikristall. Es enthält bedeutend weniger Blei und einen bestimmten Anteil anderer Mineralien und ist daher weniger empfindlich.
Normalglas (Natron-Kalk-Silikat) ist das resistenteste Glas für den Gebrauch im Geschirrspüler. Beim längeren Gebrauch ist jedoch auch bei diesem Glaskorrosion unvermeidlich.

Welche Faktoren beeinflussen die Glaskorrosion?

• Die Produktionsmethode des Glases

Wenn die Ränder des Glases während der Produktion langsam abgekühlt werden, erhält dieses eine bessere Beständigkeit gegen Korrosion. Schnell abgekühlte Gläser bauen Spannungen auf und sind daher für Spannungskorrosion anfällig (d.h. mikroskopische Kratzer und Risse werden sichtbar).
Gläser mit unterschiedlicher Wanddicke tendieren eher zu Korrosion.

Lever Fabergé Beratungsdienst ——————————— *Tel. 0800 55 90 90*

Hans-Peter Leuenberger
Eichholzstrasse 16
3254 Messen

Messen, 21. Juli 2004

Lever Fabergé GmbH
Beratungsdienst
Frau Edith Morel
Grafenau 12
Postfach
6301 Zug

Ihr Schreiben vom 19. Juli 2004 (Ref. 9890206)

Sehr geehrte Frau Morel

Herzlichen ♥ Dank für Ihre sehr detaillierte 📖 Stellungnahme zu meinem **Geschirrspülmittelwechselschlierenproblem**. Ich habe mich bei meinem Arbeitgeber für zwei Tage krank gemeldet, damit ich Ihr umfangreiches Werk in angemessener Form und in aller Ruhe 👁 **würdigen** 🦟 konnte. Nach diesem eingehenden 🕸 Studium darf ich Ihnen versichern, dass ich **trunken vor Glück**, ja nachgerade förmlich in **Ekstase** 🐍 geraten bin über Ihre ausführlichen Ausflüchte, weiss nun aber zumindest, dass die erste Spülmaschine 1886 patentiert wurde und dass „**Komplexbildner**", „**Dispergiermittel**", „**Alkaliträger**", „**Bleichaktivatoren**", „**Netzmittel**" und „**Schaumbremse**" offenbar keine Schimpfwörter sind.

Ein **spezieller Dank** gebührt Ihrem Tipp, dass mittels Essigwasser festgestellt werden kann, um was für einen Belag es sich allenfalls handeln könnte. Ich kannte bisher nur die einfachere Methode, bei welcher man mit dem Finger etwas von dem Belag aufnimmt und dann mit der Zunge schmeckt. Ist es salzig, liegt ein Problem mit dem Regeneriersalz vor. Ist es sauer, dürfte es sich um Troubles mit dem Spülglanzmittel handeln.

Die **Wasserhärte Ihrer „Messer"** kann ich Ihnen leider nicht bestätigen, aber die Wasserhärte hier bei uns in Messen beträgt exakt 30fH.

Auch **freut es mich ungemein**, *dass Sie ....für allfällige Rückfragen oder jederzeit gerne zur Verfügung stehen." Ein expliziter Dank gilt auch Ihrem Schreibprogramm, das aber offensichtlich doch nicht gänzlich für die Anpassung von "Konservenbriefen" geeignet ist.*

Selbstverständlich habe ich aber alle von Ihnen erhaltenen Tipps auch meiner Spülmaschine Miele G 570 – ich nenne sie übrigens zärtlich „*Mariechen*" - gesteckt, aber leider scheint sie etwas zu � *schmollen* � , war sie doch von dieser Informationsflut gänzlich unbeeindruckt. *Mariechen* kennt übrigens nur eine einzige Spültemperatur: 65° 🌡 . Ach ja, ich schätze *Mariechen* ausserordentlich, aber einen **Diamanten** habe ich ihr bisher nie geschenkt. Irgendwie fühle ich mich nun deswegen ein klein wenig schuldig. **Finden Sie, ich nütze sie aus?** Will mir *Mariechen* mit den Schlieren ihren **Missmut** kundtun?

Item. Wie ich Ihnen in meinem Brief vom 6. Juli 2004 geschrieben habe, hatte ich **bisher nie das geringste Problem** mit dem Spülergebnis. Erst bei der Anwendung Ihrer **SUN Tablets** waren die Schlieren urplötzlich da. Oder um es mit Ihren blumigen Worten auszudrücken: Der einzige „Spülergebnis-Partner" 🚹🚺 , der geändert wurde, war die Chemie 🛢 und daselbst ausschliesslich das Reinigungsmittel ☂ . Selbstverständlich habe ich entsprechend reagiert und mit der Regeneriersalzeinstellung und der Spülglanzdosierung experimentiert. All dies zeigte aber keine Wirkung.

Ein hartnäckiger Gedankensplitter machte sich aber inzwischen bei *Mariechen* und mir breit und **verfolgte** 🔺 uns **Spülgang ()** um **Spülgang ()** . Im Glanzspülmitteltank befindet sich nämlich nach wie vor ein Produkt von Calgonit, das es noch aufzubrauchen gilt. **«Was wäre wenn...?»** so fragten wir uns **«...ja wenn sich die Tablets von SUN irgendwie nicht mit dem Spülglanz von Calgonit vertragen würden?»**

Der Gedanke wandelte sich urplötzlich und völlig unerklärlich zum **schauderhaften Verdacht**, diese allfällige Unverträglichkeit könnte unter Umständen gar nicht nur rein zufällig... **jesses!**...darüber wollen wir gar nicht erst grübeln! **Mariechen** und ich haben uns daraufhin jedenfalls bei der Nachbarin zwei Calgonit-Tabs ausgeliehen und einen völlig unwissenschaftlichen Test gemacht. Nun, wie soll ich es Ihnen, liebe Frau Morel, schonend beibringen? Ach was, so wie ich Sie einschätze, lieben Sie es direkt und schnörkellos...gelle? Also, **keine Schlieren, keine Schatten, kein gar Nichts** ausser **≥Glanz≤** . **Zufall?** Also gut, nehmen wir für den nächsten Spülgang wieder SUN Tablets: **Wäääähhhhhhhh!** Und dann wieder Calgonit: **Freude herrscht!**

Nun, liebe Frau Morel, meine Frage zu diesem Problem kann ich recht kurz fassen und ich bin auf Ihre umgehenden Ausflüchte gespannt:

Wieso vertragen sich Ihre SUN Tablets nicht mit dem Spülglanzmittel anderer Hersteller?

Besten Dank für Ihre umgehende, kurze und - ohne die Notwendigkeit eines vorgängigen Crashkurses in Chemie und Physik in Betracht ziehen zu müssen - leicht verständliche Stellungnahme.

Mit freundlichen Grüssen

Hans-Peter Leuenberger

Hans-Peter Leuenberger
Eichholzstrasse 16
3254 Messen

Messen, 22. Juli 2004

Miele AG
Product-Manager Spülmaschinen
Limmatstrasse 4
8957 Spreitenbach

Nun wissen wir's!

Sehr geehrte Damen und Herren

Die Geschirrkörbe meiner Miele Spülmaschine G 570 beginnen da und dort ein klein wenig zu rosten. Am 21. Juli 2004 erbat ich via Website der Miele Schweiz eine Offerte für entsprechenden Ersatz. Diese Offerte traf dann auch am 22. Juli 2004 per Mail bei mir ein und ich bekam schier einen **halb gehockten Komplexbildner mit dreifachem Bleichaktivator**:

4118677	Oberkorb	CHF 245.--
5631020	Unterkorb	CHF 225.15
Porto/Verpackung		CHF 10.45
Total		CHF 480.60

Ich machte mich via Internet kurz schlau, was den so ein neues Gerät wohl kosten würde. Die Miele G 601 SC PLUS LIWS wird bei diversen Elektrokrämern so um die CHF 1'200.00 angeboten.

Ja isses den die Möglichkeit? Sie wollen Ihren Kunden tatsächlich verklickern, dass die zwei Geschirrkörbe **40% des Verkaufspreises** ausmachen

sollen

Jesses! Wenn dieses simple, schlecht plastifizierte Drahtgeflecht 40% Ihres Know-hows darstellt, müssen im Verhältnis dazu die restlichen Bestandteile Ihrer Geräte ja vollständiger **Schrott** sein!

Als ewiggestriger Pfennigfuchser sehe ich da nicht mehr durch, wurde mir in der Lehre doch noch eingehend eingetrichtert, wie ein Verkaufspreis korrekt zu berechnen ist. Sehen wir es doch einmal ganz gelassen: Wenn Sie für die Herstellung dieser Drahtgebilde - täusche ich mich oder habe ich tatsächlich auf den Körben ganz klein „Made in China" erkennen können - mehr als CHF 30.00 ausgelegt haben, sollte der Einkäufer ⁄ **subito** ⁄ gefeuert werden! **Item.** Nun haben Sie wahrscheinlich einen Kalkulator in der Buchhaltung beauftragt, auf den Einstandspreis **16% Bruttogewinn** zu rechnen und dies hat er auch getan:

$$16 * CHF\ 30.00 = CHF\ 480.00.$$

Toll! Fantastisch! Genial!

Wobei...na ja...aber lassen wir das.

Besten Dank für Ihre aufklärenden Informationen betreffend „Marketingstrategien auf dem Spiralnebel-Quasar QC-535-J98Z an der Schwelle zum 68. Quantril".

Mit freundlichen Grüssen

Hans-Peter Leuenberger

Hans-Peter Leuenberger
Eichholzstrasse 16
3254 Messen

Messen, 7 September 2004

Lever Fabergé GmbH
Beratungsdienst
Frau Edith Morel
Grafenau 12
Postfach
6301 Zug

Mein Schreiben vom 21. Juli 2004

Guguseli 🖐 liebe Frau Morel!

Ich bin vielleicht so was von **untröstlich**! Eh ja, ich habe leider noch keine Antwort 📧 auf meine Frage

Wieso vertragen sich Ihre SUN Tablets nicht mit dem Spülglanzmittel anderer Hersteller?

vom 🕸**21. Juli 2004**🕸 erhalten, was mich ganz porös macht und in gemischten Salat...äh...gemischte **GEFÜHLE** 🐟 stürzt. Sie sind für mich doch so was wie die *Betty Bossi* an der Schlieren- und Belagsfront, eine Art **RUTH DREYFUSS** aller glaskorrosionsgeschädigten ⚓ Hausmänner 👽, die ⋛Schutzpatronin⋚ aller schmollenden

Spülmariechen  und ich würde mich über eine fachmännische

Aus *flucht* von Ihnen dermassen freuen, dass ich sicherlich einen

vierfachen Komplexbildner mit verhockter Schaumbremse

machen würde!

Geben Sie Ihrem **Glanzherzchen♥** doch

einen kleinen Ruck mit dem Sprüharm und senden Sie mir HURTIG

eine Antwort! **Bitte!** Sonst muss ich mich amänd noch mit

Meister Proper sinnlos besaufen und vor ein **Vel Citron** werfen…

Mit freundlichen Grüssen

Hans-Peter Leuenberger

PS: Kennen Sie das Sprichwort „Wer nichts sagt, scheint zuzustimmen"?

Hans-Peter Leuenberger
Eichholzstrasse 16
3254 Messen

Messen, 7. September 2004

Miele AG
Herr 056/417 25 12
Limmatstrasse 4
8957 Spreitenbach

Sie geben mir einen Korb?

Sehr geehrter Herr **Chschtzkrmbkkrrrschtschlarfknörk**

Herzlichen Dank für Ihre Mitteilung vom 5. August 2004 auf meinen **Telefonbeantworter**. Bitte entschuldigen Sie, wenn ich Ihnen erst heute antworte, aber ich langweilte...äh...weilte im Ausland und ging eigentlich von einer schriftlichen Antwort aus. Ihre Nachricht auf meinem antiken **Telekomposter** war leider nicht gänzlich nachvollziehbar, kann ich mir doch unter «**...ferne über die Reise der Mörder schreddern...krummer Hund wühlt wie Maschine...**» nicht wirklich etwas vorstellen. Gutgläubig wie ich nun mal bin, hoffe jetzt einfach mal, dass Sie da keine **Schlämperlig** durchgegeben haben... **oder?!**

Sodeliso, ich lade Sie also folgerichtig und herzlich ein, Ihre **Aus flüchte** in Sachen „**Nicht gänzlich rostfreies aber dafür überteuertes Drahtgeflecht**" zu Papier zu bringen und mir bald möglichst zuzustellen. Aber Sie müssen dann das *süsse Brieflein* nicht extra parfümieren...gelle!

Ach ja: **Bedenken** ⚡ Sie bitte, dass ich gerade aus dem **EURORAUM** 💰 zurückgekehrt bin, wo ich mich so nebenbei über die Preise von söttigen Spülmaschinenfüllgutstrukturierungsdrahthalterungen ausgiebig informiert habe 👄. Wir können also beide viel **Zeit** ⌛ und **Briefpapier** 📖 sparen, wenn Sie die erste Lage Hakle feucht mit **faulen Argumenten** 🎭 gleich **ÜBERSPRINGEN** 🚻 und zur Sache ⚙ kommen. Alles klaro? **Äbe!**

Mit freundlichen Grüssen

Hans-Peter Leuenberger

LEVER FABERGÉ
SCHWEIZ

Herr
Hans-Peter Leuenberger
Eichholzstrasse 16
3254 Messen

Zug, 15. September 2004   Ref: 9890206

Sehr geehrter Herr Leuenberger

Besten Dank für Ihr „ausgeschmücktes" Schreiben vom 7. September 2004.

Die ganze Problematik mit Glas im Geschirrspüler habe ich Ihnen bereits am 19. Juli 2004
ausführlich geschildert. Ebenso die mögliche Ursache der bläulichen Flecken/Schlieren auf
dem Glas und wie diese vermieden werden können.

Die Sun Tablets können durchaus mit einem Spülglanzmittel eines anderen Herstellers
verwendet werden, da besteht bestimmt keine Unverträglichkeit. Nur sollten Spülglanzmittel
verschiedener Marken im Spülglanzbehälter nicht miteinander gemischt werden, da dies
Reaktionen auslösen kann.

Ich hoffe, dass ich Ihre Frage mit dieser von Ihnen gewünschten „kurzen" Fassung
beantworten konnte.

Mit freundlichen Grüssen
Lever Fabergé GmbH

Edith Morel

Edith Morel

Hans-Peter Leuenberger
Eichholzstrasse 16
3254 Messen

Messen, 20. September 2004

Lever Fabergé GmbH
Beratungsdienst
Frau Edith Morel
Grafenau 12
Postfach
6301 Zug

Ref: 9890206
Ihr Schreiben vom 15. September 2004

Werte Frau Morel

Herzlichsten Dank für Ihr **übersichtliches** Schreiben vom 15. September 2004, das mich in den Bereichen „**Fieser Schlierenwind** ☂" und „Polyzyklische Konsumbindungen im Kontext von Ueli Moser's Living-Lakes-Beteuerungen ♣" ungemein **ANGEREGT** hat. Eigentlich könnte ich mich sogar zum Ausdruck „**restlose BEGEISTERUNG**" hinreissen lassen, wenn da - trotz „Edith Morel's Spezialtipps" – nicht die Schlieren und Flecken immer noch **fröhliche Urständ** auf meinem Geschirr und Besteck feiern würden, sobald ich auch nur ansatzweise daran denke **Mariechen** mit **SUN Tablets** und **CALGONIT-SPÜLGLANZ** zu füttern.

Immerhin habe ich mit grossem Interesse Ihren Ausführungen betreffend „**Chemische Kriegsführung aus Mütterchens Putzschrank für Anfänger** ☠" gehuldigt! **Extrem Spannend!** Mischt man also Spülglanzmittel von verschiedenen Herstellern, könnte dies **Reaktionen** 💣✳ auslösen. Mischt man aber Reinigungs- und Spülglanzmittel von ebenso verschiedenen Marken, besteht bestimmt **keine Unverträglichkeit**. **Aha!?**

Da haben sich also die Hersteller bei allzuunfälligen **Mischungen** von Reinigungs- und Spülmittel offenbar auf einen chemischen **Standardverträglichkeitnichtangriffspakt** geeinigt, währenddem bim laden von unterschiedlichen Spülglanzprodukten quasi mit einer chemischen Keule aus dem Spülmaschinenuntergrund gerechnet werden muss. Da bin ich nun aber – was ich, trotz meiner paar Semester Chemie, gütigst zu entschuldigen bitte – doch etwas verwirrt! Insbesondere wäre ich für ergänzende Unter^lagen zum Thema „**Mit Spülglanzmitteln ungeahnte Reaktionen frönen**" sehr, sehr dankbar, da ich unter keinen Umständen beim Geschirrreinigen ein zweites **Seveso** oder gar **Tschernobyl** herbeiführen möchte. **Jesses!** Nicht auszudenken, was meine Nachbarin dazu sagen würde!

Nun, ich habe zwischenzeitlich selber ein klein wenig **herumexperimentiert** und kann Ihnen deshalb einen „**Superspezialtipp vom Hanspeterli**" anbieten, den Sie gerne für Ihre entsprechende Rubrik verwenden dürfen:

SUN Tablets vertragen sich definitiv nicht mit **CALGONIT-SPÜLGLANZ**. Wenn man aber einem **SUN Tablet** zwei Kaffeelöffel **Backpulver** beigibt und den **CALGONIT-SPÜLGLANZ** mit einigen Spritzern **Grand Marnier** aufpeppt, erreicht man ein recht ansprechendes Resultat.

Auch dem Einsatz von **Abflussreiniger**, Mottenkugeln, Terpentinersatz, Hundeshampoo, WC-Reiniger, **Zahnpasta**, Balkonpflanzenflüssigdünger, Ameisenpulver, **Katzenstreu**, **Kirsch- und Rasierwasser**, Bleifrei 95 und Wasserstoffperoxyd sind durchaus einige interessante Aspekte abzugewinnen, obwohl die Gemeindebehörden in ihrer kleinmütigen Art geringfügig anderer Ansicht sein mögen.

Gerne erwarte ich Ihre reaktorfähigen Spülglanzunterlagen und hoffe inständig, dass Ihr Dosimeter nicht zu sehr an Hypertonie leidet.

Mit freundlichen Grüssen

Hans-Peter Leuenberger

Hans-Peter Leuenberger

Messen, 28. September 2004

Eichholzstrasse 16

3254 Messen

Miele AG
Direktion
Limmatstrasse 4
8957 Spreitenbach

Meine Spülmaschine Miele G570

Sehr geehrte Damen und Herren

Ich möchte mich in aller Form für die Grosszügigkeit der Firma Miele bedanken.

In der heutigen, nach Gewinn gierenden Shareholderwelt ist es gewiss nicht mehr an der Tagesordnung, eine Kundenanfrage mit der umgehenden und unkomplizierten Zustellung der in Frage kommenden Teile zu beantworten. Wenn dann diese Teile - Geschirrkörbe im Wert von CHF 480.60 – erst noch gratis abgegeben werden, weil Ihr Kundendienst der Meinung ist, dass qualitativ hochstehende Geschirrkörbe dieses Preissegmentes mindestens 25 Jahre rostfrei ihren Dienst verrichten müssten und darum einen Garantiefall als gegeben sehen, bleibt bei mir – nebst einer tief empfundenen Dankbarkeit – eigentlich nur noch bewundernde Sprachlosigkeit.

Ich bin stolz darauf, einer dermassen kundenfreundlichen Firma die Markentreue halten zu dürfen.

Mit freundlichen Grüssen

Hans-Peter Leuenberger

Miele AG · Limmatstrasse 4 · Postfach 830 · 8957 Spreitenbach

Herr Hans-Peter Leuenberger
Eichholzstrasse 16
3254 Messen

E-Mail	Direktwahl	Telefax	Datum
adriano.diaco@miele.ch	056 417 25 12	056 417 25 09	07.10.2004

Unter- / Oberkorb für Geschirrspüler

Sehr geehrter Herr Leuenberger

Bevor wir auf Ihr eigentliches Anliegen eingehen, muss ich neidvoll zugeben, dass Sie sehr unterhaltsame und phantasievolle Briefe zu kreieren vermögen, die es gut auf den Punkt bringen, geschmückt mit einigen weit herbeigeführten Übertreibungen. Für die entsprechende Zeitaufopferung möchte ich mich bedanken.

Bitte entschuldigen Sie auch noch, dass ich mich auch erst jetzt melde, aber ich hatte doch gehofft, bevor ich Ihren zweiten Brief vorliegen hatte, dies mit Ihnen telefonisch besprechen zu können. Denn ich bin der Meinung, dass aus einem persönlichen Gespräch, auch wenn nur telefonisch, viel mehr resultieren kann als wenn man schriftlich miteinander verkehrt.

Bei Ihrem besagten Modell handelt es sich um ein Miele Geschirrspüler, der ca. 15 Jahre alt sein dürfte. Und wir hoffen, dass das Gerät noch zu Ihrer vollen Zufriedenheit arbeitet. Für uns heisst das, dass wir den besagten Unter- und Oberkorb seit 15 Jahren bei uns lagern, um Ihnen diesen heute ersetzen zu können. Ohne dass Sie mit verrosteten Körben spülen müssen, oder sich deswegen gar einen neuen Geschirrspüler anschaffen müssen. Eine Garantie, die wir als Zusatzdienstleistung unseren Kunden anbieten. Nebenbei gesagt, 15 Jahre ist ein überdurchschnittlicher Branchendurchschnitt für einen Geschirrspüler, und wir reden da vorerst mal von Körben! Ich kann Sie verstehen, wenn Ihnen der Betrag zu viel erscheint, aber nebst den erwähnten Lagerkosten ist es bei uns wie bei der Autobranche so, dass eigentlich die Einzelteile, in diesem Fall die Körbe, in den Herstellkosten diesen Preis rechtfertigen würden und dass die Geräte als ganzes im Prinzip zu „günstig" sind und keinesfalls als „Schrott" bezeichnet werden kann. Dies auch wenn *Made in China* draufsteht, denn Miele hat für ihre Qualitätsprodukte genau definierte Vorgaben, die eingehalten werden müssen und folglich auch höhere Kosten verursachen. Im Gegenzug erhält der Kunde absolute Spitzenqualität. Auch stimmt Ihr Vergleich zur G 601 SC Plus LIWS nicht ganz, da es sich hierbei um ein 45 cm breites Gerät handelt und nicht um ein 60 cm breites Gerät wie Ihr G 570. Deshalb stimmt Ihre Aufrechnung mit der Aussage „40% des Verkaufspreises" nicht ganz.

Nun hoffe ich, Ihnen mit diesen Erläuterungen zu dienen und stehe Ihnen für Rückfragen gerne zur Verfügung.

Mit freundlichen Grüssen
Miele AG

Adriano Diaco

Hans-Peter Leuenberger
Eichholzstrasse 16
3254 Messen

Messen, 12. Oktober 2004

Miele AG
Herr Adriano Diaco
Limmatstrasse 4
Postfach 830
8957 Spreitenbach

Ihr Schreiben vom 7. Oktober 2004

Sehr geehrter Herr Diaco

♥ Herzlichen ♥ Dank für Ihr **Schreiben**✎ vom 7. Oktober 2004, das

mich mit fast **biblischer euPHORIE** erfüllt hat:

Sehet, es lebt!

Danke für die **Blumen** 🌼 betreffend «...phantasievolle Briefe...», die ich an

dieser Stelle ☞ gleich im Singular an Sie zurückgeben möchte! Ihr Brief gibt

mir **KRAFT** und **Hoffnung**, dass die **fertigkeit** ✗ des

Briefeschreibens 🖎 doch noch nicht gänzlich **Handy**, **SMS**, **E-Mail** und

Pisajüngern zum **Opfer** ✝ gefallen ist. Wirklich ein

ausgezeichnetes 👍 und sehr **gepflegtes** 📚 Deutsch, wie man es heute

selten sieht! Und Sie fouttieren sich erfreulicherweise ebenso wie ich um die

„**Nöie Döitsche Rechtschräibung**". Sind Sie auch

der Meinung, dass die Sprache Goethes eine überaus lebendige, sich stets fort↷ entwickelnde ⋝**ALLTAGSPREZIOSE**⋜ 🎁 darstellt,

die sich niemals nie in eine reglementierte **[Corsage]** zwängen lassen wird?

Toll!

Ich kann Sie beruhigen: Meine «...**Zeitaufopferung**...» hält sich im Rahmen eines ganz normalen **08/15-Wisches**, da es ganz einfach einen

HEIDENSPASSSSAPSNEDIEH macht, die 🗣⋝**SPRACHE**⋜ wie eine **Modelliermasse** insbrünstig zu **kneten** und mit der Zeit **[1]** stellt sich sicherlich auch eine gewisse *Fingerfertigkeit* ein.

Das mit den «...**weit herbeigeführten Übertreibungen**...» nehme ich Ihnen aber ein

KLEIN WENIG *krumm*, da es mich dünkt, dass jemand ♟,

der zwei *lächerliche* ha-ha-ha-ha-ha-ha-ha, unzureichend plastifi-

zierte ImMinimumdroSchichteGummidrum! **Drahtkörbe** „Made in China" für

CHF 480.60 💰 zu verscherbeln gedenkt, diese Worte vielleicht zuerst einmal

im **ZUSAMMEN**▸**Hang** mit sich SELBER la-la-la-la-la-la-la...wasDuSagstbistduselbst! anwenden

sollte 🎭 .

Jesses! Kont⊠⊠**rärer** könnten unsere ◎Standpunkte• in Sachen

📱 **Kommunikationsmittel**✍ gar nicht sein! Sehen👁 Sie, werter Herr Diaco, ich bin vor **langer**, langer, **NOCH VIEL**

LÄNGERER, NOCH VIEL, VIEL LÄNGERER **Zeit**

davon abgekommen, über *Fernsprecheinrichtungen*

irgendwelche **offiziellen** oder halboffiziellen **ANliegen** zu bearbeiten, da meine

Gesprächspartner 👽 plötzlich öppedie etwas so nicht gesagt haben wollten

oder plötzlich hinterrücks💥 von einer *handstreichähnlichen*💣

Amnesie angefallen wurden. **Genau!** Dies ist mitunter auch ein

Grund, wieso ich auf den gar **vortrefflichen**, mittlerweile aber sicher etwas verstaubt🕸 wirkenden Meinungsaustausch per Korrespondenz zurückgekehrt bin. Ich «...verkehre...» also fast ausschliesslich per Brief✉, wenn man von einigen, wirklich *äusserst privaten Dingen*♥, die den moralischen Rahmen🅰 dieses Schreibens **sprengen**💣 und den aktuellen Stellenwert unseres **BEZIEHUNGS**levels bei weitem über-strapazieren würden, einmal **ab** sieht 👀.

Quintessenz: Sie schreiben ein gar **mustergültiges DEUTSCH**
und meine Zeitaufopferung und meine übertriebene FANTASIE halten sich in engen Grenzen. Was hält uns also davon ab, den Telecomanbietern eine **lange Nase** zu zeigen? **Äbe!**

Wollen wir uns nach dem **AUSGIEBIGEN** Vorspiel nun langsam dem eigentlichen Thema nähern? **Ja? Sicher? Also gut!** Ich werde mich auch ganz, ganz fest zurückhalten und meine Fantasie etwas knebeln, damit Sie kein schlechtes Gewissen wegen „*unterhaltsam*", „*akupunktuell*" oder irgendwelchen „**OPFERGABEN**" haben müssen.

♪   ♪   ♪

🎵🎵 **Gelle, eigentlich bin ich gar kein soooo........schudderhaft böser Konsument?!** 🎵♪

Also, ob mein rostiges Geschirrspülerchen tatsächlich schon 15 Jahre alt sein könnte - also quasi noch fast fabrikneu - weiss ich nicht, da es vor mir da war. Und - wie es bei Unkenrufen so einzutreffen pflegt - die Maschine ~~funktioniert~~ seit letzter Woche gar nicht mehr ☠⚡💣🍂. Es wird kein **HEISSES WASSER**♨ mehr aufbereitet und das Reinigungsmittelfach öffnet sich erst unmittelbar vor dem **TROCKNEN**. Der herbeigerufene **Sachverständige** ♟ hat jedenfalls ein ganz fröhliches

♪

Liedchen 🎵♪ gepfiffen, immerzu anerkennend mit der Zunge 📢 ≋**geschnalzt**≋ und EIFRIG ⬜ die Hände gerieben 💰.

Henusode, folgerichtig befindet man sich halt momentan in einer **europaweiten**🌍 *Offerteneinholephase*, kann aber schon jetzt sagen, dass es wohl viel günstiger sein wird, wenn das neue Gerät im EU-Raum geordert, eigenständig in der Schweiz verzollt und vermehrwertsteuert und mittels LSVA-gepeinigtem Transporteur frei Haus geliefert wird. *Irgendwie irre...gelle?!* Aber ich sehe es schon so kommen!

So, so, Sie nehmen also gleich bei der Lancierung eines neuen Geschirrspülers einige tausend Unter- und Oberkörbe ans Lager, damit Sie mir einen söttigen in etwa 15 Jahren liefern können. Ich weiss jetzt halt nicht wo Sie diese Story abgekupfert haben, tippe aber mal auf die Gebrüder Grimm oder vielleicht auch noch Christian Anders, glaube aber nicht, dass es was vom Wilhelm Busch sein könnte, da es weder übermässig lustig😊 noch gut gereimt 🎵 daherkommt. Wie auch immer, Sie haben sich die Sache sehr fantasievoll zurechtgelegt! Ich glaube Ihnen gerne, dass sich

Ihre **LAGERKOSTEN**⬆ ins **GIGANTOMANISCHE** steigern, wenn Sie so unbedarft Chinesenkörbe auf Halde nehmen. Ich für meinen Teil würde solche Körbe sukzessive herstellen und liefern lassen, dafür aber Ihre gesamte Logistik in die **Wüste Gobi** schicken. **Henusode!**

Ob 15 Jahre ein «...überdurchschnittlicher Branchendurchschnitt...» sind oder nicht, kann ich nicht beurteilen. Da ich aber - wie der Zufall so spielt - in der *Autobranche* tätig bin (...ja. ja...das Leben kann ja so grausam sein und gut ausgedachte Argumente widerlegen sich fast im Handumdrehen...), kann ich Ihnen versichern, dass eine vermeintlich lange Lebensdauer mitnichten das einzige und massgebende Argument für Qualität und Kundenzufriedenheit darstellt. Qualitativ hoch stehend - oder wollen wir ehrlicherweise sagen „nachhaltig kundenbindend und umsatzsichernd" - war ein Produkt dann, wenn der Kunde mit vollster Zufriedenheit ✓ erwägt ein **neues Gerät** des **gleichen Herstellers** zum **halben Preis** des Vorgängermodells mit **25% Rabatt** zu erwerben, da ihn die **neuen Spielereien** im technischen Bereich faszinieren und er „seiner Marke" vollstes Vertrauen entgegenbringt, weil der bisherige Geschirrspüler bei Programmende immer den **Schweizerpsalm**🎵 ta-tata-ta-tatata... gespielt 🎧

und dazu auf dem Display ein kleines, ausgemergeltes *Männchen* 👤 in blauer Arbeiteruniform immerzu dankbar mit dem Kopf genickt hat ...**jööööööööhhhhhhhhh, wie härzig!** Vergesen Sie doch endlich die Heuchelei mit der „Qualität"! Der durchschnittliche Kunde von heute wurde bekanntlich dazu erzogen, dass ein Produkt vor allem `kurzlebig`, **günstig und funny** panem et circenses sein muss. Dies bestätigen Sie ja aufs Vortrefflichste, da «...die Geräte als ganzes im Prinzip zu „günstig" sind...». Dies führt uns diretissima zu einer fast philosophisch anmutenden Frage: Wo liegt den preismässig in etwa die Grenze zwischen konkurrenzfähiger Günstigkeit und **Schrott**? Grenzt es nicht an Betrug, wenn die Geräte **zu günstig** ha-ha-ha-ha...selten so gelacht! verkauft werden (Kennen wir doch alle extrem gut von den Tintenstrahldruckern...gelle!? Drucker für CHF 60.00, eine Patrone nicht unter CHF 120.00...) und der magere **BRUTTOGEWINN** Viva el Shareholder von 450% dann über **Zubehör** 🎛️ und **Schnickschnack** 🖥️ aufgebessert werden muss? Wäre es marketingstrategisch 💰 nicht genial, ein Auto für CHF 1'500.00 anzubieten, wobei die Räder - als unverzichtbare Option für den **WAHREN KENNER!** - zum überaus günstigen Stückpreis von CHF 8'000.00 separat zu bestellen wären? Klar, das Qualitätsprodukt „Räder" wäre selbstverständlich ein, nach «...**genau definierten und höhere Kosten verursachenden Vorgaben...**» in China produziertes Produkt der «...**Spitzenqualität...**», das sich qualitativ dadurch *abheben* könnte, wenn es möglichst **RUNDER** wäre als das beim exakt gleichen Fabrikanten in China gefertigte **PENDENT** der Konkurrenz. **Klaro?**

Die mittlerweile in jedes kleinste Gerät integrierten **Elektronikteile** stammen eh alle aus **TAIWAN**, die restlichen *Gadgets* laufen unisono in **China** vom Förderband 🏭 und alles wird in **Indien kostengünstigst!** aber nach genau definierten und einzuhaltenden Vorgaben...ha-ha-ha-ha-ha... zusammengebastelt, was dazu führt, dass es mit der „Qualität" so eine **Sache** geworden ist. **Eigentlich gibt es gar keine Unterschiede mehr, lieber Herr Diaco! Kundendienst** ich lach mir noch einen Wolf! und **Service** dem Kopft man beim Bierbestellen eins auf das Hinterteil!? 😊 sind auch **vernachlässigbare Faktoren** geworden, da diese zu reinen Slogans verkommen sind und die Wirtschaft aus Kostengründen gar keine

Geräte mehr reparieren mag, kann und will. Wollte man das altmodische Unding „Reparaturservice" tatsächlich durchziehen, müsse man die reparaturbedürftigen Geräte nach **Indien** oder **China** verschicken, weil die einheimischen **Stundensätze** zwangsläufig immer den Geräteneupreis **massiv ÜBERSTEIGEN** würden. Psssst...leise!...so ganz unter uns, lieber Herr Diaco, was glauben Sie, habe ich auch nur einen einzigen, winzig kleinen bioelektrischen **Botenstoffimpuls⬦** an eine Reparatur verschleudert? **Äbe!**

Bei den Körben aber gab ich mich - naiv und gutgläubig wie ich nun mal bin - der völlig abstrusen **ILLUSION** hin, es sei ja irgendwie ein völlig **simples** Teil, das sicher ein armes, unterbezahltes Grossmütterchen, irgendwo mitten in der chinesischen Pampa in einer zugigen Erdhütte kauernd, mit extrastabilen Stricknadeln gefertigt habe, das anschliessend durch ihren neunjährigen Enkel in einer Polymersiederei unter erbärmlichsten Bedingungen plastifiziert wurde und nun darauf wartet, von einem s-e-l-b-s-t-v-e-r-s-t-ä-n-d-l-i-c-h *absolut* ehrlichen „Hersteller" zum Selbstkostenpreis von ca. CHF 80.00 - mit einer durchaus vertretbaren Marge von mindestens 250% - unter dem Label **MACH ALLESKLAAR** ⓐ an die treuen Kunden weitergegeben zu werden.

Denkste! Ich buchhalterischer Amateur habe doch glatt die **Lagerhaltungskosten** vergessen! Diese **vermaledeiten Lagerhaltungskosten** werden bekanntlich nach folgender Komplexformel berechnet:

> Ist der Geschirrspüler ohne Körbe funktionstüchtig? **Nein.** Darf der Hersteller dafür verlangen was er will? **Ja.** Kauft der geknebelte Kunde Ersatzkörbe? **Nein.** Dann kauft er ein neues Gerät? **Nein.** Dann halt doch die Körbe!! **Ätsch!**

Et Voilà!

Gebenedeit sei der rostige Chinesendraht, denn er befördert den Shareholder-Value in sphärische Gefilde!

Ganz **AUSSERORDENTLICH** **klabüsierend**👍 fand ich übrigens auch Ihren **Hinweis**, dass meine Berechnung nicht ganz korrekt sei, da mein altes Gerät **60 cm** und das zu dem Vergleich herbeigezogene Produkt nur **45 CM** breit sei. Da ich die laufende Offertenauswertung möglichst gerecht vornehmen möchte, bräuchte ich von Ihnen noch die folgende Preisangabe:

Was kostet bei Ihnen eine Option für einen gerätebreiteunabhängigen Laufmeter Unter- resp. Oberkorb innerhalb von 15 Jahren?

❤Herzlichen ❤ Dank 🐝 nochmals für Ihre ausführlichen 📚 Informationen ⓘ und auch im Vor**AUS** für die rasche Beantwortung meiner Frage.

Mit freundlichen Grüssen

Hans-Peter Leuenberger

Hans-Peter Leuenberger
Eichholzstrasse 16
3254 Messen

Messen, 21. Oktober 2004

Lever Fabergé GmbH
Beratungsdienst
Frau Edith Morel
Grafenau 12
Postfach
6301 Zug

Mein Schreiben vom 20. September 2004

Hochgeschätzte Frau Morel

Muss ich davon ausgehen, dass Sie mich nicht mehr lieben? Oder hat Ihnen Papa Moser den **UMGANG** mit mir verboten? Sind Sie einer **Reaktion**, einer **Unverträglichkeit** oder einem Ihrer **SPEZIALTIPPS** zum Opfer gefallen? Ist Ihr **über dosiertes** Dosimeter aus dem Bürofenster gesprungen und Sie waren noch dran? Mussten Sie amänd im Spital die **wunden Stellen** behandeln lassen, auf die ich **Tollpatsch** noch so fest GEDRÜCKT habe? **Anyway**, wir wollen einfach *das Beste* hoffen.

Mariechen ist es mittlerweile ob der **garstigen Cocktails** **dreckig** ergangen. Sie weigert sich, heisses Wasser aufzubereiten und den Deckel des **REINIGUNGSMITTEL**BEHÄLTERS zu öffnen. Der herbeigeeilte Diplomspülmaschinennotarzt stellte ein finales Unwohlsein ✝ fest, das in **keinster Weise** zu therapieren ist…

…auch nicht durch eine *schöne Nachbarin*.

So **viele Jahre** 🕸 stand mir *Mariechen* soooooo.... *treu* ♥ zur Seite…und nun dies! . . . 🌧 . . . sorry . . . 🌧 . . . ich muss mir rasch ein paar Tränen 💧💧 aus den Augen 👁 wischen und mir die Nase rasch putzen . . . **Schliiieergggg** 🚑 . . . **chchnzzzz** . . . . . . **Ffpfstschnrkstzsssssssss** . . . 🚗 . . . **sssssss** **kstzssssssssss** . . . 🌩 **zsssssssss. sssss** . . . danke . . . da bin ich wieder. *Mariechen* wurde gestern abgeholt . . . **kstzsssssss** 🌧 . . . sorry . . . **schlieeeergsssss** !!!! Sie müssen verstehen…ich habe halt sonst niemanden als mein süsses *Mariechen.* Immerhin sind wir schon einige Jahre zusammen und haben uns immer gut verstanden. **Und dann wurde sie meuchlerisch vergiftet**, nur weil die *Spülmittelhersteller* 👽 einander den Dreck unter dem Fingernagel nicht gönnen! **Ist doch wahr** 🌀☠💣✝☂ ! **Schämen** **sollten** **Sie** **sich!** **JA SIE, FRAU LEVER**…äh…Morel! Vorgestern Abend habe ich mich in der Küche vor *Mariechen* hingesetzt und wir haben voneinander 🕯**Abschied**🕯 genommen…und dabei haben wir zusammen eine ganze **Flasche** 🛢 besten schottischen Single Malt reingeschüttet. Und was wird bleiben von dieser *tollen, harmonischen und zärtlichen* *Beziehung?* **Kopfschmerzen!** Satanisches, **OBERGRAUSAMES**, **megaglykolgalaktisches** **Grindweh** 💥 und hoffentlich ein recht toll schlechtes Gewissen bei Ihnen, Frau Morel!

Ach! Was lasse ich Sie da an meinem **LEID** ☠ teilhaben? Das haben Sie und Ihre **gewinnumjedenpreisorientierten** 💰 **Zauberlehrlinge** 👽 schlichtweg nicht verdient und Sie werden das **unermessliche LEID** ☠ , in das Sie Ihre Kunden stürzen, auch in hundert Jahren nicht annähernd ermessen können.

Leben Sie wohl

Hans-Peter Leuenberger

Hans-Peter Leuenberger
Eichholzstrasse 16
3254 Messen

Messen, 10. November 2004

Miele AG
Herr Adriano Diaco
Limmatstrasse 4
Postfach 830
8957 Spreitenbach

Mein Schreiben vom 12. Oktober 2004

Sehr geehrter Herr Diaco

Nanu!? Keine Lust zur Stellungnahme? Habe ich Sie amänd ein klein wenig überrumpelt? Fühlen Sie sich gar aussergewöhnlich brüsk diskreditiert? **Oder schmollen Sie ganz einfach? Item.**

Ich möchte es der Vollständigkeit halber nicht unterlassen, Sie anständig über den weiteren Verlauf der Chinesendrahtgeflechtrostungsgeschichte zu informieren, damit Sie allenfalls unter Umständen bei allfälligen augenfälligen

Kundendienst– und **PREIS**schwachpunkten gefälligst gefühlvoll Hand und Fuss anlegen können.

Nach eingehender ⋛●**Evaluation**⋟⋸ steht nun in meiner Küche eine formschöne **60 cm breite** **Electrolux ESi 6236**, die zu meiner und der *Nachbarin* vollster **ZUF**Rieden**HEIT** ihren Dienst verrichtet. Einmal mehr musste ich mich jedoch vorher mit den

HOCHPREIS 💰

Schelmereien im eidgenössischen **DSCHUNGEL** befassen. Hier nur so en passant ein kleines *Müsterchen* zum Schmunzeln:

Bei „**electrolux.ch**" wird der Preis mit CHF 1'745.00 angegeben, während

„**haushaltshop.ch**" – die haben offenbar ihre **LAGER**KOSTEN besser

im **Würgegriff**☺ - nur CHF 1'245.00 dafür will. **Spannend**

gelle? Lasse ich mein **geizgeiles** Auge nun auch noch in den

EU-Raum🌍 schweifen, sind's plötzlich nur noch EUR 499.00,

also so in etwa CHF 770.00.

Anstatt **1.6 mal** *rostendes Chinesendrahtgeflecht*

von Miele (Schweiz) kann ich also eine fabrikneue,

⊱**60 cm breite** **Electrolux ESi 6236**⊰ bei

Egalwo (Europa) kaufen. **Geilo!** **Finden Sie nicht auch?**

Irgendwie will mich das **unbestimmte Gefühl**🖐 beschleichen, dass Sie,

werter Herr Diaco, branchen^**über**durchschnittlich auf Ihrem

Chinesendraht sitzen 🚹 🚺 bleiben werden. *Bitte nicht weinen, Herr*

Diaco! Ist doch alles nur halb so **Electrolux**...äh...schlimm. Auch die anderen,

gemeingenössischen **Anbieter**♟ von **ALS GANZES IM**

PRINZIP ZU GÜNSTIGEN GERÄTEN werden ziemlich bald auf die

Schnauze...äh...über den **EU-Raum**🌍 fallen. Glauben Sie mir, geschätzter

Herr Diaco, die Konsumenten in der Schweiz haben es

OBERKANT

UNTERLIPPE 👄 , immer und ewig **beschissen**♟ zu

werden. **Psssssssssttt...***nicht schreien, Herr Diaco*, sonst machen Sie amänd

noch den **Strahm Ruedi** und den Schmetzer Ueli auf sich

aufmerksam und die werden Ihnen dann zusammen nach genau definierten und höhere

Kosten verursachenden Vorgaben eins fachgerecht 🐾**husten**. *Ist ja gut! So*

beruhigen Sie sich doch! Versuchen Sie es doch mit einem Kurs für

autogenes **Drahtkorbflechten** bei 可憐的祖母! *Ist sicher*

ganz primafein toll entspannend!

Ach ja: Ich habe mich für die ausserordentlich **FORMschÖNE** und

preis**werte 60 cm breite** Electrolux ESi 6236 entschieden, weil sie über eine Schnittstelle zum Kochherd/Backofen verfügt, aufgrund der dortigen Vorgänge selbständig den zu erwartenden Verschmutzungsgrad der nächsten Ladung hochrechnet und das dafür ideale Programm automatisch wählt. Ausserdem kann sie mittels

ADSL-Multichanneldualdigitalkomplexor an das Telefon gekoppelt werden. Die **60 cm breite** Electrolux ESi 6236 ruft dann jeweils bei Programmende die gespeicherte Telefonnummer an und spielt

♪   ♪   ♪

♫♫ Marmor, Stein und Eisen bricht, aber mein Drahtkorb rostet nicht   ♫♫♪.

Mit *klabüsierenden Grüssen*

Hans-Peter Leuenberger

BRIEFE AUS DEM HINTERHALT

WENN'S TROTZ SCHÖNEM
WETTER SCHIFFT UND SCHNEIT,

IST DEM BUCHELI
DIE VORHERSAGE WIEDER
GRÜNDLICH ABVERHEIT

Hans-Peter Leuenberger
Eichholzstrasse 16
3254 Messen

Messen, 24. Juni 2004

Schweizer Fernsehen DRS
Herr Thomas Bucheli
DRS-Wetterredaktion
Fernsehstrasse 1-4
8052 Zürich

Meteogeografische Anfrage

Sehr geehrter Herr Bucheli

Irgendwie bin ich total verunsichert, da ich ganz offensichtlich nicht mehr weiss wo ich bin. Dies mag auf den ersten Satz etwas eigentümlich anmuten, ist aber sehr leicht zu erklären.

Ich bin ein leidenschaftlicher Jogger, der auch gerne ab und zu eine längere Route im wunderschönen **Buechibärg** wählt, diese mit Vorliebe bei einigermassen anständigem Wetter unter die Füsse nimmt und deshalb ein sehr interessierter **Hörer** und **Seher** Ihrer Vorhersagen ist. Nun hat es mich aber in letzter Zeit mit erschreckender Regelmässigkeit wettermässig so richtig **z'Hudus** u **z'Fätzes** **gebodigt**, obwohl ich jeweils bei recht ansprechenden Witterungsverhältnissen gestartet bin. Nein, nein, keine Angst! Dies wird kein weiterer Nürznörglerbrief, der Ihre Wahrsagekunst in Zweifel zieht! Und zwar ganz einfach weil Ihre Prognosen bekanntlich in über 90% der Fälle zutreffen. Mein Problem ist nur, dass ich zwar immer im **Buechibärg** jogge, aber immer das Wetter von den verschiedensten Regionen habe!

Da melden Sie zum Beispiel, dass es am Jurasüdfuss regnen soll, ich bleibe also zu Hause und schaue vom Wohnzimmer aus zu, wie ein wunderschöner, fönbedingter Rheintaler-Sonnentag ungenutzt an mir vorbeizieht. Oder aber Sie sagen vorher, dass es im Westen Aufhellungen und im Osten noch etwas Regen geben soll, worauf ich losjogge und prompt von einem sanktgallischen Regenguss fast den **Buechibärg** runtergespült werde, obwohl ich zielstrebig nach Westen laufe. Sie prognostizieren im Seeland Nebel und kühle Temperaturen, ich vertraue Ihnen und absolviere einen Halbmarathon in Thermowäsche bei 28 Grad im Schatten. Dann sind da vielleicht noch die starken Niederschläge im Mittelland zu erwähnen, die eigentlich nur unter meiner atmungslethargischen Regenbekleidung stattfinden, weil ich mich zu diesem Zeitpunkt ohne mein wissentliches Dazutun offensichtlich im sonnigen Süden befinde.

Henusode! Meine Frage ich also recht einfach: Wo genau um *Gottsmäuchterliswillen* befindet sich rein meteogeografisch der solothurnische **Buechibärg**? **Jesses!** Könnte es amänd sogar sein, dass sich der solothurnische *vorjura*hoger im meteorologischen **Allerweltsland** befindet?

Vielen herzlichen Dank für Ihre meteogeografische Nachhilfestunde und Ihr sonniges Verständnis.

Mit freundlichen Grüssen

Hans-Peter Leuenberger

Schweizer Fernsehen DRS
Fernsehstrasse 1-4
Postfach
8052 Zürich
Telefon 01 305 66 11
Telefax 01 305 56 60
Telex 823 823

Herr
Hans-Peter Leuenberger
Eichholzstrasse 16
3254 Messen

Ihre Referenz H. Leuenberger
Unsere Referenz mg – 01/305 67 11
Datum 1. Juli 2004

Ihr Brief vom 24. Juni 2004

Sehr geehrter Herr Leuenberger

Besten Dank für Ihren Brief vom 24. Juni 2004.

Die Region Buechibärg gehört zum westlichen Mittelland.
Sie können also auf den Ausdruck „westliches Mittelland" oder generell „im Westen" achten.

Wir hoffen, Ihnen mit dieser Information zu dienen.

Freundliche Grüsse

Schweizer Fernsehen DRS

Marlen Jacobi-Geissmann

Hans-Peter Leuenberger
Eichholzstrasse 16
3254 Messen

Messen, 5. Juli 2004

Schweizer Fernsehen DRS
Frau
Marlen Jacobi-Geissmann
DRS-Wetterredaktion
Fernsehstrasse 1-4
8052 Zürich

Ihr Schreiben vom 1. Juli 2004

Sehr geehrte Frau Jacobi-Geissmann

Herzlichen für Ihre sehr kurze, oberflächliche, aber immerhin klar verständliche Information, dass der **Buechibärg** zum westlichen Mittelland gehört und ich auf den Ausdruck „**westliches Mittelland**" oder generell „**im Westen**" achten kann.

Aber wie steht es den mit den Ausdrücken „**Seeland**", „**am Jura entlang**" und „**Mittelland**", die der werte Herr Bucheli auch immer wieder gerne benützt?

Ist denn der **Buechibärg**, wenn er den tatsächlich im „**westlichen Mittelland**" liegen sollte, nicht auch automatisch generell „**im Mittelland**"? Ist der Ausdruck „**im Westen**" nicht etwas zu sehr unpräzise? Corcelles-le-Jorat liegt ja wohl auch „**im Westen**" – oder? Ist „**im Westen**" jetzt eher „**westlich der Reuss**" oder doch „**knapp östlich des Juras**"? Und liegt der **Buechibärg** irgendwie nicht auch „**dem Jura entlang**", verläuft dieser doch nur einen Steinwurf vom **Buechibärg** entfernt? Und was ist mit „**im Seeland**"? Sowohl das solothurnische Aaretal als auch das benachbarte Limpachtäli werden sehr gerne als Ausläufer des Seelandes bezeichnet. **Nun gut!** Gemäss Ihren Angaben liegt der **Buechibärg** meteorologisch also bei Genf: „**Im Westen**".

Ich möchte nicht mäkeln, aber irgendwie ist die ganze Chose doch eher etwas unbefriedigend! Deshalb habe ich mir ja auch erlaubt, meinen Brief vom 24. Juni 2004 an Herrn Thomas Bucheli zu schicken. Als Diplommetrologe gab ich mich der **ILLUSION** hin, einen fachlichen

Diskurs in Gang setzten zu können, der vielleicht dazu führen könnte, die meteogeografischen Bezeichnungen zu präzisieren. *Liebe Frau Jacobi-Geissmann, ich möchte keinesfalls undankbar erscheinen, aber haben Sie schon jemals eine Isobarenkarte analysiert und diese zu einer regionalen Prognose umgesetzt?* **Henusode!**

Lieber Herr Bucheli, ich würde also für unseren intensiven Diskurs vorschlagen, dass wir als Ersttraktandum die Einführung von demokratischregionalmeteogeografischen Bezeichnungen aufnehmen. Insbesondere werde ich mich dafür einsetzten, dass in absehbarer Zukunft der Begriff „**Buechibärg**" ebenso angewendet wird wie „Nord- und Mittelbünden", „St. Galler Rheintal" oder „Genferseegebiet".

Gerne erwarte ich, lieber Herr Bucheli, Ihre Stellungnahme und ich bin überzeugt, Sie von den Vorteilen präzismeteogeografischer Bezeichnungen überzeugen zu können. Wie sagt man doch so schön: „Wehret den Anfängen!". Wenn wir nicht *jetzt* etwas unternehmen, werde ich in Zukunft wohl auf „südlich von Helgoland" achten müssen, wenn ich etwas über das Wetter im *bezaubernden* **Buechibärg** erfahren will.

Mit freundlichen Grüssen

Hans-Peter Leuenberger

Hans-Peter Leuenberger
Eichholzstrasse 16
3254 Messen

Messen, 3. August 2004

Herr
Thomas Bucheli
Schweizer Fernsehen DRS
DRS-Wetterredaktion
Fernsehstrasse 1-4
8052 Zürich

Mein Schreiben vom 5. Juli 2004

Sehr geehrter Herr Bucheli

Man darf gespannt sein, ob Sie dieses Schreiben tatsächlich erreicht! Wissen Sie eigentlich, dass die gute Frau Jacobi-Geissmann Ihre Post öffnet, ungeniert liest und sie Ihnen unterschlägt? Äbe! Da staunen Sie...gelle?!

Also ich an Ihrer Stelle würde da mal *durchgreifen* und *zeigen*, wo der **Föhn** das *Grindweh* holt! Oder haben Sie schon mal daran gedacht, dass schon bald wieder Herbst ist? Eh ja, da lässt man doch wieder die **Drachen** steigen...und Sie tragen ja fast immer eine so schöne **Windhose** auf dem Fernsehdach. **Alles klar?** Hoffentlich, denn eine Zeichnung kann ich Ihnen gwüss nicht auch noch machen.

Für den Fall dass Sie diese Zeilen erhalten, möchte ich Ihnen nachfolgend meine *idée fixe* hier nochmals erläutern:

Ich bin der Initiant der Aktion für die Einführung von demokratischregionalmeteogeografischen Bezeichnungen in den Wetterprognosen. Insbesondere setze ich mich dafür ein, dass in absehbarer Zukunft der Begriff **„Buechibärg"** ebenso angewendet wird wie **„Nord- und Mittelbünden"**, **„St. Galler Rheintal"** oder **„Genferseegebiet"**. Gerne würde ich, lieber Herr Bucheli, Ihre Stellungnahme dazu erhalten und ich bin überzeugt, Sie relativ rasch von den Vorteilen präzismeteogeografischer Bezeichnungen überzeugen zu können.

Ach ja: Ihre Frau Jacobi-Geissmann hat hinter Ihrem Rücken mitgeteilt, dass der **„Buechibärg"** meteogeografisch zum „westlichen Mittelland" oder auch nur „Mitteland" gehört. Ich habe mich dermassen darüber **amüsiert**, dass ich fast eine **kandierte Hektopascalporösität mit dreifach gehockter Isobarenkurve** bekommen habe. Ich weiss nicht, ich weiss nicht, aber irgendwie sollten Sie vielleicht doch langsam daran denken, die flachen **Hierarchien** geringfügig zu **überhöhen**.

Eine fachmännische Antwort Ihrerseits würde mich und sicherlich auch die meteogeografischrandständigen Bewohner des überaus **bezaubernden Buechibärg**'s über alle Barometermassen freuen!

Mit freundlichen Grüssen

Hans-Peter Leuenberger

5Hans-Peter Leuenberger
Eichholzstrasse 16
3254 Messen

Messen, 8. September 2004

Herr
Thomas Bucheli
Schweizer Fernsehen DRS
DRS-Wetterredaktion
Fernsehstrasse 1-4
8052 Zürich

Meine Schreiben vom
24. Juni, 5. Juli und 3. August 2004

♫ *Liebe Frau Jacobi-Geissmann* ♫

Haben wir wieder ein klein wenig die Post vom Chef geöffnet...sie...sie...sie...sie Schelm?! Dann gibt es halt keine fachmännische Diskussion mit dem Herrn Bucheli...pah!...werfe ich mich halt dem Jörg Kachelmann an den Hals und überzeuge ihn von den Vorteilen der **demokratischregionalmeteogeografischen Bezeichnungen.** *Als staatliche Wetterauslosungsanstalt haben sie es ja offenbar nicht nötig...! Ach wissen Sie was? Rutschen sie mir doch den* **Buechibärg** *runter! Aber sie müssen dann nicht etwa meinen, dass wir im* **Buechibärg** *auf ihr Züriwetter angewiesen sind! Wir mögen im* **Buechibärg** *vielleicht keine Hochhausdächer mit Knöpflipulten haben, aber dafür haben wir selbst gemachte* ☀ *und* 🌤 *und* ☁ *und auch* 🌧 *und* ☁ *und natürlich auch* 🌨 *und erst recht* 🌦 *und* ⚡ *und öppedie* auch  (aber nur wenn Zürihegel in der Gaststube vom

Sternen sind) sie...sie...sie .

Ist doch wahr...

...BEHALTEN SIE DOCH IHR DOOFES WETTER FÜR SICH!

Mit anzüglichem Tiedruckgebiet vom

=bezaubernden= **Buechibärg**

Hans-Peter Leuenberger

BRIEFE AUS DEM HINTERHALT

TOP

MILCHFETT-
VERSTEIFUNGSGERÄTE-
KUNDENDIENST

BONUSLETTER

Hans-Peter Leuenberger
Eichholzstrasse 16
3254 Messen

Messen, 19. April 2004

Kisag AG
Kundendienst
Bahnhofstrasse 3
4512 Bellach

Bestellung Oldtimer-Ersatzteile

Sehr geehrte Damen und Herren

Ich bin zufriedener Besitzer eines ca. **25-jährigen Migros-Rahmbläsers** (das orangefarbene Ding mit dem schwarzen Tatoo-Muster) und musste vor einigen Tagen die entsprechenden Patronen bei der Migros sehr *umständlich* bestellen, da die ebenfalls **orangefarbene**

Oma diesen **Rahmbläsertyp** offensichtlich aus dem Sortiment genommen hat. **Ja und**

waseliwas bekommt der erstaunte Kunde ausgehändigt? **Äbe!**

Patronen der Marke **Kisag!** **Geilo!** Darf der **migrosgenervte** aber **produktezufriedene** Konsument davon ausgehen, dass der **Oldtimer** schon immer ein Qualitätsprodukt der Kisag war? Wenn dies – natürlich rein hypothetisch - der Fall sein könnte, würde ich gerne einige Ersatzteile bestellen, ohne bei der **Migros** zu Kreuze kriechen zu müssen.

Ich gebe Ihnen nachfolgend die Artikelnummern vom Modell 7600, das auf Ihrer Website aufgeführt ist, an. Ich gehe mal davon aus, dass diese auf mein **getreues Bläserchen** passen könnten. Sollten Sie aber auch – natürlich auch hier rein hypothetisch und so was von zufällig – Originalteile für **mein Modell** auf Halde haben, würde ich liebend gerne diese zugestellt erhalten haben dürfen wollen sollen.

1125 306	**„Mutter", welche auf dem „Bügel", die „Feder" und die „Düse" fixiert und gleichzeitig Adaptor zwischen der „Düse" und dem „Spritzaufsatz" spielt**
1125 102	**Oben erwähnte „Düse"**
1125 307	**Dichtgummiring**
??	**„Verschalung", mit welcher die ganzen „Innereien" des aufgeschraubten Deckels cachiert, nachdem die Patrone „geladen" wurde.**

Läck! Stellen Sie sich mal den ◀))**WERBEEFFEKT**◀ vor, wenn ich meinen köstlichen **Oldtimer** weiterhin in Betrieb halten könnte.

Darf ich auf einen ⁄ **Swissmade-Lichtblick** ⁄ in der Einöde des globalen Qualitätsverlustes hoffen?

Besten Dank für Ihre Bemühungen und Ihre hoffentlich baldige Zustellung.

In freudiger Erwartung

Hans-Peter Leuenberger

KISAG AG   CH-4512 Bellach
Tel. +41 32 617 32 60 Fax. +41 32 617 32 70
E-Mail. kisag@kisag.ch www.kisag.ch
PC-Konto 45-321-7   MwSt. 182 217

Herr
Hans-Peter Leuenberger
Eichholzstrasse 16
3254 Messen

Bellach, 28. April 2003 db

Ersatzteile

Sehr geehrter Herr Leuenberger

Wir bestätigen den Erhalt Ihres Schreibens vom 19. April 2004 betreffend Ersatzteile für den alten Kisag*Bläser*. In der Beilage erhalten Sie die Ersatzteillisten von den älteren Bläsern, wir bitten Sie uns genau mitzuteilen, welchen Bläser Sie besitzen. Besitzern von Kunststoffgeräten (20-jährige Geräte und älter) empfehlen wir, diese nicht mehr zu benützen und es gibt auch keine Ersatzteile mehr dazu.

Wenn Sie uns Ihren alten Bläser einsenden, offerieren wir Ihnen einen neuen Rahmbläser zum Spezialeintauschpreis wie folgt:

Bügelgerät, ganz aus Metall, (Flasche und Kopf)
Modellreihe 1400-er mit Bügel und abnehmbarer Garniertülle
Bruttoeintauschpreis   Fr.   64.00   anstatt   Fr.   84.00

Wir hoffen, Ihnen eine günstige Eintauschofferte unterbreitet zu haben und erwarten gerne Ihre baldige Antwort. Für weitere Fragen stehen wir Ihnen jederzeit gerne zur Verfügung.

Mit freundlichen Grüssen

KISAG AG BELLACH

i.A. Doris Bergmann
Kundendienst

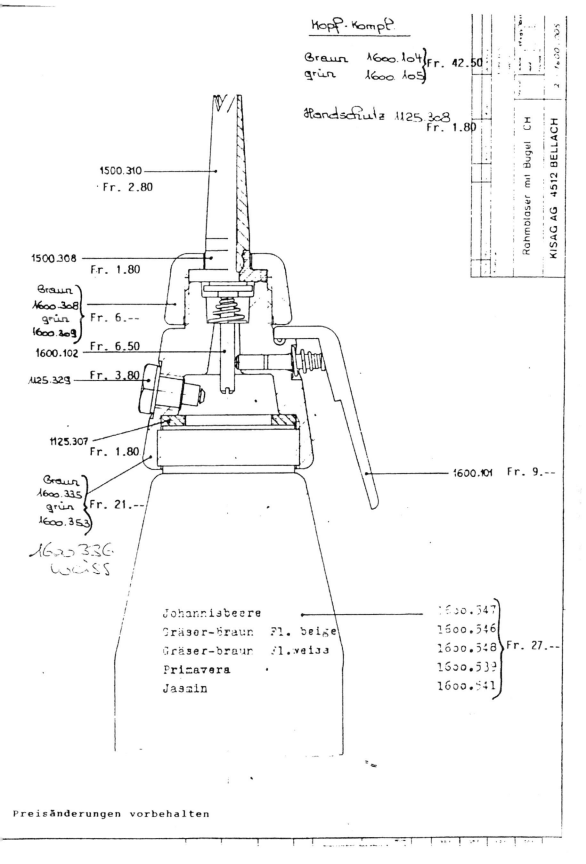

Kopf-Kompl.

Braun 1600.104 } Fr. 42.50
grün 1600.105 }

Handschutz 1125.308
Fr. 1.80

1500.310
Fr. 2.80

1500.308
Fr. 1.80

Braun
1600.308
grün } Fr. 6.--
1600.309

1600.102 Fr. 6.50

1125.329 Fr. 3.80

1125.307
Fr. 1.80

Braun
1600.335
grün } Fr. 21.--
1600.353

1600.336
weiss

1600.101 Fr. 9.--

Johannisbeere — 1600.547 }
Gräser-braun Fl. beige 1600.546 }
Gräser-braun Fl.weiss 1600.548 } Fr. 27.--
Primavera 1600.539 }
Jasmin 1600.541 }

Rahmblaser mit Bügel CH

KISAG AG 4512 BELLACH

Preisänderungen vorbehalten

Ersatzteilliste Kisag-Bläser Modellreihe 1500
Brutto-Preise gültig ab   1. Januar 2003

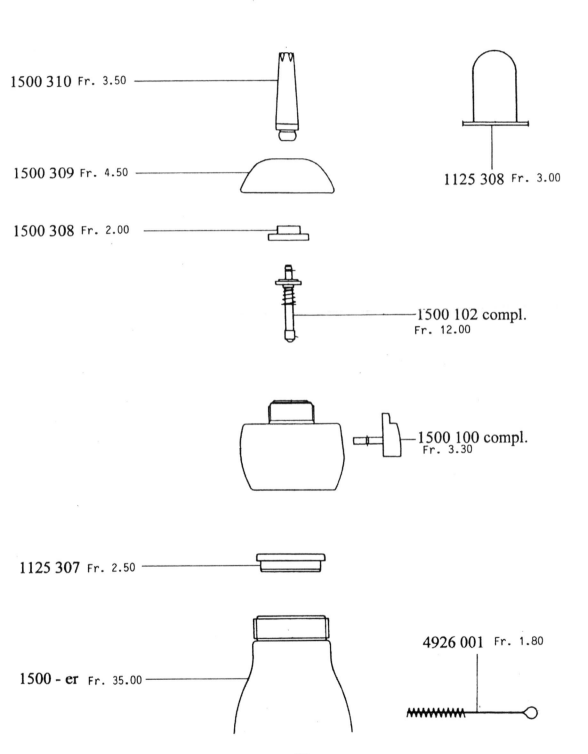

1500 310 Fr. 3.50

1500 309 Fr. 4.50

1500 308 Fr. 2.00

1125 308 Fr. 3.00

1500 102 compl.
Fr. 12.00

1500 100 compl.
Fr. 3.30

1125 307 Fr. 2.50

4926 001 Fr. 1.80

1500 - er Fr. 35.00

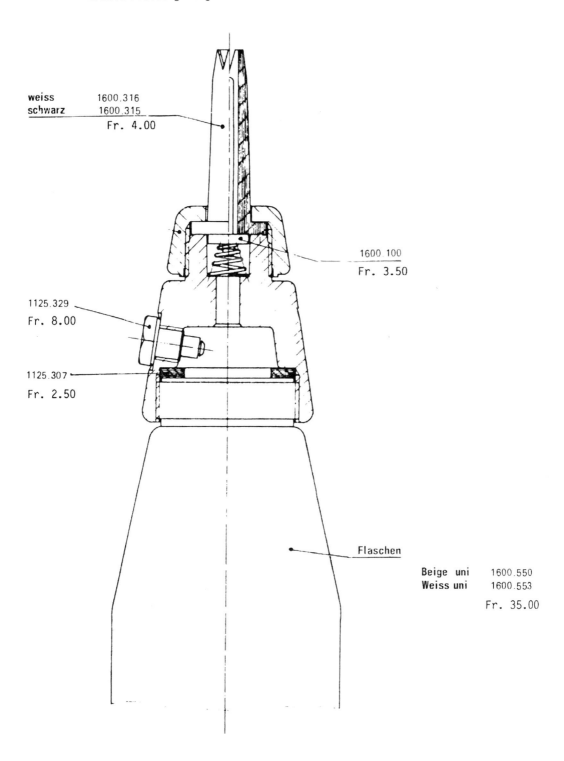

weiss   1600.316
schwarz   1600.315
     Fr. 4.00

1600.100
Fr. 3.50

1125.329
Fr. 8.00

1125.307
Fr. 2.50

Flaschen

Beige uni   1600.550
Weiss uni   1600.553
    Fr. 35.00

Ersatzteilliste Kisag-Bläser Modellreihe 1700 & 1800
Brutto-Preisliste gültig ab 1. Januar 2003

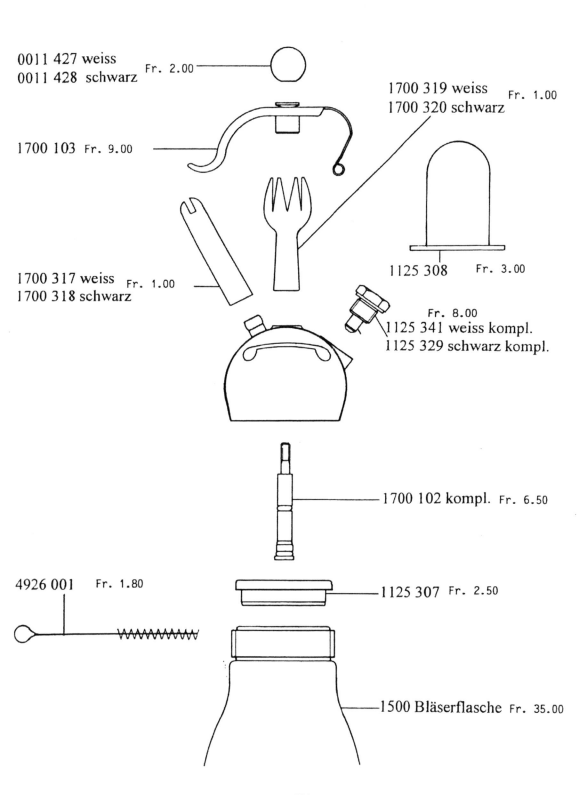

0011 427 weiss Fr. 2.00
0011 428 schwarz

1700 319 weiss Fr. 1.00
1700 320 schwarz

1700 103 Fr. 9.00

1125 308 Fr. 3.00

1700 317 weiss Fr. 1.00
1700 318 schwarz

Fr. 8.00
1125 341 weiss kompl.
1125 329 schwarz kompl.

1700 102 kompl. Fr. 6.50

4926 001 Fr. 1.80

1125 307 Fr. 2.50

1500 Bläserflasche Fr. 35.00

Ersatzteilliste Kisag-Bläser Modellreihe 7600
Brutto-Preise gültig ab 1. Januar 2003

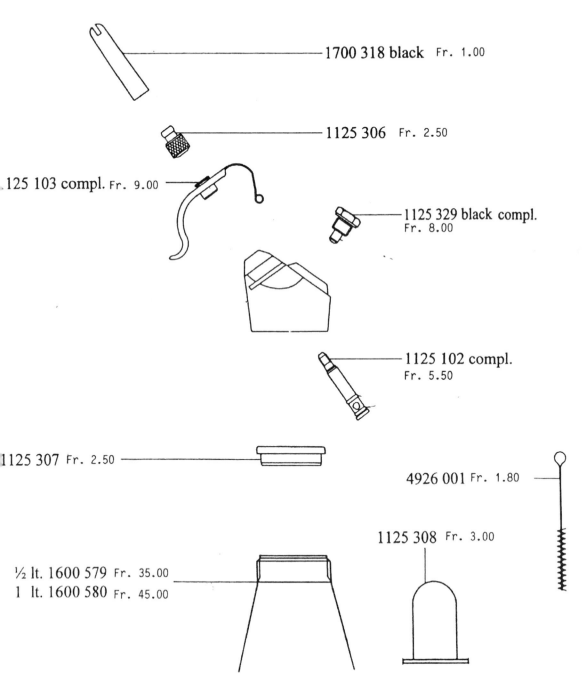

1700 318 black Fr. 1.00

1125 306 Fr. 2.50

125 103 compl. Fr. 9.00

1125 329 black compl.
Fr. 8.00

1125 102 compl.
Fr. 5.50

1125 307 Fr. 2.50

4926 001 Fr. 1.80

1125 308 Fr. 3.00

½ lt. 1600 579 Fr. 35.00
1 lt. 1600 580 Fr. 45.00

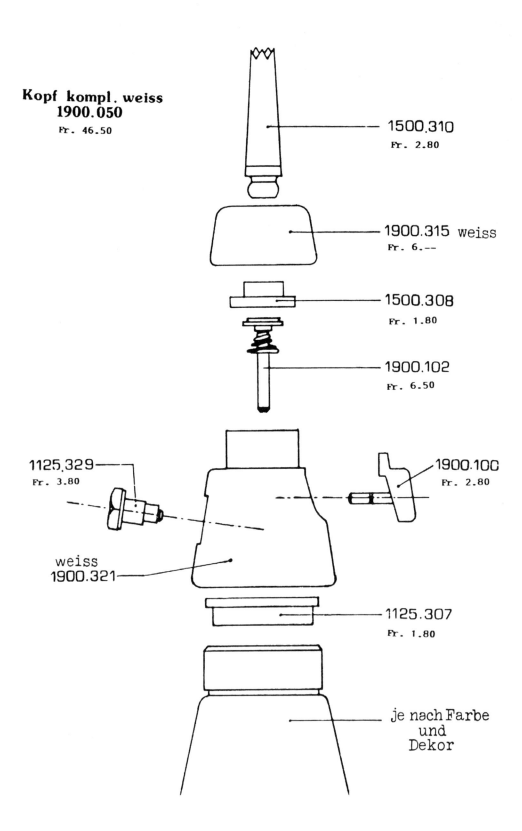

**Kopf kompl. weiss
1900.050**
Fr. 46.50

1500.310
Fr. 2.80

1900.315 weiss
Fr. 6.--

1500.308
Fr. 1.80

1900.102
Fr. 6.50

1125.329
Fr. 3.80

1900.100
Fr. 2.80

weiss
1900.321

1125.307
Fr. 1.80

je nach Farbe
und
Dekor

Hans-Peter Leuenberger
Eichholzstrasse 16
3254 Messen

Messen, 4. Mai 2004

Kisag AG
Kundendienst
Frau Doris Bergmann
Bahnhofstrasse 3
4512 Bellach

Ihr Schreiben vom 28. April 2004

Sehr geehrte Frau Bergmann

Herzlichen Dank für Ihr nettes Schreiben vom 28. April 2004, welches mich mit einer gewissen *Hoffnung*, ja nachgerade EUPHORIE erfüllt hat.

Also, welcher Modellreihe mein **süsses**, *ans Herz gewachsene* **Bläserchen** entstammt, kann ich beim **besten Willen** nicht sagen, da keinerlei Hinweise auf dem Gerät zu finden sind und auch ein Geburtsschein nicht beigebracht werden kann. Eines kann ich aber mit *absoluter Sicherheit* flüstern: **Das Ding ischt nicht von Plaschtig!**

Das eigentliche Problemchen liegt darin, dass die **Mama!**...äh...Mutter, die die Düse mit dem Bügel verbindet, ausgedreht ist...die hingegen ischt aus Plaschtig.

: Ach wissen Sie was? In der Beilage erhalten Sie die Düse und auch die besagte Mutter zur intensiven Analyse. Ich bin überzeugt, dass Sie mir für beide Ersatz beschaffen können. Wie bereits in meinem Schreiben vom 19. April 2004 diskret angenommen, könnten folgende Teile passen:

1125 306	„Mutter", welche auf dem „Bügel", die „Feder" und die „Düse" fixiert und gleichzeitig Adaptor zwischen der „Düse" und dem „Spritzaufsatz" spielt
1125 102	Oben erwähnte „Düse"
1125 307	Dichtgummiring

Wenn Sie nicht exakt die passenden Teile zu finden glauben haben sollen wollen, bin ich gerne bereit das **Risiko** ☂ auf mich zu nehmen und die obigen drei Teile einfach zu bestellen erhalten wollen dürfen und auch zu bezahlen müssen wollen können. In der Beilage erhalten Sie darum auch gleich eine 20iger-Note als

Voraus Zahlung. Allfälliges **Usegäld** wollen Sie bitte Ihrer Kaffeekasse zuführen. Sollte der Chümi 💰 hingegen nicht ausreichen (**Wucher!** ☺), können Sie mir ja eine Belastung *Nach* schicken. Ich wäre dankbar 🐝 , wen Sie mir auf jeden Fall **die alten Teile wieder retournieren**.

Danke einewäg für das Umtauschangebot () ! *Aber da besteht halt was ganz* **BESONDERES** zwischen dem guten, **alten Bläserchen** und mir! *Wegwerfen oder durch jüngeres Gemüse ersetzen liegt also aus rein* =moralischen Aspekten= nicht drin!

Besten Dank für Ihre Bemühungen und Ihre hoffentlich baldige Zustellung.

Mit meringuierten Hochgefühlen

Hans-Peter Leuenberger

Beilagen: 1 Düse
1 Plaschtigmutterdüsenbügeverbindungsstücktüllenadaptor
1 20 Franken

KISAG AG   CH-4512 Bellach
Tel. +41 32 617 32 60 Fax. +41 32 617 32 70
E-Mail. kisag@kisag.ch www.kisag.ch
PC-Konto 45-321-7   MwSt. 182 217

Herr
Hans-Peter Leuenberger
Eichholzstrasse 16
3254 Messen

Bellach, 13. Mai 2004 db

Ersatzteile / Ihr Schreiben vom 4. Mai 2004

Sehr geehrter Herr Leuenberger

Besten Dank für Ihr Schreiben vom 4. Mai 2004 und die Einsendung Ihrer Ventilspindel. Huch, welch altes Teil und dazu ist es noch ein Ausland-Produkt. Hergestellt von der Firma iSi in Wien, Oesterreich. Wir haben in unserem ganzen Betrieb nach dem gewünschten Teil gesucht und leider kein solches gefunden. In der Beilage erhalten Sie nun die gewünschten Ersatzteile auf Risiko. Wir gehen davon aus, dass diese Ihnen nicht dienen werden. Gerne legen wir Ihnen auch gratis ein echtes Schweizer-Produkt bei. Einen Kisag-Rahmbläser, damit Sie ihr altes gutes Teil behalten können und trotzdem Rahm aus einem Rahmbläser essen können.

Wir hoffen, Ihnen damit zu dienen.

Mit freundlichen Grüssen

KISAG AG BELLACH

i.A. Doris Bergmann
Verkauf CH

KISAG AG   CH-4512 Bellach
Tel. +41 32 617 32 60
Fax. +41 32 617 32 70
E-Mail. kisag@kisag.ch
www.kisag.ch

Credit Suisse Solothurn, BC-Nr.4685, Swift CRESCCHZZ45A
PC-Konto 45-321-7   MwSt. 182 217
CHF-Konto Nr.798420-01   IBAN CH 72 0468 5079 8420 0100 0
US$-Konto Nr.798420-02-3   IBAN CH 54 0468 5079 8420 0200 3
EURO-Konto Nr.798420-02-2 IBAN CH 81 0468 5079 8420 0200 2

Rechnung Nr.   55713
Datum: 13.05.04

Unsere Auftrags Nr. CO 56531   Hans-Peter Leuenberger
                                       Eichholzstrasse 16
                                       3254 Messen

Bestellnummer: Ihr Schreiben
Lieferdatum: 4.05.2004

Kundennummer: 28701501
                                       Lieferadresse:
Unsere Referenz: DB   Hans-Peter Leuenberger
Unsere Partner-Nr.:   Eichholzstrasse 16
Ihre MwST.-Nr.   3254 Messen

Versandhinweis:
Transportkondition:

Artikel-Nr. Bezeichnung	ME	Menge	Netto-Preis	Totalpreis CHF	MwSt
1125306 TÜLLENTRÄGER SCHWARZ ELOXIERT	ST	1	2.500	2.50	I5
1125102 VENTILSPINDEL KOMPLETT	ST	1	5.500	5.50	I5
1125307 FLASCHENDICHTUNG	ST	1	2.500	2.50	I5
1581 RAHMBLÄSER FRIBOURGEOISE /SDR	ST	1	0.000	0.00	I5

Gemäss beiliegendem Brief gratis.

Total Warenwert				10.50	
Porto 7.6%				5.50	I5
I5 MWST 7,6% inkl. von CHF	14.86			1.13	
Total Rechnungsbetrag		CHF		16.00	

Besten Dank für die CHF 20.-- Gemäss Ihrem Schreiben also CHF 4.--
für die Kaffekasse. Besten Dank.

Zahlungsbedingungen: 30 Tage netto   Seite   1
Skontoabzüge werden nachbelastet

Hans-Peter Leuenberger
Eichholzstrasse 16
3254 Messen

Messen, 19. Mai 2004

Kisag AG
Kundendienst
Frau Doris Bergmann
Bahnhofstrasse 3
4512 Bellach

<u>Ihr M:\KISAG\Briefe Deutsch\Brief Ersatzteile.doc vom 13. Mai 2004 db</u>

Sehr geehrte Frau Bergmann

Sie haben aber eine **Art**, einem ein **total schlechtes** **Gewissen** ☺ zu machen! **UNVORSTELLBAR**, dass ich **Unwissender** ● über 20 Jahre 🕸 lang echte ★**Schweizer-Nidle** ★ mit einem österreichischen Gerät 👽 versteift habe. Und was da der ★**Dr. Blocher** 📢 oder ★**Ueli das Mauerblümchen** 👂 dazu sagen würden? *Ich darf gar nicht erst daran denken, sonst macht es mich noch ganz porös* 🚹 🚺 !

Henusode! Einewäg besten **Dank** ✋, dass Sie den **GANZEN** Betrieb nach dem Teil abgesucht 👪 haben (...mon dieu, müssen Sie ein Gnusch haben...)! **Danke** 👍 auch für die **Zustellung** der **RISIKOREICHEN** 💣 Ersatzteile, welche - trotz Ihren 🗣 Unkenrufen - bestens in das Ventil meines 30 jährigen **Dampfkochtopfes** gepasst haben. **Heja**, ist das wieder eine veritable **DAMPFT** und **drückt** 🌩 !

Wissen Sie, *liebe Frau Bergmann*, zuerst wollte ich sofort **AUFBEGEHREN** und Ihnen einen **FLAMMENDEN** Brief über **ewige Treue** und **BLUTRACHE** schreiben, als ich das neue **Gerät** in Händen hielt, musste dann aber neidlos zugestehen, dass Ihr Gedanke, dem alten Bläserchen in einer Vitrine den wohlverdienten Ruhestand zu gönnen, auch nicht schlecht ist. Irgendwann muss man halt loslassen können und den **Jungen** eine Chance geben…gelle?! **Hmmmhhhhh**…Sie bringen mich da auf eine Idee…ob meine Frau auch noch in die Vitrine passt? …*aber lassen wir das.*

Ach ja: Sehr **aufmerksam**, dass Sie mir das Modell „**VACHE FRIBOURGEOISE**" offeriert haben! Aber woher haben Sie gewusst, dass ich…**Item!** Sehr zuvorkommend !

Ihr grosszügiges echtes **☆Schweizer-Produkt☆** sei hiermit aufs allerherzlichste **verdankt** und ich verspreche hoch und **heilig**, dass ich damit nur von **☆Schweizern☆** **☆Schweizer-Verpackten☆** **☆Schweizer-Rahm☆** aus **☆Schweizer-Milch☆** von **☆Schweizer-Kühen☆** ausschliesslich in der **☆Schweiz☆** versteifen werde. Selbstverständlich werde ich dazu jeweils beim Einlassen des Gases den **☆Schweizer-Fahnenmarsch☆** pfeifen und beim Auslassen der hoffentlich steifen Milchfettmasse den **☆Schweizer-Psalm☆** summen (Sorry, singen geht leider nicht: Den wirren Text kann sich ja niemand merken…gelle!?).

Danke, danke, danke, danke, danke, danke
z'Hudus u z'Fätzes! Merci!

Mit beschämtem Gebläse

Hans-Peter Leuenberger

KISAG AG CH-4512 Bellach
Tel. +41 32 617 32 60 Fax. +41 32 617 32 70
E-Mail. kisag@kisag.ch www.kisag.ch
PC-Konto 45-321-7 MwSt. 182 217

Herr
Hans-Peter Leuenberger
Eichholzstrasse 16
3254 Messen

Bellach, 14. Juni 2004 UB/db

JUPPI !! ☺

Sehr geehrter Herr Leuenberger

Mit Freuden haben wir Ihr Paket mit den feinen Meringues ausgepackt. Das ganze Kisag Team war begeistert. Ganz herzlichen Dank!

Wir wünschen Ihnen für die Zukunft alles Gute und viel Erfolg mit Ihrem Rahmbläser.

Mit freundlichen Grüssen

KISAG AG BELLACH

i.A. Doris Bergmann
Verkauf CH

M:\KISAG\Briefe\Briefe Deutsch\Brief Danke für Weihnachtsgeschenk.doc

Hans-Peter Leuenberger
Eichholzstrasse 16
3254 Messen

Messen, 18. Juni 2004

Kisag AG
Kundendienst für Europa und
angrenzende Kantone
Frau Doris Bergmann
Bahnhofstrasse 3
4512 Bellach

Ihr verdankenswertes Dankesschreiben vom 14. Juni 2004

Sehr geehrte Frau Bergmann

Mit grosser **Freude** habe ich mich darüber gefreut, dass Sie über die Meringues Freude (Ich möchte Ihnen auch nichts anderes geraten haben!) geheuchelt haben. Wissen Sie, bei meinem **exzessiven Selbsterhaltungstrieb** ist es nicht selbstverständlich, dass ich meine **Leibspeise** von meinem **Leibleibspeisenlieferanten** einfach so verschenke! So hat z.B. meine heiss geliebte Schoggisauce...ah...'tschuldigung...Lebenspartnerin ♥ – auch Mousse au Chocolat...ah..Schoggimuus genannt - bisher nie den Hauch einer Chance gehabt, auch nur einen Krümel von meinen **Frutiger-Meiringer-Meringues** zu erhaschen. Sie dürfen sich also ruhig etwas darauf einbilden – und ich fühle mich ein klein wenig wie ein **Meringuesbackstubenbeschmutzer**.

Was die Situation an der Rahmversteifungsfront betrifft, möchte ich Sie kurz mit einem **PHÄNOMEN** belästigen:

Wie bereits mitgeteilt, haben die **RISIKOREICHEN Ersatzteile** prächtig gepasst, wenn man einmal davon absieht, dass ich die alte **Spritzdüse** (Ihr nennt das im Fachjargon wohl Tülle...oder so?) etwas ausbohren musste, da sie nicht ohne *Murks* auf den **schwarz eloxierten Tüllentrager** gepasst hat. **Item.** Mein *altes Bläserchen* ist also nach wie vor in Betrieb und kann sich ohne weiteres mit dem kuhdesignten Youngster messen. **Wo war ich?** Ah ja! Also: Ich habe kreuzweise…äh…testweise in beiden Bläsern gleichzeitig Nidle blasen lassen, um meine Theorie „Neue Bläser blasen gut - *alte Bläserchen* wissen wo Leuenberger die Nidle absahnt!" bestätigen zu lassen. *Wie soll ich es Ihnen bloss schonend beibringen? Sie werden sicher beleidigt sein, mich hassen und ich muss mich vom nächsten Meringuegipfel stürzen!* *Nicht?* *Sie sind hart im Nehmen?* **Gut.**

Nun, beide Bläser **versteifen** die Nidle exakt gleich gut. **Aber** das Schwein trügt…äh…sorry…**der Schein trügt.** Das *Geräusch* beim Ausblasen der Nidle erinnert bei meinem *alten Bläserchen* an einen *Walzer von Johann Strauss.* *Ein ebenmässiges, ja nachgerade zärtliches Herangleiten der steifen Masse. Eine Hymne, eine* **Symphonie** *auf die zu erwartenden Sinnesfreuden!*

Beim neuen Gerät ist es halt einfach ein GROBSCHLÄCHTIGES „**pfpfpfpfpfpffffffzzzzchchchchchchtttt**", das im besten Fall und sehr weit entfernt an einen schlecht vorgetragenen **Walkürenritt** hinweist und durchaus mit dem herzigen Tierchen, das den Designern als Vorlage gedient haben mag, in Verbindung gebracht werden kann.

Ich möchte keinesfalls undankbar erscheinen, aber ich werde in Zukunft mein getreues, unfehlbares, *altes Bläserchen* ausschliesslich für **die Benidelung von Frutiger-Meringues** benutzen.

Das neue Gerät wird sicherlich bei den **Migrosmeringues** «**pfpfpfpfpfpffffffzzzzchchchchchchtttt**», die ich üblicherweise meinen Gästen vorzusetzen pflege, gute Dienste leisten «**pfpfpfpfpfpffffffzzzzchchchchchchtttt**» oder findet bei der *Saucenherstellung* «**pfpfpfpfpfpffffffzzzzchchchchchchtttt**» seinen angestammelten Platz.

Ich gehe mal davon aus, dass Sie **das Problem** Ihren Ingenieuren 👽 stecken werden und ich wäre allenfalls gegen Garantieleistungen in der Höhe von 10 Kisten **Frutiger-Riesenmeringues** gerne bereit, mein *altes Bläserchen* leihweise für ≥**Geräuschtest**≤ zur Verfügung zu stellen.

Ich bin überzeugt, dass Sie mich auf dem Laufenden halten werden, hoffe, dass Sie eine gute MGmN[*]-Zeit verbringen werden und danke Ihnen für Ihren

☿ beispielhaften Kundendienst ☿

Schön, dass es so was in unserer hektischen und umsatzgierigen Schweiz noch gibt!

Die Meringue möge mit uns sein!

Hans-Peter Leuenberger

PS: Meiringen ist eine Reise wert! Ich zum Beispiel locke meine verständnisvollste von allen verständnisvollen Herzensdamen immer gerne in die urwüchsige Natur der Aareschlucht, die sie doch soooooooooo gerne durchwandert. Anschliessend kann man dann rein zufällig zum Wesentlichen gelangen und die Hauptgasse von Meiringen begehen, was ein ebenso grandioses Naturschauspiel darstellt: Nirgends sonst auf der Welt kann man eine grössere Vielfalt der fast vom Aussterben bedrohten *Meringues* beobachten!!!

*MGmN: Meringues-Glace mit Nidle

Hans-Peter Leuenberger
Eichholzstrasse 16
3254 Messen

Messen, 7. Oktober 2004

Kisag AG
Kundendienst für den Buechibärg
Frau Doris Bergmann
Bahnhofstrasse 3
4512 Bellach

Bestellung

Hallo Frau Bergmann…**nicht erchlüpfen!..ich bin's nur**…
…**pfpfpfpfpfpfpfffffzzzzchchchchchch††††!**

Keine Angst, es ist alles im grünen Bereich ennet dem **Buechibärg** und ich will Sie ja auch nicht lange versuumen. Es ist nur so, dass die Schei..migrostülle…äh…räusper…genier… **>Spritzdüse<** von meinem getreuen, unfehlbaren, *alten Bläserchen* inzwischen einen **Riss** bekommen hat und dementsprechend die **Frutiger-Meringues** seitwärts **bettidelt** werden müssen. Nun, das kann's ja wohl nicht sein! **Und wie das erst aussieht** ⋊ … **Würg!**☹

Ich bestelle also hiermit

2 Tüllen   Nr. 1700 318   zu CHF 1.00
1 Dichtung   Nr. 1125 307   zu CHF 2.50

die Sie mir bitte per Post zustellen wollen. In der Beilage finden Sie gleich ein **ZEHNERNÖTLI** zur Begleichung des Schadens. Richtig, Frau Bergmann, das Rückgeld gehört Ihrer Kaffeekasse…

Gepriesen sei das gezuckerte Eiweiss!

Hans-Peter Leuenberger

Kisag Switzerland
Bahnhofsrasse 3a
4512 Bellach

Tel. 032 617 32 60   Fax. 032 617 32 70
EMail. kisag@kisag.ch   www.kisag.ch

Bellach, den *13.10.04*

Lieferschein -Nr.   15328

Post ☐   Bahn ☐

abgeholt/überbracht durch ....

Verpackung	Anz.	Art.-Nr.	Bezeichnung	Betrag	Fr.	Rp.
	1	1125307			2,	50
	2	1700318			2,	—

Betrag erhalten
Visum: .... *P. Helg*

Total =   *4,50*

BRIEFE AUS DEM HINTERHALT

DER
SCHLUSSKALAUER

MÄNNELKOCHKLUB

"BLAUE EIDECHSE"

HAT FLAGEN ÜBEL FLAGEN,

DOCH KINESE
SCHWEIGT BEHALLLICH

BONUSLAUGHTER

Hans-Peter Leuenberger
Eichholzstrasse 16
3254 Messen

Messen, 5. Februar 2004

BIK - Institut für Kinesiologie
Seftigenstrasse 41
3007 Bern

Wan-tan

Sehr geehrte Damen und Herren

In unserem Männerkochklub "Blaue Eidechse" ist ein veritabler Streit um die korrekte Zubereitung des kinesischen Traditionsgerichtes

Wan-tan

im Gange.

Die eine Fraktion ist der Meinung, dass es korrekt «...in die Mitte der Wan-tan-Hülle ein gehäufter TL der Füllung geben und zu einem *Dreieck* falten...» heissen muss, die andere Partei ist unumstösslich davon überzeugt, dass es unbedingt «...in die obere Hälfte der Wan-tan-Hülle ein gehäufter TL der Füllung geben und zu einem *Trapez* falten...» lauten muss.

Da die Meinungsverschiedenheit wohl in absehbarer Zeit nicht friedlich beigelegt werden kann, keiner aus unserem Klub genügend Kinesisch spricht, um entsprechenden Abklärungen im Ursprungsland vornehmen zu können und Sie sicher über das notwendige Know-How und den dazu notwendigen historischen Hintergrund verfügen, erlauben wir uns, Sie um des Rätsels Lösung anzugehen.

Wird danken Ihnen bereits jetzt für Ihre Frieden stiftenden Bemühungen und freuen uns darauf, Wan-tan endlich original-korrekt zubereiten zu können.

Mit freundlichen Grüssen

Hans-Peter Leuenberger
Obmann des MKK "Blaue Eidechse"

Hans-Peter Leuenberger
Eichholzstrasse 16
3254 Messen

Messen, 1. März 2004

BIK - Institut für Kinesiologie
Seftigenstrasse 41
3007 Bern

Wan-tan – Mein Schreiben vom 5. Februar 2004

Sehr geehrte Damen und Herren

Haben Sie meinen Brief erhalten? Leider habe ich bisher noch keine Antwort von Ihnen!

Da wir in zwei Wochen ein Wettkochen mit dem Thema „Die kinesische Küche im Kontext des Maoismus" haben und daselbst auch Wan-tan zubereiten müssen, wäre Ihre rasche Antwort sehr, sehr, sehr gefragt! Wenn Sie nicht gewillt sind uns zu helfen, wage ich eine äusserst heftige Blamage für unseren Männerkochklub vorherzusagen. Ach ja, wir treten gegen den Kochklub „Emanzipierte Frauen kochen besser" aus Niederscherli an!

LÄCK! Ehrlich, wenn Sie uns versetzen, können wir uns in elsässischer Hauspastete versenken!

Ich bitte Sie eindringlich, uns Ihr geschätztes Know-How nicht zu versagen und erwarte sehnsüchtigst Ihre sehr geschätzte Antwort.

Mit freundlichen Grüssen

Hans-Peter Leuenberger
Obmann des MKK "Blaue Eidechse"

Hans-Peter Leuenberger　　　　　　　　　　Messen, 19. März 2004
Eichholzstrasse 16
3254 Messen

BIK - Institut für Kinesiologie
Seftigenstrasse 41
3007 Bern

Wan-tan – Meine Schreiben vom 5. Februar 2004 und 1. März 2004

Sehr geehrte Damen und Herren

Geben Sie es zu: Sie haben meine Briefe erhalten! Irgendwie ist aber unser Männerkochklub bei Ihnen in Ungnade gefallen – könnte da eine *latente Männerfeindlichkeit* vorliegen? *Item.* Ich habe jedenfalls bisher nicht den geringsten Fingerzeig☞ von Ihnen erhalten. **Institut** 🕸 **für**

Kinesiologie. **Ha!** Da gackern ja sämtliche Pekingenten à l'orange!

Ich habe mich zwischenzeitlich an die kinesische Botschaft in Bern gewendet und bin vom kinesischen Kulturattaché direkt mit dem kinesischen Botschaftskoch verbunden worden. Meine Angst vor sprachlichen Barrieren hat sich als unbegründet erwiesen, sprechen die Damen und Herren in der kinesischen Botschaft doch nicht nur Kinesisch, Kantonesisch und Englisch sondern auch ein ausgezeichnetes Französisch. Erfreulicherweise habe ich also die gewünschte Information über Wan-tan erhalten und in der Folge haben wir den Kochklub „Emanzipierte Frauen kochen besser" in Grund und Boden gestampft…äh…gekocht.

Nachdem der Siegestaumel sich nun aber ein bisschen gelegt hat, ist eine traurige Stimmung ☖ darüber aufgekommen, dass es offenbar einfacher ist, eine kitzekleine Auskunft auf exterritorialem Gebiet als bei Mitbürgern zu erhalten. *Weit haben wir es gebracht!* «Wir wollen sein ein einig Volk von Brüdern…», ausser es handelt sich um einen kleinen Liebesdienst, der **nicht ausgiebig fakturiert** werden kann. **Schämen Sie**

sich! **Pfui!**

Leben Sie wohl

Hans-Peter Leuenberger
Obmann des MKK "Blaue Eidechse"

⊰BIG BANG⊱ 💣

Im Prolog vorerst geht's ums Empören
über ungebürlich' schlechtes Hören.
Die einen, die es gar nicht wöllen,
plagen jene, die es fast nicht mehr können.
Drum sei hier mit ironisch' Worten,
geworfen, fast wie im Film, mit Torten,
auf dass diese veritablen Soziopathen
auch mal was zu grübeln haben
oder, wie wir es mal im Bibelunterricht erlernten,
wer Türknall sät, wird zynisch ⊰**BIG BANG**⊱ ernten.

Knallt die Tür' so um die hundertneunzig Mal am Tage,
und dies steht erwies'nermassen ausser Frage,
steigen ganz ohne es zu wollen, dafür viel,
der Blutdruck und auch das Adrenalin.
Sicher, mit einer primafeinen Klinikpackung Valium
brächte man den Puls schon auf das Minimum,
doch dies kann kaum die Lösung sein
gegen diese überflüssig' Drescherei!
Drum wollen wir an dieser Stelle
kurz reflektieren auf die Schnelle,
eine erste Analyse wagen
und nach den Gründen fragen,
auf dass nach diesen Reimen
neue Hoffnung möge keimen
und die geschletzten Türen
mehr Zärtlichkeit erführen.
Denn wenn's so weitergeht mit Chlöpfen,
wird Amnesty amänd Verdacht noch schöpfen,
der Türe Folter an den Pranger stellen,
um jede Freud' am Türeschnellen
nachhaltig zu vergällen.

Wenn man also reflektiert und auch bedenkt,
dass die Knallerei manch einer von der Büez ablenkt,
käm' selbst jeder Pferdehändler wohl zum Schluss,
dies ist Arbeitsleistungsminderung und somit Stuss!
An die arme Türe woll'n wir gar nicht denken,
wird man sie so zur Splitterung wohl lenken.
Dies aber erhöht die vermaledeiten Kosten,
als dem Gewinn abträglich' Passivposten.
Ende Jahr dann das rituelle Jammern
bei vermeintlich leeren Tresorkammern:
«Der Teuerungsausgleich, der liegt nicht drin,
die kaputte Tür', das war der Reingewinn.

Denn hätten wir sie nicht ersetzt,
wären alle arg entsetzt,
würden jammern, klagen und auch protestieren,
weil sie im Büro an die Ränzen frieren.
Drum ist die GL hocherfreut,
zu zeigen, dass es sie nicht reut:
Schenkt den treuen, fleissig' Mitarbeitern,
um sie trotzdem ein bisschen aufzuheitern,
statt der obligaten Weihnachtstorte
diese wunderbare, neue Pforte.»
So könnte es öppe schon noch kommen,
wenn die Schletzer partout nicht hören wollen.

Würd' die Tür' entgleiten nur sporadisch
aus der Hand, quasi wie ein glitschig' Fisch,
sei's aus Übermut oder wegen mehr als flüssig' Energie,
reklamieren würd' da niemand niemals nie.
Leider aber - und dies schmerzt -
geschieht's mit System, also stets.
Da ist wohl wer per Expresszuge von Märklin
gerast durchs Kinderzimmer rasch und viel,
Muttis mahnend Worte ignorierend,
die Türe knallend aus der Hand verlierend.
Womit einmal mehr ganz klar,
es an dieser Stelle zu beweisen war:
Für des Kindes nachhaltig' Wohlgedeihen
kuschelig' Teddybären wohl doch besser seien.

Natürlich könnt' man da jetzt auch monieren,
tät man halt die Türe besser abmontieren,
denn wäre da statt der Pforte nur der leere Rahmen
gäb's ganz sicherlich auch keine Donner-Dramen.
Doch sollten wir auch nicht vergessen,
auf Zugluft ist niemand sehr versessen.
Woraus als logisch' Folgerung ein jeder anerkennt,
man sich vielleicht doch besser von der Tür' nicht trennt.
Doch eine Frag' kurz vor der Neugier Platzen:
Welche Energiespar-Kamikazen
es wohl im Winter gerne zügig haben,
und sich am Bibbern andrer laben?
Sind es öppe die, die mit Donnerschlag
die Türen brätschen Tag für Tag?
Eine Gegenfrage lässt sich folgern:
«Was hätten SIE den gern...»,

harmlos tönt's, in Wirklichkeit da ist's fatal,
«...Artilleriegefecht oder Windkanal?»

Schon viele Klagen hörte man,
sofern man's im Geschletze hören kann,
die Türen seien halt verzogen,
die Rahmen hoffnungslos verbogen
und auch der hohe Bundesrat zu Bern
halte sich bei so Problemen lieber fern.
Es sei zum Möögen und zum Fluchen,
guten Rat müsse man nun suchen,
bei Professor Doktor Kurt von Bise,
mit einer ISO-08/15-Experstise.
Wird sicherlich für einen Haufen Geld empfehlen,
dass er einen Neubau um die Türe wohl würd' wählen.
Dabei ging leider gänzlich unters Eis,
könnt' man für diesen Expertisenpreis,
locker zwanzig neu geschnitzte Mahagonitüren
mit dem Rolls Royce franko vor das Hause führen.
Doch wär' im Grund' die Lösung kinderleicht:
Ein ganz kleines, neues Türlein reicht.
Und wenn die schletzend' Leute Busse täten,
wir nicht einmal dieses nötig hätten.

Womit nach vieler reimend' Worte
man quasi wieder sei am Ausgangsorte.
Der Zwischenstand kann nicht eigentlich erfreuen,
drum gibt's halt einen Anlauf, einen neuen.

Ein Augenblick gebührt nun allfällig' Folgen,
wenn die Türen immer wieder knallen wollen:
Das Zusammenspiel von Türclapf und der zugig Luft
wurd' schon oft als nicht verträglich eingestuft.
Denn wird starr 's Genick oder zwickt der Ischias
ist dies keinesfalls ein oberulkig' Spass.
Ein entzündet Ohr ist auch nicht zu empfehlen,
tut's einem doch 's Gehör ganz langsam stehlen.
Kommt hinzu ein Tinitus, so nennt man einen Dauerton,
ist dies oft des Hörvermögens Ende schon.
In diesem Hause alles so passiert,
falls es irgendjemand interessiert.

Und sind wir grad' so schön beim Klagen,
wäre da ein weit'rer Hinweis gleich zu wagen:
Das Geläuf, oft ohne Sinn und Ziel,
wird manchmal auch ein bisschen viel.
Man träumt von einem stillen Arbeitsplatze gern,
ach, wie ruhig wär's doch in der Bahnhofhalle Bern,

dort müsste man zum Konzentrieren
nicht immer 90 Dezibel wegignorieren.

Und über die immergleich gestellten Fragen
platzt manch einem bald der Kragen:
«Wo ist Auf der Maur, wo ist Schaub
und der Ersatzteil-Bitzi, mit Verlaub,
ist in der Buchhaltung heut' wer da
und wo ist der Schlüssel zu dem Panda,
kann man was einkassieren,
wo ist die Vignette zum Montieren,
hat jemand Herrn Habersack schon informiert,
sein Wagen ist beim kleinen Service explodiert,
hat Citroën schon eine Korrektur gemailt,
ist der Spurhalteassistent jetzt ausgereift,
gibt es schon ein Bildli vom C4,
wann schmeisst der Chef 'ne runde Bier,
pssssst...habt ihr es schon gehört,
ja ist die gute Frau gestört,
trägt stets ein luziferrotes Mieder
und wieso blüht im Dezember nie der Flieder?»
Soll man so wirklich fehlerfrei kollaborieren,
ganz ohne jeglich' Möglichkeit zum Konzentrieren?

Nun stellt man sich die ketzerische Frage,
ob es den wirklich sein muss dieser Tage,
dass ein weit'res Ohr man tut verletzen,
mit dem rücksichtslosem Türeschletzen.
Doch seh'n wir's einmal von der guten Seite,
wie ein Zyniker dies vor kurzem meinte:
Sind endlich beide Lauscher frei vom lästig' Hören,
tut bestimmt das Knallen nicht mehr stören,
könnt' in den Ohren voll Entzücken,
dem Schmalze nun zu Leibe rücken,
mit einem superextralangen Wattestab
solang' am Trommelfelle bohren wie man mag.

Doch halt! Da nähert sich suspekt,
ganz leis' ein weiterer Aspekt.
In Rätselform kommt er daher
und beschäftigt uns nun sehr.
Auf Englisch „oder", dann drei, zwei, acht,
sei nun kurz auf das Tapet gebracht.
Zu schwierig? Ein Hinweis wäre jetzt am Platz?
Na gut, doch wie sagt man es in einem Satz?
Hat nichts zu tun mit „Blick" und nichts mit „Micky Maus",
und doch gibt jemand regelmässig es heraus,

man kann es lesen, aber kaum versteh'n,
vom Staub einmal ganz abgeseh'n,
zu tun hat's eigentlich auch nichts mit Knast,
bei gänzlich' Nichtbeachtung aber dennoch fast!
Beim Knobeln wünscht man nun viel Spass,
Ohr- und Kopfweh mögen halten sich im Mass,
seien nicht gar so bombastisch wie an manchen Tagen,
wenn's nach Seegefecht bei Beaufort 9 gar arg tut plagen.

Ein Gedänklein macht sich da noch breit,
sorgt vielleicht für kurze Heiterkeit.
Wäre es nicht gar famos,
als Marketingidee sogar grandios,
man könnte einen Kurs nun buchen,
um didaktisch unterstützend zu versuchen,
die offensichtlich' Türphobie zu heilen,
ganz ohne trock'ne Theorie erteilen,
sofort und ohne lange zu verzagen,
sich an die simple Praxis nun zu wagen.
Die Kursbesucher müssten es versprechen,
sei's frohgemut oder auch mit Kopfzerbrechen,
müssten's also schwören schier,
dass sie während dreier Wochen oder vier
einen Türgriff in der Hand nun halten,
sei es einen neuen oder alten,
und während vierundzwanzig Stunden,
quasi so als wär' er festgebunden,
also auch beim Kommissionen machen oder Jassen,
niemals nie die Hand von ihm zu lassen.
Ein jeder würd's dann praxisnah erleben,
tut man den Türgriff aus der Hand nicht geben,
auch nicht beim Schliessen von den cheiben Türen,
muss wirklich niemand Folterschmerz verspüren.

Wie sagte doch einst schon Mama Rambo?
«Gilli-gilli-gaga-halla, ds Türeli schön zuetue macht nid Bobo.»
Nur die Eltern von dem Hunnenkönig Atilla
hatten keine Tür mehr an der Villa,
weil der kleine Stierengrind nie folgen wollte
und sie immer mit den Rossen überrollte.
Und was ist aus dem lieben Bub geworden?
Ein Anführer wilder, mordend' Horden.
Sofort man sich an dieser Stelle fragt,
ob uns ein Nachfahr' hier mit Poltern plagt?

Quintessenz von dieser Litanei, der übermässig':
Sei fröhlich, muff, vielleicht auch hässig,

doch leg' stets die Hand an Türes Falle,
auf das es beim Schliessen gar nicht Knalle
und in den malträtierten Ohren halle halle halle halle halle...
Sollte jemand nach diesem umfangreichen Werben
nix verstahn und nach noch mehr Klartext streben,
sei ihm hier an dieser Stell'
zugerufen laut und deutlich-hell

«Es zieht! Ds Loch zue!! Aber mit Gfüehl!!!»

Es ist Zeit, genug der Reime, wir wollen schliessen,
ein Epilog soll aus der Tastatur jetzt nur noch fliessen.
Wird sich was ändern auf die Dauer?
Nada! Vorher wird die Milchstrass' sauer!
Das lustvoll' Brätschen wird nicht sich legen,
und Böen weiter durch das Hause fegen.
Doch auch hier ein verschmitztes Dankeschön,
dass neben Donnerkrachen und den Eiswindböen,
uns nicht noch Blitz und Regenschauer
im Büro mürbe machen auf die Dauer.

Jeder der nun glaubt, die Klagerei sei ohne Grund,
dem tut man hier ganz einfach kund,
dass er gerne eingeladen sei,
ohne Sprüch' und Augenwischerei,
zu sitzen am flauschigen Empfang,
nur ein bisschen für den Anfang,
so während zweier, dreier Wochen:
Erleuchtet wird er werden – versprochen.
Und unversehens wird er wollen,
dass andere seine Klagen hören sollen,
doch vielleicht sind die, die es wöllen,
gar nicht mehr in der Lage es zu können.

Behaltet also bei den zugig' Schletzertrott
und erntet...

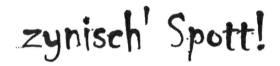

...zynisch' Spott!

19. Oktober 2004

BRIEFE AUS DEM HINTERHALT

Mehr als einfach nur Lesen

Merci z'Hudus u z'Fätzes...

Roland Buhles
und das ganze
PRISMA-Team
(Jedoch explizit ohne den
widerspenstigen, fontsver-
achtenden Drucker. **Basta!**)

PRISMA Verlagsdruckerei GmbH, D-66113 Saarbrücken,
für die Geduld, die fachliche Beratung, die Tests und...
und...und... Ohne Sie wäre dieser Wälzer niemals nie
nicht entstanden. **STENCIL? ALGERIAN? Merde alors!**

Psssst...liebe Leser...leise...wissen Sie, eigentlich sind die ja schuld! Ja, sie sind schuld!! SIE!!! Die PRISMANER!! Ganz
alleine!!! Die PRISMANER aus dem grossen Kanton!!!!! Allein und ausschliesslich nur die PRISMANER!!!!! 👽

Beat Sigel

Sigel Werbung, CH-3313 Büren zum Hof,
für die überaus treffende Cover-Zeichnung, die mitten
im Stress für die cheiben 2007-Kalender entstanden
ist! Toll! Grandios! Fantastisch! Applaus!

★ Klatsch! ★ Klatsch!! ★ Klatsch!!! ★ **LA OLÀ-LA OLÀ!!!!**

Bruno Lauper
und das ganze
GEWA-Team

GEWA, CH-3052 Zollikofen,
für den Aufbau der Vertriebslogistik und die
Aufrechterhaltung des **GWUNDERS** .

📞 **JABA-DABA-DOOOOOOOOOOOO!!!**

Andrea Voser

ProLitteris, CH-8033 Zürich,
für die rechtlich rechtmässigen rechten Rechtstiggs.

📞Trümeli-trümeli-trümeli-trümeli-trüm-trüm-trüm-trrrrrrrrrrrrrrrrrrr!!

Rudolf Roden*bücher*

M&K Filze GmbH, D-91174 Spalt,
für den köstlichen FILZ. Nicht etwa, dass wir in der
Schweiz nicht genug davon hätten. Im Gegenteil: Er
läuft wie geschmiert. Aber die Preise sind halt für
Bezüger eines kleinen Einkommens so ziemlich
unerschwinglich.

🔔Bimmel-bammel, für einmal z'frieden mit dem Filze sammer!

BRIEFE AUS DEM HINTERHALT

Niederträchtige Hiebesbriefe à gogo

Schümeli

für d'Heidegeduld, d'Schwangerschaftsbegleitig u de ≷GWUNDER≷ ☺

Küsschen! Küsschen!! Küsschen!!!

Mösiö le Président

für die Inspirationen, das niemalsnichtige Vorwort, die heiteren Stunden dank IHREN Politsatiren und...

...diese Nase!..D-I-E-S-E N-A-S-E!!

Liebe Leserinnen,
Liebe Leser

für den Mut, die Weitsicht und die unbändige Neugier, die irgendwie zur Behändigung dieses Oeuvres geführt haben müssen. Dies ist zweifelsohne ein Tatbeweis des guten Geschmacks!

Haben Sie es vielleicht sogar gelesen? Ja? Sie sind hart im Nehmen!

ALLE

die durch ihre klabüsierenden Möstlichkeiten die **BRIEFE AUS DEM HINTERHALT** überhaupt erst PROVOZIERT haben.

♫ ♪ ...Hab' oft im Kreise der Lieben nach duftigen Worten gesucht... ♪ ♫

...für die Beihilfe zum Buch!

Herzlichst

Hans-Peter Leuenberger